深圳市教育科学规划 2018 年度规划课题"基于学生核心素养的学校课程体系优化研究"（课题编号：ybzz18078）和"罗湖教改"专项课题"罗湖区推进'四大行动'行动研究"（课题编号：lhjg2019009）成果

学校课程领导

共同体模式研究

李富贵 著

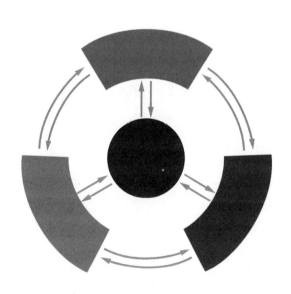

电子科技大学出版社
University of Electronic Science and Technology of China Press
·成都·

图书在版编目（CIP）数据

学校课程领导共同体模式研究 / 李富贵著. –– 成都：
电子科技大学出版社，2019.5
ISBN 978-7-5647-7038-9

Ⅰ.①学… Ⅱ.①李… Ⅲ.①课程建设—研究 Ⅳ.
① G423

中国版本图书馆CIP数据核字（2019）第 098658 号

学校课程领导共同体模式研究
李富贵　著

策划编辑　魏　彬
责任编辑　魏　彬

出版发行　电子科技大学出版社
　　　　　成都市一环路东一段 159 号电子信息产业大厦九楼　邮编　610051
主　　页　www.uestcp.com.cn
服务电话　028-83203399
邮购电话　028-83201495

印　　刷　三河市腾飞印务有限公司
成品尺寸　170mm×240mm
印　　张　23
字　　数　430千字
版　　次　2019年9月第一版
印　　次　2019年9月第一次印刷
书　　号　ISBN 978-7-5647-7038-9
定　　价　86.00元

序

20 世纪 50 年代，哥伦比亚大学的帕索教授（A. Harry Passow）提出了"课程领导"的概念，也有学者提出了"课程改革的关键在课程领导"的命题，甚至有学者认为，"学校课程领导是构建学校课程体系、提高课程实施水平、实现育人目标不可或缺的重要因素"。国外课程领导的研究起步较早，形成了比较系统的课程领导理论，而且已经深入课程改革的实践中，比较典型的课程领导模式有美国的课程与学校改善模式、加拿大的课程开发共同体模式、英国的学科领导者模式。我国香港、台湾地区从 20 世纪 70 年代起，也已开始课程领导的研究，其理论研究的成果颇丰并进入实践层面。

随着新课改进入"深水区"，许多难点和瓶颈问题逐步浮现出来：课程规划设计不科学，课程决策民主性不足，课程实施有效性不高，课程评价创新不够，课程文化创新乏力，教师专业发展滞后……这些问题的解决，只有从课程管理上升到课程领导层面，才有可能突破"瓶颈"。从课程领导的实践层面来说，我们都希望通过发挥校长的课程领导作用来解决课程改革实践中的问题，但现行的校长课程领导存在动力缺乏、合力不够、活力不足、效能较低等问题。富贵博士正是敏锐地发现了这一关键问题，从课程领导主体重构的角度，提出了构建课程领导共同体模式的理论假设，并展开了研究。

富贵博士认为，学校课程实施有效性不高是目前我国基础教育新课程改革的突出问题，有效发挥学校课程领导的作用才是解决这一现状的根本路径。他提出了构建学校课程领导共同体模式的设想，以帕森斯的结构功能理论及哈贝马斯的交往行为理论、学习型组织理论和分布式领导理论作为理论依据，结合课程领导研究的最新理论成果，构建了"五要素三层面"结构模型。他认为，学校课程领导共同体由主体、目标、方式、情景和文化五个基本要素构成，学校课程领导共同体内部存在宏观学校、中观学科和微观课堂三个层面结构。据此，构建了"五要素三层面"课程领导共同体模型，形成了该研究的理论框架。

富贵博士认为，学校课程领导共同体模式具有共享性、生态性、多元性和伦理性四个方面的基本特质，他分别从三个层面结构的内涵特征、实现方式、实践向度三个维度对构建的理论模式进行了分析论述。该研究还从课程领导共同体模式的运作机理出发建立了"三维度六因素"分析框架，对影响课程领导共同体模式实施的内部因素进行了理论分析，提出了以下观点：观念和意识因素是共同体模式运行的条件；能力和制度因素是共同体模式运行的基础；愿景和文化因素是共同体模式运行的动力。我个人认为，这样的理论分析框架具有较高的学术水准。

读了这本著作，对我个人的启发很深，对加强学校课程领导深化课程改革，也有了新的认识，我非常赞同富贵博士以"共同体"的方式构建学校课程领导的实践模式。校长是学校课程领导的核心，但教师是真正的课程领导主体；专家学者是"应然"的课程领导者，而学生和家长是"实然"的课程领导者，每一类课程领导者在学校课程领导的过程中扮演者不同的角色，发挥着不同的作用。我们所期待的学校课程领导应该是与学生发展的"利益相关者"构成的有机系统，是基于民主、合作、共享的理念构建起来的课程领导共同体，这样构建起来的学校课程领导共同体必将对学校课程发展发挥"合力"作用。如此，深化学校课程改革，提升育人质量水平，将指日可待。

"罗湖教改"以发展"新素质教育"为目标，以推进教育供给侧结构性改革为着力点，以落实"课堂革命"和推进家庭教育改革为突破口，建构了"精品教育"—"新素质教育"—"罗湖教改"—"课堂革命"和家庭教育改革的罗湖教改体系。罗湖区将打造"一体两翼"育人模式改革的支持体系，保障育人模式改革的有效实施，需要加强学校课程领导。富贵博士提出的课程领导共同体模式中，把学校、社区、家庭都视为课程领导的三类主体，与罗湖区构建的"一体两翼"育人模式不谋而合，可以作为"罗湖教改"关于加强学校课程领导的理论依据之一。我也希望富贵博士这本著作的出版能在深化罗湖课改、构建学校课程体系、促进学校课程发展等方面，发挥应有的作用。我也期待着罗湖中小学能结合实际开拓创新，创生出具有罗湖特色的课程领导模式。

这本著作是富贵博士在西北师范大学读博期间的研究成果，具有一定的学术价值，体现了他 20 多年一线基础教育的实践积淀，也代表了他的学术功底。据说，他在博士毕业论文答辩会上，慷慨激昂，独领风骚，毕业论文亦被评为"优秀博士论文"。读了他的这本著作，能想象得到一个激情澎湃的学者艰辛地穿梭于理论与实践之间的身影。

富贵委托我对他的这本著作提修改意见并作序，写了上面的感受，是为序。

宾　华

2019 年 4 月 16 日

前　言

随着新课程改革的纵深推进，许多深层次矛盾逐渐浮现出来，学校课程实施暴露出了许多用课程管理方式难以有效解决的问题，成为制约新课程改革的瓶颈。为深化新课程改革，促进学校课程发展，国内研究者把目光投向了课程领导，并在理论和实践方面开展了积极探索，但现行校长课程领导模式无力解决制约学校课程发展的问题，学校课程领导的效能较低，弊端越来越明显，课程领导实践亟待构建有效的课程领导模式。

通过校长课程领导模式调查发现，现行模式存在以下问题和弊端：校长的课程领导作用发挥有限，课程领导主体力量闲置，课程领导的活力不足，课程领导组织运行不畅，学校课程实施缺乏实质性进展，课堂教学缺乏根本性转变。在分析国内外典型课程领导模式和现状调查的基础上，提出了构建课程领导共同体模式的设想。本研究针对现行校长课程领导模式效能较低的问题，构建了以"五要素三层面"为特征的学校课程领导共同体模式。通过理论分析和实证研究形成了旨在促进学校课程发展和提高学校课程实施有效性的课程领导共同体模式。

本研究构建的学校课程领导共同体模式，以个案学校的课程领导实践为基础，进行了实践检验。调查研究认为，课程领导共同体模式在运行中存在三个层面的八个问题：主体层面存在共同体成员观念滞后、课程领导能力缺乏、主体意识淡漠的问题；体制机制层面存在愿景目标定位层次较低、制度规范造成机制性障碍的问题；文化层面存在课程文化主体缺失、内部受非主流文化消极影响、外部受社会文化制约的问题。针对实践运行中存在的困难和问题，结合行动研究的反思，本研究提出了课程领导共同体模式有效实施的"三面九线"策略：主体重建层面需要转变观念、提升能力、培育意识，构建有效能的课程领导主体系统；模式重构层面需要引领愿景、规范制度、创新机制，打造充满活力的课程领导共同体；文化重生层面需要从精神文化、行为文化和组织文化等方面入手，营造共同体模式运行的良好课程文化环境。

本研究通过行动研究进行了实践验证，得出了以下结论。

1. 课程领导共同体模式具有一定的优越性

学校课程领导共同体模式是针对现行校长课程领导模式的弊端而提出的。研究发现，与现有的校长课程领导模式相比具有以下几方面的优越性。

第一，共同体模式以主体多元为特征，把学校课程发展利益相关者都视为学校课程领导的主体，把学校课程领导的权力分布给共同体所有成员，能充分发挥共同体成员参与课程领导的积极性和主动性，有效解决现行校长课程领导模式中存在的课程领导主体单一和权力过于集中的问题。

第二，共同体模式具有愿景共享的特征，愿景具有一定的感召力，能凝聚力量形成合力，激发共同体成员的创造性，发挥团队合作精神，共同致力于学校课程发展，有助于克服校长课程领导模式合力不够和活力不足等问题。

第三，学校课程领导共同体是一个整体系统，学校内部的组织团体和个体领导者构成了课程领导的主体系统，愿景方面形成了课程领导促进课程、教师和学生发展的目标系统，功能层面形成了课程开发与实施的职责任务系统，这些系统构成了学校课程领导共同体的网状结构，能有效发挥课程领导促进学校课程发展的整体功能，弥补校长课程领导角色混乱、职责不清和效能较低的问题。

2. 课程领导共同体模式的实施具有可行性

课程领导共同体模式是经过行动验证后构建的课程领导模式，体现了民主、合作、对话的思想。实证研究的结果表明，学校课程领导共同体模式切合学校课程发展的实际，在实践中能有效实施。

第一，共同体模式调动了课程领导主体的积极性。校长、教师、家长、学生以及社区人士等课程利益相关者成为学校课程领导的共同主体，共同参与课程决策、共享学校课程领导权、共担学校课程发展责任，实现了多元主体的有效参与，提高了课程领导的效能。

第二，共同体模式优化了课程领导的结构和功能。学校整体是一个课程领导共同体，在学校内部构建的宏观、中观、微观三个层面的课程领导共同体形成了合理的结构，既拥有各自的权责功能，能做到各司其职，各尽其能，又能彼此依赖，协同合作，在学校课程开发与实施的课程领导事务中协同促进学校课程发展。

第三，共同体模式有利于创建良好的组织文化，共同体成员以民主的方式实施课程领导行为，在协商合作、对话交往、平等参与的过程中实现课程领导，能彰显民主合作的课程理念，形成充满人性化和民主平等的组织文化，激发共同体成员参与课程改革的活力。

3. 共同体模式能实现学校课程发展的目标

本研究构建的课程领导共同体模式在行动研究中得到了验证，研究结果表明，共同体模式有利于提高学校课程实施的有效性，能有效达成课程领导的愿景目标。

第一，共同体模式的实施提升了学校课程品质，宏观层面课程领导共同体在课程开发领域能有效地发挥引领课程发展的作用，制定符合学校实际的课程发展规划和实施方案，能调动教师参与课程开发的积极性，开发特色校本课程，逐步增强学校课程的适切性，进一步提高国家课程校本化实施的水平。

第二，共同体模式的实施促进了教师专业发展，中观层面学科课程领导共同体能充分发挥聚合专业力量、引领教师发展的作用，逐步形成专业实践共同体，能围绕专业实践组织、开展交流、研讨活动，教师在对话、合作、探究、反思的过程中实现了自身的专业发展。

第三，共同体模式的实施促进了学生发展，学校课程领导共同体在微观课堂层面围绕提高课堂教学质量的愿景目标，通过制度规范引导、同伴互助、行为指导、研讨观摩等方式，引领课堂教学改革，激发课程创生活力，创新课堂教学模式，随着教学方式的逐步转变，能提升课堂学习质量，促进学生发展。

4. 共同体模式有效实施需要创造一定的条件

本研究提出的课程领导共同体模式是在个案学校研究的基础上构建而成的，对全国同类学校具有一定的借鉴意义，如果具备一定的实施条件，可以推广使用，但需要创造以下必要的条件。

第一，通过校本研修活动，转变课程领导共同体成员的观念，在此基础上培育课程领导的自觉意识，为课程领导共同体模式的实施奠定思想认识基础。

第二，引导共同体成员立足校本开展行动研究，围绕实践中的问题，广泛开展改革课程实践的行动研究，不断提高共同体成员的课程领导力。

第三，建立共同体模式有效实施的运行机制，在完善现有运行机制的基础上，构建良好的家校合作机制、冲突化解机制和激励机制，使应然的课程领导者转化为实然的课程领导者，形成课程领导共同体模式实施的长效机制。

本研究尽管构建了课程领导共同体模式的理论分析框架，但在课程领导的策略、程序、方式、方法等方面的研究尚未全面展开，课程领导三个层面结构的功能定位、职责及相互关系也需要进一步论证。本研究仅仅从学校内部构建了课程领导共同体模式，但还需要拓展课程领导的对外合作，建立学校与家庭、学校与社区、学校与科研院所、学校与学校之间的合作机制，由此形成系统完整、内外结合、有效互动的网状课程领导共同体结构。

本书是在本人博士学位论文的基础上，经过三年的实践验证修订完善而成的。其中一年半在西北地区的中小学实践验证，另外一年半在深圳市罗湖区中小学通过研究进一步进行了检验。

李富贵

2019 年 4 月 5 日

目　录

第一章　绪　论 ……………………………………………… (1)

一、研究的缘起 …………………………………………… (1)

（一）问题的提出 …………………………………… (1)

（二）目的与意义 …………………………………… (6)

二、研究的问题与核心概念界定 ………………………… (8)

（一）研究问题界定 ………………………………… (8)

（二）核心概念界定 ………………………………… (10)

三、研究的设计与实施 …………………………………… (16)

（一）思路与方法 …………………………………… (16)

（二）研究的实施 …………………………………… (21)

第二章　文献综述 ………………………………………… (28)

一、学校课程领导的相关研究综述 ……………………… (28)

（一）学校课程领导内涵界定 ……………………… (28)

（二）课程领导的职能与实践 ……………………… (31)

（三）相关研究的反思与启示 ……………………… (35)

二、课程领导与共同体结合的相关研究综述 …………… (38)

（一）共同体思想的发展演变脉络梳理 …………… (38)

（二）学校课程领导共同体的相关研究 …………… (42)

三、学校课程领导模式的相关研究综述 ………………… (46)

（一）典型的课程领导理论模式 …………………… (46)

（二）学校课程领导的实践模式 …………………… (49)

（三）相关研究的反思与启示 ……………………… (54)

四、已有研究存在的问题及启示 ·· (55)

　　（一）已有研究的不足 ·· (55)

　　（二）本研究的立足点 ·· (57)

第三章　研究的理论基础 ·· (59)

一、哈贝马斯的交往行为理论 ·· (59)

　　（一）交往行为理论的主要观点 ······································ (60)

　　（二）交往理论对本研究的启示 ······································ (61)

二、帕森斯的结构功能理论 ·· (63)

　　（一）结构功能理论的主要观点 ······································ (63)

　　（二）结构功能理论对本研究的启示 ································ (65)

三、学习型组织理论 ·· (67)

　　（一）学习型组织理论的主要观点 ···································· (67)

　　（二）学习型组织理论对本研究的启示 ······························ (68)

四、分布式领导理论 ·· (70)

　　（一）分布式领导理论的主要观点 ···································· (70)

　　（二）分布式领导理论对本研究的启示 ······························ (73)

第四章　现行学校课程领导模式剖析 ···································· (77)

一、四种典型课程领导模式：基于文献的检视 ···························· (77)

　　（一）校长课程领导模式 ·· (77)

　　（二）校长与中层主任同步共治模式 ································ (79)

　　（三）层级模式 ·· (82)

　　（四）能动分享模式 ·· (83)

二、我国校长课程领导模式：基于现状的透视 ···························· (86)

　　（一）校长课程领导模式导致课程领导主体地位缺失 ··········· (86)

　　（二）校长课程领导模式影响课程领导功能有效实现 ············· (99)

　　（三）校长课程领导模式严重制约着学校课程的发展 ········· (105)

三、现行学校课程领导模式：基于理性的审视 ························· (111)

　　（一）批判性分析：现行校长课程领导模式的弊端 ············· (112)

　　（二）理性的选择：借鉴西方理念重构共同体模式 ············· (116)

（三）结论与愿景：构建学校课程领导共同体模式 ………… （118）

第五章　学校课程领导共同体模式理论建构…………………… （120）

一、学校课程领导共同体模式的整体构建………………………… （120）

（一）课程领导共同体模式的本质内涵 ………………… （120）

（二）学校课程领导共同体模式的要素分析 ………… （127）

（三）学校课程领导共同体模式的理念及特质 ………… （140）

二、学校课程领导共同体模式三个层面的分析………………… （146）

（一）学校宏观层面的课程领导共同体 ……………… （146）

（二）中观学科组层面的课程领导共同体 ………… （158）

（三）微观课堂层面的课程领导共同体 ……………… （170）

三、学校课程领导共同体模式的运行机理…………………… （183）

（一）观念与意识：影响实施的条件性因素 ………… （184）

（二）能力与制度：影响实施的基础性因素 ………… （186）

（三）愿景与文化：影响实施的动力性因素 ………… （189）

第六章　学校课程领导共同体模式的实践………………… （192）

一、学校课程领导共同体模式应用的行动研究………………… （192）

（一）研制课程规划：以特色学校课程发展规划为例 ………… （193）

（二）组织课程开发：以学校德育课程开发设计为例 ………… （205）

（三）推进课程实施：以聚焦课堂实施有效教学为例 ………… （222）

（四）改革课程评价：以重建教师考核评价制度为例 ………… （241）

二、学校课程领导共同体模式实施的阻抗调查………………… （257）

（一）主体：课程领导共同体模式运行的阻力 ………… （258）

（二）体制：课程领导共同体模式运行的障碍 ………… （280）

（三）文化：课程领导共同体模式的隐性制约 ………… （293）

三、学校课程领导共同体模式有效实施的策略………………… （300）

（一）主体重建：形成有效能的课程领导主体系统 ………… （301）

（二）模式重构：打造充满活力的课程领导共同体 ………… （307）

（三）文化重生：创建共同体模式有效运行的环境 ………… （312）

第七章　结论与反思……………………………………………（320）

　一、研究的结论……………………………………………（320）

　　（一）课程领导共同体模式具有一定的优越性 …………（320）

　　（二）课程领导共同体模式的实施具有可行性 …………（321）

　　（三）共同体模式能实现学校课程发展的目标 …………（321）

　　（四）共同体模式有效实施需要创造一定条件 …………（322）

　二、反思与建议……………………………………………（322）

　　（一）本研究的创新 ……………………………………（323）

　　（二）后续研究建议 ……………………………………（323）

参考文献…………………………………………………………（325）

附录一　学校课程领导不同主体访谈提纲………………………（340）

附录二　教师调查问卷……………………………………………（343）

附录三　学生及家长调查问卷……………………………………（347）

后　记……………………………………………………………（350）

第一章　绪论

一、研究的缘起

随着新课程改革的逐步推进，课程领导成为课程论研究范畴中的一个新兴领域，"学校课程领导逐渐成为课程发展和学校领导改革的同心轴"[①]。近年来，对学校课程领导主体的研究集中于校长课程领导，有学者认为，校长、教研组长和教师是学校课程领导的核心主体，是学校教学得以顺利进行的"三驾马车"[②]，但学校课程发展的利益相关者和学校内部存在的各类次级共同体都是应然的课程领导主体。如何使学校课程领导的应然主体成为实然主体，充分发挥课程领导作用，提高课程实施的有效性，促进学校课程发展，需要构建一种符合实际的课程领导模式，本研究所要探讨的问题就由此而生。

（一）问题的提出

课程改革向纵深发展的过程中暴露出了许多用管理的方式难以解决的问题，课程理论研究建构了学校课程领导的理论，希望通过发挥校长课程领导的作用来解决课程改革实践中的问题，遗憾的是就目前的发展现状而言，学校课程领导的理论研究和实践探索尚未形成与普通高中新课程改革适应的模式，"整体而言，有关课程领导事实上仍处于起步阶段"[③]。理论构建的滞后与盲目的实践探索之间的张力随着学校课程发展问题的日益突出而越来越大，学校课程领导实践急切地呼唤符合我国实际的课程领导模式，以有效解决课程实践中的问题，推进新课

---

① 靳玉乐，董小平．论学校课程领导的范式转型［J］．教育理论与实践，2007（4）：44 – 48．

② 李叶峰．教研组长课程领导角色的质性研究［D］．重庆：西南大学硕士学位论文，2010：1．

③ 徐超圣，李明芸．课程领导与教学领导关系之研究［J］．教育研究与发展期刊，2005（1）：129 – 154．

程改革。确定学校课程领导共同体模式构建的研究，基于以下思考。

1. 理性反思：课程领导理论发展的使命

第一，课程改革实践需要课程领导理论的指导。

在课程研究领域，课程领导对课程改革的意义已经成为国内外诸多专家学者的共识。"学校教育质量的关键是课程，学校教育的问题归根结底表现为课程问题，学校领导工作的核心是对课程的领导。"[①] 里德（Reid）也认为，"课程是一种追求……这种热情与投入需要适当的指引才能产生预期结果，因此课程需要领导"[②]。在课程改革实践中，课程领导是课程改革顺利实施的条件，"发挥强而有力的课程领导是决定课程改革成效的关键"[③]。学校课程实施需要行政领导的支持与配合，但发挥课程领导的有效作用，能助推学校课程的有效实施，提升课程品质、优化课程资源、引领课程创生、促进教师专业发展，以此促进学校课程发展。如何有效发挥课程领导的作用，促进学校课程改革，提高课程实施的有效性，就需要构建课程领导的有效实施模式，以指导实践一线的工作者有效开展课程领导实践，解决新课程改革实施中不断出现的问题。

第二，普通高中课程实施需要有效课程领导。

2003 年，教育部下发了《普通高中课程方案（实验）》和 15 个学科课程标准（实验）。2004 年，山东、广东、宁夏、海南作为我国首批普通高中课程改革的实验省份启动新课改。2005 年，江苏开始高中新课改实验，随后其他省份也相继进入普通高中新课程改革实验，甘肃省于 2011 年开始普通高中课改。深入推进新课程改革，在全面落实新课程改革实施方案的基础上，开发校本课程，创新课程实施方式，提高课程实施的有效性，以课程发展实现学生全面而有个性的发展，成为普通高中新课程改革的目标追求。尽管新课程改革没有固定模式，但通过实施有效的课程领导探寻提高课程实施有效性的途径和策略是一个非常关键的"切入口"。在我国，普通高中课程实施被束缚于"考试文化"的怪圈当中，原本指向教育目标和道德价值的领导行为被异化为形形色色的功利主义行为，"推动新课程改革，一定要冲破应试教育的桎梏"[④]。如何引领全校师生冲破应试

① 汪菊．课程领导研究——一种综合的观点 [D]．上海：华东师范大学博士学位论文，2004：12.

② 潘慧贞．国民小学课程领导角色与任务之研究——以盛世国小为例 [Z]．台北：台北师范学院，2001：17–52.

③ 余进利．五向度课程领导框架的构建 [D]．上海：华东师范大学博士学位论文，2005.

④ 刘力．当前校本课程开发带来的六个困扰 [J]．教育科学与研究，2005（5）：15.

教育的"怪圈"，创建优质的学校课程文化，发挥学校课程领导作用，推进学校课程有效实施，需要创建一种有效的课程领导模式。

第三，教师专业发展需要课程基于共同体的课程领导。

课程改革不仅仅是改革教学内容和方法，而且也是改革人。教师是课程实施的主体，教师的素质和能力是制约学校课程改革的核心因素。现行的教师集中培训模式，培训实际效果备受质疑，不能满足课程改革对教师能力的实践诉求。学校是基于专业实践的一个学习共同体，"教师个人自我反思、教师集体的同伴互助以及研究人员的专业引领是教师专业化成长的三种基本力量"①，校本教研、教师同伴互助和自我专业实践反思是教师专业成长的主要途径，教师专业发展必须向学校本位发展的范式转变。构建学校本位的教师发展模式，就需要学科组发挥在专业实践共同体中的作用，形成校本学习社群（School – Based Learning Community），创建同行之间相互影响、分享实践智慧、研讨交流的良好氛围，创建共享、合作、互动的文化，促进教师的专业成长，需要构建课程领导共同体来实现这一目标。

第四，学校课程领导需要一种科学的实践模式。

新课程改革三级课程管理体制的建立，将课程管理自主权下放到学校，学校作为课程实施主体，自然成为课程领导的主要场域。学校如果缺乏有效的课程领导，不能落实新课程改革的理念，必然会对课程的有效运作造成障碍，削弱课程的功能。改变传统课程管理过于重视"管理"功能而忽视"领导"功能的倾向，发挥课程领导的作用，优化影响课程实施的各种因素，推进新课程改革的顺利实施，成为学校课程实践的必然选择。学校获得了课程管理的自主权，如何有效地发挥课程领导的作用，又成为一个难题，这需要的不仅仅是宏观理论的指导，而是一种可操作性的模式，一种既符合学校实际，又能推进学校课程发展的有效课程领导模式。至今，理论和实践研究都在探索之中……

2. 现实困境：学校课程领导实效性较低

学校课程改革是一个充满挑战的复杂过程，课程改革的方案和计划，在学校和课堂实施中必然会遇到各种难以预料和短期内无法解决的问题。新课改进入"深水区"后，学校层面存在的许多难点和瓶颈问题逐步浮现出来：课程规划设计不科学，课程决策民主性不足，课程实施有效性不高，课程评价创新不够，课

---

① 余文森. 自我反思·同伴互助·专业引领——以校为本的教学研究的三个基本要素［J］. 黑龙江教育（综合版），2003（28）：18－19.

程文化发展乏力，教师专业发展滞后……这些问题的解决，从"教学"和"管理"层面入手，显然已经力所不能及，需要从学科教学层面上升到课程层面来思考，需要从课程管理上升到课程领导层面来解决，需要从校长的课程领导上升到基于共同体的课程领导来破解，只有这样才有可能突破"瓶颈"，走出困境。现行校长课程领导模式已经无力解决课程实践中的问题，存在诸多弊端。

第一，学校课程领导的合力不足。

学校课程领导不是依靠校长一个人的力量就能解决所有的问题，"课程领导力增一分，破解课改难点的能力就能长一寸"。在现行的校长课程领导模式下，普通高中新课程改革实践中已经暴露出了许多亟待解决的实际问题，而且具体问题往往具有情景性和差异性，依靠校长一个人的力量去解决所有的问题也是不现实的。尽管校长的课程领导力是主导性力量，但不能解决学校课程发展中的所有问题，需要构建一种能有效整合各种力量的课程领导模式，调动课程利益相关者的积极性，凝聚团队力量，发挥群体智慧，形成课程领导的合力，以解决课程改革中错综复杂的问题。而如何才能凝聚课程领导者的力量，形成学校课程改革的合力，需要构建一种课程领导的有效模式。

第二，校长和中层主任的课程领导乏力。

长期以来，受传统自上而下的"科层式"和"独权式"管理模式的影响，学校层面课程领导注重上级对下级行为监管和控制的方式，课程管理权力集中于校长、中层主任等行政人员。校长作为学校课程领导的核心，常常将主要的精力用于学校办学经费的筹措、办学条件的改善，以及学校行政事务的管理方面，而对学校课程开发实施、教师的专业发展和课程文化建设等重要的工作则无暇顾及。学校的教务主任等中层主任由于管理事务繁杂，占据了很多原本可以专注于课程领导的时间，同时受中层主任自身专业的局限，很难对学校的课程实施进行有针对性的领导。校长陷入行政事务的"泥潭"里不能自拔，中层主任"绊于"管理协调的"纠缠"中不能指导课程创新，造成学校课程领导乏力，需要更多的课程领导者共同参与学校课程领导，实践呼唤一种能共同参与课程领导的有效模式。

第三，学校课程领导的资源闲置浪费。

教师不仅是课程的执行者和实施者，而且是课程开发与实施的决策者和制定者，作为学校课程实施主体的教师，自然成为学校课程领导的主体力量。科林·马什认为，"学校层面的课程领导比较理想的状态主要是教师要能参与其中"①。尽管教师是学校课程领导的应然主体，需要具备一定的条件才能成为真正的课程领导者，但实际上教师只要进入课程实施领域，其实就已经开始履行课程领导的职责。课程领导权力分布于教师群体之中是课程改革的需要，也是课程有效实施的要求，教师能否成为课程领导者也需要良好的学校课程文化。课程领导实践中，教师课程领导的地位没有确立，作为最重要的课程领导"资源"存在闲置现象，没有发挥应有的作用。学生、家长、校外人士等课程领导者，也蕴含着无限的力量，但都处于潜在状态。如何构建一种能把所有课程利益相关者整合为有效能的课程领导主体系统的模式，并激活他们的力量参与课程领导，以促进学校课程发展，是校长在课程领导实践中的一个困惑，也是笔者长期思考的一个问题。

第四，课堂创新缺乏有效领导。

教育改革的核心环节是课程改革，课程改革的切入点在课堂教学。课堂教学是学校课程实施的主渠道和基本途径，课堂是研究课程实施最直接、最鲜活的"第一现场"，通过改革课堂教学提高课程实施的质量，通过课堂教学创新促进课程创生是学校课程领导的必然诉求。几乎全国所有的中小学都从影响课堂教学的因素入手，试图寻找一种模式或某种策略来改变课堂低效的问题，以构建高效课堂教学模式，提高课堂教学质量。但调查研究发现，几所个案学校都从"提高学生的考试成绩"这一取向入手进行课堂模式创新的探索，以"牺牲学生全面发展的代价"构建"高效教学模式"。但先后几轮实验均告失败。究其原因，主要是课堂教学创新缺乏有效的课程领导，缺乏理论指导的盲目实践必然导致劳而无功。如何发挥课程领导的作用，立足课堂创新促进学生的最优化发展，需要构建课程领导者广泛参与的课程领导模式。

综上所述，课程领导的理论发展需要构建一种更为有效的普通高中课程领导模式，现行普通高中校长课程领导模式因存在诸多问题无法解决学校课程发展实践中的问题。普通高中新课程改革的深入推进，亟待构建一种能有效推进学校课程发展的课程领导模式。为此，本研究试图构建学校课程领导共同体模式，以回应理论发展的需要和学校课程改革实践的诉求。

---

① 徐佳. 课程领导的多种形态与研究动向——访澳大利亚柯尔廷大学科林·马什教授 [J]. 全球教育展望, 2008 (3)：4–11.

（二）目的与意义

1. 研究目的

普通高中新课程改革进入深化阶段，许多深层次问题逐步显露出来，这些问题得不到有效的解决，将成为制约学校课程发展的因素。尽管解决学校课程实践中的问题有许多途径和方式，但本研究认为，现行校长课程领导模式和校长与中层主任协同模式因自身的局限性已经无力解决课程改革实践中的问题，构建基于共同体的学校课程领导模式是解决现实问题的根本出路。

本研究主张构建学校课程领导的共同体模式，以此来解决普通高中课程领导实效性不高的问题，指导学校充分发挥课程领导作用，解决新课改中的现实问题，推进普通高中课程改革，提高学校课程实施的有效性，这是本研究的根本目的。为实现此目的，主要围绕以下几方面的问题开展研究：其一，通过文献研究，梳理学校课程领导的意义、作用、角色、任务和模式等方面的研究成果，探寻构建课程领导共同体模式的理论依据；其二，检视国内外现行课程领导模式，对我国现行校长课程领导模式实施效果进行调查研究，分析现行课程领导模式存在的问题；其三，从理论上构建学校课程领导共同体模式，分析宏观、中观、微观三个层面的课程领导共同体，从运行机理出发解析影响共同体模式运行的因素；其四，对学校课程领导共同体模式进行实践验证，分析影响课程领导共同体模式实施的影响因素，并提出相应的对策。

课程领导是当前课程论领域研究的热点问题，由于我国课程研究的历程比较短，课程领导的研究也不过二十年时间，相关概念和理论都处于探索阶段，有很多需要丰富和完善的地方。本书无意完善学校课程领导的相关理论，仅围绕构建课程领导的有效模式这一主题展开研究。

2. 研究意义

卓越的教育，奠基于优质的课程；优质的课程，系于有效的领导。学校课程领导是影响课程发展的关键因素，也是提升学校课程品质、促进课程创生、引领学校课程改革的主导力量。构建学校课程领导的有效模式，在基础教育课程改革全面推进的今天，具有重要的理论和现实意义。

第一，理论意义。

从理论角度来说，目前已有的研究成果更多从宏观层面探讨学校课程领导的内涵、意义、特征和课程领导的角色任务，从提高校长课程领导力的角度探讨策略和措施，涉及课程领导模式的研究很少。本研究以构建课程领导共同体模式为旨归，从国内外课程领导模式的利弊分析入手，紧密结合我国普通高中课程改革实践，尝试构建符合学校实际，切合推进普通高中新课程改革需要的课程领导共同体模式。其一，本研究以新的视角分析课程领导实践中的问题，形成有效课程领导的理论模型，有助于丰富和完善我国课程领导理论，为后续的研究奠定一定的基础；其二，本研究建构的课程领导共同体模式，有助于丰富学校课程领导模式的理论，为相关研究提供新的思路和视角。

第二，实践意义。

从实践的角度来说，普通高中新课程改革在推进中"蹒跚"而行，许多制约因素无法突破，除政策层面和体制机制方面的问题以外，更多来自学校内部的问题。究其原因，主要是课程领导模式的问题。现行的校长课程领导模式和校长与中层主任协同模式已经无力解决课程实践中的问题。本研究构建的课程领导共同体模式，寄希望于通过实施课程领导共同体模式，提高学校课程实施的有效性，解决现行校长课程领导模式存在的问题。其一，本研究针对普通高中课程实践领域中存在的问题开展研究，是在广泛调查基础上提出的实践模式，对推进普通高中新课改具有一定现实指导意义；其二，本研究构建的课程领导共同体模式，针对普通高中课程管理的实际问题，提出有效课程领导——共同体模式，作为学校课程领导的参照，具有较强的实践指导性；其三，本研究构建的实践运行模式，是针对当下课程领导模式在实践运行中存在的问题和弊端而提出的，具有一定的现实针对性，学校按此模式运行可解决当下课程改革实践中的一些突出问题。

总之，本研究通过实证和理论相结合的方式，构建提高普通高中课程领导实效的共同体模式，旨在能够为普通高中课程领导实践提供现实指导，推动普通高中课程发展，提高新课程改革实施的有效性。

3. 研究条件

第一，研究的主观条件。

从事教育科学研究，需要相关的实践经验背景。本人长期在基础教育一线从事教育教学工作，对基础教育事业有着深厚的感情，对课程领域的实践问题有着切身的体会，对课程领导的问题感受也有一定的敏锐性，这为开展本研究奠定了良好的基础。其一，本人先后从事中小学语文、政治等学科教学工作，具有从小学到初中到普通高中的学科教学经历，亲历了课程改革前后的学科教学的变化。其二，本人从事学科教学的同时，先后从事学校教育教学管理工作，担任一所普通高中教导处主任，担任一所省级示范性高中的副校长，先后负责普通高中新课程改革的实验推进工作，其间对学校课程领导的实践有深刻的体验。其三，2011年开始本人攻读西北师范大学教育博士，在四年学习期间，充实了课程理论和教育研究方法方面的知识，特别是普通高中课程改革实践中的一些问题和困惑，在与导师和同学的交流中有了新的认识。

第二，研究的客观条件。

尽管学校课程领导问题在我国研究的起步较晚，但随着普通高中新课程的实施，许多专家学者围绕课程实施中的问题开展了大量的研究，具有可资借鉴的理论成果。普通高中一线的教育工作者也围绕新课程的实施，在实践层面进行了有益的探索。本研究的开展将在学习已有成果和经验的基础上开展研究。其一，随着新课程改革的实施，三级课程管理的体制为学校课程领导的实施提供了一定的政策空间，我国的部分专家学者已经就课程领导这一领域进行了理论方面的探讨，并把课程领导作为深化新课程改革的重要举措进行实践研究。其二，上海市自2010年开始，把提升课程领导力作为二期课改的重点项目全面推开，在课程领导的理论和实践方面积累了丰富的经验。其三，本人作为研究者，也是一名普通高中的课程领导者，处于学校课程领导的实践在场者，在行动中研究，在研究中行动，"扎根"于学校课程领导的实践，便于紧密结合普通高中的实际开展研究，也有条件开展行动研究。

二、研究的问题与核心概念界定

界定研究的问题与核心概念是展开研究的起步工作，只有明确了研究问题的范围，界定了研究的核心问题才能聚焦问题开展研究。只有对研究问题中的核心概念做出明确的界定，才能抓住问题的本质，厘清概念所涉及的具体问题。

（一）研究问题界定

1. 研究的基本假设

界定研究问题的范畴和提炼研究的核心问题是开展研究的基本前提，任何研究都需要在研究之前予以清楚的界定，以便为后续研究明确方向。在课程论的研究领域，一般的研究更多从理论层面揭示本质和规律，针对实践层面存在的问题，提出策略和建议。本研究将秉持课程研究的实践立场，把研究问题聚焦于课程实践层面，构建普通高中有效课程领导模式。尽管主要采取质性研究的方式，但还需要研究假设作为开展研究的预设性问题。

我国基础教育新课程改革在推进过程中存在许多问题，其中课程实施低效是核心问题，解决这一问题有不同的途径，但有效发挥学校课程领导的作用是根本路径。本研究认为，现行课程领导模式效能较低是导致学校课程实施低效的根本原因，通过构建课程领导共同体模式，能提高普通高中课程领导效能，提高学校课程实施的有效性，促进学校课程发展，这是本研究立论的前提。

普通高中现行的课程领导模式存在一定的问题和弊端，严重影响新课程改革的进一步深化，制约着学校课程发展。根据研究的问题，本书的基本假设是：学校课程领导共同体模式能有效解决课程改革实践中的问题，提高学校课程实施的有效性，促进学校课程发展。根据这一基本假设，课程领导共同体模式的构建基于以下几个假设展开研究。

第一，普通高中现行的课程领导模式是校长课程领导模式和校长与中层主任协调模式，这种模式存在的弊端已经无力解决课程实践中的具体问题，本研究构建的共同体模式能突破这种模式的局限，促进学校课程发展。

第二，课程领导共同体模式能充分发挥课程领导的主体作用，调动共同体成员的积极性和创造性，形成课程领导的合力以促进课程创生，有效促进学校课程发展，提高学校教育教学质量。

第三，学校课程利益相关者都是课程领导的应然主体，通过构建课程领导共同体，为应然主体创造条件，能把应然的课程领导者转化为实然的课程领导者，并能在课程实践中有效发挥作用。

第四，普通高中课程领导共同体模式在实践运行中存在一定的制约因素，本研究根据实践中存在的困难和障碍提出的有效对策，能优化整合各种因素，营造良好的课程文化环境，推进课程领导共同体模式的顺利实施。

2. 研究的主要问题

学校课程领导是一个内容比较宽泛的领域，属于课程论的研究范畴，也是课程论和领导理论两个研究领域中的一个交叉性领域，研究的问题涉及许多相关学科领域，必须对研究的具体问题进行明确界定。本研究是针对普通高中新课程改革背景下课程实践问题的研究，以学校课程领导作为研究主题，目的在于构建有效的课程领导模式，如何构建课程领导共同体模式是本研究的核心问题，通过研究主要解决以下几个基本问题。

第一，现行国内外典型课程领导模式有哪些优缺点？我国普通高中课程领导模式存在的主要问题和弊端是什么？

第二，学校课程领导共同体模式的理论模型具有怎样的特征？如何优化课程领导共同体模式的结构功能？

第三，学校课程领导共同体模式能否在实践中有效实施？影响学校课程领导共同体模式实施的内部因素有哪些？

第四，学校课程领导共同体模式在实践中运行有哪些困难和问题？如何针对可能的问题采取有效策略推进共同体模式？

课程领导是一个多层次的互动系统，与三级课程管理体制相适应，我国课程领导的权责和实践分布于中央、地方和学校三个层级，本研究把课程领导的范围界定于学校层面。

学校课程领导的范围包含了各级各类教育层面，本研究把研究的对象范围界定于基础教育阶段的普通高中（公立高中）。

（二）核心概念界定

本研究的主要问题涉及学校课程领导和共同体两个核心概念，由于课程领导理论发展历史较短，目前理论研究的界定也是众说纷纭。所以，本研究对核心概念的界定没有采用统行的概念，而是在文献梳理的基础上，结合课程实践进行适合于本研究的界定。

1. 学校课程领导

自哥伦比亚大学的帕索（A. H. Passow）教授 1952 年在其博士学位论文 *Group Centered Curriculum Leadership* 中提出"课程领导"概念以后，课程领导逐渐进入研究者的视野。课程领导是用以革新课程管理这一实践问题而提出的概念，课程领导的概念由西方引入，是用以革新课程管理这一实践问题而提出的概念，我国大陆地区课程领导的概念由我国香港、台湾地区的学者引入，国内外学者对课程领导概念的理解尚未统一。兰姆博特（L. Lambert）认为，"领导是指一个团体，它并非个别的领导者（如校长），组织内部的每一个成员都应具备潜能成为领导者，并能行使领导者的权利"①。按照台湾学者蔡清田的观点，广义的课程领导指有领导权责的校内外教育人员，校内课程领导者包含校长、课程主任、教师、课程专家、学科专家，校外课程领导者包含社区人员、教育行政人员、家长等；狭义的课程领导主体特指校长、教导主任、年级主任、教师等学校内部具有特定身份、地位并履行课程领导职能的相关人员。郑先俐指出，"课程领导要引导相关组织和人员做出高层次的课程决策和自我管理，以达到提高教育内容的品质，增进学生学习成效的最终目的"②。也有学者认为，课程领导的目的是提高教师的教学技能，增进学生的学习成效，以达成既定课程目标。

不同的专家学者从不同角度对学校课程领导的本质做了诠释，形成了不同的界定。本书认为，学校课程领导的内涵界定应包含以下取向：一是应该把课程领导界定为领导学校课程发展的行为过程；二是课程领导发生于课程决策、开发、实施、评价等课程实践过程中；三是把课程领导目标定位于促进学校课程发展，包含了课程品质的提升、教师专业发展和学生发展三个方面的目标；四是课程领导的实现需要一定的课程文化创造的实施环境，也需要课程领导者具有一定的专业权威和影响力。

基于以上认识，本研究把学校课程领导的概念界定为：课程领导者在课程事务和课程文化建设中，通过合作、对话、互动等方式相互影响，共同促进学校课程发展，实现提升课程品质、促进教师专业发展和学生发展的过程。学校课程领导在主体、内容、功能和实施方面具有以下特征。

第一，从课程领导主体角度来说，学校课程领导是团体领导，而非个人的领导，是课程领导共同体的一种团体领导行为，所有课程利益相关者都是课程领导共同体中的一员，平等地参与学校课程领导，课程领导重视领导者个人在促进课程发展过程中所起的作用，但更强调领导者组成的团体所发挥的功能，课程领导权力为共同体成员所共享，不同角色身份的课程领导者发挥不同的作用。

第二，从课程领导内容角度来说，学校课程领导通过构建课程愿景，以凝聚力量形成促进课程发展的合力，在课程决策、课程开发、课程实施、课程评价等课程事务方面，课程领导发挥职能作用，同时课程领导在促进教师专业发展、课

① L. Lambert. Building Leadership Capacity in Schools [M]. Alexandria. VI: Association for supervision and curriculum development, 1998: 59.

② 郑先俐，靳玉乐. 论课程领导与学校角色转变 [J]. 河北师范大学学报（教育科学版），2004 (3): 99 - 103.

程资源开发和课程文化建设方面发挥一定的作用。学校课程领导围绕技术层面的课程实施和文化层面的课程文化建设两条主线实施课程领导行为，课程文化反作用于学校课程领导。

第三，从课程领导功能角度来说，课程领导具有引领学校课程改革，提高课程实施有效性，促进学校课程发展的功能。课程领导主动回应课程改革实践提出的挑战和问题，领导学校课程实施者解决存在的问题。课程领导的根本目的是引领学校课程发展，具体课程领导行为将指向于学校课程发展，教师专业发展和学生全面发展，学校课程领导所发挥的功能就在于促进"三个发展"。

第四，从课程领导行为角度来说，学校课程领导是课程领导者发挥专业影响力，在促进学校课程发展的交往实践中，相互影响和相互作用的互动过程。学校课程领导实现的权力源于领导者的影响力，包含了专业权威与道德权威形成的课程领导力，课程领导的具体行为包含了合作、对话、反思等多样化的方式，课程领导者通过发挥影响力实现课程领导。

2. 共同体

共同体是社会学的一个基本概念，最早由德国著名社会学家斐迪南·滕尼斯提出，在不同的语境和话语体系下有不同的解释。从我国语境的词义角度分析，"共同"意为属于大家、公共、彼此都有的，"共同体"是个人在共同条件下组成的"集体"。滕尼斯的话语体系中共同体并不纯粹是人的简单集合，它是建立在共同意志之上为实现共同目标而采取有计划的共同行动，是在人文关怀与心灵契合基础之上，以感情为纽带，以"共同的、有约束力的思想信念"[①] 为共同愿景，具有强大的凝聚力的伦理实体。张志旻认为，"共同体是一个基于共同目标和自主认同，能够让成员体验到归属感的人的群体"[②]。目前对这一概念的界定有以下几种取向。

第一，以群体成员的价值取向为依据的界定。

保罗·霍普认为，建立共同体的关键在于激发民众的"公共精神"，是一种对待他人的基本观点和态度，"公共精神表现为一个人可以不计自己得失，为了他人利益能够随时准备参与更多的地方共同体活动，公共精神既包括思想也包括

---

① 斐迪南·滕尼斯. 共同体与社会 [M]. 林荣远，译. 北京：商务印书馆，1999：71.

② 张志旻，赵世奎，等. 共同体的界定、内涵及其生成 [J]. 科技政策与管理，2010 (10)：14-20.

行为"①。而马克斯·韦伯认为，"共同体关系是指社会行动的指向——不论是在个例、平均或纯粹类型中——建立在参与者主观感受到的互相隶属性基础上，不论是情感性的还是传统性的；结合体关系是指社会行动本身的指向乃是基于理性利益的动机（不论是目的理性或价值理性的）以寻求利益平衡或利益结合"②。

第二，以"共同体"成员间联结方式为依据的界定。

斐迪南·滕尼斯将"共同体"的本质理解为现实的和有机的生命，而将"社会"理解为机械的形态。他认为，"共同体是通过积极的关系而形成的族群，只要被理解为统一地对内和对外发挥作用的人和物，它就叫作一种结合"③。萨乔万尼用社会契约（Social Contracts）来形容法理社会内各成员之间的联结，用社会合约（Social Convenants）来形容礼俗社会内各成员之间的联结。他认为，"法理社会是基于契约的联结，社会合约是基于共同目标和道德观念的联结，而现实中真正的挑战是在社会中建立共同体"④。

第三，以参与者的特征和共同体功能为依据的界定。

有研究者将共同体理解为基于主观上或客观上共同特征，"共同体的存在形式既包括小规模的社区自发组织，也可能指更高层次上的政治组织，而且还可能指国家和民族这一最高层次的总体，即民族共同体或国家共同体；既可指有形的共同体，也可指无形的共同体"⑤。随着公民社会的发展，大量独立性和自治性较强的功能性共同体参与社会管理和公共服务，功能性的共同体具有异质性与包容性的特点，"它能够将各种具有不同功能的共同体联合起来，从而使共同体的功能得以有效的发挥"⑥。功能性共同体广泛地参与到教育、环保、社区、文化等各个领域，成为公民社会成长不可或缺的动力源，也为共同体注入了新元素。

随着经济社会的发展，原始意义的共同体在社会发展的浪潮中逐步消融于现代文明之中，当代意义的共同体进入人们的视野。尽管当代意义的共同体呈现出不同于传统意义上的共同体，存在不同的发展形势，但并不是任何一个群体或组

---

① ［英］保罗·霍普. 个人主义时代之共同体重建［M］. 沈毅，译. 杭州：浙江大学出版社，2010：7.

② ［德］马克斯·韦伯. 社会学的基本概念［M］. 顾忠华，译. 南宁：广西师范大学出版社，2005：54.

③ ［德］斐迪南·滕尼斯. 共同体与社会：纯粹社会学的基本概念［M］. 林荣远，译. 北京：北京大学出版社，2010：45.

④ Thomas J. Sergiovanni. Building Community in Schools［M］. San Francisco：Jossey–Bass，1994：48.

⑤ ［英］齐格蒙特·鲍曼. 共同体［M］. 欧阳景根，译. 南京：江苏人民出版社，2003：1.

⑥ 李慧凤，蔡旭昶. "共同体"概念的演变、应用与公民社会［J］. 学术月刊，2010（6）：19-25.

织都能成为真实的共同体。本研究认为，共同体具有三个基本要素：一是共同目标，它是共同体生成的前提；二是身份认同，它是共同体生成的基础，是自我身份的一种追问和确认；三是归属感，它是共同体生存和发展的基础，是共同体成员对群体的一种心理依赖和情感寄托。

综合以上分析，本研究把共同体的概念界定为：具有相同特质的成员为实现共同愿景，在权力和责任共享的基础上，遵守共同规则相互交往而形成的具有归属感的团体或组织。

实践中存在的各种形式的共同体具有共同体的形式，而不具备共同体的精神实质，相当于"准共同体"。只有具备一定的条件，形式上的组织才能成为真正的共同体，共同体具有以下内涵。

第一，依规则运行。一个松散的个人集合体并非共同体，一个真正的共同体，是在自愿基础上组织起来并由协商建立的、有规则运行的团体。共同体成员彼此信守诺言，地位平等，相互尊重，共同遵守维系共同体发展的各项基本行为准则。

第二，民主平等的价值取向。真正的共同体是杜威（John Dewey）所提出的民主共同体，共同体成员之间具有平等的身份和地位，平等地享有利益资源，权力共享，责任共担，成员之间的交往没有等级形成的差别，能在一个平台上共同交流对话达成共识。

第三，共同的愿景目标。愿景是一种愿望、理想、远景或目标，是组织的凝聚力所在，组织成员以共同的愿景目标为追求，依靠规范、意图、价值、权利均等和自然的相互依赖来控制。

第四，共同体成员的情感归属关系。亲密的情感关系是共同体内人际关系的基础，表现为成员之间的互相依存、信赖和接纳的心理，共同体成员对所隶属的团体心理和情感上具有一定的归属感和认同感。

3. 学校课程领导共同体

课程领导是课程理论与领导理论并行交融发展的结果。美国著名教育政策学家达琳－哈蒙德（Darling－Hammond）认为，"学校、家庭与社区紧密联系，形成共同体，是构成支持儿童成长的关系系统的必要途径，也是深入了解儿童的重要途径"[①]。共同体概念被引入教育领域，形成了学校共同体、教师专业发展共

---

① Darling－Hammond. The Right to Learn：A Blueprint for Creating School That Work. Jossey－Bsaa，John Wiley and Sons Inc.，1997：144.

同体、班级共同体和学习共同体。加拿大著名教育学家迈克尔·富兰（Michael Fullan）在《改革的力量——透视教育改革》中呼吁"把学校从一个官僚主义机构转变为一个兴旺的学习者的共同体"①。

现有文献显示，国内只有两位学者对课程领导共同体的概念做过界定，其他的相关研究，仅仅是把"共同体"的概念引入学校课程领导，并没有专门对学校课程领导共同体进行专门界定。钟智在其硕士学位论文中把学校课程领导共同体界定为"与学校课程相关的校长、教师、学生、家长、社区人员及其他人员组成一个集合体，在愿景共享的前提下，对课程进行民主决策，创造优质的学校课程，提升学校课程品质，促进学生、教师与学校的发展"②。刘莹和罗生全在《课程领导共同体的实现机制》一文中指出，"课程领导共同体是围绕课程问题，校长、教师、学生、家长、社区人员及其他课程利益相关者，在共享的愿景和价值观的感召下，为提升课程品质，促进学校、教师和学生发展，通过民主参与、体验共享、合作对话和实践反思等方式，最终形成的领导集合体"③。

学校课程领导共同体包含着两个概念体系，一是学校课程领导，二是共同体。但学校课程领导共同体绝不是这两个概念的"联合"或"嫁接"，而是一个整体概念，学校课程领导与共同体两个概念的内涵上具有密切的关联性。从学校整体而言，学校本身是学习型组织，是一个共同体；对于学生而言，学校是一个学习共同体；对于教师而言，学校是一个专业实践共同体。学校课程领导共同体模式就是基于学校是一个学习共同体的理论而建立。

学校课程领导本质上是课程实践的一种方式，学校中的每一个成员都与课程实践相关，都是课程利益相关者，是应然的课程领导主体。因此，从课程领导参与主体的角度而言，学校是一个课程领导的共同体。学校课程领导共同体包含着三层含义：其一，把学校视为一个课程领导的共同体；其二，按照共同体的模式来构建学校课程领导理论；其三，基于共同体的模式来实施学校课程领导。

综上分析，本研究把学校课程领导共同体的概念界定为：学校课程利益相关者组成的课程领导集合体，在权责和愿景共享的前提下，通过民主参与、平等对话、合作交流等方式相互影响，促进学校课程发展的过程。这一界定具有以下特定的内涵：其一，课程领导共同体是由学校课程利益相关者共同构成的团体，这

① ［加］迈克尔·富兰. 改革的力量——透视教育改革［M］. 北京：教育科学出版社，2004：54.
② 钟智. 构建学校课程领导共同体之研究［D］. 上海：华东师范大学硕士学位论文，2006：5.
③ 刘莹，罗生全. 课程领导共同体的实现机制［J］. 教育理论与实践，2012（23）：41－43.

个团体包含了校长、教师、学生、家长、社区人员、专家学者及其他与课程发展相关的人员形成的一个集体；其二，学校课程领导共同体具有共享的课程愿景和共同的目标追求；其三，学校课程领导者在平等沟通交流的互动氛围中，通过民主参与、合作共享、对话交流和实践反思等方式参与课程领导；其四，共同体成员为达成课程发展目标努力，在课程决策、课程规划设计、课程实施和课程评价的实践中共同参与课程领导，最终实现提升学校课程品质，促进教师专业发展和学生发展的目的。

4. 模式

模式（pattern）是解决某一类问题的方法论，是把解决某类问题的方法经过理论概括形成的体系。在某个领域中解决某类问题的方式达到逐渐成熟状态，解决这类问题的方式方法就形成一定的模式。模式是在一定理论指导下形成的解决问题的一种相对固定的路径，就某类问题形成一定的模式，可以为行动者提供问题解决的思路，并按照模式的程序要求和思路快速制订出一个良好的设计方案，模式也能为同类问题的研究提供一种参照性框架。

模式强调的是形式上的规律，而非实质上的规律，是从不断重复出现的事件中发现和抽象出解决某类问题的操作性策略和问题解决方式，是一种认识论意义上确定的思维方式和实践策略的有机结合。本研究认为，模式是运用理论指导解决实践中某一类问题的经验总结。在社会科学研究中，模式有理论模式和实践模式，前者更倾向于理论的建构，后者更倾向于实践操作策略。本研究构建的课程领导共同体模式，包含了理论和实践两方面的内涵。

三、研究的设计与实施

（一）思路与方法

1. 研究思路

构建课程领导共同体模式是本研究的基本目标，作为一种课程领导的实践模式，必须具有一定的理论基础；作为一种理论构建，必须源于实践。为此，本研究坚持理论与实践相结合的取向，坚持从理论到实践再从实践到理论的认识论路线，围绕研究的目标，按照以下思路展开研究。

第一，通过分析国内外研究文献，对学校课程领导共同体模式相关研究成果进行系统梳理，形成课程领导共同体模式构建的理论基础。

第二，根据学校课程领导共同体模式构建的设想，在相关学科领域寻找理论依据，明晰课程领导共同体模式构建的理论依据。

第三，分析国内外现行课程领导模式的存在形态和优劣，深入样本校实践场域，对普通高中现行课程领导模式现状进行调查研究。

第四，根据相关理论，紧密结合普通高中实际，对学校课程领导共同体模式进行理论构建，分别从宏观学校层面、中观学科组层面、微观课堂层面的课程领导共同体进行分析，并从课程领导共同体模式的运行机理出发，分析影响实施的因素。

第五，在样本校开展行动研究，在实践中验证课程领导共同体模式，对课程领导共同体模式在实践中运行可能存在的困难和挑战进行实证调查。

第六，基于现状的调查和研究者多年从事学校课程领导的实践经验，提出普通高中课程领导共同体模式在实践中有效运行的实施对策。

基于以上思考，本研究按照现行模式分析、共同体模式构建和共同体模式实施三个基本环节开展研究，研究的基本框架如图 1－1 所示。

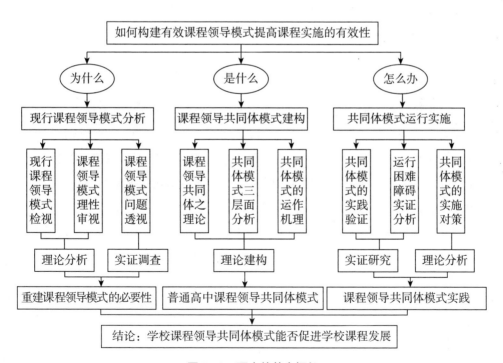

图 1－1　研究的基本框架

2. 研究方法的选择

对一项社会科学研究，方法的选择比问题解决更重要。"具体选择什么样的方法应该根据具体研究的问题、研究目的、研究的时空情境和研究对象等因素而定"①。社会科学研究中主要有"量的研究"和"质的研究"两种范式，二者在指导思想、关注焦点及操作手段上都存在着一定的差异。不同研究范式的取向不同，具体研究的路径和方法也有别。"没有理论的具体研究是盲目的，而没有具体研究的理论是空洞的"②，本研究是课程实践领域关于学校课程领导模式研究，在研究取向上以质的研究为主。

质的研究是以研究者本人作为研究工具，在自然情境下采用多种资料收集方法对社会现象进行整体性探究，使用归纳法分析资料和形成理论，通过与研究对象的互动对其行为和意义建构获得解释性理解的一种活动。陈向明认为，质的研究注重对研究对象做后实证的、经验主义的考察和分析，强调的是自然主义的传统，注重对研究结果的"真实性"和"可靠性"进行探究。它要求研究者对研究对象进行"解释性理解"，强调的是阐释主义的传统，关注研究者与被研究者之间的主体间性和"视域融合"③。质性研究的方法有许多种，本书认为扎根理论和行动研究的方法更契合本研究问题的特点和研究目的，也符合研究者本人长期从事课程实践的实际。在具体的研究实施过程中，本人既作为研究者又作为课程领导实践的行动者以"双主体"的身份参与研究和实践。

第一，扎根理论。

扎根理论（Grounded Theory）以研究者深入教育现场进行实地研究，从事件和事实发生的现场收集资料，总结经验提升理论。扎根理论的研究方法是一种面向实践、来自实践、为了实践的理论生成与建构形式，关注的不是思辨研究的纯理论性问题，也不是实证研究的纯科学性结论，关注实践基础上经验的总结和规律的探寻，选择这一方法基于以下考虑。

其一，扎根理论符合本研究的目的。"扎根理论是一种研究的方法，或者说是一种质的研究风格"④，其主要宗旨是在经验资料的基础上建立理论。长期以

① 陈向明. 质的研究方法与社会科学研究 ［M］. 北京：教育科学出版社，2003：3.
② 布迪厄，华康德. 实践与反思——反思社会学导引 ［M］. 李猛，等译. 北京：中央编译出版社，1998：214.
③ 陈向明. 质的研究方法与社会科学研究 ［M］. 北京：教育科学出版社，2000：7－8.
④ 徐宗国. 质性研究概论 ［M］. 台湾巨流图书公司，1997：56.

来，我国教育研究领域存在着理论与实践脱节的问题，理论与实践分别存在于两个不同的世界，彼此无法融合为一个整体，扎根理论的研究方法追求同时达到理论性与实践性。本研究是基于课程实践的研究，核心任务是要构建一种有效的课程领导模式，理论的构建和实践的运行都必须从实践中寻求支撑，而课程实践的问题只能依靠实践行动的经验而获得有效的解释。

其二，扎根理论符合本研究的情景。课程领导不仅是一种手段、方法和策略，也是一种态度和历程，是课程领导共同体成员民主平等的互动过程，课程领导的这种特性决定了扎根理论应成为学校课程领导研究的生长点。学校课程领导具有一定的情景性，不同学校的课程领导具有与特定环境相适应的模式，扎根理论研究的系统性、敏感性、创意性的特点有助于某一环境中"微型理论"的建构。本人始终在课程领导实践的现场工作，以实践体验者和行动研究者的双重身份浸泡在研究对象的现场，能随时把握研究对象场域中的各种变化，便于随时捕捉发生在身边的课程现象，并能追踪了解课程事件和问题背后的原因。

其三，扎根理论的方法要求与本研究设计吻合。扎根理论是质化研究方法中的一种方法，强调"从行动中产生理论，从行动者的角度建构理论"[①]，在经验的基础上建构理论。本研究构建的课程领导共同体模式是在本人长期的教育实践中总结经验的基础上构建的理论，与扎根理论倡导"面向实践、来自实践、为了实践"生成新理论的理念完全一致。扎根理论是一种螺旋式的由现场到理论，由理论到现场的循环往复的过程，收集资料主要是采取开放式访谈、文献分析、参与式观察等方法，构建课程领导共同体模式的路径和方法设计与扎根理论方法的要求完全吻合，主要采用的也是访谈、观察和文献分析的方法，路径设计也是从现场到理论，从理论到现场的研究过程。

第二，行动研究。

行动研究是多种研究方法继融的结果，以复杂多变的问题情境为研究对象，坚持文化主体的立场，承认有主客之分也倡导主客互动，通过对话获得情境理解，尊重事实的同时也强调理解。行动研究旨在行动，是在实践中发现问题，而后提出改进措施，并回到实践中再研究。行动研究是针对特定的情景、特定的地域文化的实践活动和研究活动，问题的解决也总是在特定的情境之中，通过教师

---

① Glaser, B. & Strauss, A. The discovery of ground theory strategies for qualitative research [M]. Chicago, IL: Adline, 1967: 10.

自身持续的反思和探究寻求答案，本研究选择行动研究的方法基于以下思考。

其一，本研究的目的与行动研究的特点相符。行动研究具有"直面实践"的特性，需要研究者深入实践，成为行动者，在行动中研究，在研究中行动。本研究旨在通过实践构建理论模式，是以研究者本人作为研究工具，本人作为学校的一名课程领导者，主要的工作就存在于课程领导的实践场域，而且从事课程领导工作，成为研究的"在场者"，便于结合自身的实践进行批判性反思，也有利于面对实践中的具体问题构建理论，行动研究的特点符合本研究目的。

其二，本研究构建的理论需要实践。行动研究要求教育工作者研究他们的实践及实践的逻辑关系，把研究结果与当前的实践进行比较。行动研究的出发点来自实践，是为了改变实践的研究，是针对实践中的问题开展研究，最终归属仍然是实践。不管理论的建构多么完美，必须以实践为依托，在实践中生成理论的线索。本研究构建的课程领导共同体模式基于课程领导实践的需要，基于实践中现实存在的问题，通过反思性实践不断修正理论，行动研究的实践性与本研究的旨趣完全一致。

其三，本研究构建的理论模式需要在行动中验证。本研究构建的学校课程领导共同体模式是理论与实践相结合的产物，尽管基于实践，但理论模式毕竟与现实有一定的差距，需要在实践运行中进行验证，并通过反思性评价进行修正完善。这一过程就需要运用行动研究的方法，把理论模式应用于课程领导的实践场域中进行检验，发现存在的问题不断进行调整和完善，修补理论模式方面的不足。

第三，个案研究。

本研究对普通高中课程领导模式的研究采取个案研究的方式，沿着"寻求个案背后的问题，寻求问题背后的价值"的认识路径展开研究。

个案研究（Case Study）指采用各种方法，搜集有效、完整的资料，对单一对象进行深入细致的研究过程。通常个案研究是对特定的人、事、物所进行的描述和分析，研究对象可以是一个人、一个机构、一个社会团体等。个案研究以系统的方式对个体、个别事件或案例做深入的研究及调查，结合主观评判试图用推理方式解释、分析事实资料，提出解决问题的方案或策略。个案研究不是以质化与量化研究来划分的，而是以研究对象的单一性来界定，被看成是自然主义的、描述性的、质化的研究，与实证主义的、验证性的、量化的研究相对应。

个案研究是通过对单一的研究对象进行深入具体的调查与认真细致的分析，

来认识个案的现状或发展变化过程的研究方法。① 教育是实景场域中真实而独特的问题，教育问题具有强烈的实践性，可以用"解剖麻雀"的方法来进行研究。斯塔克（Stake，R. E.）认为，个案研究法包括本质性个案研究、工具性个案研究和集体性个案研究三种类型。本质性个案研究，即了解一个特殊个案的本身情形，并不涉及其他利害关系，也不需要了解其他个案或有关推论的问题。工具性个案研究，即研究特殊的个案，目的在于试着借由了解一个特殊个案以作为了解其他特殊个案的工具。集体性个案研究，即选取多重个案进行比较。本研究无法对全国范围内的普通高中展开研究，行动研究和扎根理论的方法也只能在有限的范围内开展研究，本研究选择了个案分析的方式。为便于比较和相互印证，保证研究结果的可靠性，本研究把研究对象进一步聚焦，选取了甘肃省 Z 市区域范围内的三所普通高中作为个案学校。

此外，本研究通过文献资料阅读，梳理了相关研究的成果，为课程领导共同体模式的构建奠定了理论基础。本研究参阅了课程领导研究领域的期刊文章和相关学位论文，扩展了理论视野，明晰了研究思路，借鉴了许多学者的研究成果。

（二）研究的实施

1. 样本的选择

本研究以质性研究的方式为主，采取个案的方式开展实践研究，在样本的选取过程中没有采用随机抽样的方式，而是考虑到研究的需要和行动研究的便利，采取目的性抽样（Purposive Sampling）——根据研究的目的选择有可能为研究问题提供最大信息量的样本，三所个案校的基本情况如下。

·E 校简介

E 校始建于 1956 年，1998 年 8 月 Z 市高中结构布局调整，E 校整合 Z 市所在城区三所高中的教育资源，创建为独立的普通高中。2002 年 8 月，学校创建为省级示范性高中，隶属于 Z 市所在的 G 区管辖。学校占地 128 亩，建筑面积 4.8 万平方米。现有学生 3600 多人，教职工 312 人，省级骨干教师和学科带头人 36 人，高级教师 142 人，研究生学历教师 30 人。教育教学设施齐全，馆藏图书 19 多万册，有理、化、生等试验室和通用技术教室，且均按照示范性普通高中标准配备，音乐、美术、舞蹈专业教室和计算机室、电子阅览室等设施完备，多媒体

① 温忠麟. 教育研究方法基础 [M]. 北京：高等教育出版社，2004：6.

教室完全满足学校发展需要，建有精品课录播室和校园电视台。学校逐步树立了"让每一个学生都成才，让教师发展学校"的办学理念，坚持科研兴校的办学思路，承担国家和省级多项科研课题，28项科研成果获得国家级、省级奖励，编辑出版校本教材30册，省级出版教学类专著10余部，学校也被评为"全国科研兴教先进单位"。

·Z校简介

Z校创建于1917年，是甘肃省原24所省级重点中学之一。2001年Z市普通高中资源整合，与原Z市一所普通中学重组新建，2004年创建为甘肃省示范性普通高中，是一所市直中学，隶属于Z市管辖。学校现占地面积110亩，校舍建筑面积5.2万平方米。72个教学班级，在校学生3600多名，教职工304名。特级教师2名，高级教师146名，硕士研究生42名，市级以上骨干教师、教学能手、学术学科带头人79名。学校建有400米标准塑胶运动场，建有标准化的心理健康教育中心，各类文体设施齐全，理化生实验室、微机室、多媒体教室、学术报告厅、阶梯教室等教育设施达到了全省领先水平。学校坚持"一切为了学生的主动发展"的办学理念，着力打造"人文情怀卓越教育"特色品牌学校，从理念、环境、管理、行为等方面进行文化建设，彰显了"文化育人，书香内质"的文化特色。学校先后荣获"全国教育系统先进集体"和"省级文明单位"等6项国家级和40多项省市级荣誉称号，近年来，先后有32项课题获省市科研成果奖，46名教师在省市优质课评比中获奖，65学生在奥赛、科技创新大赛中获奖。

·S校简介

S校是2003年6月在一所中等师范学校的基础上创办的全日制普通高中，是一所市直中学，隶属于Z市管辖。学校改办高中以来，沿着"优势项目—特色学校—名牌学校"的发展道路，以全新的教育理念为支撑，发挥中师办学的传统优势，构建了"办学有特色，教学有特点，学生有特长"的高中办学模式。学校占地面积98亩，建筑面积3.3万平方米，其中教学用面积1.8万平方米。55个教学班级，在校学生3100人，学校现有教职工228人，其中特级教师2人，省级学科带头人3人，高级称职教师57人，硕士研究生17人，省、市级骨干教师及学科带头人28人。学校实行学校领导宏观调控指导，职能部门分担责任，年级组、学科组实施终端管理，督导室进行外围督察的"四维"管理模式。学校以提高教育教学效益为重心，实行工作目标责任制、部门问责制和教学预警制。学校以提高课堂教学质量为中心，构建了"双领三清"教学模式，"双领"即

"两案引领""高效课堂引领";"三清"即堂堂清、天天清、月月清。各学科教学坚持"低起点、严要求、稳步走、高效率"的原则,培养学生良好的学习习惯,采取坚持"五定一有"校本教研模式,细化教学科研工作。

学校所有的教职员工都是应然的课程领导者,三所样本学校教职工的构成情况如表1-1所示。

表1-1 样本校教职工构成情况统计

样本校	校长		中层主任		学科组长		教师		教辅工勤人员		合计
	人数	百分比	人数	百分比	人数	百分比	人数	百分比	人数	百分比	人数
Z校	7	2.3%	20	6.6%	36	12%	187	62%	51	16.9%	301
S校	6	2.6%	24	10.5%	34	14.9%	128	56%	36	15.8%	228
E校	5	1.6%	27	8.5%	39	12.3%	161	50.6%	86	27%	318

2. 资料收集的过程与方法

课程领导问题是一个复杂的理论和实践问题,需要广泛收集资料,在分析资料的基础上进行理论建构。扎根理论(Grounded Theory)要求研究者脚踏实地去教育现场进行实地研究、收集资料、分析资料和提升资料,从资料中提升理论。本研究综合运用了以下方法收集和分析资料。

第一,访谈法。

访谈法是研究者通过口头谈话的方式就研究领域的一些问题与相关知情者进行交流,并从被研究者那里获取资料进行分析的一种研究方法。本研究的实证部分主要通过访谈收集资料。两年多来,笔者始终与一线教师和领导工作在一起,在课程领导实践中,几乎每天都在与研究对象场域中的教师、学生和相关领导在合作中开展实践,积累了大量的资料,访谈是本研究最主要的收集资料的方法,每一项行动研究都以大量的访谈案例作为资料进行分析,访谈样本如表1-2所示,访谈代码如表1-3所示。

表1-2　三所样本学校不同课程领导者访谈样本分布

样本校	校长		中层主任		学科组长		教师		教辅管理人员	
	样本数	百分比	样本数	百分比	样本数	百分比	样本数	百分比	样本数	百分比
Z校	4	50%	6	46.1%	8	53.3%	24	42.1%	3	42.8%
S校	2	25%	4	30.8%	4	26.7%	20	35.1%	2	28.6%
E校	2	25%	3	23.1%	3	20%	13	22.8%	2	28.6
合计	8	100%	13	100%	15	100%	57	100%	7	100%

表1-3　访谈代码

学校		受访者类别		编号	受访者学科	
学校	代码	课程领导主体	代码		学科特征	代码
S校	S	校长（Head master）	H	1-8	语文（Chinese）	C
Z校	Z	主任（Director）	D	1-13	数学（Mathematics）	M
E校	E	学科组长（Discipline leader）	DL	1-15	英语（English）	E
		教师（Teacher）	T	1-57	文综（Integrated Art Course）	IA
		学生（Student）	S	1-20	理综（Integrated Science Course）	IS
		家长（Parents）	P	1-20	艺术（Art）	A
		管理人员（Managements）	M	1-16	体育（Sports）	S
					通用技术（General Technology）	GT

第二，问卷法。

在同一问题的资料收集方法上采取两种方法可以获得更为准确的解释，正如陈向明所言："在同一项目中使用两种不同的研究方法，可以同时在不同层面和角度对同一问题进行探讨，为研究设计和解决实际问题提供更多的灵活性，不同方法可以相互补充，共同揭示研究现象的不同侧面"①。本研究把问卷调查法作为一种辅助收集资料的方法，为访谈提供数据支持，并通过访谈印证问卷调查结果。在研究过程中以校长、中层主任、学科组长、教师四类主体为主要调查对象，对影响课程领导实施的因素进行了问卷调查，统计信息如表1-4和表1-5所示。

表1-4　三所样本学校问卷调查信息统计

样本校	人数	发放问卷（份）	实收问卷（份）	有效问卷（份）	有效率（%）	样本量比（%）
Z校	301	150	136	114	76%	36.5%
S校	228	120	108	93	77.5%	29.8%
E校	318	160	124	105	65.6%	33.7%
合计	847	430	368	312	100%	100%

表1-5　不同类别课程领导者有效问卷分布统计

样本校	有效问卷	校长		中层主任		学科组长		教师	
		样本数	百分比	样本数	百分比	样本数	百分比	样本数	百分比
Z校	114	5	41.7%	12	40%	31	39.7%	78	40.6%
S校	93	3	25%	10	33.3%	20	25.6%	54	28.1%
E校	105	4	33.3%	8	26.7%	27	34.7%	60	31.3%
合计	312	12	100%	30	100%	78	100%	192	100%

第三，观察法。

观察法是研究者通过感官或借助于一定的科学仪器，根据研究的目的和特定条件，有目的、有计划地考察和描述客观对象，为分析事物发展变化规律收集研究资料的一种方法。本研究采取参与观察的方式，深入课堂、教研活动、会议、

---

① 陈向明. 质的研究方法与社会科学研究 [M]. 北京：教育科学出版社，2000：472-473.

课程实施和课程领导实践的现场，通过参与式观察搜集了所需要的资料。

3. 信度与效度的控制

研究的信度也称研究的可靠性，"是指研究结果与研究的其他部分（包括研究者、研究的问题、目的、对象方法和情景）之间的一致性程度"①。个案研究中的效度是指"研究结果的有效性和研究能够实现其目的的程度"②。尽管质的研究不多考虑研究的信度和效度问题，个案研究的结果只适应于解释特定情景中的问题，不具有普遍类推性。但作为社会科学研究，作为代表本人学术水平的博士研究论文，本人在研究的过程中还是始终考虑研究的客观性和知识性，经常提醒自己一定要"逼近"真实，使研究的结果与真实存在的客观实际尽其所能地保持一致。在研究的过程中，始终遵循研究的客观性规则，力求研究过程与期望结果一致，研究的内容方法与客观一致。为确保研究结果的真实性和一致性，本书在研究中做到了以下几点。

第一，对事实的评价避免主观偏见。

在质性研究中，研究者本人作为研究工具，在研究现场收集资料。但本人作为研究者在个案学校也是课程领导的实践者，由于笔者太熟悉研究环境，很容易被社会化，失去对问题敏锐的触角，对研究现象的变化理所当然地视为正常现象。对课程领导实践中的问题也容易形成"先入为主"的思维定式，对有些问题分析思考不可避免地带有主观意识和情感倾向，从而使研究的结果带有主观偏见。为避免这一现象，笔者在研究的过程中，把所有收集的资料和推断的结果拿出来与同行进行交流，通过他们的"局外"判断和评价进行了"校正"。

第二，以三角互证法确保客观真实。

要保证研究结果的客观真实，就必须使用不同的方法收集不同来源和形态的资料。三角互证是定性研究中保证信度和效度的主要方法，其基本原则是从多个视域收集有关事件确保信息的真实有效，让不同的人去分析评价同一现象、问题或方案，并比较不同来源的信息，以确定它们是否能相互证实，以此来验证资料的真实性。本研究对每一项问题的研究都通过问卷调查、访谈和文本分析三方面收集资料，并对验证同一问题的三类资料进行相互比对，以鉴别信息和资料的真实性，相互印证推断的结果，以提高研究的信度和效度。

---

① 陈向明. 教师如何做质的研究 [M]. 北京：高等教育出版社，2001：6.
② 董奇. 心理与教育研究方法 [M]. 北京：北京师范大学出版社，2004：110.

第三，遵循研究过程的基本要求。

扎根理论研究期望以其严谨的、系统化的程序及其方法论中的演绎归纳思考策略来达到弥补一般质性研究存在的信度偏低、观察偏差、资料琐碎、不易系统化、观察情境限制等缺陷。[①] 在研究过程中，笔者尽量从多元渠道获取信息，并对研究的资料进行多次编码，修正完善编码系统，以确保研究的效度。笔者穿梭于三所样本学校之间，围绕研究中的具体问题与学校领导、师生、家长等研究对象进行攀谈聊天，对一些与研究问题关联度较高的话题，寻找合适的机会进行跟踪调查，就问卷调查的结果，与不同课程领导主体进行验证性访谈，分析现象背后的原因。

---

① 周海银．扎根理论：学校课程管理研究的生长点［J］．全球教育展望，2007（3）：50－53.

第二章　文献综述

学校课程领导的相关研究，国内外学者和教育实践工作者已经开展了诸多的理论研究和实践探索，而学校课程领导共同体模式的研究刚刚起步，本研究旨在构建学校课程领导的共同体模式，需要学习借鉴国内外相关研究成果。为本研究寻找拓展的空间，本部分在系统梳理相关研究脉络的基础上，从学校课程领导、课程领导共同体、学校课程领导模式三个层面进行文献分析，以比较的视角对国内外已有研究成果进行简要述评。

一、学校课程领导的相关研究综述

学校课程领导的相关研究涉及内涵、功能、职责、角色等基本问题，也涉及学校课程领导实施的现状、问题和对策。比较而言，西方国家在这方面的研究成果比较丰富，而国内的研究处于探索阶段。

（一）学校课程领导内涵界定

课程领导的概念是美国课程理论研究中常用的术语，由我国港台地区的学者引入大陆。尽管国内外文化背景不同，对学校课程领导内涵理解存在差异，但都从不同侧面揭示了课程领导的本质。

1. 对课程领导内涵界定的不同视角

第一，国外倾向于从功能角度揭示学校课程领导内涵。

格拉索恩（2002）指出，"课程领导重视作用而非角色，令机构的每一个人（包括教师、学生等）都能达到目标。课程领导应让学生发展多元智能，照顾个别差异并对大部分学生提供优质的课程"[①]。这一界定，把课程领导指向于课程

---

① 黄显华，徐蒋凤，朱嘉颖．校本课程发展下课程与教学领导的定义与角色［J］．全球教育展望，2002（7）：49－56.

领导实现确保学生学习品质的目标。萨乔万尼也认为，"课程领导是为学校成员提供必要的基本支持与资源，进而充实教师的课程专业知能，发展优质学校教育方案，促进教师间的交流与观摩，促进学校形成合作与不断改进的文化，最后发展学校成为课程社群，达成卓越教育的目标"①。如上所述，国外学者从课程领导发挥促进学校课程发展的角度理解课程领导，把学校课程领导的功能定位于学校课程和学生发展。

第二，国内研究倾向于从互动过程解释课程领导的内涵。

台湾学者高博诠认为，"课程领导是一种存在于学校组织中、校长与师生间相互作用的活动，是一种持续变化、充满活力的互动过程，也是课程领导者和教师在校内围绕课程问题的互动过程"②。而学者于泽元认为，"学校课程领导是在学校情境下课程领导者影响教师参与课程发展的历程，通过这一历程，促进教师参与课程改革的动机，提升教师参与课程改革的能力，以达到促进学校课程发展，使学生更有效学习的目标"③。也有学者认为，课程领导是课程领导者在特定的课程实施场域，通过发挥自身的影响力和信赖权威，在互动合作中实现课程领导的行为过程。可见，国内学者把课程领导视为一个在课程实施过程中，课程领导者与追随者相互影响的互动过程。

第三，国外倾向于从组织行为学的角度理解。

课程管理的概念最初产生于美国，受"泰勒原理"管理主义性格的直接影响，课程领导强调借助行政权力线性管理和层级监控。如，萨乔万尼就教育中存在"管理主义"倾向和实践中的"管理秘诀"进行了批判，罗伯特·G.欧文斯从组织学角度出发，指出了课程领导的特征："坚持等级式的管理和对低层人员的监管；确定和保持适当的垂直交流；制定明确的书面规章和程序以确定标准和指导行为；颁布明确的计划和日程，以供参与人员遵守；在组织等级体系下增加监管人员和行政人员"④。这一界定，明显带有行政监控和管理的倾向，体现了西方管理主义性格对课程领导的影响。

第四，国内从课程管理的视角界定课程领导。

---

① 黄显华，朱嘉颖. 一个都不能少——个别差异的处理 [M]. 台北：师大书苑，2002：31 - 32.
② 高博诠. 课程领导的理念与策略 [J]. 教育研究月刊，2001（8）：59 - 65.
③ 于泽元. 课程改革与学校课程领导 [M]. 重庆：重庆大学出版社，2006：119.
④ ［美］罗伯特·G. 欧文斯. 教育组织行为学 [M]. 窦卫霖，等译. 上海：华东师范大学出版社，2001：56 - 99.

国内课程领导的理论与实践都受传统课程管理思想的影响，我国学者更多地从课程管理的角度界定课程领导的内涵，并引起了一些争议。张华认为，与课程管理的理念不同，"课程领导强调对既有课程体系和教育制度的改革与创新，强调所有课程利益相关者（Curriculum Stakeholders），即行政领导者、教师领导者、学生领导者、家长领导者、社区领导者及其他潜在领导者，合作进行课程决策与创新，强调领导者的道德权威（Moral Authority）"①。也有学者认为，"课程领导属于课程管理的范畴，是课程管理的一个重要职能"②。靳玉乐认为，"课程领导是用以革新课程管理（Curriculum Management）这一提法的新术语，是一种新的管理理念，可以用课程领导这一概念取代课程管理"③。钟启泉也认为，课程领导所提倡的管理新理念，"意在摆脱历来的管理思想——自上而下的官僚体制的监管和监控"④。甚至有学者认为，国内对"课程领导"的使用，只不过是对以前所使用的"课程管理"一词的简单替换。

综上所述，国外研究倾向于从课程工艺学的角度出发，从功能层面解释学校课程领导的内涵，而国内学者更多从课程领导的过程解释。学校课程领导"脱胎"于课程管理，国内外关于课程领导内涵的解释都受课程管理思想的影响，尤其是国内的理解和实践尚未摆脱课程管理思想的束缚。

2. 课程领导层次的划分

由于国内外文化背景的差异，对课程领导层次的理解存在一定的差异。按照格拉索恩对美国课程领导的层级是按"州、学区、学校、教室"从上到下四个层面进行界定。我国在新课程改革三级课程管理体制的背景下，大部分学者认为与课程管理体制相对应，每个层面也都存在课程领导，并且相互影响。也有学者认为，学校课程领导存在全校层面与教室层面两种层级。但也有学者从把学校内部的课程领导按照课程领导主体划分为"校长、教务主任、科组长、年级组长、班级教师的课程领导"⑤。国内外学者对课程领导层次界定的区别，源于不同国家的学校管理体制和文化背景。

---

① 张华. 论课程领导 [J]. 教育发展研究，2014（2）：2.
② 李定仁，段兆兵. 试论课程领导与课程发展 [A]. 第五届海峡两岸课程理论研讨会论文集 [C].
2003：59 - 60.
③ 靳玉乐，赵永勤. 校本课程发展背景下的课程领导：理念与策略 [J]. 课程·教材·教法，2004
（2）：8 - 12.
④ 钟启泉. 从"课程管理"到"课程领导" [J]. 全球教育展望，2002（12）：24 - 28.
⑤ 韩春梅. 在校本课程开发背景下校长的课程领导 [D]. 北京：首都师范大学硕士学位论文，2005：18.

（二）课程领导的职能与实践

由于文化背景的不同和课程领导实践程度的差异，国内外专家学者对学校课程领导功能的理解尽管存在一定的差别，但近年来已从差异中逐步走向共识，只是对课程领导任务角色的定位有不同的界说。

1. 对课程领导职责与功能的界定

国内外学者对学校课程领导促进课程改革和课程发展方面的意义，认识统一，主要观点趋向一致，但职责界定有别。格拉特索恩（Allan A. Glatthorn）在《校长的课程领导》中主要从"拟定年度计划、编拟学习单元、充实课程与补救学习、评鉴课程四个章节阐述了学校课程领导的作用"①，布拉德（Bradley）指出，"课程领导为课程发展提供必要的资源、提供课程发展的哲学方向"② 等六个方面的功能。钟启泉（2006）认为，课程领导者要"通过权力分享、相互协调，共同领导学校课程的规划、实施和评价，促进学校课程的改进和发展"③。我国学者许占权（2006）从教师专业发展、学校领导文化转型、课程创生、校本研训、教师与学校领导沟通等方面论述了学校课程领导的意义。

第一，国外更重视课程开发方面的职能。

国外大部分学者认为，课程设计与开发过程是课程的核心所在，学校课程领导的重心应在于引领教师进行课程开发。比如，格拉索恩指出，"课程领导要确定课程发展目标、设计教学方案、做出课程安排、统整课程内容并监控课程实施"④。布拉德利（Leo H. Bradley）认为，课程领导的作用集中于课程开发和课程决策，教师参与决策对提高教师的自主权、发言权，保证课程的质量具有重要意义。享德森（Henderson J. G.）和霍索恩（Hawthorne R. D.）在《革新的课程领导》一书中，以革新的教育⑤和革新的教学⑥为基础，强调教师在革新的课程设计、课程规划、课程评价等方面发挥作用。

① ［美］格拉特索恩. 校长的课程领导［M］. 单文经，等译. 上海：华东师范大学出版社，2003：226.

② 黄旭钧. 课程领导的理论与实务［M］. 台湾：心理出版社，2003：2

③ 钟启泉，岳刚德. 学校层面的课程领导：内涵、极限、责任和困境［J］. 全球教育展望，2006（3）：7 – 14.

④ Glatthorn，A. A. The Principal as Curriculum Lea［M］. Califoenia：Corwin press，2000：23 – 24.

⑤⑥ 李子建. 课程领导与教师专业发展：知识管理的观点［C］. 兰州：第五届海峡两岸课程研讨会论文集，2003：82.

第二，国内更重视课程领导的文化职能。

与国外研究相比，国内学者更重视学校课程领导在学校文化建设方面的功能，也重视课程领导对教师专业发展的意义。黄显华等（2002）认为，"课程领导通过建立团队，形成合作伙伴，有了专业同行者就避免了无助感，能在团队合作过程中促进专业成长"①。林一钢认为，"课程领导存在课程开发技术和文化层面的职能……进而形成一种合作、分享、探究的学校文化"②。有研究者认为，教师参与课程领导，通过反思自己课程实践，实现可持续发展，"从而引导和促进教师的专业发展"③。也有学者认为，课程领导能促进学校的课程发展从教学管理转向课程领导，"有助于塑造优质的课程文化"④。

2. 课程领导角色及任务的界定

由于文化背景的不同，国内外研究对学校课程领导角色与任务的界定的角度不同，课程领导角色及任务的界定尚存在一定的差异。

第一，国外从宏观视角界定课程领导的任务。

国外课程领导的实践历程相对较长，课程领导的理论研究比较成熟，课程文化的民主氛围更浓，学校课程领导与社区和学区的关系更密切，在课程领导的职责任务方面更为宏观。威尔斯（Wiles）和布德（Bondi）从一般行政领导范畴界定课程领导任务——"发展一种运作的理论；发展和组织一种工作的环境；设定标准；运用权威建立一种组织的气氛；建立有效的人际关系、计划和发起行动；保持沟通管道和发挥功能；评估成就"⑤。格拉索恩（Glatthorn）从更广泛的课程范畴对课程领导任务进行了阐述，布拉德利（Bradley L. H.）也认为，课程领导者在课程规划设计和实施方面的任务包括专家知识、角色功能、沟通协调、监督指导、专业成长等方面的任务。

第二，国内对课程领导任务的界定相对具体。

陈浙云（2004）认为，在课程发展的不同阶段，课程领导具有不同任务：一是在组织规划阶段，组织课程领导团队、拟订课程改革的计划、进行课程研究发

① 黄显华，徐蒋凤，朱嘉颖. 校本课程发展下课程与教学领导的定义与角色［J］. 全球教育展望，2002（7）：49－56.

② 林一钢. 课程领导内涵解析［J］. 全球教育展望，2005（06）：23－26.

③ 陈美如. 教师专业的展现与深化：教师课程领导之为何？如何？与限制［J］. 教育研究月刊，2004（10）：20.

④ 许占权. 论教师的课程领导［J］. 中小学教师培训，2006（11）：3－5.

⑤ 李子建. 课程领导与教师专业发展［C］. 兰州：第五届海峡两岸课程研讨会论文集，2003：82

展；二是在执行运作阶段，提供课程改革资讯、协助课程发展工作、促进成员专业成长、沟通协调成员意见、实施课程管理措施、提供课程支援系统；三是在评鉴反馈阶段，激励组织成员的士气、检讨课程改革的成效。沈小碚和罗人会（2004）从组织的重组、组织气氛的和谐等方面界定课程领导的任务，崔成前（2008）明确地指出了教师课程领导的四项主要任务。

第三，国内外对课程领导者角色期待的多样化。

英国课程领导的研究强调学科领导者（Subject Leader）的角色，希望学科领导者通过专业发展，做"改革的代理人"[①]，明确地界定了学科领导人所扮演的三种角色，非常重视学科领导者作用的发挥。享德森和霍索恩指出革新的课程领导者在民主化课程改革过程中应扮演教育理想家、系统改革者、协同合作者、公开支持者、建构认知者的角色。哈夫洛克（Havelock）从课程发展过程的角度，提出课程领导者的 19 种角色，斯达克（Stark）认为，随着课程发展的不同时段和情境扮演七种角色[②]。黄旭均提出课程领导者的九种角色，张明辉（2004）把学校课程领导的角色界定为十种，蒋敦杰（2004）提出了学校课程领导者扮演的四种条件性角色[③]，徐君（2004）认为教师作为课程实施的主体应扮演好六种角色[④]，郑东辉（2007）指出，课程领导者应扮演好五种关键性角色[⑤]。黄腾蛟（2008）把校长的课程领导分为三个相互关联的领域并进行了界定[⑥]，程红兵（2008）把教研组长的课程领导角色界定为"学科教研的引领者、教研活动的策划者、教研活动的组织者"[⑦]，并强调学科组长（教研组长）在课程领导中的作用。

3. 关于课程领导实践层面的研究

在实践层面，由于国外研究的文献检索困难，再加之与我国的文化背景差异较大，在此不做对比分析。就我国目前的研究情况来看，课程领导实践研究的成果相对于理论探讨更少。有部分研究者从现状描述、问题分析和实施策略三方面对课程领导的实施情况进行了研究。

① TTA. National standards for subject leaders [M]. London：TTA，1998：9 - 12.
② 黄旭钧. 课程领导的理论与实务 [M]. 台湾：心理出版社，2003：74.
③ 蒋敦杰. 普通高中课程改革的领导：一个值得重视的话题 [J]. 2004（3）：24.
④ 徐君. 教师参与：课程领导的应有之举 [J]. 课程·教材·教法，2004（12）：12 - 16.
⑤ 郑东辉. 教师课程领导的角色与任务探析 [J]. 课程·教材·教法. 2007（4）：11 - 15.
⑥ 黄腾蛟. 小学校长的角色与权力研究 [D]. 重庆：西南大学博士学位论文，2008：23.
⑦ 程红兵. 领导力：课程改革与教研组建设的核心要素 [J]. 河北师范大学学报（教育科学版），2008（10）：28 - 31.

第一，国内课程领导研究的启动与发展。

2003 年 10 月，以"课程领导与课程评价的理论与实践"为主题的海峡两岸课程理论研讨会在西北师范大学举行，开启了我国课程领导的研究。随着我国新课程改革的推进，学校课程领导的相关研究逐步发展。2010 年 4 月，上海市教委正式启动了"课程领导力行动研究项目"，以深化上海市二期课改，目前研究在实践中取得了丰硕的成果。上海市课程领导力提升项目的实施，促进了学校课程发展。就理论提升和实践经验总结方面的研究成果，由华东师范大学出版社集结出版了"上海市提升中小学（幼儿园）课程领导力行动研究项目"成果丛书目前已出版。① 最近几年，在上海市课程领导行动研究的带动下，全国各地校长课程领导力培训项目也在教育科研部门的推动下逐步启动，围绕课程领导力提升的研讨活动也逐步开始。

第二，学校课程领导实施现状的研究。

2006 年，吴岩和周敏在全国采取问卷调查的方式，建构了我国小学教师课程领导的现状②，王嘉毅教授等在 2005 年采取行动研究的方式，就西北地区农村中小学校长和教师课程领导的相关研究指出，"中小学校长和教师的课程意识淡薄，课程领导能力较低，加强学校的课程意识、课程领导对于学校发展具有重要意义"③。2008 年，王利的调查研究显示，教师的课程领导存在"课程权力较小，相对薄弱，作用发挥不足等问题"④。钟启泉（2006）认为，课程领导主体作用发挥不足，"不同程度地存在着形同虚设、权力错位、主体迷失等现象"⑤。许占权（2006）研究认为，"学校课程领导在实践中还存在传统的科层化管理体制还没有打破，校长的教育理念没有真正更新，教师们缺乏课程意识，教师们课程参与意识不强等问题"⑥。宋艳梅 2010 年对西部农村地区调查显示，课程领导存在一定程度的残缺——"教师的课程领导意识不强；教师缺乏有效的专业训练；课

① 这些成果包括《学校课程计划编制指南》《我们的课程领导故事》《幼儿园课程图景：课程实施方案编制指南》《为了学校的可持续发展：普通高中提升课程领导力的探索》《基于问题解决：提升课程领导力的行动》《小学快乐活动日方案的编制与实施》。

② 吴岩，周敏. 我国小学教师课程领导现状和影响因素分析［J］. 新课程研究，2001（11）：9－11.

③ 王嘉毅，等. 透过行动研究培养课程领导能力：在西北贫困地区农村学校的探索［J］. 教育科学研究，2005（5）：32－36.

④ 王利. 学校课程改革中的教师课程领导调查与分析［J］. 内蒙古师范大学学报（教育科学版），2008（12）：69－72.

⑤ 钟启泉. 学校层面的课程领导：内涵、极限、责任和困境［J］. 全球教育展望，2006（3）：7－14.

⑥ 许占权. 论教师的课程领导［J］. 中小学教师培训，2006（11）：4－7.

程领导的能力欠缺，参与程度较低；课程领导体制滞后，机制缺乏活力"①。

第三，学校课程领导策略的研究。

大多研究者针对课程实施领域中的具体问题，提出了解决对策，但具有实际操作性的有效对策概括不具体。就现有文献梳理情况来看，刘宇（2008）归纳了再造与重组学校组织结构、重塑学校文化、增强校本课程能力等四项策略。董小平（2008）从教师参与学校课程领导方面提出了五项对策②，熊鑫、钟兴泉也提出了促进教师课程领导的四项策略③。陆燕萍（2010）从课程文化的角度提出提升教师课程领导力的策略④，傅敏教授和学者陈效飞在分析美国批判视域下课程领导发展历史的基础上指出，现阶段我国课程实践要加强课程领导的培训，"要结合学员的工作岗位，以案例研究为主，采用合作、协商、探究的方法解决课程领导实践中的问题"⑤。

（三）相关研究的反思与启示

在学校课程领导的研究领域，国外研究成果较为丰富，国内尚处于探讨阶段，由于文化背景的差异，许多观点也有一定的差别，目前的研究还存在以下不足。

1. 国内外研究的共性问题

第一，对课程领导的内涵理解缺乏发展的视角。

国外大多研究者从功能的角度解释学校课程领导的内涵，只从某一方面来理解课程领导的内涵有失偏颇，应该从更为全面的视角揭示课程领导的本质。我国学者倾向于课程领导行为过程，更加接近课程领导的本质，但把课程领导的行为主体仅仅界定为校长或具有"领导身份"的管理者身上，忽视了其他课程领导主体的作用，也是不全面的。只有结合领导学的理论，把概念放置在一定的时代背景下，以发展的视角来理解，才能更全面地理解课程领导的内涵。本研究比较认同张华教授的界定，它在深入反思课程领导概念产生背景的基础上，进行了全

---

①　宋艳梅. 西部农村地区教师课程领导力提升的困境与出路［J］. 河南社会科学，2010（3）：143 －145.

②　董小平. 教师参与学校课程领导：意蕴、缺失与构建［J］. 中国教育学刊，2008（5）：40－45.

③　熊鑫，钟兴泉. 从自发走向自觉：促进教师课程领导的策略［J］. 教育与教学研究，2010（10）：9－10.

④　陆燕萍. 基于课程文化建设提升教师课程领导力［J］. 江苏教育研究，2011（12）：56－58.

⑤　陈效飞，傅敏. 美国批判视域下的课程领导：解读与启示［J］. 教育发展研究，2013（8）：70－75.

面地定义，他把课程领导视为不同课程利益相关者在课程改革过程中通过民主合作，促进课程创生的过程。

第二，课程领导与课程管理的理解尚存争议。

领导与管理有着本质的区别，领导行为发生在群体中，"是个体影响一群个体实现共同目标的一个过程"①，领导依靠影响力实现领导行为，管理依靠行政权威实现课程领导，以照章办事和管理者的要求落实工作；领导更加注重组织创新与领导事务的改革，更加关注组织团体发展的战略性问题，管理注重开展具体活动，完成特定任务。就主体而言，"管理者是做事正确的人，而领导者是做正确事情的人"②。课程领导的实现，依赖于课程领导者发挥影响力和专业权威，以成员间的彼此合作、互动交往为领导方式。从"课程管理"到"课程领导"并不是要取消"管理"，而是超越管理的领导。课程改革不仅需要课程领导，还需要课程管理，只有在课程管理过程中有效发挥课程领导作用，才能提高课程实施的质量，也才能提高课程管理水平。在课程改革深化阶段只有依靠课程领导，才能推进课程改革，不能把二者对立起来，应该坚持对立统一的观点，用更为全面的观点来理解，而不能用"非此即彼"的二元对立思维来理解。

第三，课程领导者的角色存在静态化定位的问题。

国内外研究对课程领导者的角色定位过于宏观，把所有课程领导者放置在同一视角下进行定位，过于笼统，也欠具体。角色定位的不明确在实践中往往容易引起角色混乱。本研究认为，基于共同体的课程领导，课程利益相关者都应该是共同体的成员，在课程发展的不同阶段和课程实施的不同场域，共同体的成员需要扮演不同的角色，应该随时变换不同角色，需要动态把握，也需要多样化的角色并在不同阶段互换。在学校层面，校长在课程实践的某项工作中是领导者，此时教师可能处于追随者地位；在课程实施的具体工作中，骨干教师可能发挥更大的影响力成为领导者，校长和其他教师可能成为其追随者；在班级课堂教学的过程中，教师在课程实施中发挥主导作用而成为课程领导者，学生是其追随者。

---

① 余进利. 对"课程领导"与"课程管理"的甄别［J］. 当代教育科学，2005（20）：23－25.
② 罗伯特·G. 欧文斯. 教育组织行为学［M］. 窦卫霖，等译. 上海：华东师范大学出版社，2001：251－328.

2. 国内学校课程领导相关研究存在的不足

第一，实施策略方面的研究过于分散。

对学校课程领导实施对策的研究，集中于课程领导者的观念层面、制度层面、能力层面和学校文化层面，概括较为全面。更多的研究者把目光聚焦于观念更新层面，诸如通过加强培训提高认识，转变观念提高自觉意识，强化管理提高课程领导效率等等。在课程实施的技术层面进行策略探讨的也比较多，主要是对教师在课程开发和实施过程中的一些行为要求。而对学校课程领导主体系统构建、课程领导行为转变、课程领导能力提升、课堂教学方式的转变、课程文化的构建等具有实质意义的具体对策探讨较少，个别学者也提及这些问题，但策略的系统性不强，针对性不足。

第二，国内对学科课程领导重视不够。

国内研究过于重视校长在课程领导中的主导地位，而对学科组长和教师在课程领导中的主体地位关注不够，作用发挥也不充分。近几年来，国内学者已经开始对教师课程领导进行研究，但对课堂层面教师的课程领导研究不够。对学科组长课程领导角色和地位的探讨刚刚开始起步，笔者赞同李叶峰的观点，他把学科组长视为重要的课程领导者，并认为学科教研组长是"校本课程开发的组织者、教师专业发展的促进者、课程意识的激发者、教研文化的倡导者和学科教学指导者的课程领导者"[①]。这一观点明确了新时期学科组长在课程领导中所发挥的作用，但如何有效发挥学科课程领导中不同主体的作用，有待进一步探讨。

第三，已有研究对国家课程校本化实施关注不够。

对学校课程领导的职责和任务，国内外学者关注的侧重点不同，国外更加注重课程开发的领导，国内更加注重课程文化的领导，在这方面认识上的差异主要源于国内外课程政策、文化背景和课程实践发展的程度本身的差异。本研究认为，学校课程领导的职责任务应该从课程技术（包含课程开发、实施、评价）和课程文化建设两个层面来界定。课程领导的任务在课程改革不同阶段所强调的重点有所不同，学校作为一个课程领导共同体，每一个共同体的成员在不同的课程领导情景中发挥的作用不同，但都指向于课程发展的愿景目标，课程领导的任务应该包含于促进课程发展的目标达成的过程之中。就我国目前而言，课程领导职责任务应该坚持目标导向，要放置在国家课程校本化实施的过程中具体分析，

---

① 李叶峰. 教研组长课程领导角色的质性研究 [D]. 重庆：西南大学硕士学位论文，2010：16－22.

在学校课程实施的主要环节——课程决策、设计、实施、评价进行定位。同时，要充分考虑课程文化建设的需要。

二、课程领导与共同体结合的相关研究综述

共同体的研究在很早以前就存在，共同体在社会学领域成果丰富，但共同体与教育结合，只有短暂的历史，仅仅是上世纪末开始兴起的一个研究领域，共同体与学校课程领导的结合的研究，刚刚开始起步，研究成果较少。

（一）共同体思想的发展演变脉络梳理

从古希腊共同体思想的孕育到近代社会的共同体概念的形成，从近现代共同体的发展到当代共同体内涵的演变发展，随着全球化的扩展和通信交通业的发展，新兴共同体不断出现，"共同体"的内涵随着社会发展不断丰富。

1. 共同体的本源与发展

自古希腊以来，共同体思想在西方历史上一直没有中断，从亚里士多德到裴迪南·滕尼斯，从马克思到杜威，不同时代的哲学家在其著作中都提及"共同体"这一概念，但时代不同，"共同体"这一概念的理解存在着很大差异。

第一，伦理意义上的共同体。

共同体的概念最早可以追溯到古希腊语的 koinonia，表示具有共同利益和伦理取向的群众生活方式，即"市民共同体"。《伦理学大辞典》中被定义为"community"，是指依靠社会联系而结合起来的人们的总和，古希腊时期的城邦就是共同体生活的范本，在那个特定的时代，共同体是具有伦理意义的"群体生活方式"①，它承担着群众的共同利益，规定着群众的伦理价值取向，伦理学意义上共同体被认为是一种基于某种共同性而组成的群体。在柏拉图的《理想国》中，他所描绘的"理想国"就是正义的"共同体"，城邦中的成员只有具备了"正义"的品质，才能成为联合体的一员。亚里士多德把共同体的界定建立在达到某种共同的"善"的目的的基础之上，并通过群体的共同活动来追求"共同善"和"共同利益"。② 在亚里士多德看来，"人们是在一个共同体中，对共同善

---

① ［古希腊］亚里士多德. 尼各马可伦理学 ［M］. 北京：商务印书馆，2003：51.
② 马俊峰. 共同体哲学意蕴刍议 ［J］. 石河子大学学报（哲学社会科学版），2012（2）：38－42.

的共同追求使人们获得了相应的利益或善"①。

第二，社会学意义的共同体。

随着社会的发展，身份社会向契约社会的迈进，以地缘、血缘和精神为纽带的"共同体"让位于理性联结的社会，共同体成为社会学的基本概念，比较典型的研究者是斐迪南·滕尼斯和马克斯·韦伯。

滕尼斯用"共同体"来表示建立在自然情感一致基础上，特定群体的共同生活方式，强调人与人之间的紧密关系、共同的精神意识，以及对"共同体"的归属感和认同感。他认为，共同体是由不同的个体组成的团队，成员有着共同利益并可以分享彼此的权力。腾尼斯认为，共同体存在三种形式，"血缘纽带成为共同体最原始的形态，地缘共同体由现实生活空间上的临近而形成亲密关系，心灵生活亲近的精神共同体是最高形式的共同体"②。与一般松散的社会组织相比，滕尼斯认为，共同体是持久的和真正的共同生活，"它是人的一种真正的结合"③。德国社会学家马克斯·韦伯（Max Weber）吸收了滕尼斯的观点，对共同体的内涵做了进一步的阐释。他认为，共同体指向社会行动，是建立在参与者主观感受到的互相隶属性上，"只有当这样的关系包含了相互隶属的感觉时，才算是一种共同体关系"④，共同体成员之间以情感联系为纽带，具有共同的价值取向和追求，并非建立在理性或利益基础之上。韦伯对"共同体"与"结合体"进行了区别，"共同体关系是指社会行动的指向，建立在参与者主观感受到的互相隶属性上；结合体关系是指社会行动本身的指向乃基于理性利益的动机，以寻求利益平衡或利益结合"⑤。

此外，西方的社会学家也从道德意义上解释共同体的思想，把共同体与道德联系起来进行研究。富勒在对法律的实体目标进行分析的基础上，提出了道德共同体建构的目标。他认为，"道德的高洁就在于它不是管束，不是驯化，而在于养成品格，成为习惯"⑥。他强调人们在共同体中要勇敢地担负起道德的责任，用自身实践去完成道德理想，达到一种完满的状态。他把共同体的成员称为"圈

---

① 龚群. 自由主义的自我观与社群主义的共同体观念 [J]. 世界哲学, 2007 (5): 72 – 78.

②③ [德] 斐迪南·滕尼斯. 共同体与社会 [M]. 林荣远, 译. 北京: 商务印书馆, 1999: 52 – 54.

④⑤ [德] 马克斯·韦伯. 社会学的基本概念 [M]. 顾忠华, 译. 广西师范大学出版社, 2005: 57.

⑥ 李亚美. 伦理共同体的构建及其维系 [D]. 重庆: 西南大学硕士学位论文, 2011: 9.

内人"，并认为"我们应当有志于抓住每一次机会来扩展这一共同体，并且最终将所有有善意的人们都纳入这一共同体"①。

第三，教育学意义上的共同体。

杜威在《民主主义与教育》中，主张通过教育来塑造民主社会的合格公民，他把社会视为共同体，并指出了个体与社会之间的辩证关系，他强调个体必须为社会做出努力，社会作为一个共同体为个体的发展提供教育机会，社会也有无数团体组成，团体内部和团体与团体之间都必须形成一个有机的统一体。托马斯·J. 萨乔万尼（T. Sergiovanni）承继腾尼斯和韦伯的理论脉络，提出了道德领导和学习共同体的思想，并扩展到学校教育领域。他认为，"学校是一个超越工具理性的、具有道德本性的集合体"②。在萨乔万尼的道德领导思想中，强调学校与一般的组织不同，学校不是一个只有等级制度的教学传递系统，也不是社会组织或团体，而是一个学习共同体，"学校作为道德本性的集合体，根基于学校是属于道德盟约的社会关系连接，而不属于交换契约性的社会关系的连接"③。基于这一思想，撒乔万尼把学校课程领导视为道德领导，按照道德领导的视角提出了一系列教育主张。

2. 当代共同体的演变

随着城市化、信息化和经济全球化的发展，原始意义上的"共同体"概念不断瓦解，滕尼斯的"社会共同体"和雷德菲尔德的"同质共同体"④逐渐淡出历史的舞台，时代的发展推进了共同体概念的重构，赋予了新的内涵，当代意义的共同体研究呈现出以下特点。

第一，团体或组织成为共同体的存在形式。

共同体的概念在实践发展过程中不断被修正，并不断地生成新的内涵，它已不再局限于滕尼斯、韦伯等人所描述的社会"共同体"。英国学者齐格蒙特·鲍曼（Zygmunt Bauman）认为，"共同体是指社会中存在的、基于主观或客观上的共同特征而组成的各种层次的团体、组织，既可指有形的共同体，也可指无形的

---

① ［美］富勒. 法律的道德性［M］. 郑戈，译. 北京：商务印书馆，2007：135.
②③ ［美］托马斯·J. 萨乔万尼. 校长学：一种反思性实践观［M］. 张虹，译. 上海：上海教育出版社，2004：422.
④ Robert Redfield. The Folk Culture of Yucatan. The University of Chicago Press，Chicago Illinois，1941：16.

共同体"①。也有研究认为，大部分共同体都被认为是利益共同体，成员利益是共同体的主要联结机制，不同层次的共同体"都存在着自身的利益，因而可以分别被看作是利益共同体"②。

第二，功能性共同体占据重要地位。

当代共同体已成为一个融入多种新元素的共同体，各种功能性共同体在现代社会建设中发挥更为重要的作用，成为社会发展"必不可少的组成部分"③。功能性共同体强调其功能性，强调不同类别的共同体在促进社会发展中的作用，"不同于在血缘基础上形成的、互助合作的地域共同体，而是一种内生于社会关系中的契约共同体"④。功能性的共同体不仅活跃于"私域"中，也存在于"公域"中，以"实体"和"虚拟"两种形态存在，功能性的共同体表现出极强的脱域性，具有较强的独立性，包含了既尊重平等又包容差异这两重性质。

第三，社会生活共同体迅速发展。

随着现代通信技术的迅速发展和互联网的广泛普及，人们的学习与交往无须再局限于地域的束缚，出现各种类型的新型社区，社区也已经不再是一个地域性的概念，突破了时空的限制而成为社会发展的一种组织形式，成为人们社会生活的一种方式，这种方式被学者界定为社会生活共同体。弗曼（Furmna）等人从后现代主义视角解释共同体，"后现代共同体是差异的共同体，它根据对他者的尊重、公正和赏识，同时接受他者的伦理学，是差异内和平的合作"⑤。也有学者认为，只要所有成员拥有共同的目标，并能在共同追求的领域中相互合作，分享信息、交流思想、共享成果，这种组织或团体都可以视为共同体。

3. 共同体嬗变的趋势

随着社会的变迁，共同体的内涵不断地被重构，呈现出以下发展特点。一是共同体边界的无界化。随着全球化时代的到来，共同体已经渗透到社会生活的每一个角落，突破了原有的"边界"，呈现"无界限"的扩展和发展态势。二是共同体成员的多元化。时代发展到今天，"同质共同体"被多元化的共同体取代，共同体成员已经完全走出了狭小的"生活圈子"，只要有共同的价值追求，满足

---

① ［英］齐格蒙特·鲍曼. 共同体［M］. 欧阳景根，译. 南京：江苏人民出版社，2003：1.

② 张庆东. 公共利益：现代公共管理的本质问题［J］. 云南行政学院学报，2001（4）：22－26

③④ 李慧凤，蔡旭昶. "共同体"概念的演变、应用与公民社会［J］. 学术月刊，2010（6）：19－25.

⑤ 托马斯·J. 萨乔万尼. 校长学：一种反思性实践观［M］. 张虹，译. 上海：上海教育出版社，2004：102.

基本的交往条件，不同类别特征的人都可以成为某一共同体的成员。三是联结纽带互惠互利化。随着时代的变迁，共同体成员出现了许多以互惠为原则的"利益共同体"和"命运共同体"，因为共同的追求、共同的利益需要、共同的情感联系，在具有交往的可能条件下，就可以发展成为共同体，但这一变化的背后也存在着互惠的功利性目的。四是交往方式的自由化。最初的共同体成员通过物物相换、语言沟通、书信来往的交往方式，随着互联网和交通业的发展，共同体成员之间可以自由选择不同的交往方式，实现无障碍的沟通和交流。

综上所述，当代共同体的概念随着社会发展，内涵得到了极大的扩展，研究者从不同角度进行了解说。本研究认为，尽管当代经济社会的发展为共同体注入了新的内涵，共同体的内涵和存在形式也在发生变化，但不变的组成要素有四个方面：一是共同的联结纽带，共同体的构成总是基于某一共同的联结方式，把不同的成员联系在一起；二是交往中相互合作，共同体成员总是通过不同的方式进行交往，但有一个共同点是交往中呈现出相互依赖和相互合作的特点；三是交往的共同目的性，共同体的存在是基于人际交往，这种交往又基于沟通联系的共同目的，共同的目的是共同体形成的一个核心；四是共同体成员的归属感，人总是在这种或那种共同体中，寻找到属于自己的安全感和归属感，在共同体中获得一种自慰的身份认同。

（二）学校课程领导共同体的相关研究

随着时代的演变和教育的发展，共同体的思想已经广泛渗透于学校教育、课程领导、课程研究、教师专业成长等方面。国内外研究一致认为，学校应该视为一个共同体组织，学校是一个学习共同体。本研究构建的学校课程领导共同体模式之思想来源就是基于"学校是一个学习共同体"的界定。

1. 学校教育与共同体结合的研究

随着教育理论的发展，国内外一些学者把共同体思想运用到学校教育领域，开始研究学校教育管理与共同体的关系，许多研究成果已经开始逐步走向实践。

第一，学校作为共同体意义的探讨。

萨乔万尼提出了构建学校共同体的愿景，他认为学校共同体指的是学校内校长、教师、学生及学校外相关力量所形成的，并能通过共同遵循的价值观、行为准则及共同行为作风的集体。王有升研究认为，"对教育来说至关重要的东西都是在共同体这种人类生活形式中才能形成的"①。共同体为教育目的的实现提供了途径，使教育活动呈现出丰富多彩的形式，"学校共同体可以让每个教师和学生都对学校的建设负有责任"②，促进共同体成员间的资源分享，为成员之间的对话与交往创造条件，使共同体成员之间的相互理解和达成共识成为可能。

第二，学校道德领导共同体的研究。

萨乔万尼认为，传统的正式组织已经不能满足学校管理要求，要把学校建设成一个共同体。他针对理性社会的弊端指出，"学校作为共同体必须在超越理性组织的基础上，构建为价值本性的集合体，而非工具本性"③。他指出，"学校的真正价值在于它的道德价值，而学习共同体正是实现学校这一价值的最富道德意义和人性意义的教育组织方式"④。也有学者指出，学校是一个道德化的组织，是以道德教化为主要任务的教育机构，必须用道德的方式进行教育，并把一定社会的道德价值观渗透于所有的教育活动中，把学校建设成为"具有新的道德气息的道德共同体"⑤。

第三，学校共同体构建的研究。

关于学校共同体的构建，博耶尔指出，建立真正意义上的学习共同体，"要有共享的愿景，能够彼此的交流，人人平等，有规则纪律约束，关心照顾学生，气氛是快乐的"⑥。马和民和周益斌研究认为，"要从实践层面建构出不同层次的某种教育共同体，在观念层面达成从国家、学校到家庭的教育共同体意识，在行为层面实现教育共同体取向的教育行动，要多体、多渠道、多层次的对话平台，为构建对话和支持的教育共同体提供可能"⑦。也有学者认为，共同体是以共同的理想信念和价值观而形成的有组织的群体，我国的学校共同体的建设，不可能随着教育的发展自然产生，需要从学校文化建设的角度，逐步引导全校师生员工树立共同体的价值观念，并通过有效的活动进行主动的建构。

---

① 王有升. 重建"共同体"：学校教育改革的体制关怀 [J]. 当代教育科学，2011 (14)：3-7.

② 汤琳. 萨乔万尼学校共同体理论述评 [D]. 四川师范大学硕士学位论文，2009：46.

③ [日] 佐藤学. 学习的快乐——走向对话 [M]. 北京：教育科学出版社，2004：101.

④ [美] 托马斯·J. 萨乔万尼. 校长学：一种反思性实践观 [M]. 上海：上海教育出版社，2004：88-100.

⑤ 金生鈜. 为什么要塑造学校的道德文化 [J]. 西北师范大学学报 (社会科学版)，2005 (4)：23.

⑥ Boyer, Emest L. The Basic School: A Community of Learning [J]. Carnegie Foundation for the Advancement of Teaching. 1995：388.

⑦ 马和民，周益斌. 走向对话与支持的教育共同体 [J]. 南京社会科学，2010 (3)：116-121.

2. 共同体与课程领导相结合的研究

共同体与学校课程领导相结合的思想，最初来源于亨德森和霍索恩的革新型课程领导理论，国内在这方面的研究刚刚起步。

第一，共同体对课程领导意义的研究。

国外研究者都把学习共同体理论作为课程领导的理论基础，革新型课程领导理论把课程领导视为"由学生、教师、家长、行政官员和社区领导组成的课程革新团队，共同参与课程革新的合作过程"①。萨乔万尼的道德领导理论把共同体思想引入了学校教育管理领域，开启了学校共同体研究的先河。有研究者认为，课程领导首先应该是一个学习共同体，课程领导只有作为学习共同体而存在，才能最大限度地实现促进学生发展和教师发展的功能。李斌认为，"课程领导下的学校共同体能够在连续互动中进行学习实践、知识生产和传递，它能够在共同体内或在属于共同体成员本身之内消除各层次上的专制和集权的边界，并达到一个拥有共同学习愿望"②。

第二，课程领导共同体存在形式的研究。

有研究者认为，作为一个共同体，课程领导共同体具有一般共同体的共同特征，课程领导者个人利益和目标的实现与共同体利益和目标的实现相辅相成。但课程领导作为学校课程管理的一种组织形式，由于课程本身和课程领导者的特殊性，学校课程领导共同体中存在不同的二级共同体，他们负载着区别于其他共同体的使命和任务。学校整体是一个课程领导共同体，学校内部也存在不同形式的次级共同体。比如，课堂教学是学习共同体，学科组是专业学习共同体，部门是管理服务共同体。

第三，课程领导共同体实施的研究。

萨乔万尼倡导在学校中建造共同体，他指出学校存在相互关心的共同体、学习共同体、专业共同体、合作共同体、包容性的共同体和持续探究的共同体。他认为校长要分配更多的精力去关注教学，倡导一种分享式领导，校长要扮演好支持者、强化者和促进者的角色，以帮助学习共同体的成员不断取得成功。西南大学的阴祖宝和刘莹从课程领导共同体的主体模式构建的角度提出了四项构建策

---

① Henderson, J. G. and Hawthorne, R. D. Transformative Curriculum Leadership (2nd ed) [J]. Upper Saddle River, NJ: Merrill Prentice Hall, 2000: 181.

② 李斌. 行动研究：中小学科研兴校窥探 [D]. 南昌：江西师范大学硕士学位论文，2003.

略——"转变观念，形成民主、合作、共享的领导观；创新制度，建立高效稳定的保障机制；重塑文化，营造开放对话反思的课程文化；校本研发，搭建领导共同体践行的平台"①。

3. 国内课程领导共同体模式的有益探索

尽管国内课程领导模式的研究尚未成型，但已经有学者在课程领导共同体模式方面进行了有益的探索，从理论方面进行了初步的建构，我国学者阴祖宝和刘莹在学习借鉴国外课程领导模式的基础上，对新课程改革以来课程实践经验进行总结分析的基础上提出了三种课程领导共同体的实践模式。

第一，协同互动模式。

我国学者阴祖宝和刘莹在分析课程领导共同体主体模式的基础上，提出了协同互动模式。该模式认为，"校长居于核心地位，通过民主协商、沟通交流、资源共享、权力分享等方式，将教师融入课程领导之中，搭建教师与课程专家沟通的桥梁，统领学校课程运作"②。该模式重视教师的课程领导地位，把教师视为课程领导的重要参与者，并突出教师在学校课程领导过程中应有的主体地位，发挥课程领导协作者的作用，实现从课程实施者转变为课程创造者的角色转换。同时，该模式也强调课程专家在课程领导过程中的地位，为学校课程发展提供理论支持，指导解决课程实践中遇到的问题，是课程领导共同体的重要参与者。

第二，学科共同体模式。

学科共同体模式是我国中小学实际存在的课程领导模式，主要借鉴英国的学科课程领导理念，是以学科组或学科教研组为单位形成的课程领导共同体模式，是随着学科教研室的成立，自然存在的"原始"意义上的学科共同体。尽管学术界没有明确学科组的课程领导共同体地位，但随着新课程改革的深化和学校课程领导的发展，学科组逐步发展成为学科课程领导共同体，刘莹和罗生全对学科共同体模式做了专门的论述。该模式强调学科组团队作用，重视学科教学实践中的课程领导，视学科组长作为课程领导人，主张学科组长协调、组织教师参与学校课程领导，形成教师课程领导共同体。③

---

① ② 阴祖宝，刘莹. 我国课程领导共同体的主体模式及其建构 [J]. 安庆师范学院学报（社会科学版），2012（5）：153 – 156.

③ 刘莹，罗生全. 课程领导共同体的实现机制 [J]. 教育理论与实践，2012（23）：41 – 43.

第三，分段式共同体模式。

分段式课程领导共同体模式也称分步式领导共同体模式，这一模式是参照加拿大 DIME 课程领导模式，是随着我国新课程改革的启动在实践中运行的课程领导共同体模式。该模式在课程开发过程的不同阶段，建立课程开发共同体、课程实施共同体、课程维护共同体和课程评价共同体，把每一个阶段的参与者视为课程领导的共同体成员，"在课程开发的不同阶段扮演不同角色，履行特定的课程领导职责，刘莹和罗生全对这一模式的运作方式做了详细的论述。这一模式强调，"在课程运行各阶段形成的共同体是协商基础上由分工合作而形成的平等关系，不存在行政层级方面的领导与被领导的关系，强调各阶段共同体的协调统一、对话合作，通过相互沟通协作实现课程领导"①。

三、学校课程领导模式的相关研究综述

随着课程领导理论的发展，国内外对学校课程领导模式的探讨也逐步引起学者的关注。在课程领导研究中形成的理论模式和实践模式对学校课程领导实践发挥了一定的作用，对本研究具有一定的启发意义。

（一）典型的课程领导理论模式

20 世纪 90 年代至今，西方课程领导理论得到了较快的发展，涌现出了创造性课程领导、革新型课程领导、分享式课程领导和批判型课程领导四大代表性理论，每一种课程领导理论都有本研究所汲取的经验，都成为学校课程领导共同体模式建构的理论元素，通过逐一分析为共同体模式的建构探寻理论依据。

1. 创造性课程领导理论

20 世纪 90 年代初，美国布鲁贝克提出了创造性课程领导的观点，他把课程分为内在课程（Inner Curriculum）和外在课程（Outer Curriculum）两大类，并在此基础上构建了创造性课程领导理论。他认为课程领导者涵括了情境中参与互动的每个人，而不只是具有领导职位的人，学校课程领导是一个"领导共同体"（Leadership Community），课程领导者个人的品质对课程领导具有重要意义。布鲁贝克明确提出了创造性课程领导的四项实践策略——"关注个人和组织发展的

---

① 刘莹，罗生全. 课程领导共同体的实现机制［J］. 教育理论与实践，2012（23）：41－43.

愿景，在相互促进中实现二者的协调统一；从学校文化的角度构建学校共同体，营造富有美学特征的组织文化；彰显课程领导者的优秀品质，发挥课程领导的有效作用；明确教师的创造性课程领导角色，促进教师课程领导力的整体提升"[1]。

2. 革新型课程领导理论

1995 年，亨德森和霍索恩（R. D. Hawthorne）首次提出了革新型课程领导观，在不断完善的基础上形成了革新型课程领导理论体系，成为 20 世纪 90 年代以来颇具影响力的主流范式，其主要理论观点：一是强调改革中的参与合作，倡导广泛参与、协商合作和努力奉献的精神，在学校这个共同体中，学生、教师、行政人员、家长和社区人士可以最大限度地参与重大的改革。二是提出了基于理解的"3S"课程观所构成的三角课程结构[2]。三是从课程设计、教学革新、评价改进、组织再造四个维度，构建了革新型课程领导理论模式[3]，如图 2-1 所示。

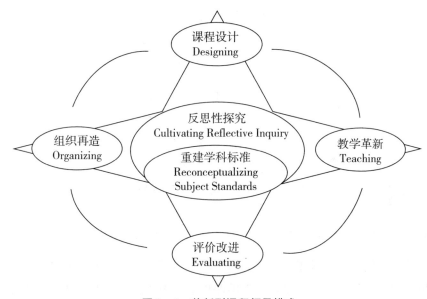

图 2-1　革新型课程领导模式

① Brubaker，D. L. Creative Curriculum Leadership：Inspiring and Empowering Your School Community（2nd ed）. Thousand Oaks，CA：Corwin Press. 2004：109.

② 指学科知识（Subject Matter）、民主自我（Democratic Self）和社会学习（Social Learning）。

③ Henderson，J. G. and Gornik，R. Transformative Curriculum Leadership（3rd ed.）. Upper Saddle River，NJ：Merrill Prentice Hall，2007：11.

3. 分享式课程领导理论

20世纪90年代中期，以美国的格拉索恩为代表的学者致力于分享式课程领导理论（Shared Curriculum Leadership）的建构，主张各利益相关者共同参与课程决策，关注整体合作和团队精神，把课程领导视为一种"分享现象"，提出了能动分享式课程领导理论。这一课程领导模式强调校长课程领导能力和功能的发挥，把学校领导委员会视为学校课程决策的中心。受能动分享式课程领导模式的影响，澳大利亚学者迈克珀森、布鲁克和埃利奥特建构了促进有效教学的课程领导模式。能动分享式课程领导的结构①，如图2-2所示。

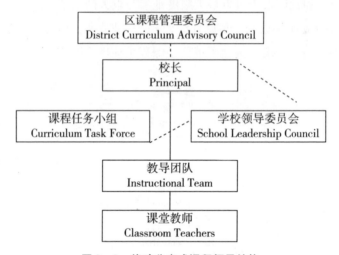

图2-2 能动分享式课程领导结构

4. 批判型课程领导理论

在西方现代自由主义思潮逐渐走向衰落的同时，新保守主义迅速成为一种占主导地位的意识形态，受此影响，美国课程学者于利迈基提出了批判型课程领导理论。他认为，"在问责制和标准化课程改革的影响下，学校内部出现了新职业课程领导（New Professional Curriculum Leadership）和批判型课程领导（Critical Curriculum Leadership）两种截然不同的课程领导模式"②。新职业课程领导模式

---

① Glatthorn, A. A. and Jailall, J. M. The Principal as Curriculum Leader：Shaping What Is Taught and Tested (3rd ed.). Thousand Oaks, CA：Corwin Press, 2009：181.

② 刘永福，李保强. 近二十年西方课程领导理论的进展与根本转向［J］. 比较教育研究, 2013（8）：67-72.

追求学生学业测试成绩，淡化社会文化因素，忽视学生来源的多样性；批判型课程领导模式在追求学生的学业成绩达标的同时，更加强调教育民主和社会公平。于利迈基将批判型课程领导作为实现教育进步的有效路径，构建了批判型课程领导模式①，如图2－3所示。

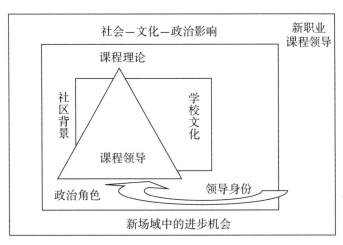

图2－3　批判型课程领导模式

（二）学校课程领导的实践模式

课程领导实践模式是课程领导理论支持下形成的一整套课程领导实践操作方式构成的系统，具有概括性的特征，是具有一定程序和环节的操作模式。国外课程领导模式的研究成果丰富，同一个国家的不同地区实行的课程领导模式不尽同。国内课程领导模式的研究尚处于探索起步阶段。在此，仅以较为典型的模式作为案例进行述评。

1. 典型的课程领导实践模式

第一，英国的学科课程领导模式。

英国在课程领导方面的研究，一方面重视校长课程领导，另一方面也强调学科课程领导。英国教育与就业部下设的师资培训局公布了《学科领导标准》（the Standards for Subject Leader），赋予学科领导人一定的课程领导权，如学科发展自

① Ylimaki, R. M. Critical Curriculum Leadership : A Framework for Progressive Education. New York : Routledge, 2011 : 21.

主权、雇佣和安排教师权、监控与评价教师权、评价教学效果权、管理和组织资源权等权力，并视学科领导为学校中级管理者，"明确了学科领导者的重要职责，要求学科领导者寻求各种资源促进学科成绩的提高和教师专业的发展"①。同时，英国制订了《校长的国家标准》方案，规定了校长工作的核心目的——提供优质的学校领导，确保所有学生获得优质教育，提高学生学习和成绩水平②。在校长与学科课程领导人二者的关系方面，强调二者相互支持的互动关系，"以便学科领导者所代表的学科得以在学校发展中取得适当的优先性"③。

第二，加拿大的 DIME 模式。

加拿大的 DIME 模式④为校长实施学校的课程与教学领导提供了一个可资借鉴的模式，校长可以发展并试验学校课程，提供有效实施课程的条件，不断维持课程的更新，最后能评价课程，确认课程目标达成的程度。这一模式把学校课程领导者的范围进一步扩大，实现了课程领导主体的多元化，"强调校长是主要的课程领导者，特定学科的教师、特别是有专长的优良教师、处室主任、课程顾问也是可能的课程领导者"⑤。这一模式是强调校长与教师，尤其是优秀教师的合作，校长课程领导的实质在于是授权于教师来实施课程，校长只在必要的时候出面协调解决一些课程实施中的问题。

第三，美国的 CLI 模式。

CLI 是美国课程领导协会针对美国教育实践中的问题而开发出的课程领导模式，被称为"层级模式"。这一模式是立足于课程开发不同层次间的课程领导，不同课程领导组织在课程开发过程中承担不同的职责任务，扮演不同的课程领导角色，校长首先扮演首席教师的角色，主要解决课程实践中的问题，通过合作、反省与实践，促进学校成员发展。"校长的课程领导任务主要是发展学校课程愿景、规划活动、发展方案、选择教材、联结课程、实施课程、促进成员发展以及课程评价与修订"⑥。该模式重视不同层级间课程管理与领导，强调各层次课程领导组织的连贯与协同性，这一模式中不同层次的课程领导组织，诸如学区的课

---

① 徐高虹. 学科组长的课程领导实践 [J]. 全球教育展望，2008（11）32 – 35.

②③ 黄旭钧. 课程领导：理论与实务 [M]. 台北：心理出版社，2003.

④ 新课程发展的四个时期任务不同，发展期（Development）主要撰写并实验课程，实施期（Implementation）主要将课程传递给学生，维持期（Maintenance）要不断更新课程，评价期（Evaluation）要正确评价课程符合目标的程度及其实施的成效。

⑤⑥ 黄旭钧. 课程领导：理论与实务 [M]. 台北：心理出版社，2003.

程协调委员会、学区教育委员会、学科领域委员会等，其实质就是领导共同体。

第四，学习水平提高模式。

国内学者张树德在分析学校课程领导国际背景和当代教育心理学理论发展的基础上，提出了构建基于学习水平提高的学校课程领导模式。这一模式以提高学生的学习水平为目标，强调课程领导者之间的协同合作，更加关注学生的学，从学习心理学的角度设计教师的教学。同时，也强调教学环境与课程开发设计两个因素对教学的影响。这一模式以设计符合学生认知规律的课程与教学为主要特点，就提高学生的学习水平而言，是一种具有典型意义的课程领导模式，如图2－4所示①。

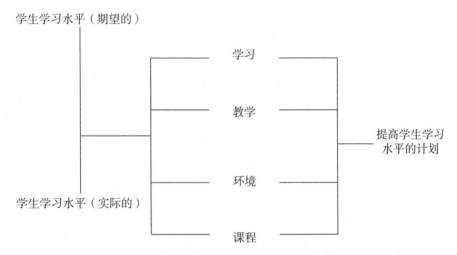

图2－4　基于提高学生学习水平的课程领导模式

第五，校长课程领导模式。

我国台湾学者黄旭钧提出了校长课程领导模式，为校长课程领导实践提供了一种参照框架。这一模式从脉络、角色、内涵和结果四个维度构建了校长课程领导模式的基本框架。该模式认为，"校长的课程领导首先必须先评估情景脉络因素，包括环境趋势、制度结构、学科性质、学校文化；其次，再根据情景脉络界定应该扮演的课程领导角色，选择适切的课程领导作为；最后，通过课程领导作为形成不断改进的小循环，获致良好的课程领导结果"②。这一模式重视课程领

① 张树德. 试谈当前西方的学校课程领导重构问题［J］. 当代教育科学，2005（10）28－31.
② 黄旭钧. 课程领导：理论与实务［M］. 台北：心理出版社，2003：311.

导的评价，在脉络、角色、内涵三个环节进行形成性评鉴，为课程领导者提供定期的反馈，并在最后进行总结性评价。这一模式也强调循环中的反省改进，"校长根据评价结果与实施经验加以反省改进，之后进入下一个循环的脉络、角色、内涵、结果、评价和反省改进，这是一个不断循环和持续改进的历程"①。这一模式认为，校长课程领导的角色和作为要先考虑脉络因素，再决定应扮演的课程领导角色和采取的行为。黄旭钧构建的校长课程领导模式②，如图2-5所示。

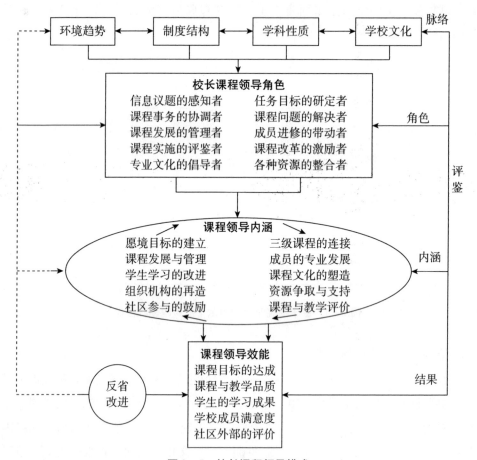

图2-5 校长课程领导模式

---

① ② 黄旭钧. 课程领导：理论与实务［M］. 台北：心理出版社，2003：311.

2. 课程领导模式实施的研究

第一，促进有效教学的课程领导研究。

在课程领导模式的实施方面，澳大利亚的促进有效教与学的课程领导模式是较为典型和比较成熟的一种有效实践。这一模式在实施中强调教师的课程领导，并重视校长与教师合作。在促进有效教与学的课程领导模式中，"校长与副校长、处室主任、教师都被认为是主要的课程领导者，特别是处室主任或资深教师更被视为必须要担当起主要的课程领导责任，而校长的课程领导任务是界定课程、组织课程、提升课程领导成果、促进课程改进与革新"①。

第二，课程领导模式实施策略的研究。

我国学者蓝恭勤从校长与教师的作用发挥、社区与家长的参与、学生的学习方式等方面提出了课程领导模式实施的基本要求②。张树德分析了传统课程管理模式存在的弊端："学校教师之间的联系不够密切、学校学科之间缺乏协调、决策缺乏教师及有关部门的合作参与"③。我国学者崔成前研究认为，针对目前我国课程领导模式存在的问题指出，"要适应世界课程领导模式革新方向变革课程领导模式，教育主管部门的政策与经费保障是基础，提高参与课程领导者的能力是关键，提高教师素质并赋予一定的权力是出路，提高家长课程参与能力是补充，冲破应试教育的桎梏是难点"④。

第三，课程领导共同体模式实施的相关研究。

在学校课程领导共同体的实践研究方面，钟智在其硕士学位论文《构建学校课程领导共同体之研究》中认为，"课程领导共同体模式实施的主要困难在于观念的保守、制度的缺失、技能的局限和文化的封闭"⑤。丁荣森和黄洁结合学校课程领导实践，采取实证调查研究的方式，以课程领导下的学校共同体建设实例为题进行了探讨。他们认为，"通过新老教师结对、年级互助工作、同伴互助式校本教研、建立和谐的师生关系和集体自主的校本课程开发等方式建设校内共同

① 黄旭钧. 课程领导：理论与实务 [M]. 台北：心理出版社，2003：231.
② 蓝恭勤. 浅谈新课程背景下我国课程领导模式的构成 [J]. 实践探索，2013 (10)：92 - 94.
③ 张树德. 试谈当前西方的学校课程领导重构问题 [J]. 当代教育科学，2005 (10) 28 - 31.
④ 崔成前. 基础教育课程领导面临的问题与对策 [J]. 阜阳师范学院学报（社会科学版），2009 (3)：121 - 123.
⑤ 钟智. 构建学校课程领导共同体之研究 [D]. 上海：华东师范大学硕士学位论文，2006：52 - 56.

体，通过亲子运动会、家长委员会、家长开放日和社区共建等方式建设校外共同体"①。陕西师范大学的硕士生惠婉婉，是继钟智之后第二位以课程领导共同体为主题开展研究的学者，在其硕士论文《基于多元主体参与的中小学课程领导共同体研究》中指出，目前我国中小学课程领导共同体各主体交往方面存在以下问题：观念层面，对学校课程领导了解不足，认识模糊；技术层面，课程领导权力缺失，能力有限；资源层面，学校课程资源单一，课程领导法规不健全；文化层面，学校课程文化"断层"，陷入"角色冲突"②。在分析现状的基础上，该文提出了改进课程领导共同体四方面的建议③。

（三）相关研究的反思与启示

西方课程领导理论对我国学校课程共同体模式的创建具有一定的借鉴意义，国内课程领导模式的研究刚刚起步，实践中以校长课程领导模式为主。反思课程领导理论模式和实践模式的已有研究成果，有以下几方面的认识。

1. 国外课程领导理论模式中蕴含着共同体思想

西方四种典型的课程领导理论尽管主张各有侧重，但都蕴含着一定的共同体思想。创造性课程理论重视赋权增能和服务改进，主张通过领导共同体的构建及团体力量的激励来实现课程领导；革新型课程领导是标准化课程改革的一种特殊形式，把反思性探究视为联结实践反思与民主化课程的纽带；能动分享式课程领导理论倡导共同体成员课程领导权力的分享，鼓励每个个体的有效参与，利益相关者组建不同形式的课程领导共同体；批判型课程领导理论强调课程领导者保持批判的头脑，在满足政策要求的同时，寻求更加贴近学生生活和教育民主的行动方式。四种典型的课程领导理论都强调校长、教师、学生、家长等课程利益相关者的领导角色，强调团队精神，强调遵守共同体的规范、价值观，把课程领导看作一个共同体成员民主合作的过程。

2. 国内课程领导实践模式研究相对滞后

国外课程领导实践的研究基于特定文化背景，构建了符合本国课程发展实际的课程领导模式。而我国课程领导理论研究起步较晚，仅有的研究成果也只是对

---

① 丁荣森，黄洁. 课程领导下的学校共同体建设实例探析 [J]. 科教文汇，2011 (5)：3-5.

②③ 惠婉婉. 基于多元主体参与的中小学课程领导共同体研究 [D]. 西安：陕西师范大学硕士学位论文，2014：23.

课程实践运作过程某一方面的实践，课程领导模式的研究目前还处于实践探索阶段，学校课程领导模式的实践也仅仅停留于经验总结阶段，对校长课程领导模式的理论探讨也散见于一些文献中，大多都是对国外课程领导模式的移植或借鉴。现行课程领导模式在理论构建方面明显滞后，构建符合学校实际的课程领导模式，需要理论研究的逐步深入。

3. 国内已有研究集中于校长课程领导模式

国内课程领导以校长课程领导模式为主，对校长课程领导的研究又集中于围绕课程开发与实施构建课程领导模式，忽视了课程领导其他主体的探讨。近几年已经开始关注课程领导主体系统的构建，如，胡浩提出了"三个坚持"的主张——"要坚持以校长和教师为学校课程领导的核心主体，要坚持以家长为学校课程领导的支持主体，要坚持以学生为学校课程领导的目标主体"[1]，这一主张对本研究具有一定的启发意义。尽管部分学校已经把共同体思想运用于课程领导的实践，但研究中尚未形成课程领导共同体模式的理论体系。

四、已有研究存在的问题及启示

在西方，课程领导研究经过长期的发展，已经形成了比较成熟的理论，我国的台湾和香港地区较早进行课程领导的理论和实践研究，也取得了丰硕的成果。我国大陆地区课程领导的研究也不过十几年时间，但随着基础教育新课程改革的逐步深入，课程领导的研究已经成为比较热门的一个研究领域。

（一）已有研究的不足

课程领导相关理论与实践的发展，最初从美国、加拿大、英国、澳大利亚等英语语系国家开始，我国台湾地区在非英语语系地区中率先开始课程领导的研究，随后传入香港地区。近年来，在西南大学和西北师范大学专家教授的带领和推动下，学校课程领导的理论研究取得了一定的成果。在上海市提升课程领导力项目的带动下，学校课程领导的实践探索已经取得了明显的成效。全国各地教育行政、科研部门和教育专业学会通过各种形式的培训、交流和研讨，形成了研究探索学校课程领导的良好氛围，部分地区和学校在实践中已经开始课程领导模式

---

① 胡浩，邓欣. 完善学校课程领导推进基础教育课程改革 [J]. 新课程研究，2010（4）：94－95.

的实验，但受课程管理思想的束缚，目前的研究还没有取得突破性的进展。

国内将"共同体"的概念引入学校课程领导的研究，我国学者钟智开启了先河，他在硕士学位论文《学校课程领导共同体构建之研究》中从必要性、条件和实施策略几方面论述了课程领导共同体的思想。随后，国内学者刘莹和罗生全从课程领导共同体的意蕴、模式选择、运作机理几方面论述了课程领导共同体的实现机制，西南大学的阴祖宝和刘莹从主体模式构建的角度论述了课程领导共同体的思想。国内以课程领导共同体为主题的研究极少，只是在课程领导的相关研究中偶尔提及。笔者查阅 CNKI 中文核心期刊目录和硕博论文库，直接研究课程领导共同体的文章只有三篇，硕士学位论文只有两篇。

梳理国内外相关文献，反思目前国内研究现状，本研究认为，学校课程领导共同体的研究还存在以下问题，这些问题也成为本研究进一步拓展的空间。

1. 研究内容体系需要进一步完善

学校课程领导涉及学校课程实施的所有方面，是一个复杂的系统，构建学校课程领导的理论体系需要从不同层面开展研究，目前研究尚存在以下不足：一是在理论方面较多地翻译西方的研究成果，研究中存在大量套用西方课程领导研究的一些现成文献。在新课程改革背景下紧密结合学校课程实施现状的本土化研究还未进入实质层面，缺少符合我国国情的本土化研究成果；二是研究对象过于宽泛，大多研究成果都探讨基础教育阶段课程领导的共性问题，没有区分不同教育阶段课程领导的实际问题，针对幼儿园、小学、初中、高中阶段的具体研究较少，研究缺乏针对性，聚焦普通高中范围的研究极少；三是现有研究内容集中于学校宏观层面校长的课程领导，而缺乏学科、年级、课堂层面课程领导的研究，也缺乏学科组长和学科教师课程领导的研究。

2. 学校课程领导的研究方法实证不足

课程领导从本质上说，是一种课程实践的方式，课程研究最有效的方法是行动研究，但从目前研究的现状来看，在研究方法方面存在以下问题：一是较多的研究采取理论思辨的方式，以逻辑推理的方式构建理论，由于缺乏实证支持，"地气"不足，许多研究成果对问题的揭示浮于表面，脱离具体的课程实践；二是大多数研究者没能"沉入"到课程实践场域了解真实存在的问题，需要采取行动研究的方式，结合课程实践进行研究才能在动态中把握课程领导中存在的真实问题；三是具体研究方法缺乏综合性，课程领导需要理论研究，更需要实践研究，仅仅采取调查的方式很难触及问题的本质，应该以质性研究为主、量化研究为辅，采取扎根理论的研究方法，客观、真实地反映出课程领导实施过程中所存在的问题，并提出有效策略。

3. 学校课程领导的实施模式单一

我国学校课程领导模式是在课程管理基础上的构建，"脱胎"于课程管理的课程领导仍然受课程管理的影响较大，新课程改革在推进过程中出现的诸多问题与学校课程领导的实效性没有直接的关系。目前实践中运行的课程领导只有一种尚不成熟的校长课程领导模式，更多的学校存在校长一个人领导学校课程发展的状况，学校课程创生不足，课程发展滞后，新课程改革的推进为此受到影响。个别地方实施校长和中层主任协同模式，这种模式是课程管理的一种转化，尚未脱离课程管理"专制"和"层级"化的影响，实践中也存在许多问题，需要建立一种更为有效的民主的课程领导模式。课程领导共同体模式已经有学者进行探索，但未形成完整成熟的理论，仅仅是一些局部问题的探讨或理论方面零星化的构建，尚未形成完整的体系。

4. 学校课程领导实践研究滞后

我国学校课程领导的实践伴随着新课程改革的推进逐步深入，尽管大部分地区实践一线的领导和教师尚未意识到自己实施课程领导的行为，但事实上已经在不自觉地扮演着课程领导者的角色，也在履行着课程领导的职责，课程领导的行为也存在于学校课程实施的各个层面。从已有研究情况来看，更多学者采取问卷调查的方法收集资料，对课程领导现状的研究停留于感性层面，深入实际调查研究不够。对课程领导问题的揭示浮于表面，大多研究者都从校长的课程领导知能不足、课程管理的制度不健全、教师的课程观念滞后等层面进行分析，而课程领导行为实施层面的深入分析不够，对具体问题的分析肤浅而不透彻，对课程领导实践中存在问题的揭示并没有真正触及本质，缺少理性反思和深刻分析。

（二）本研究的立足点

梳理国内外已有研究成果，反思我国目前课程领导研究中的问题，笔者对本研究的设计产生了诸多的想法，但本研究不可能解决我国学校课程领导研究中的所有问题，只能在已有研究的基础上，针对存在的个别问题寻求突破，针对能解决的问题寻求本研究立足点。基于这样的思考，本研究拟在以下几个方面进一步拓展，以弥补国内研究的不足。

1. 立足于新课程改革的实践构建模式

学校课程领导的实践研究是目前国内研究的一个薄弱点，课程领导的理论和实践比较滞后，而且实践的滞后并非来自于理论问题，而是基于实践、指导实践的有效理论相对不足，一线课程领导实践者所能接受和掌握的理论匮乏。因此，本研究将以超越现行的校长课程领导模式为出发点，紧密结合新课程改革的实际，立足于课程领导的实践，并基于课程领导实践中的问题构建有效的学校课程领导模式，建立能为课程领导者所掌握的实践理论，能被课程领导者实际运用的操作模式，以指导学校课程领导的有效实施。

2. 立足于共同体构建课程领导模式

如前所述，学校课程领导的研究成果丰富，但共同体与学校课程领导相结合的研究尚处于起步和探索阶段。共同体的思想理念和课程领导的理论具有一致性，把共同体与学校课程领导结合起来，构建基于共同体的学校课程领导模式将具有生命力的课程领导实施方式。因此，本研究将以共同体的思想为基础，运用共同体的理念思考课程领导问题，并以共同体的理论构建学校课程领导，形成基于共同体的学校课程领导模式。

3. 立足于实践开展模式的构建

任何一项模式的构建，都必须基于实践，为了实践。课程领导模式是改善课程领导现状的实践模式，必须有基于实践的经验，才能形成符合实际的理论体系，也才能在实践中实施。因此，本研究将坚持理论与实践相结合的研究立场，以行动研究的理念和方法为指导，运用扎根理论的研究方法，注重在实践中总结经验，提炼理论，构建模式，在学校课程领导的实践行动中寻找课程实施存在的问题，寻找提高课程领导实效的路径。通过相关理论的关照，设计既符合课程领导的运行规律，又能在实践中操作的模式，以改进普通高中课程领导的现状。

第三章 研究的理论基础

任何一种理论都有其存在的本源或基础，通常称之为元理论，也就是某种理论的理论基础。本研究是课程论研究领域的一个实践性课题，但学校课程领导共同体模式仅从实践探索层面构建理论是盲目的，必须要有科学的理论作为指导。本研究的主要目的是构建学校课程领导共同体模式，课程领导涉及课程论领域和领导学的相关理论，学校课程领导和共同体涉及社会学的相关理论，课程领导的实践也需要教育心理学的相关理论支撑。学校课程领导共同体模式构建的理论观点分散于哲学、社会学、组织行为学、教育心理学等学科领域。

在哲学社会科学逐步繁荣的今天，各学科领域的理论观点各异，学术流派众多，单纯把某一理论作为理论基础，不足以深入广泛地建构理论。因此，本研究把最能为学校课程领导共同体模式构建起支撑作用的相关理论和观点作为理论基础。哈贝马斯的交往行为理论，对有效课程领导行为具有一定的借鉴意义；帕森斯的结构功能理论，对构建课程领导共同体模式具有支撑作用；学习型组织理论，对课程领导共同体的实施运行能提供理论指导；分布式领导理论，为课程领导共同体主体系统的构建提供了理论支撑；心理学领域的建构主义和人本主义理论，对学校课程领导共同体模式的有效实施具有理论指导意义。在此，按照理论观点的内涵和对本研究的借鉴启示两个层面分别进行阐述。

一、哈贝马斯的交往行为理论

自从有了人类就有了交往活动，从洛克的"人类理解论"到休谟的"共同感"思想，从康德的"交往理性论"到马克思的"交往实践观"，历史上许多哲学家对交往问题的探讨从来没有间断。哈贝马斯是交往理论的集大成者，他于1981年创作了两卷本的《交往行为理论》，系统阐述了交往行为理论。学校课程领导是课程领导共同体成员围绕课程实践在合作基础上进行相互交往的过程，课程领导的行为基于交往实践，哈贝马斯的交往行为理论对课程领导共同体模式的构建具有较强的指导意义。

（一）交往行为理论的主要观点

哈贝马斯的交往行为理论主要集中在交往行为、生活世界的理论和交往的合理性三方面，主要观点如下。

1. 交往行为的基本内涵

交往行为是哈贝马斯交往行为理论的核心范畴，他把交往行为分为目的行为、规范调节行为、戏剧行为、交往行为，并进行了界定。他认为，交往行为是在两个以上具有话语能力和操作能力的主体间性的内在活动，交往行为的手段是以语言或其他符号为媒介，交往行为的主要形式是主体之间的诚实对话，交往行为的目标是通过对话达到人与人之间的相互理解和协调一致，交往行为的原则是以公众认可的社会规范作为行为规则。因此，哈贝马斯视野中的交往行为是主体之间以语言为媒介，通过话语调节的行为，通过相互之间的言语交流，达到主体间性的相互沟通和规范，通过"相互理解"最终达成一致意见的过程。他认为，通过语言进行的交往行为要求交往主体所说的话必须是真实的、态度必须是真诚的、言语必须能被人理解，这是交往行为合理性的前提。

2. 生活世界的思想

哈贝马斯批判地继承了德国著名哲学家胡塞尔提出的生活世界的概念，他把生活世界的结构分为文化、社会和个体三个层面。哈贝马斯在《交往行为理论》一书中写道："我把文化称之为知识储存，当交往参与者相互关于一个世界上的某种事物获得理解时，他们就按照知识储存来加以解释；我把社会称之为合法的秩序，交往参与者通过这些合法的秩序，把他们的成员调节为社会集团；我把个体理解为使一个主体在语言能力和行为能力方面具有的权限，使一个主体能够参与理解过程"[①]。他认为。"生活世界是交往行为的背景预设，交往行为总是在他们的生活世界内运动"[②]。哈贝马斯强调"生活世界"的直观性特征和奠基性作用，认为生活世界是行为主体进行交往活动的背景预设，是行为主体相互理解的

---

①② ［德］哈贝马斯. 交往行动理论［M］. 重庆：重庆出版社，1994.

"信息储蓄库"①。他认为，交往行为中的互动为交往行为参与者提供了在交往共同体中进行交流的力量，生活世界为交往行为达到更高的相互理解和更理想的协调一致提供了更大的可能性。

3. 关于交往理性

交往理性在哈贝马斯交往行为理论中具有重要的地位，交往的合理性是"建立在言语有效性基础上的理性潜能的体现"②。哈贝马斯认为，通过人与人彼此之间的语言交流和对话，达到人与人之间的相互理解和协调一致的目的，其最终目的是实现"相互理解"，达到彼此的相互认同。交往合理性的核心是行为主体之间进行没有任何强制性的诚实的交往与对话，在相互承认基础上达到谅解与合作。哈贝马斯认为，交往合理性具有主体间性，它的核心是处理人与人之间达成相互理解、协调一致的关系，通过交往主体之间的对话、商谈、论证、说服，达成人与人之间的相互理解和一致。为此，必须取消对人们交往行为的一切不合理的限制，使主体能在没有任何强制的条件下，进行诚实的交往与对话，以达到相互理解和真诚合作，这样的交往才是合理性的交往。

（二）交往理论对本研究的启示

尽管哈贝马斯的交往行为理论是在"晚期资本主义社会"的背景下产生的思想，勾勒了交往行为的理想化图景，但对学校课程领导共同体模式的构建具有理论支撑作用，启发意义体现在以下几方面。

1. 学校课程领导共同体成员基于平等主体间的交往

哈贝马斯的交往行动理论强调人与人之间应实现平等交往，承认和遵守共同的规范标准是实现交往合理化的前提。他认为，理想的言谈环境就是交往双方的机会均等前提下的交往，任何一方都不能独占发言的机会，任何一方都能对对方的意见进行检讨或批评。哈贝马斯认为，主体之间的交往过程是互动的"相互关系"的交往，主体或者客体必须均为主体。本研究构建的课程领导共同体模式中，课程利益相关者都是共同体的成员，每个成员之间的交往应该是基于平等主体间的对话合作，学校课程领导就是平等主体之间的一种交往行为。课程领导共同体成员间的关系应该是一种互视对方为主体的相互平等的关系，共同体成员不

---

① 王凤才．追寻马克思——走进西方马克思主义［M］．山东：山东大学出版社，2003：198–199.
② ［德］哈贝马斯．现代性的哲学话语［M］．上海：译林出版社，2004：367.

应把交往的对象看成实现自身利益的工具和手段，而应是与自己处在相同主体地位的另一主体，共同体成员之间的关系应该是互为主体的关系。课程领导者应该凭借自己经验、智慧和知识积累，通过积极探索和构建有利条件，由单面触动的交往转向双向融合的对话与沟通，消除内心的芥蒂，从而达成对课程发展的"共同领悟"。课程领导过程中要坚持平等交往的原则，把握好与交往对象的互为主客体的关系，真正实现课程领导共同体成员之间的自由平等。

2. 学校课程领导共同体成员在对话中实现理解

哈贝马斯的交往行为理论把人与世界的最基本关系看作是理解和被理解的关系，认识和改造都是在理解的基础上为了理解而进行的交往，通过交往提供一个对话和交流的平台，实现彼此的理解。哈贝马斯认为，交往行动的核心是相互理解，交往行动的关键是理解，最终目的是理解。"理解是一种相互作用的实践活动，是主体与主体之间的交往活动，理解就是交往者为达到相互理解、彼此信任、达成共识、取得一致的相互作用过程"①。哈贝马斯主张人们以真诚的对话来解决矛盾冲突，以对话的方式来加强人与人之间的沟通，在相互理解基础上达成共识。课程领导共同体的成员在交往过程中必然存在对共同问题理解和认识上的差异，由差异造成的矛盾冲突也自然地存在于课程领导的过程中，这就需要在平等对话的基础上互相走进对方的内心世界，相互走进"你""我"的世界，围绕课程发展的共同"话题"，在完全"敞开心扉"和"相互接纳"的情景中进行深层次的交流，最终达成对课程实践问题的理解。

3. 学校课程领导的过程应该基于生活世界

哈贝马斯生活世界的观点强调尊重实践者的话语权、贴近生活世界的交往。他认为生活世界是对话的平台，其所构成的背景知识为对话提供导向，这样才能使交往主体间的互为理解成为可能。对与课程领导共同体的成员而言，学校课程与教学的实践活动就是他们的生活世界；对于学生而言，校内外的日常生活就是他们的生活世界。校长的课程领导就是要基于课程实践中的真实问题与共同体的其他成员进行交往，学科组长的课程领导就是要基于学科课程开发实施的专业生活实践与教师进行交往，教师在课堂层面的课程领导就是要基于学生社会生活实践中的经验与学生进行对话交往。学校课程领导要为共同体成员民主的生活世界

---

① 董娜. 哈贝马斯交往行动理论对高校德育工作的启示［J］. 职业圈，2007（15）：82－95.

和对话的实现创设必要条件，以同侪角色为基点，养成并提升学校作为民主的生活世界的每个成员的领导力。学校课程领导的真正使命就在于引领共同体成员在课程与教学的生活世界中通过互动交流和有效合作，以平等参与和对话的形式来推动团队合作精神的构建。

4. 有效课程领导的实现基于合理性交往

交往理性是哈贝马斯的交往行动理论的基石，他认为交往实践的进行需要遵守一定的规范原则，真实、正确、真诚的三个有效性要求就是主体在交往过程必须遵循的对话准则。交往理性与以满足个人欲望为目的的工具理性根本不同，它强调相互理解和沟通，强调批判和反思，以相互理解、宽容、和解的立场处理不同价值观和不同文化传统之间的差异与冲突。交往的主体要尊重彼此的分歧，求同存异，在相互理解的基础上达成彼此的一致。现行课程领导由于过分强调校长的领导核心地位，强化教师主体的主体性和权威性，造成其他课程领导共同体成员主体地位的忽视，甚至否定他们的主动性和主体性地位，课程领导共同体成员之间形成了一些非对称的、不平等的、单向度的交往，造成课程领导实效性不高。哈贝马斯主张交往行为主体间的平等，课程领导共同体模式就是要试图打破这种交往中的"话语霸权"和"高高在上"的特权地位，建立一种民主、平等、对话的沟通机制，彰显课程领导共同体成员的主体性，使共同体成员在主体间平等交往中发挥应有的课程领导作用。

二、帕森斯的结构功能理论

学校课程领导是社会现象的重要组成部分，社会学理论不可避免地对课程领导共同体的理论和实践产生影响，课程领导领域的诸多问题需要社会学理论解释。源于19世纪英、法两国的结构功能理论是当代社会学领域最具影响力的社会学理论之一，是20世纪西方社会学的主导理论，美国著名社会科学家塔尔科特·帕森斯是结构功能理论的集大成者。学校课程领导属于社会大系统之中的一个子系统，具有典型的社会学特征，帕森斯的结构功能理论对学校课程领导共同体模式的构建提供了坚实的理论基础。

（一）结构功能理论的主要观点

结构功能理论的出发点是对结构与功能，以及二者之间相互关联的研究，它将整个社会看作是一个有序均衡的大系统，系统的各个组成部分相互联系，系统内每一个组成部分对系统整体发挥重要作用，主要观点体现在以下几方面。

1. 社会行动理论

帕森斯认为，单元行动是社会行动的最基本单位，其构成要素是行动者、目标、情境、行动规范导向，但行动理论分析的重点应该是整个行动系统，而非具体的单位行动，"行动系统是指行动主体与其环境状态之间发生的某种稳定的相互关系，行动系统又分为社会系统、行为有机体、人格系统和文化系统四个子系统"①。帕森斯在对该体系的分析中认为，行动主体可以是人也可以是体系、组织、国家、社会，即任何层次上的有意义的人类行动。学校课程领导是一个由各个相互联系的组织构成的有机整体，每个部分有机联系并互相作用。本研究的学校课程领导共同体可视为一个社会单元行动。

2. 社会系统理论

结构功能理论认为，一定的社会结构必然是一定社会系统的结构，社会系统之所以成为系统是因为其确定的结构。帕森斯认为，"系统结构的最基本类型是与其所必须满足的系统功能要求相联系"②，结构就是系统要素之间的相互作用关系的空间表现，"功能就是系统能够与周围环境发生特定形式作用的本能属性"③。帕森斯认为，"行动系统中的行动作为一个过程，实际上就是将各种条件成分向着与规范一致的方向改变的过程"④。文化系统不仅能够对制度化的社会角色模式加以维持，而且能以潜隐无形而又能量巨大的特性发挥出它的能动的创造力。任何个体的行动都受到社会规范的制约，任何一个社会系统都需要与外部环境进行物质和能量的交换，调整其自身结构以适应环境的变化，"通过与子系统之间的相互联系，共同支撑整个系统的正常运行和协调发展"⑤。社会系统理论认为，"社会系统中的行动者是彼此之间相互联系的众多个体行动者，行动者既包括行动者个体也包括行动者集体"⑥。本研究的课程领导共同体模式的领导主体，包括个体领导者，也包括由个体组成的功能性共同体。

---

① 周怡. 社会结构：由"形构"到"解构"[J]. 社会学研究，2000（3）：55-58.
② 乔治·瑞泽尔. 当代社会学理论及其古典根源 [M]. 北京：北京大学出版社，2005：68.
③ 张华荣. 科学思维方法论 [M]. 福州：海风出版社，2001：116.
④ 塔尔科特·帕森斯. 社会行动的结构 [M]. 张明德，等译. 南京：译林出版社，2008：731.
⑤ 刘润忠. 析结构功能主义及其社会理论 [J]. 天津社会科学，2005（5）：56.
⑥ 杨方. 论帕森斯的结构功能主义 [J]. 经济与社会发展，2010（8）：116-118.

3. 结构功能理论的 AGIL 模型

结构功能理论认为，结构和功能之间是相互关系、互相作用的关系，结构不是具有实体性的具体的社会组织，而是制约着特定类型角色互动的抽象规范模式。帕森斯提出了行动系统的普遍功能要求：适应（Adaptation）——从社会环境中获得资源，行为有机系统具有"适应"功能，保证资源的供应并在系统中加以合理分配；达标（Goal Attainment）——最大限度地利用资源以实现目标，人格系统具有"目标达成"功能，确定系统目标的次序，引导资源去实现行动系统的目标；整合（Integration）——每一体系必须维护各部分之间的内部协调，社会系统具有"整合"功能，通过制度化关系连接行动单位，协调各部分实现整体功能；维模（Latent Pattern Maintenance）——维持社会规范及体系的连续性，文化系统的价值规范为整个行动系统提供了基本模式，克服系统中不利因素。帕森斯认为，一个社会的生存与稳定与这四种功能体系实现的好坏密切相关，这四种功能之间的功能分化、功能动态及功能交换才使整个社会得以持续和发展。

（二）结构功能理论对本研究的启示

结构功能理论指出，任何一种功能都是由一种特定的结构来实现，而这种结构运作模式就决定了某一系统的整体组织特性和动作方式。结构功能理论对学校课程领导共同体模式构建的意义和启示体现在以下几方面。

1. 学校课程领导属于社会系统的一部分

帕森斯的结构功能理论强调系统内部各个部分之间相互作用和相互依存，强调子系统之间的边界关系，只有各系统组成部分相互协调，才能够得到维持和发展。学校课程领导作为社会系统的一个部分，需要不断调整课程领导体制以适应新课程改革的变化。学校课程领导共同体内部也存在着各种功能不同的次级共同体，只有不同的子系统之间相互协调一致，平衡发展，才能支持学校课程领导整体系统正常运行。学校课程领导共同体内部不同层面的共同体应与相邻的子功能模块建立合理的结构来保障各自的正常运作，从而使学校整体系统正常运作。

2. 学校课程领导共同体内部结构要合理化

结构功能相关律认为，结构与功能相互联系又相互影响，二者之间既有联系又有区别，是辩证统一的关系：结构反映了系统内部各要素之间的联系形式，功能是系统与环境的相互联系、相互作用反映出的能力。"结构分析必须同功能分析结合起来"①，结构与功能相互依存，相互制约，结构决定功能，功能反作用于结构，二者动态地相互作用以促进系统不断地演化。忽视共同体系统中的任何一部分而片面强调另一部分，会影响学校课程领导共同体的完整结构和系统功能的发挥。课程领导共同体模式的构建，要从结构调整入手，通过内部结构的分解或综合来削减或增加某一特定功能，从而保证课程领导的有序进行。

3. 学校课程领导共同体模式要构建互动系统

学校课程领导共同体内部与外部之间是一个有机系统，要保证系统内外部的平衡，就需要建立互动系统。一方面，在学校课程领导共同体内部，不同层面的课程领导共同体之间要保持系统的开放性，每个层面的课程领导共同体根据各自的职责，围绕学校课程领导促进学生全面而有个性发展的核心目标实施课程领导，使不同层面的目标在保持一致的前提下，各自发挥好应有的课程领导功能，并在相互影响和作用的过程中保持动态的平衡，避免各自为政和孤军奋战造成"三足鼎立"的模块化封闭运行，要实现不同层面课程领导共同体之间的相辅相成和良性互动。另一方面，学校内部课程领导的主体系统与学校外部的家长、社区人士、课程专家、政府相关部门人员构成的主体系统之间要形成相互影响的协同运行的机制，形成资源共享、互通有无、功能互补、权责共享的良好局面，使学校内部与外部的所有课程利益相关者共同参与学校课程领导，构建冲突化解机制，增强内外部环境之间资源和能量的交换，实现内外系统通力合作和有效互动，构建和谐育人的环境，最大限度地课程领导共同体的整体功能。

4. 课程领导共同体模式构建需要制度规范和文化建设

帕森斯的结构功能理论提供了如何进行社会整合的方法，他认为社会系统本身可以进行自身的整合，这种整合是通过"社会化机制"实现，这里的机制主要指制度和规范。课程领导共同体的有效运行，只有用制度来规范共同体成员的行为，避免不必要的矛盾冲突，规范课程领导者的行为，才能促进学校课程发展。帕森斯在其社会整合理论中还高度重视文化对社会整合与协调的作用，学校课程领导共同体模式的构建，一方面要重视课程文化的建设，把课程文化的建设作为课程领导的一项任务；另一方面要充分发挥学校文化在课程领导过程中的支

---

① 贾春增. 外国社会学史［M］. 北京：中国人民大学出版社，2002：230.

撑性作用，发挥文化在规范引领课程领导行为方面的作用。

三、学习型组织理论

本书是基于共同体模式的学校课程领导研究，管理学的相关理论是本研究的重要理论来源。在管理学众多的理论流派当中，学习型组织理论对课程领导共同体的构建具有直接的指导意义。"学习型组织"这一概念最早是由美国哈佛大学佛睿思特提出，彼得·圣吉系统地阐述了学习型组织理论，成为当今最前沿的管理学理论，对学校组织的改革与发展也产生了深远的影响，其理念与学校课程领导共同体的理念具有"异曲同工"之处，成为本研究的理论基础。

（一）学习型组织理论的主要观点

圣吉提出了学习型组织的五项修炼——自我超越、改善心智模式、团体学习、建立共同愿景和系统思考，[①] 是当代构建学习型组织的模型之一，也是学习型组织理论的基本内涵要素。后来的学者在研究学习型组织五项要素的基础上，总结了学习型组织的特征，对本研究也具有一定的启发意义。

1. 学习型组织的五项要素

关于自我超越（Personal Mastery），该理论认为，个人有意愿投入工作是组织发展的前提，组织成员专精于熟练技巧的专业是组织发展的保障，个人与组织愿景之间的"创造性的张力"是自我超越的来源。

关于改善心智模式（Improve Mental Models），圣吉认为，心智模式是深植于心灵之中，是一种根深蒂固于个体心中的思维方式，是个体认识世界的价值观、固有成见和采取行动的假设，一个组织要具有发展的活力，首先要改善心智模式。

关于团队学习（Team Learning），该理论认为，一个组织形成团队的前提是要加强学习，以不断地学习发展组织，团队智慧应大于个人智慧的总和，以做出正确的组织决策，透过集体思考和分析，强化团队向心力。

关于建立共同愿景（Building Shared Vision），该理论认为愿景可以凝聚公司

---

① ［美］彼得·圣吉. 第五项修炼——学习型组织的艺术与实务［M］. 郭进隆，译. 上海：上海三联书店，1998：7 - 10.

上下的意志力，通过愿景共享，组织成员在思想观念方面达成共识，大家努力的方向一致，个人也乐于奉献，组织更具有凝聚力和向心力。

关于系统思考（System Thinking），学习型组织强调用整体的观念和系统全面的视角来思考组织发展的策略，配置要素以增强整个组织系统的功能。圣吉认为，"少了系统思考，就无法探究各项修炼之间如何互动"，只有建立系统的整体观，才能实现整体功能的发挥。

2. 学习型组织的特征

有学者对学习型组织的特征进行了概括，认为它有八个方面的基本特征[①]，本书在此仅选几个典型特征进行简要分析。

关于扁平式组织结构。学习型组织理论所主张的组织结构是非自上而下的层级组织，而是一种跨域层级的扁平化结构。圣吉认为，"学习型组织将日益成为以'地方为主'的扁平式组织"[②]，决策层到操作层之间的间隔层极少，有利于沟通交流，也有利于形成合力。有研究者认为，高效组织结构的设计首要的目标是迅速实现扁平化，以提高运营效率和实现组织能力的提升。

关于共同愿景。学习型组织理论主张一个组织内部应有共同的目标，组织成员有一个共享的愿景，能凝聚力量，形成为实现目标而奋斗的合力。圣吉认为，愿景能鼓舞人心，如果一个组织缺少目标必定"难成大器"[③]。愿景背后渗透着价值观、理想和信念，个人愿景必须与组织愿景相协调，才能形成真正的力量。

关于领导者的角色。在学习型组织理论强调领导者角色的重新定位，主张领导者应该是组织的设计师、愿景的仆人和组织成员教师。领导者的设计师的角色是对组织领导角色的回归，意味着领导要对组织要素进行整合；领导者的仆人角色是强化领导为组织服务功能的要求，表现在对实现愿景的使命感和自觉接受愿景召唤两方面。

（二）学习型组织理论对本研究的启示

学习型组织理论中的"组织"与本研究学校课程领导"共同体"的内涵具有一致性，学习型组织理论为构建课程领导共同体提供了组织依据。

---

① 许正中，江森源．学习型社会 ［M］．北京：中国环境科学出版社，2003：53.

②③ ［美］彼得·圣吉．第五项修炼——学习型组织的艺术与实务 ［M］．郭进隆，译．上海：上海三联书店，1998.

1. 学校课程领导共同体模式的构建要从内部入手

学校课程领导受到学校内部和外部各种因素的影响，就学校课程领导共同体内部次级共同体也存在内外部因素的影响，构建有效的课程领导共同体，必须从内部入手，从体现学校共同体成员心智模式的思想观念的改变和精神理念的重建做起。学习型组织创建要注重组织的"内部改变"①。内部改变就是要在思维方式和价值观等方面的根本改变，具有不断改革的能力，这一能力的核心就是——"系统思考的能力"②。学校课程领导共同体要尊重"精神主体性"的规律，发挥共同体成员的自主性，赋予教师一定专业自主权，赋予学生自主学习的权力，以自我超越的要求发挥个人潜能，引导、帮助他们建立健康的精神体系，成为自己行为的主人，最终以内控的方式推动整个学校的持续发展。

2. 学校课程领导共同体要重视愿景的引领作用

共同愿景是一个群体的奋斗目标，具有召唤及驱使人向前的使命、愿望和理想。课程领导共同体的愿景是共同体成员共同关切的目标，体现着共同体成员共同的价值观，共同愿景对学校课程领导共同体的构建至关重要。学校课程领导要依靠共同的愿景目标凝聚共同体成员课程领导的力量，激发共同体成员内心深处的强大的驱动力，引领共同体成员一步一步地接近目标。同时，学校课程领导在引导共同体成员制定个人愿景目标的同时，要为共同体成员个人愿景的实现创造良好的条件，在此基础上构建团体愿景和学校整体愿景，并引导共同体成员为学校课程发展的整体愿景目标的实现而努力。

3. 学校课程领导共同体要重构扁平化组织结构

学习型组织理论主张建立扁平化的组织结构，按照低重心运行的方式提高管理的效能。现行学校组织结构是一种垂直向下的层级化组织模式，职能部门分工明确，部门、组织和团体之间的联系被层级体系所阻隔，协调性不足，合作乏力，运行不畅，也缺少创新活力，构建学校课程领导共同体模式就是要改革这种组织模式。一方面，要减少部门层级，下放课程领导权力，缩短沟通渠道，加快信息传递速度，减少课程领导权力"屏障"和人为的"阻隔"；另一方面要淡化科层色彩，凸显课程专业权威的地位，彰显"学术"气息。要围绕课程的有效实施进行结构调整，优化整合学校内部各部门的功能，发挥共同体的优势形成学

---

① ②　俞文钊. 管理的革命——创建学习型组织的理论与方法 [M]. 上海：上海教育出版社，2003.

校课程领导一体化的格局，以提高课程领导共同体的效能。

4. 学校课程领导共同体要重视团队建设

学习型组织理论强调团体学习，发挥团体智商大于个人智商的优势，以合作学习的形式改变组织成员的心智模式。课程领导共同体必须构建一个合作与共享的学习系统，创建人人参与、平等对话、真诚沟通、彼此信赖营造良好的学习氛围，共享经验知识，改善共同体成员的心智模式，形成持续学习的能力，提高课程领导力。学习型组织理论认为，团队是实现组织扁平化运作的最好形式，能以群体和协作优势赢得主导地位。学校课程领导共同体内部各类次级共同体就是团队的一种形式，学科组、年级组、班级和各类课程开发组织、社团组织、研究小组等都可以视为团队，都是学校课程领导共同体内部的有机组成部分，在学校课程领导过程中发挥着重要作用，要按照学习型组织理论的要求，加强次级共同体的建设。王鉴教授认为，"关于课堂的理解最好提倡学习型共同体……它具有共同体的特征"[①]。同时，也要加强家校合作共同体的团队建设，把家长纳入学校课程领导的团队之中，"实践经验证明，要在一个不关心教育的'社区之海'上建立一个'优质教育之岛'完全是不可能的"[②]。

四、分布式领导理论

构建学校课程领导共同体模式，需要以领导学的科学理论指导。纵观领导理论发展历程，领导学理论经历了交易型领导理论、变革型领导理论和分布式领导理论。学校课程领导共同体模式的构建，需借鉴变革型领导理论的观点，并以分布式领导理论为直接理论来源。

（一）分布式领导理论的主要观点

交易型领导是功利意义上的领导，强调领导者和追随者之间的交易，追随者为满足个人私利与领导者发生交换，领导者和追随者之间是一种利益交换关系。领导者指派明确任务，以适当的奖励行为为手段，以命令和控制的方式实施领导，科层管理体制的领导方式就是领导者运用行政权威领导下属，就属于交易

---

① 王鉴，李录琴．"学习型共同体课堂"的理解与建构［J］．教育理论与实践，2008（4）：57－60.
② ［美］博耶．关于美国教育的演讲［M］．涂艳国，等译．北京：教育科学出版社，2002：22.

型领导。交易型领导的具体方式主要采取权变奖励和例外管理，这种方式用生理、安全、物质利益等低级需要作为刺激下属的动力，带有明显的利益交换性和功利色彩，这种领导方式忽视以人为本的价值追求，不适新形势下领导实践的需要，交易型领导的弊端催生了变革型领导（Transformational Leadership）的产生。

变革型领导最早由唐顿（Downton）于 1973 年提出，后经詹姆斯·麦格雷戈·伯恩斯（James MacGregor Burns）将它发展成为一种重要的领导理论。变革型领导理论强调价值观、社会准则、规范、长期目标和整个组织文化，变革型领导者在促成改革中起着关键作用，"魅力影响、鼓舞干劲、智力激发、个别化关怀是变革型领导的行为特征"①。随着变革型领导理论的发展，教师专业发展、专业精神建设、学习共同体建设、学校共享愿景的构建也成了课程领导研究的热门话题，这一理论对课程领导的发展发挥了重要的指导作用。但研究中也存在把学校课程领导的主体集中于校长一个人身上，过分强调和重视校长课程领导的作用，强化了"英雄领导者"的形象，忽视了教师及其他课程领导主体在课程领导过程中的重要作用。

随着领导学研究的进一步发展，变革型领导理论开始受到质疑或批评，因过度地夸大了领导者个人的重要性，不利于调动更多组织成员的积极主动性。由此，分布式领导（Distributed Leadership）揭开了后变革型领导研究时代的序幕，其意蕴及特征体现在以下几方面。

1. 强调民主的价值取向

20 世纪 50 年代就有学者吉布（C. A. Gibb）提出领导的分布式模式，20 世纪 90 年代，受彼得·圣吉的学习型组织理论"去中心领导者"（Decenter Leader）概念和托马斯·萨乔万尼"领导者的领导者"思想的影响，分布式领导才逐渐受到更多关注。②斯皮兰（James P. Spillance）是分布式领导理论的杰出代表，他认为，"分布式领导内含领导者相加和领导实践两个层面，是在特定情境和实践领域中，多个组织层面的领导者交互影响，以增加组织领导的厚度，同时吸收

---

① 彼得·诺思豪斯. 领导学：理论与实践 [M]. 吴荣先，等译. 南京：江苏教育出版社，2004：95 – 96.

② 冯大鸣. 美、英、澳教育管理前沿图景 [M]. 北京：教育科学出版社，2004：75 – 76.

广大员工智慧的过程"①。也有学者认为，"分布式领导就是领导及领导的影响是分布于有结构的组织关系之中，以组织中种种联合力量的形式表现出来的一种组织方式"②。分布式领导理论认为，"通过领导职能在整个组织层面的较为广泛的分布而实现民主的领导，它开启了更加民主、合作的领导形式的大门"③。我国学者张晓峰认为，"具体到学校情境来说，分布式领导强调领导角色和职能要动态分布于学校组织成员当中，校长的角色要从传统的个人英雄式领导者转变为支持式领导者，引领组织成员动态地分担领导职能，并提供必要的支持和保障"④。

2. 强调团队合作领导

分布式领导最本质的内涵是团队合作，倡导领导实践中的权力共享，"领导并不是一个居于高位的、孤独的个体所行使的职能，而是在一种共同文化之下、在合作性工作中发生的集体行为"⑤。分布式领导提倡把学校组织构建为学习共同体，然后通过分布于组织中各个工作团队的领导"流（Flow）"，来改进学校的效能和学生的学习结果。领导者分布于团体成员当中，在相互影响中发挥作用，"分布式领导是发生在组织层面而不是发生在个体层面或小团体层面的活动，不是分析占据领导职位的单个人或少数几个人，而是整个组织"⑥。有研究者认为，分布式领导就要注重组织在协同合作中个体之间的相互作用，只有这样才能极大地激发人的潜能，使其最大限度的散发出活力，"创建合作性的工作关系和团队精神是分布式领导的核心工作"⑦。格荣（Peter Gronn）认为，"分布式领导是协同性行为（Concertive Action），强调融入的多元化参与（Pluralistic Engagement）以及协同性领导（Concertive Leadship）"⑧。

① Spillance, J. P., Halverson, R. and Diamond, J. B. Investigating School Leadership Practice : A Distributed Perspective [J]. Education Researcher, 2001 (3)：23 – 28.

② 冯大鸣. 美、英、澳教育领导理论十年（1993—2002）进展述要明 [J]. 教育研究, 2004 (3)：74.

③ 冯大鸣. 美、英、澳教育管理前沿图景 [M]. 北京：教育科学出版社, 2004：78.

④ 张晓峰. 分布式领导：缘起、概念与实施 [J]. 比较教育研究, 2011 (9)：44 – 49.

⑤ 马明, 于学友. 从分布式领导看我国学校组织领导改革 [J]. 当代教育论坛, 2008 (2)：25.

⑥ Harris, A. Distributed Leadership in Schools：Leading or Misleading. http：//www. shuac. uk/bemas, 2002：10 – 25.

⑦ 姬兴龙. 校本课程开发背景下教师参与课程领导研究 [D]. 上海：上海师范大学硕士学位论文, 2009：19.

⑧ P. Gronn. Distributed Leadership as A Unit of Analysis [J]. The Leadership Quarterly, 2002 (13)：423 –451.

3. 倡导"去中心化"的领导

分布式领导强调发展集体的智慧，"领导者的传统职能和传统形象都需要发生改变，'去中心（Decenter）的领导者'和'领衔学习者'成为描绘领导者新形象的关键词"①，领导被恰当地理解为流动的、生成的，重视权力的流动而非权力的拥有。领导者和追随者的界限并不明确，领导者可成为追随者，追随者可成为领导者，响应相同的理念、价值和承诺。领导者与追随者之间存在着相互依赖的关系，领导者不仅影响追随者，同时也受到追随者的影响。"教育要想永远成功，必须在学校社区中建立分布式领导的文化，而非训练与发展少数的领导精英"②。

4. 主张对组织成员的赋权

分布式领导理论的思想基础之一是提倡学校"去中心"的领导，领导被恰当地理解为"流动的，生成的，而不是不变的现象"③。在一个组织中尽管每个人都不一定具有领导身份，但组织中的每个成员都可以参与领导，在特定的情境条件下可以扮演领导的角色，对共同体的成员形成一定的影响力。斯皮兰（James P. Spillance）认为，分布式领导就是要对不同的领导者、不同的下属，根据不同的情况对组成成员授权，领导权被分布到组织的各个层级，"使领导力的影响延伸到很多组织成员的工作当中"④。把组织成员都培养成为领导者是分布式领导的最终追求，"通过一种最好的方式使组织中所有层次的所有人都成为领导"⑤。亨利·明茨伯格（Henry Mintzberg）认为，"所谓的分布式领导就是组织的不同成员根据自己的能力和环境条件的变化动态地分享领导角色"⑥。

（二）分布式领导理论对本研究的启示

变革型领导理论相对于交易型领导而言，无疑是一个革命性的变化，对学校

---

① 冯大鸣．美、英、澳教育管理前沿图景［M］．北京：教育科学出版社，2004：75.

② Fink，D. & Hargreaves，A. The seven principles of sustainable leadership［J］．Educational Leadership，2004，61，（7）：8 – 13.

③ Gronn，P. Distributed Leadership as a Unit of Analysis［J］．Leadership Quartely. 2002，13（4）：51 – 423.

④⑤　Alma Harris，Daniel Muijs. 教师领导力与学校发展［M］．许联，等译．北京：北京师范大学出版社．2007.

⑥　Mintzberg．H. The leadership debate with Henry Mintzberg：Community ship is the answer［N］．Financial Times. 2006：10 – 23.

课程领导共同体的构建具有一定意义：一是重视愿景的作用，通过愿景来引领组织成员的努力方向，为成员提供可望又可及的清晰目标。二是强调关怀信任的文化氛围，领导者关心追随者的需要、动机、价值观和道德观，组织成员在信任与期望中潜能被激发，充满革新的力量，保持一定的生机与活力。三是强调共同参与，变革型领导重视团体领导，强调要通过领导者的个人魅力来影响成员，充分发挥领导者的作用。同时，更加强调所有组织成员共同参与领导，共同致力于组织愿景的现实。四是注重批判反思，变革型领导强调批判性反思，通过批判反思，打破僵化的组织模式，不断调整改革以适应环境的发展变化。

分布式领导理论弥补了变革型领导的不足，成为课程领导研究发展的取向，本研究把分布式领导理论作为构建学校课程领导共同体模式的直接理论依据，启发意义体现在以下几方面。

1. 课程领导共同体的构建要注重权力分享

分布式领导理论的核心是赋权、分享与团队协作，在学校课程领导共同体中，每个课程利益相关者都能发挥各自的智慧，在协同合作的基础上实现课程发展的愿景目标。分布式领导理论强调领导权分布于更多成员，学校课程领导不是校长所独占，而是学校中所有成员所共享，但这并不意味着忽视校长的影响力，而是强调校长"领导英雄"，当学校课程领导共同体的成员都成为"英雄"，校长就成为"最大的英雄"。课程领导要从教师群体中培养领导者个体，以实现"领导是为了不要领导"。只有把学校课程领导共同体的每一个"应然"的课程领导者都培养成为"实然"的课程领导者，学校课程领导才能形成一股强大的合力，共同促进学校课程发展。

2. 学校课程领导要发挥不同层面共同体的作用

分布式领导理论强调团队合作行为，强调合作意识和团队意识，通过共同体成员相互间的鼓励与支持，激发彼此的潜能，完成各自的工作，共同实现愿景目标。"分布式领导重视各个层面课程领导的作用，前提是学校权力的重新分配，由阶层的控制转换至同侪的影响"①。课程领导共同体将使学校组织结构趋向扁平化，课程领导权力更为分散，学校课程决策将依赖于学校团队的智慧，课程领导责任需要更多的角色分担。学校课程领导共同体的构建，要重视共同体内部次

---

① Alma Harris. Teacher Leadership：More than just a feel – good factor leadership and policy in schools ［J］. Taylor &Francis Inc，2005（4）：28.

级共同体的建设，发挥不同层级课程领导共同体和不同主体的课程领导者的积极主动性，共同参与课程领导，以放大学校共同体成员的整体智慧与能量。

3. 学校课程领导要扩大共同体成员的决策参与权

分布式领导理论强调赋权参与，每个组织成员都具有参与决策的权利，可以根据自己的知识与经验参与决策。格利克曼（C. Glickman）的实证研究认为，"成功的校长都意识到，依赖于领导者一个人的领导模式具有局限性，他们都把授予他人领导权看作自己首要的任务"①。学校课程领导共同体模式的构建，就是要赋予共同体成员一定的课程权利，为共同体成员参与决策创造一定的条件，并承担课程领导的责任，通过权力共享激发课程领导共同体成员的参与课程领导的内驱力，彰显共同体成员的主体地位，分布式领导为共同体成员广泛参与课程领导奠定良好的理论基础。

此外，建构主义和人本主义心理学理论为课程领导共同体的构建提供理论依据。建构主义学习理论强调学习过程中个体的自主建构，主张学习者在学习过程中要把所学知识与原有知识经验建立联系，进行知识意义的建构。人本主义强调"人的动机、需要、价值观、情感、生活责任、自我意识等那些属于人性各层面的问题，关注人的自我发展和人的潜能实现"②。建构主义和人本主义心理学对本研究的启示体现于以下几方面：一是课程设计要关注学生已有经验，教师课程领导者要充分尊重学生的主体性及其原有知识经验基础，注重学生学习过程中的情境性，关注学生的学习经历，以促进学生最佳发展为目标，规划设计基于学生个性化发展的课程。二是课程决策要充分体现民主，坚持平等参与、相互理解、共同协商的原则，尊重课程学习者的主体地位和学生现有水平，创造参与决策的机会，鼓励引导共同体成员参与决策，在广泛征求各方面的意见建议的基础上做出科学合理的决定。三是课程实施要注重创生，学校课程领导要重视课程实施过程中学生对知识意义的建构性理解，体现教师和学生参与课程的主体性、经验性和意义性，围绕学生发展决定课程实施的具体方式，引导学生在互动中生成知识、情感和能力。四是课程领导组织观应体现人本性，在课程领导过程中要体现课程领导共同体成员之间权力共享、平等协商、彼此理解和相互宽容，在满足共同体成员需求的同时，发挥个人智慧，凝聚团体力量，创造性地实现课程领导共

---

① 冯大鸣. 美、英、澳教育管理前沿图景［M］. 北京：教育科学出版社，2004：76.

② 全国十二所重点师范大学联合编写. 心理学基础［M］. 北京：教育科学出版社，2002：11.

同体的共同愿景。五是课程领导过程应具体现人本性,坚持人本主义理念,把学校课程领导过程视为共同体成员基于平等、民主、信任的对话协商过程,学校课程领导者要关心共同体成员的学习生活和个体需求,为共同体成员各方面的利益需求的满足提供实现的条件。

第四章 现行学校课程领导模式剖析

模式是在一定理论基础上，根据特定的理念和认识所建立起来的实践运作系统，是理论转化为实践的桥梁，也是丰富和践行理论的重要途径。学校课程领导模式是课程理论与实践相结合的产物，是基于学校课程领导工作原理而设计并在实践中运行的操作方式。本部分通过对国内外现行的校长课程领导模式、校长与中层主任同步共治模式、层级模式和能动分享模式的分析和我国现行校长课程领导模式的实证调查，寻找课程领导共同体模式构建的现实依据。

一、四种典型课程领导模式：基于文献的检视

课程领导的发展，从要素的确立到实际应用仅仅四十多年的历史。世界各国都在探索有效课程领导模式，由于各国文化背景和教育发展历史不同，课程理论与实践研究的进程各异，课程领导模式的选择和运用也呈现出不同的特点。本研究在文献梳理的基础上，选择了国内外现行四种典型的课程领导实践模式作为分析的案例，分别从运作特点、存在的意义和局限性三方面进行分析。

（一）校长课程领导模式

校长课程领导模式以我国为典型代表，是我国课程改革实施以来，普通高中普遍采用的课程领导模式，西方一些国家和地区的部分学校也采取这一模式。校长课程领导是指校长对学校课程发展进行统筹规划和统一领导的模式，校长既是学校的行政领导者，也是学校的课程领导者。黄旭钧认为，"校长课程领导是指校长对学校课程的设计、发展、实施和评价所进行的一种沟通协调和支持的专业性领导"①。校长课程领导模式包含行政事务和管理技术的运用，也包括促进学

---

① 曹科岩，龙君伟. 论校长课程领导的内涵、角色和任务 ［J］. 现代中小学教育，2006（10）：71 －74.

校课程发展的组织制度的建立，是以校长为核心的课程领导者在课程设计、实施、评价及课程相关事务中实施领导行为，从而提升课程质量、促进教师专业发展、改善学生学习品质的过程。校长课程领导主要体现在学校课程实施过程中，领导方式主要是校长发挥自身的道德权威和专业影响力，依靠引领教师的专业发展，调动教师的积极性来实现课程愿景。尽管校长课程领导并非校长一个人的领导，是以校长为首的课程团队领导，但在课程领导意识尚未觉醒，课程领导理论和实践发展相对滞后的地区和学校，校长课程领导模式的美好愿景并未在更多学校真正实现。

1. 校长课程领导模式的特点

校长课程领导模式是与校长负责制管理体制相适应的模式，在具体运作过程中体现出以下特点：其一，在课程领导主体方面，校长是最重要的课程领导者。这一模式最主要的特点就是强调校长在学校课程领导中的核心地位，校长对外代表学校，落实国家课程意志；对内负责学校，领导学校课程改革，承担着学校课程领导的无限责任。其二，在职责功能方面，强调校长在学校课程领导中发挥主导作用，履行着两种职责。一方面，校长代表并履行国家教育意志，落实国家课程政策，忠实执行课程计划，承担着课程管理的职能；另一方面，校长担当引领学校课程发展的重任，结合学校实际创造性地实施课程，承担着课程领导的职责。其三，在课程领导运行方式上，校长与教师共同制定学校课程目标，引领课程开发，推进课程有效实施，监督课程的整个运行过程，与上级教育行政部门、家长和社区沟通协调，整合校内外课程资源，为课程计划的实施创造条件。

2. 校长课程领导模式的意义

校长课程领导模式与传统教育管理体制相适应，也是教育民主化程度不高而只能选择的模式，尽管存在一定的弊端，但也有其存在的价值和意义。其一，高度集中的课程领导方式，有利于统一思想，凝聚力量，贯彻落实国家课程政策、标准和实施方案。这一模式是传统管理思想的产物，是科层化管理的典型，在一定程度上能提高课程管理的效率。其二，对学校课程实施中的所有问题，校长具有最终决策权，校长根据上级教育行政部门的要求，统一规划学校的办学方向，落实国家和地方的课程实施方案，带领中层部门的管理者共同监管课程的实施，制定课程评价政策，这种模式主体责任明确，能忠实地落实好国家和地方的课程政策。其三，校长在具体的课程运作中，通过法定权威和制度化的权力影响力，带领全校教职工共同参与学校课程建设；组织实施并评价课程，组织班主任召开家长会，密切与学校的联系和沟通，争取家长的支持；与社区沟通协调，利用社区资源发展学校课程。校长对内对外代表学校，有利于整合各方面的力量和资源发展学校课程。

3. 校长课程领导模式的局限性

校长课程领导模式产生于特定的教育体制背景，与特定地域的文化发展背景相适应。尽管校长课程领导模式在实践中的存在具有一定的合理性，但也存在着诸多弊端，并非理想的课程领导模式，在一定程度上阻碍了学校课程改革。具体而言存在以下问题：其一，过分强调校长在课程领导中的权威，课程领导权集中于校长，不利于调动其他课程领导者的积极主动性，最终导致校长在课程领导过程中"权力独揽"而"一统天下"，教师作为课程领导主体的权利和责任最终由校长一个人承担，其他能发挥课程领导作用的学校成员处于被动观望状态。其二，学校中层部门作为课程实施组织机构，在课程领导过程中发挥着任何个人所无法替代的作用，过分强调校长的最终决策权会导致中层职能部门依赖性过强，被动应付校长安排的课程领导任务，散失了作为中层部门应有的活力，校长课程领导模式无形中束缚了中层部门的课程领导者和管理工作人员的创造性，课程领导的效能无法彰显。其三，校长课程领导模式过分强调校长的领导核心地位，必然导致工作繁忙、事务缠身而顾此失彼，面面俱到的学校课程领导事务必然使精力有限的校长无法关注课程创新的问题，校长代替其他课程领导者做了许多自身课程领导范围之外的工作，而耽误了本应该由自己做而无法做好的课程领导事务，造成学校课程领导的角色混乱、效率不高、效能低下。

（二）校长与中层主任同步共治模式

校长与中层领导同步共治模式是指校长与学校相关中层部门负责人共享课程领导权，根据各自在课程领导事务中的职责分工，共同完成一定课程领导任务的模式。"校长与中层领导共享行政领导与课程领导权，相互协作与配合，共同完成对学校的课程领导，能充分发挥中层领导的专业领导能力，利用其专业影响力，以人传人的方式扩散，带动这个学校的良性运转"[1]。很显然，这一模式是在校长课程领导模式基础上的发展，校长把学校把课程领导的部分权力赋予中层

---

① 靳玉乐. 学校课程领导论［M］. 北京：人民教育出版社，2011：199.

主任，由校长和中层主任共同领导学校课程发展。这一模式最大的特点就是校长能将课程领导的权力下放于中层领导，使中层主任在课程管理的同时享有一定的课程决策权和实施权。中国香港是这一模式的典型代表，英国的学科课程领导的模式也具有这一模式的特点，我国部分地区的部分学校的课程领导也具有这一模式的特点，但总体上仍然是校长课程领导模式，处于由校长课程领导模式与校长与中层领导同步共治的过渡阶段或两者兼而有之。这种模式比校长课程领导模式更进了一步，具有一定的优越性，但也存在一定的问题。

1. 同步共治模式的特点

为支持学校课程发展策略，推动学校课程改革，香港特别行政区加强课程领导的主体力量，建立了校长与中层领导同步共治的课程领导模式。这一模式与中国其他地区的校长课程领导模式相比，更具有科学性和合理性。本书仅以香港为例说明其运作机制和呈现出的特点。其一，在课程领导主体方面，增设了课程统筹主任，配合校长开展学校课程领导工作，其目的主要在于推动学校课程改革，以加强学校课程领导的主体力量，并明确了主要职责[①]。其二，在职责功能方面，强化中层领导的课程领导职责。中学与小学基本相同，尽管没有增设课程主任，但学校中层领导在具体的课程领导实践中被赋予了相同或相似的职责[②]。其三，在课程领导的运行方式上，校长与中层领导的协同运作。校长对学校的课程领导主要是一种方向性的道德领导，校长把课程领导的大部分权力交由中层领导行使，二者是相互协作与支持的关系。中层领导主要是课程与教学业务范围内的领导，中层主任协同校长开展相关的行政领导与课程领导工作，训育主任和课外活动主任完成功能性的课程领导事务，科目主任负责完成学科范围内的课程领导事务。

2. 同步共治模式的意义

校长与中层领导同步共治模式体现了课程领导的理念，解决了课程领导权力过于集中的问题，"既避免了校长独揽大权的弊端，也避免了权力过于分散带来的课程运行的低效，有助于形成合理的学校课程权力架构"[③]。在课程与教学的

---

① 香港教育统筹局. 在小学增设一个教师职位负责为期五年的课程发展领导工作 [N]. 教育统筹局公告, 2003 - 9 - 1.

② 黄显华. 课程领导与校本课程开发与 [M]. 北京：科学出版社，2005：88.

③ 靳玉乐. 学校课程领导论 [M]. 北京：人民教育出版社，2011：202.

运行中体现出以下几方面的特点：其一，校长赋予中层领导更多的课程领导权，有利于调动中层主任的积极性，中层主任也能在自己的职责范围内对相应的课程事务发挥更为有效的作用。中层部门的课程领导职责明确，能在校长的领导下发挥各自的潜力创造性地开展课程领导工作，中层部门之间也更有利于相互协作。其二，教师享有课程领导的参与权。这一模式最突出的特点是中层主任所拥有的课程领导权能延伸到教师层面，使教师在课程实施的过程中更具有创造性的空间，课程创生具有了现实的可能和条件，有利于课程品质的提升，有利于建立课程领导的合作体系，也避免课程事务中的冲突。其三，校长与中层领导同步共治模式进一步扩大了学校课程领导的主体范围，尽管中层领导兼顾行政、课程领导和教学的不同工作任务，但具有了课程领导的部分职责，可以协助校长开展课程领导工作，包括课程主任、校长、副校长、科目主任、科任教师在内的课程领导者协同进行课程领导工作，对学习型组织建设、提高课程事务的效率、课程开发与实施都具有一定的意义。其四，中层领导作为校长和基层教师的联络人，可以发挥沟通桥梁的作用，及时向学校领导反馈课程实施的具体情况，有利于校长调整课程方案和实施计划，使课程的实施更符合学校实际。其五，中层领导在课程与教学实施的一线，与教师长期处于课程实施的场域，能成为教师的"伙伴"，与教师共同学习、交流、分享经验，打破了层级隔膜，有利于形成平等合作的关系。中层领导一般具有比基层教师更为丰富的教学经验和专业知识，在课程实施的过程中发挥课程与教学改革创新的"先行者"，"为小组其他教师提供参照的基础，作为小组的领导，也可以借此在工作态度和要求上树立榜样"①。

3. 同步共治模式的局限性

同步共治模式尽管有诸多优点，但根据课程领导理论的发展，与转型的课程领导理念相比，这种模式还存在以下局限性：其一，强调了校长和中层主任课程领导的主体地位，但忽视了学科领导者、中层领导者、成熟型骨干教师在学校课程领导过程中作用，对课程实践一线普通教师的课程领导地位也没有明确地界定。其二，有效课程领导是基于民主的课程领导，课程利益相关者在不同的课程实践情景中发挥着独特的作用，这一模式忽视了学生、家长和社区的课程领导主体，在体现课程领导的民主性方面还显不足。第三，这一模式没有摆脱行政领导的束缚，强调课程领导者的行政领导地位和职责，把课程管理的部分职责与课程领导的任务混

---

① 黄显华. 课程领导与校本课程开发［M］. 北京：教育科学出版社，2005：97.

淆于一体，严格意义上来讲，这一模式的课程领导职责成了课程管理的附庸。

（三）层级模式

层级模式是依据一定的标准将课程领导共同体的构成主体分配到不同的课程领导层级上，既根据分工各司其职，又需要彼此依赖，协同合作，共同促进课程发展。① 层级模式的最大特点是学区在课程领导过程中发挥着重要作用，学校课程领导是在学区统一协调之下展开的课程领导，学校教师的交流活动跨越了学校之间的限制，能在更广泛意义上开展共享的课程领导。此模式深受格拉索恩对美国课程领导四个层级（州、学区、学校和班级）界定的影响。美国部分地区和西方分权制国家的课程领导具有典型的层级模式特点，具体分析如下。

1. 层级模式的特点

层级模式强调团队领导，以层级为主要特征，在具体运作过程中呈现出以下特点：其一，课程领导的主体方面，不同层级的课程领导尽管主体构成不同，但每一层级的领导主体都是多元的，课程领导者个人在某一个层级中发挥作用，课程领导的主体以不同层级的团体形式出现，不同层级的课程领导主体，有不同的成员组成。其二，在职责功能方面，不同层级的课程领导在课程领导过程中具有不同的职责，课程领导功能的发挥基于不同层级课程领导职责范围为界，团体成员在层级体系中各自发挥课程领导作用，不同层级从上到下落实课程任务，"在从高层级向低层级过渡的过程中，课程领导的主体范围在逐渐缩小，课程领导的功能也从宏观系统化趋向微观具体化"②。其三，在课程领导的运作方式上，上一层级指导、评估下一层级，每一层级落实上一层级的规范标准，层级之间的课程领导协调运行，按职责功能独立开展课程领导工作。

2. 层级模式的意义

层级模式强调课程领导的权力分享，把学校课程领导职责按照层级逐步分配，各层级依据权限和职责开展课程领导工作，避免了其他模式权力过于集中而分布不够的缺陷，具有以下几方面的特点和意义：第一，有利于实现课程领导的

---

① 阴祖宝，刘莹. 我国课程领导共同体的主体模式及其建构［J］. 安庆师范学院学报（社会科学版），2012（5）：153－156.

② 刘莹，罗生全. 课程领导共同体的实现机制［J］. 教育理论与实践，2012（23）：41－43.

民主化。"层级模式是分权式领导的体现,强调各层级之间分享课程领导权"①,各层级课程领导主体在职责范围内根据实际独立自主地领导课程事务,能调动各层级主体成员的积极性自觉参与课程领导。第二,有利于课程领导整体功能的发挥。层级模式把课程领导权分配给不同层级,每个层级的课程领导形成了一个共同体,各个层级之间相互联结,协同开展课程领导工作,最终形成课程领导共同体。各层级根据拥有的课程领导权力,围绕共同的课程愿景履行职责,能发挥各自的功能和优势,也能发挥课程领导共同体的整体功能。第三,有利于课程领导效能的提升。层级模式突出的特点是上下不同层级的课程领导权限明确,职责清楚,避免了内耗和因职责角色混乱造成课程领导效率不高的问题。该模式强调各层级之间课程领导的协作性和连贯性,在落实课程方案和提高课程实施效果方面,课程领导的效能较高。

3. 层级模式的局限性

尽管层级模式在课程民主化、课程领导功能发挥、课程领导效能等方面有明显的优势和意义,但不可避免地存在一定的问题。其局限性体现在以下几方面:其一,层级模式把课程领导权下放于不同的课程领导层,尽管理念上要求不同层级间的相互配合,但难免出现各自为政的现象,影响课程领导整体功能的发挥。其二,层级模式明显带有"科层制"的管理思想的影响,难以摆脱垂直的线性管理模式的束缚和影响,尽管能提高课程领导的效率,但不可避免地会出现各个层级"对上负责而对下不负责的问题"。其三,学校课程领导是一个复杂的系统,层级的划分必然从某一角度或某一标准进行,课程领导职能分配不可能周延的情况下,会出现部分职能无法划归而出现"真空地带",影响课程领导整体效能的发挥。

(四)能动分享模式

能动分享模式是指在学校课程领导过程中,建立相应的课程领导组织并赋予一定的职责,采取由内到外的领导方式,在团队领导中向个体分权,共同参与课程决策、实施与评价学校课程的模式。② 这一模式也称为团队领导模式,也有学

---

① 阴祖宝,刘莹. 我国课程领导共同体的主体模式及其建构 [J]. 安庆师范学院学报(社会科学版),2012(5):153-156.

② 靳玉乐. 学校课程领导论 [M]. 北京:人民教育出版社,2011:202.

者直接概括为民主模式，是对层级模式的更新和发展，采取"从内到外"的领导方式，通过在学校建立各种功能性的组织，发挥组织团体的作用来实施课程领导。该模式是转型的课程领导观的继承和发展，明确指出校长、教师、家长、学生及社区人士等课程利益相关者都可以参与课程领导，成为课程领导共同体的主体。能动分享模式凸显了学校课程领导的民主性，强调团队领导特征，是课程领导共同体思想的萌芽。澳大利亚是这一模式的典型代表，美国部分学校的课程领导模式也体现了这一模式的特点。

1. 能动分享模式的特点

澳大利亚促进有效教与学的模式代表了能动分享式课程领导模式的理念，这一模式强调课程领导权力的分享，"形成一定的课程领导共同体，它是一种分权式的委员会组织形式"[1]，其课程领导的运作方式呈现以下几个特点：其一，在课程领导的主体方面，课程领导的主体范围广泛，校长、学科专家、中层领导、普通教师、学生、家长、社区人士等都是课程领导者，扮演不同的角色，发挥一定的职能，是学校课程领导共同体的成员。其二，在课程领导的职责功能方面，强调发挥课程领导共同体的功能，其职责和功能在于[2]：建立公开对话的平台，开发与提供课程资源；研究学校课程实施中存在的问题并提出解决建议；为教师的专业发展、学生的学习与评估负责，评价与监督学校课程开发；了解社区对课程的意见和建议，并形成材料，为学校的课程决策提供参考；沟通学校与上级和社区的关系，向外拓展课程资源并争取获得支持。其三，在课程领导的运作方式方面，以委员会形式运作，不同学校具体的运作方式各有特点，以美国加州托马斯·杰斐逊高中为例来说明。学校成立课程咨询委员会，作为课程领导的专门组织，该组织由家长、教师、学生联合会任命校长，课程利益相关者可以在这个平台上展开对话交流，开诚布公地倾听和诉说各种意见，共享知识的同时达到相互理解，对学校课程方案和计划形成共识。学校课程咨询委员会下设常务小组和相关小组，参与课程问题研究并制订解决方案，代表不同的利益群体的意见和建议，行使课程领导权，最终实现对课程的团队领导。

2. 能动分享模式的意义

能动分享模式体现了课程领导共同体思想，具有一定的先进性，其优势和意

---

① 汪菊. 课程领导研究——一种综合的观点 [D]. 上海：华东师范大学硕士学位论文，2004：42.
② 靳玉乐. 学校课程领导论 [M]. 北京：人民教育出版社，2011：202.

义也比较明显，具体体现在以下几方面：其一，课程领导的主体范围广泛，学校全体成员共同参与课程事务，体现了课程领导的主体地位，有利于发挥不同课程领导者的积极性和创造性，共同促进学校课程发展。其二，课程领导团队中的成员根据学校课程发展的愿景，共同完成课程领导任务，成员间通过沟通交流，获得身份的认同，有利于形成团结协作的团队精神。其三，这一模式强调课程领导的团队优势，"打破了课程领导主体的一元化，实现了课程领导主体的多元化"[①]，课程领导者把学校课程事务作为"自己的事业"，与其他成员共同致力于课程改革和创新的事业，有利于凝聚精神，聚合力量，推进学校课程发展。其四，能动分享模式彰显了学校课程领导的民主化趋势，"提出了课程领导共同体的民主对话、赋权合作、批判反思等核心思想"[②]，能动分享模式对本研究所构建的课程领导共同体模式具有一定的借鉴意义。

3. 能动分享模式的局限性

能动分享模式孕育着课程领导共同体的思想，有利于形成学校课程领导的校本团队，为共同体思想的发展奠定了基础，具有一定的意义，但在运作中也存在一定的问题，其局限性体现在以下几方面：其一，该模式作为一种理论雏形，尽管理念先进，但尚未形成系统的理论体系，仅仅为课程领导共同体提供了理论框架，没有明确界定课程领导共同体的主体构成人员，不同课程领导主体的角色及地位尚不明确，概括为一个团队，尚显笼统。其二，该模式强调了课程领导团队的意义和作用，形成了初步的理论框架，在实践中尚未得到广泛的论证，课程领导团队运作的模式和方法的构建尚未成型，需要结合具体的学校情景来建构可行性的运作模式，仅仅以课程咨询委员会的一种形式来代表这一模式，"在具体的实践中的主体构成模式存在不足"[③]。其三，该模式的课程领导团队强调要赋权于每位成员，调动每一位成员的能动性，发挥每一位成员的创造性和潜力，共同推进课程实施。但课程领导者在享有权利的同时，如何承担并能动地履行课程领导责任，以有效发挥其职责功能，确保课程发展的良性运行，还需要实践验证。其四，该模式强调课程领导的民主化，实践中实施受制于课程民主化的程度，在民主化程度不高的地区或学校，在民主的课程文化尚未形成的学校实施这一模

---

① ② 阴祖宝，刘莹. 我国课程领导共同体的主体模式及其建构 [J]. 安庆师范学院学报（社会科学版），2012（5）：153-156.

③ Lambert L. Building leadership Capacity in Schools [J]. Association for Supervision Curriculum Development，1998（6）：5-9.

式，缺乏应有的基础，也很难有效实施。

二、我国校长课程领导模式：基于现状的透视

我国普通高中新课程实施以来，在校长负责制的背景下，学校课程管理逐步向课程领导发展。几乎所有的学校都成立了以校长为组长的学校课程改革领导小组，负责领导学校课程改革，基本形成了校长课程领导模式，课程领导的研究也主要集中于校长课程领导。就校长课程领导模式在实践中运行的情况，本研究选择了甘肃省河西Z市的三所普通高中作为调查研究的对象，深入学校与校长、教师、学生、家长和社区人士进行深度访谈，在此基础上进行了问卷调查，并展开实地观察，对校长课程领导模式在实践中运行的问题进行了调查研究。

普通高中校长课程领导模式在实践中运行的情况涉及学校课程改革的方方面面，几乎能从学校教育教学变化的所有层面寻找到课程领导的根源。本研究无意探讨新课程改革的实施状况，仅仅从校长课程领导的视角分析这一模式对学校课程发展的影响，以此来分析这一模式的优劣。因此，从校长课程领导模式的实施主体、过程、实效三个维度，分别对调查研究的结果进行讨论。

（一）校长课程领导模式导致课程领导主体地位缺失

校长课程领导模式的基本特征是把校长设定为学校课程领导的主要负责人，把课程领导的职责和任务集中到校长的身上，把校长视为学校课程领导的"元帅"，寄希望于校长能"统帅"全校的课程发展，学校课程领导的指挥权集中于校长这一最高的"顶层"，以校长的权威指挥全校的课程发展。从课程领导主体角度分析，这种设定的结果就是把校长置于"核心主体"的位置。调查研究发现，这种模式造成了诸多弊端，存在许多问题。

1. 问题之一：校长的课程领导作用发挥有限

校长课程领导模式寄希望于校长能在学校课程领导过程中发挥核心作用，能统帅全校的课程领导，但调查中发现，这一美好的期待在实践中并未实现，而且造成了诸多问题，具体表现在以下几方面。

第一，校长的课程领导地位被象征化。

校长作为学校发展的第一责任人，承担着来自各方面的责任，几乎校园内外的各种与决策责任有关的事务都要校长表态、要校长出面、要校长参加、要校长

协调。各类行政事务缠身，各种会议必须参加，各种文件签发，校长疲于应付课程与教学以外的"琐碎事务"，与学校课程发展的核心工作渐行渐远。本来是学校课程领导最主要的"实然"主体，在与校长的访谈中笔者理解了校长的苦衷，也深刻地认识到校长沦落为"象征型"课程领导者的原因。

案例4-1　不是我"不务正业"

　　E校是本地一所省级示范性高中，在全省也很有名气，校长也是一位当地知名的校长。与校长见面访谈确实是一件不容易的事，几经周折笔者终于联系到了校长，见面的寒暄语中他反复解释由于工作太忙而几次失约的原因，并对笔者含蓄地暗示访谈的时间有限，在对方"直奔主题的"要求之下，围绕"校长在学校课程发展中发挥作用"的话题，他道出了真心话。

　　笔者：咱们就聊聊你在学校课程发展中发挥作用的问题吧。

　　校长：你们搞研究的与我们做校长工作的存在许多误解，这几年随着新课程改革的推进，其实我们校长比任何一位老师和其他主任都更为关注学校的课程发展问题。校长就是学校课程改革领导小组的组长，这个权力很明确，责任很大，我们也都知道要干啥，因为你不推，别人就不动，你不干别人就观望。但据我所知，我们当校长的真正用到课程领导方面的时间和精力确实有限，作用发挥得也不充分。（E—H—IS—1）

　　笔者：能否说具体点，老朋友了，就直接说吧。

　　校长：我们都是当校长的你也知道，我就说我们学校的情况吧。我也知道要带领大家进行校本课程开发，学校连校本课程都没有何谈课程改革；我也知道要调用可能的课程资源来支持老师们干，课程改革没有资源支撑，老师们干一干就不干了，问题都在我们校长头上啊，其他人谁给你操这个闲心；我也很想找一些专家，共同探讨学校课程改革中的遇到的实际问题，来指导我们的老师搞课改实验；我也知道要进课堂指导老师进行课堂教学创新，课堂教学质量提不高一切都是白搭；我也很想坐下来培训老师，怎么样针对我们手头遇到的问题进行校本行动研究，问题是坐不到一起，他们忙，我也忙。（E—H—IS—1）

　　笔者：我也有同感，我是副职，你是一把手，感受不同。

　　校长：我们校长都清楚地知道，刚才所说的都是课程开发、教师培训、专家指导、资源优化、课堂指导等这些工作，都应该是我们的"正业"，做校长的要干应该干的事情，也就是要"务正业"，党也要求我们要"求真务实"嘛。我也想做个专家型的校长，带领大家以课程创新推动课程发展，在实践中弄出个名堂来。但是我们现在弄成了"不务正业"，干得是"不务正业"的闲杂事，也不是我们不想、不会、不能、不知道"务正业"，问题是我们"务不了正业"。干了许多不该干而又必须要干的事，心里倒想得多，但副职们又想不到"点子上"，也"干不到位"，也很无奈。（E—H—IS—1）

笔者：那怎么就"能务上正业"呢？

校长：这个话头就长了，咋说呢，原因你也应该清楚。我觉得根源还在于体制机制问题上，如果我的副校长、中层主任和学科组长、年级组长都给我把心操到，比我想的更周到，能指挥大家把课程改革的事情做好，我也就能干应该干的事情。问题是，怎么样把大家参与课程领导的积极性调动起来，大家都根据职责任务把课程发展范围内的事情干好，我也就轻松了。（E—H—IS—1）

反思：受学校传统管理文化的影响，校长课程领导模式成为必然的选择。实践中校长不能"务"课程领导的"本业"，尽管原因是多方面的，但这一模式本身的弊端是根本原因，需要一种共同体的模式来解决这一问题成为必然选择。促进课程发展是校长课程领导的中心任务，校长课程领导模式要求校长持续投入时间和精力，要到课程实施的现场总结经验、发现问题、指导实践，要围绕课程实施方案的调整、课程与教学活动的推进与监控、中层部门课程权力运作的协调、课程评价的调控、课程实施的干预等核心、课堂教学指导等核心"业务"开展工作。校长在内外管理业务的双重压力之下，没有更多的时间和精力用于学校课程发展方面，发挥学校课程领导核心主体的作用是不现实的。

第二，校长无法承担课程领导的责任。

校长在不同的课程事务方面扮演着不同的角色，但最基本的职责是在落实国家课程方案的基础上，引导开发符合学校实际并体现学校特色的课程体系，组织教师创造性地实施课程，促进学生的最优化发展。根据这一最基本的职责，校长在学校课程领导中应该扮演好先进理念的传播者、课程改革的引领者、课程评价的推进者、课程文化的构建者等关键角色。但调查研究中发现，校长课程领导不同程度地存在"角色失范"现象，从下面的观察案例中可以看到繁忙的校长背后的原因。

案例4-2 校长承担着"无限责任"

一项改革方案只有校长在中层主任的会议上"动员"之后才能获得职能部门的支持，消除不同的意见达成共识而顺利推行。笔者作为副校长，在征求中层主任意见的基础上，拿出了一个学校以社团活动为载体开展校本课程发展的方案，前往校长的办公室汇报沟通，希望能得到校长的"指示"或"态度"。在校长办公室从10：00到12：00等待汇报的两个小时中，亲自体验到校长角色转换背后的原因。

片段一：10：05——接电话接受上级安排

接到我递交的文本，还没看，手机铃声响了。大概是教育局打来安排校长代表教育系统在全市教育宣传工作会议上汇报开展社会主义核心价值观的工作情况，接完电话校长对着我开玩笑地做了一些无奈的评论。我也在思考：谁有谁的核心工作，把校长们拉上"支差"合适吗？像这样的工作需要校长亲自准备材料并到场汇报的必要性有多大，课程领导需要校长始终走在课程的中心位置，学校管理工作人员也要保证校长领导课程发展的时间和精力。

片段二：10：15——校长巡查课间操

校长通过打造特色课间操开发特色课程，他亲自抓，抓得很紧。只要不外出他一定会到操场去看。我作为"影子校长"随着他对课间操活动巡视了一圈。在回办公室的路上被几位老师"拦住"要询问评聘职称的政策问题，校长耐心做了询问，逐一做了解释，关切地对他们该怎么办做了指导。我在想：务实的校长、人文的校长、无所不管的校长，校长抓全方位课程发展，关心教师们的切身利益，才能树立权威更好地发挥影响力，诸如此类的碎事怎么就只有校长来操心呢，课程领导的其他主体到哪里去了？

片段三：10：45——听取年级组长的汇报

年级主任拿着全校优质课评比的初步方案敲门进来汇报，想听取校长的意见并得到校长的指示。校长看完文本提出了几个不明白的问题，年级组长逐个做了解释；校长谈了自己的设想和可能遇到的问题，年级组长做了回应性说明；校长对方案的修改和实施的要求提出了自己的意见，年级组长做了承诺。我感受到：校长做工作真细心，不仅仅谈了意见还解释了原因，很有理论高度，对在场的我和年级组长也是一次培训，但课程领导的主体责任如果让校长一个人承担反而会制约课程改革。

片段四：11：10——学科组长通知评课活动

校长分管的语文学科组组长匆匆忙忙跑来邀请校长，前两周的公开教学评课活动一直没搞，再不能后延，邀请校长一定参加，校长答应一定参加……我在想：这应该是校长的主业，能抓住课堂就能抓住课改的根本，所有课程只有在课堂里才能实现它的价值，校长课程领导模式最大的弊端就是校长走不到该走的地方。

片段五：11：20——家长来访

伴随着吵吵嚷嚷的声音，三位家长气冲冲地推门径直闯入校长办公室，是为孩子学籍问题不满意分管副校长的答复而前来申冤要个说法，你来我往的对话中尽管不理智的家长言辞激烈，但并没有改变校长对待家长的正常态度。"秀才遇见兵"的尴尬，在场的我想你也很难受。我在想：家长应该是课程领导的主体之一，为家长开辟参与课程管理的通道，搭建对话的平台是学校应该做好的事，误解和矛盾的产生正反映出校长课程领导模式的弊端。

片段六：11：30——主任汇报联考工作

家长还在与校长"讨价还价"诉说他们的诉求，教导主任又进门了，因为事情急，推开家长汇报全市几所普通高中联合考试的相关事宜，相互沟通还没结束，又听到了敲门声……我在想：课程管理的事务如果淹没了校长课程领导的核心工作，学校课程发展必然会滞后，如何从管理事务中把校长解放出来，让校长有自由支配的时间走进课程实施的第一现场才是校长的"正当业务"。

片段七：11：40——公司报账审核

夹着钱包戴着墨镜晃悠悠走进校长办公室的肯定是老板，果不其然。公司老板有力霸道地拿出一沓发票和合同文本要校长审核签字，是关于课程资源添置多媒体电子白板的工程。我在想：这些基础性的工作应该是职能科室和分管领导要先做好再由校长集中审核，很快就能做毕的常规工作，也需要校长提出意见吗？

片段八：11：50——办公室主任的安排

办公室聚集的人越来越多，中午下班的时间已经快到了，办公室主任终于憋不住了，事情更急。拣最主要的事给校长做了插入性的汇报——财政局通知学校资金支持的事情，下午一上班局长要听取汇报；复旦大学的40余名师生下午到学校，请求校长亲自接待。我在想：事情都很重要，需要校长的地方太多了，校长忙不过来是个人的问题还是工作的问题，需要从管理文化和体制方面找原因。

片段九：12：00——给我的简单指示

随着中午放学的铃声响起，校长似乎意识到我的存在，从他面对我的苦笑中我似乎理解了校长，也很同情校长。得到的回复是——没时间看了，你就先做吧，你先回，我和家长再聊聊……据说，校长天天是这样的忙。

反思：校长课程领导模式的目的是加强学校课程领导，但并没有因为一把手校长负责学校课程领导而使得课程发展有了改变，力量有了加强，现实的结果正好相反，校长课程领导的主体被"异化"，对学校发展承担"无限责任"的原因，绝不仅仅是角色转换的问题，还需要从体制机制上寻找最根本的原因。这也不得不引起我们对改革校长课程领导模式的思考，形成共同体的课程领导模式成为必然的选择，只有发挥全校教职工、学生、家长的作用，才能减轻校长不必要的负担，才能让校长有充沛的时间和精力投入课程领导的角色中。

校长还没有从"全能"型学校领导的角色中摆脱出来，总认为学校管理要承担责任，而责任承担者首先就是他自己。副校长、中层职能部门的领导者、教师课程领导者所承担是"有限责任"和"必要责任"的，自己承担的是"首要责任""无限责任"和"全面责任"。校长在学校教育管理中更多地扮演着行政管理者的角色，花费了大量的时间和精力，而用在课程开发、课程与教学创新、课程评价的引导、课程领导机制的建立等方面的时间少之又少，最核心的"课程领导"工作被忽视，只能"星星点点"地体现在整体工作中。校长的课程领导角色行为"蒸发"的背后是校长过强的责任意识，根本原因在于体制。

第三，学校课程决策存在两极化倾向。

学校作为三级课程管理的基层主体，国家赋予课程管理的决策权。就学校内部，相关部门和课程领导的主体也具有一定的决策权。为提高学校层面课程实施的有效性，需要科学的课程决策，需要课程实施的不断创新，需要新理念和课程愿景的不断渗透，更需要成功经验的不断推广与传播。这些必须要做好的工作，需要多方协调配合，每一步的有效落实也需要校长做出决策。校长课程领导模式为校长赋予了最高也是最终的决策权，如何让更多的课程领导主体具有决策权，实现赋权承责，这是对校长的考验，也是校长能否驾驭好课程领导的衡量依据。调查研究发现，课程领导的低效问题就出在这里，实践中存在两极化倾向的问题，要么管得多，要么不管。就有关课程决策的问题，几位学校领导谈了他们的看法。

副校长： 现在的校长不好做呀，为啥校长那么忙啊，原因可能在这里——一方面，副手们都怕承担责任，把所有问题都推到校长那边，让校长决策拍板，校长要正确决策就得搞调查研究；另一方面，许多中层主任们眼睛里没有活，心里没有事，脑子里不考虑长远的问题，出现矛盾遇到问题，该自主决策的地方不果断，老师们不清楚领导的方向和态度，放任自流。（S—H—IS—6）

中层主任： 校长权力过于集中，把不该自己决策事情都包揽起来自己最终"拍板"，长期形成了一种依赖心理，反正有校长做主，等着校长表态。同时，课程实施领域中应该要关注的问题，校长没时间关注，也发现不了问题，听取主任们的汇报后又搁置一边，时间长了就忘了，如此恶性循环，大家也都习惯了。（S—D—IA—1）

学科组长：我们在课程创新的过程中，有许多争议和困惑，一般存在革新和守旧两种观点和做法，也希望遇到这些争议时领导能站出来，给大家说说话，鼓鼓劲，和我们一起探讨，但关键需要领导的时候……（S—DL—C—1）

课程决策发生在课程实施的每一个环节，校长需要做的不是代替课程实施主体的决策，而应该是引导他们做出更为正确的决策；在课程领导的过程中扮演好其他课程领导主体决策的引领者、指导者、协助者的角色；在教师们困惑的时候给予校长特殊政策的支持，给予教师应该的鼓励，这才是校长应然的选择。但校长课程领导模式的弊端就在于课程决策机制的封闭化，一方面导致决策权力集中，另一方面也会导致课程决策的松散化。

2. 问题之二：学校课程领导的主体力量闲置

具有特殊身份的学科组长、学生和家长这类群体是学校课程领导的不可忽视的重要力量，在课程领导过程中发挥着独特的作用，也应该是学校课程领导应然主体，他们能否有效参与学校课程领导，将直接影响着课程领导的活力。但在校长课程领导模式下，这些课程领导的主体被忽视了，处于闲置状态，课程领导最有效的资源被浪费，失去了课程领导的支撑力量。下面分别从学科组长、学生和家长这三类课程领导主体在实践中发挥作用的情况进行分析。

第一，教师的课程领导主体性角色缺失。

教师是学校课程实施的主体，不仅仅是应然的课程领导者，而且是实然的主体，是学校课程领导最主要的课程领导主体。教师作为课程领导者，通过两个途径实现课程领导：一方面，通过教师之间在专业交往过程中相互影响实现课程领导；另一方面，教师在课堂教学过程中通过师生交流对学生身心发展产生影响而实现课程领导。教师通过参与课程领导促进自身的专业发展，"学校课程领导与教师专业发展之间存在高度正相关"[1]。校长课程领导的模式和校长与中层主任同步共治的模式都把课程领导的主体限定于校长和中层主任，强调他们在课程领导过程中的作用，而把真正的课程领导主体——教师排除在外或忽视应有的主体

---

① 林一钢，何强. 学校课程领导、组织文化与教师专业发展关系的研究［J］. 江西教育科研，2005（7）：8 – 10.

地位，存在教师主体性地位缺失的问题。

在调查研究中教师普遍反映，尽管新课程改革赋予了他们一定的专业自主权，但实际上教师并没有真正发挥课程领导的主体作用，就教师参与学校课程领导的感受在随机访谈中教师道出了他们的心声。

教师：我们当老师的，在学生面前还有地位，家长也很尊重，至少我的课堂我做主。新课程改革刚刚开始，老师们的积极性很高，总觉得理念很好，能把新课程改革的理念落实到教学中，我们也轻松，学生也有发展。那时候的主动性也很强，也产生了许多奇思妙想。我们也知道怎么做就能最大限度地实现学生的发展，也曾给不同层次的领导提出过不少意见，想把大家的智慧集中起来促进课程改革。但领导们没有反应，我们的意见"石沉大海"，也许校长们很忙吧。时间长了，大家知道也就这样，做老师的我们把书教好就行了，何必自找苦吃。当然，校长最关心的还是高考——在同类学校中各项成绩的排名。（Z—T—M—34）

中层主任：课程如何实施，课程实施方案上都写得很明确，教到什么程度，课程标准都有明确的界定。老师们都有自己的一套，谁的事情谁干好就行了，有些老师提这意见那意见，不是我们不支持，而是没用。不管你怎么创新，一句话，看成绩。许多老师有这样那样的一些想法，我们也听到了，有创新课堂教学模式、开发校本课程、改革考试评价等等的意见。想法很好，但都是"软的"，教学成绩提高了那才是"硬货"，学校的发展也靠高考成绩树品牌。高考考好了我们才能给家长有一个交代，课改改的再好，高考考不好，谁能说你学校发展的好。初中毕业的成绩和名次与高考的成绩名次对比，学生就知道进步了还是退步了，对我们学校的教学质量也有一个评价。高考成绩考好了，我们的教学管理就好，高考成绩考砸了，我们干得再好，也得不到校长好的评价。（Z—D—M—2）

副校长：老师嘛，教书育人是本质，提高学业成绩就是本事，我们的老师所要干的就应该是研究教材、研究考纲、研究课标，把这三样研究透了，学情把握准了，书也就教好了。有些老师不好好钻研教材，搞什么课题研究，我不赞成。许多老师说我们学校领导不支持科研、不支持校本教研、不支持校本课程开发，提出了许多学校课程改革的意见和建议，但我觉得与高考无关，分散教师的精力。当好老师，说到底，就是为高考而教，教好了高考自然会考好。我们是为家长服务，家长盯的就是高考，研究的东西再多，对高考有啥用嘛！录取学生又不看老师发表的文章和课题研究的成果，还是依据分数录取学生。再说了，校长负责制的评价主体在于教育局，考不好，干得再好也落不下好，考好了，什么事都好说。我做副校长二十多年的经验是，高考考好了，那是"一俊遮百丑"；如果高考考不好，那是"一丑遮百俊"。（Z—H—IS—3）

校长和中层主任对待教师主体地位的态度从上面的访谈中可见一斑，他们作为学校的课程领导者，根本就没有把教师视为课程领导的主体，对教师的定位就是教书者、学生参加考试的辅导者、创造高考"业绩"促进学校发展的劳动者，教师的课程实践被异化为一种工具。教师的专业自主性、课程创生的能动性、课程领导者的主体性等教师应该具有的主体地位，在所谓的课程领导者的漠视下，逐渐没有了生气；教师对新课改的热情、对课程创生的智慧、对校本研发的激情在专制思想的压迫下，一步步销声匿迹。学校课程领导，校长和中层主任固然是主导力量，但离开教师的有效参与，缺失了教师的课程领导，课程就没有创生的可能，课程发展必然是死水一潭。

校长最关注的是高考成绩，中层主任最关注的也是高考，在现有考试评价制度的约束下，何谈教师的主体地位！教师课程领导也只能是徒有虚名。新课程改革不反对高考，但没有了校本教研哪有教师的专业发展，没有了课程创生哪有好的高考成绩，没有了教师的自主创新哪有教学质量的提高？这些问题校长应该认识的很清楚，但教师主体地位为何没有彰显的空间和平台，关键还是课程领导模式的问题。是校长课程领导模式没有从传统的课程管理中解放出来，缺乏理念的引领，缺乏行为的引导，更缺乏对教师主体地位的重视。改革课程领导模式势在必行，必须要把教师在课程领导中的地位体现出来，才能提供高品质的课程，才能真正地实现学生的最大化发展，关键是要解放教师的创造性，释放教师的活力，彰显教师的专业自主。

第二，学科组长的学术领导角色被弱化。

学科组长是教师专业发展的促进者，是课程改革真正的领导主体。从专业权威的角度看，学科组长在课程发展的影响力是最大的，学科组长能否在课程领导过程中发挥有效作用，在实质意义上关系着学校的课程发展。但调查研究发现，校长课程领导模式并没有能使学科组长发挥应有的学术领导作用。

案例4-3 "闲操心"的背后

E校在全省很有名气，是贫困地区的高考名校，全县只有一所普通高中。就学科组长参与课程领导的问题，笔者与该校的五位学科组长进行了群体访谈，节选其中几位组长的对话进行分析。

笔者：今年是我们甘肃省普通高中新课程改革的第五个年头，听说你们学校新课程改革的力度比较大，成为全市的"样板"学校。作为学科组长的你们在参与课程改革的过程中发挥着"领头雁"的作用，每个人都应该有独特的感受，我们就选择自己感兴趣的话题，聊聊你们作为学科组长在其中发挥作用的情况。

学科组长：我觉得我们要做的事情应该在课堂教学改革上，怎么把课程活化到课堂，让学生少用时间又能获得较好的收益。在这方面，我组织几个老师搞教学模式的创新，基本成型的时候也请领导过来听课观摩，想得到支持。但领导听完课就走了，也没说个啥。期中考试下来，那几个班的成绩与平行班的成绩相比平均分差了几分，传到领导的耳朵，给我们主任的指示是——再别折腾了，考试成绩落下来谁负责？我辛辛苦苦动员老师搞的课堂教学改革就这样无奈地收场了，我也灰头土脸。你说，课程改革这东西，就得实验嘛，刚开始学生不适应新的学习方式，时间长了自然就会转变，成绩绝不会下滑，问题是学校领导不这么认为。（Z—DL—M—4）

学科组长：学校的好多事情就是这样，刚才万老师说的就是一个典型事例。我们学科组长说了不算，课程改革中我们学科组长其实考虑得最多，也有许多想法，但意见反馈到领导那儿就再也找不见了。比如我们高一年级历史课每周安排两个课时，根本上不完教材内容，老师们意见很大，我给领导反映了几次，照样。你说说，对于学科组长这应该是最重要的事情了，但我们说了不算。（Z—DL—C—5）

学科组长：类似的情况还有很多，刚才程老师说的和我们组的也一样，我们高二每天八节课，排得满满的，除去早读学生自由预习以外，上午和下午都是四节课，学生根本没有自主学习的时间，按说每天至少应该给学生安排一节自习，完成我们布置的作业，但没有时间啊，老师们的意见反映到我们这里就"没戏"了，年年如此，你说我们还有啥权力。（Z—DL—M—6）

学科组长：你说，学校要我们各学科搞研究性学习，我们觉得挺好的，刚刚开始既动员本组的老师，有发动他们做学生的思想工作，也还有点"气候"。我们也强烈建议学校拿出个持续进行的管理模式来，要有激励措施，要有考核评价办法。但搞了一阵子，学校没有任何动静，领导可能忙其他事，把这事给忘了。我们也干着急，你说涉及学校课程管理方面的这些事，总不能让我们学科组长替他们操心吧。（Z—DL—A—7）

学科组长：我们做学科组长的课比较多，也有自己的事情。为大家操操心也是出于学科情结，也常常想集中教师们的智慧搞出些特色来，但需要资源支持、领导的精神鼓励、政策导向的引领等等条件，但遇到需要解决这些问题的时候，各个层级的领导就找不到了，我们学科组长又不是个啥官，说话又不起作用，许多时候不能满足老师们的需求，他们也就没劲了。我们给领导提的建议落实不到位，反而有一种"闲操心"的感觉。（Z—DL—M—4）

对于普通高中而言，每个学科组的教师一般都在15人到30人之间，是学校课程领导最重要的共同体，在学科组内部，组长发挥着重要的作用。对于学校而言，学科组长扮演重要角色。忽视学科组长在课程领导中的主体地位，将导致课程领导基层组织的软弱涣散。在调查研究中发现，学科组长课程领导的作用发挥不足的根本原因并不在于学科组长本身，而是由校长课程领导的模式造成的，学校没有把学科组长纳入课程领导的体系中，学科组长的主体地位没有得到校长的重视，造成学科组长积极性不高，课程领导的作用不能有效地发挥。

第三，学生参与课程领导的地位被忽视。

学生参与课程领导是课程发展的必然，学校应该把学生当成最有活力的课程领导主体。但在校长课程领导模式下，学生的课程领导权被旁落于课程领导之外，仅仅作为"受教"的对象而存在。笔者在访谈的过程中听到了几件典型的事例，感受到学生的权利意识越来越强烈，表达权力的方式越来越极端，但也反映出创造条件让学生参与课程领导的紧迫性。

教师：那一年，正月十五，正好是高三学生补课的第三天晚自习，一部分学生强烈要求放假去"灿灯"，由于学校担心街上人多不安全，高三备考的时间又特别紧张，就没同意这个要求。结果晚自习下了满楼道是放炮的响声，据说有学生专门准备了花炮去炸校长办公室的门，第二天校长办公室门口一堆爆竹残渣……（Z—T—M—35）

教师：学生娃娃的民主意识对学校也是个挑战，我们做老师的风险也很大，不小心就被学生在网络上炒作，弄不好学生就在网络"贴吧"上发表言论报复，要求严格了会遭警告，作业布置多了也遭骂，批评多了也遭人身攻击，教学中有问题就给你起绰号……（Z—T—GT—36）

教师：去年过元旦，学校考虑放假的间断过多影响教学，初步决定12月31日晚自习正常，第二天放假休息。结果学生不满意，在小方块即时贴上写着"还我跨年夜"的抗议信满楼道贴的都是……（Z—T—M—35）

教师：现在的学生，爱搞活动，越是那些学习差的学生越爱参加学校的活动，奇怪的是学习表现差的学生在活动中表现还很突出，你要安排一项实践活动，那跑得又快，干得又好，问题是影响课程，我们最终要的是高考成绩。有几次学生提出的活动计划方案我们初步答应了，他们也做了些准备，但报到上面由于种种原因不允许，学生就开始通过其他方式"干坏事"抗议……（Z—T—GT—37）

学生是课程实施的主体，他们在体验课程的过程中也在创造着课程，并把自己认为课程的一部分，学校所要做的不仅仅是把设计好的课程按计划实施，还要满足学生发展的需求，使课程更能适合学生的发展，只有这样才能实现课程发展学生的愿景。但校长课程领导模式没有为学生参与课程领导提供机会，学生没有合理的渠道参与课程领导，导致课程领导的资源被闲置，创建一种民主、开放的课程文化，吸引学生参与课程领导成为必然。

第四，家长在课程领导过程中没有民主。

家长是最重要的课程资源，家长也是学校课程领导共同体的成员，但家长的参与课程领导的渠道是不畅通，家长行使权力的路径不明晰，家长没有与学校进行对话的机会和条件，家校合作的机制不健全，导致家长这一重要的主体被忽视，家长作为课程领导的资源也处于被闲置的状态。

案例4-4 没有有效交流的家长会

学校每学期召开一次家长会，一般都是在期中考试结束以后全校统一安排。笔者以旁观者的身份全程参加了Z校的家长会，分别以学校家长委员会代表、年级组家长委员会委员、班级学生家长会成员三类角色，参加了三个不同层级的会议，整个家长会时间安排紧密，内容也很丰富，但没有参与课程领导的感觉。

片段一：9：00——参加学校家长代表会

学校确定每班2名家长代表组成学校家长委员会，共计150名家长，在会议室召开。会议由分管副校长主持，校长从学校发展需要家长支持配合的角度，讲了家长参与学校管理的意义，并提出了几点希望，要求我们家长委员会的代表要发挥好带头作用。紧接着德育主任对学生思想变化、行为习惯、学习状态的情况做了总体分析，提出了一些要求。

反思：既然是全校学生的家长代表，就应该代表家长将他们对学校的希望和诉求在这样的会议上传递给学校领导，哪怕没有时间说，可以让家长写，但学校没有给这个机会。

片段二：9：30——参加年级家长委员会

按照学校的安排，我们走进年级组准备好的会议室，参加年级组家长主任委员会议，每班 3 名家长代表。会议由年级支部书记主持，年级主任分别就年级组基本情况、学风建设、教育教学管理措施等方面对家长做了汇报，特别是对各项收费，包括晚自习辅导、教辅资料征订、学费等收取的理由和用途做了特别的解释和说明，希望家长代表理解学校的收费政策，并通过家长代表在班级家长会上正面宣传，不要在其他家长面前散布不必要的言论，以免家长告状。

反思：家长们并不是不支持学校的收费，家长关心的也不是这个问题，而是有许多在教育教学方面发现的问题想通过这一渠道反映给学校领导，引起领导的重视，因为在班主任和老师面前有些意见是不好讲的，但年级组的家长委员会议上也没有给家长委员机会，在这方面似乎只是充当了学校收费"代言人"的角色。

片段三：10：00——听取校长的讲话

这个时间是全校统一控制的，校长在学校的录播室发表电视讲话，全校所有家长集中于各班观看。校长的讲话水平高，主要是对学校加强教育教学管理的一些做法和发展愿景，以及对家校合作的要求。时间不长，内容精炼，语气谦和，充分体现了校长对家长的期待。

反思：在这样的视频讲话中，校长应该要针对课程改革中存在的问题，对价值提出明确的要求，但没有涉及发挥家长在开发课程资源方面的动员，也没有涉及配合学校支持学生参与社会实践活动的要求，也没有明确家长参与学校管理的途径和方式，这些最重要内容校长没有点到。

片段四：10：20——班级家长会

班级家长会正式开始是在校长讲话之后，令人惊喜的是班级家长会是由家长主任委员主持，班主任、全班学生和所有学生家长挤在一间教室里召开会议。据了解全校都是这种模式，内容和程序基本一样。首先，由主任委员向家长汇报年级组家长会的主要精神，尤其是强调收费的相关事宜；其次，班主任分析期中考试的情况，班风学风方面存在的问题，对家长配合学校教育的要求（这一环节是最核心的内容，大约用了一个小时，班主任准备很充分，幻灯片展示主题框架，家长听得也很投入）；再次，学生发言，笔者参加的这个班级一共有五名学生发言，有好学生，也有差学生，好学生谈学习经验，差学生做检讨和反思，学生准备也很充分，估计经过班主任的审核；最后，主持人做了简短的总结，时间已经超过12：00，宣布会议结束。笔者看到，家长们慢腾腾地离开会场，似乎想和班主任交流点什么，但又到了休息的时间……

片段五：12：10——散场过程中的随机采访

笔者：你们不想和老师聊聊吗？

家长：本来我们开家长会的目的就是想和班主任谈谈，但没有时间了，在这老师也忙活了一个早晨，也不忍心打搅人家……（Z—P—1）

家长：我们来一趟也不容易，每学期就这么一次，没有机会和老师说呀，我那个娃究竟咋样，也没时间问老师……（Z—P—2）

家长：有些话想问问老师，可看大家都挺忙的，平时打电话也怕影响老师上课，下班了又怕打扰老师休息，我们也很为难……（Z—P—3）

家长：高中的老师忙啊，请出去吃个饭聊一聊都难啊……（Z—P—4）

反思：三个小时的家长会，内容看起来很充实，但学校和家长的交流呢？家校合作需要的是合作，合作的前提是沟通交流，没有了家长与学校教育的互动，没有了对话，哪有交流？据说，这种家长会模式已经延续了多年，而且是从外地学来的，效率很高，但笔者不敢苟同。

家长在课程领导过程中没有真正的交流，这一弊端与权力高度集中的校长课程领导模式有一定的关系。需要改革这种模式，形成家校合作的共同体，让家长的声音能传到学校课程领导层面，让家长的意见及建议能被学校采纳，让家长在课程资源方面的支持及时有效，需要构建一种真正具有交流意义，并能够有效发挥家长参与课程领导模式，成为推进课程改革的急切呼唤。

（二）校长课程领导模式影响课程领导功能有效实现

课程领导的实施过程主要体现在实施的组织制度和实施方式等方面。本研究从校长课程领导模式在实际运行中组织架构和权力运行两个层面进行分析。调查研究发现，校长课程领导模式的弊端和问题日益突出，需要创新这一运行模式，否则，将直接影响学校课程发展。

1. 问题之三：学校课程领导的内部活力不足

第一，权力过于集中导致专制主义。

校长课程领导模式的基本特点是校长处于课程领导的顶层，权力的运行自上而下，形成垂直的等级结构。这种权力运行模式导致的最终结果就是副校长、中层主任在课程领导方面的主动性不足，经常处于"等待命令"的状态，学科组长和教师更没有积极主动性，沿袭传统做法，等待观望。

中层主任：校长有校长的思考，我们不是不做，新课程改革每往前走一步，都有影响高考的风险，校长不发话，我们谁敢做。新方法听起来很好，但谁也不敢标新立异大胆采用，领导又没表态要大家怎么改，课堂就那四十五分钟，怎么改革都还是为了考试。如果把考试评比给取消了，你看谁不会改革，恐怕一个比一个积极。（S—D—IA—6）

副校长：校长负责制其实就是校长负全责，高中和义务教育不一样，那得抓高考，教育教学质量就是从高考中体现出来的，而且每年都得上一个台阶，没有突出的高考成绩就没有学校的地位呀，那谁敢马虎，这所学校多少年了都是所有事情校长亲自抓。作为副手，做好配合工作就行了，只要不胡说、不添乱、不弄是非，那就是好副手。（S—H—M—7）

调查中发现校长在学校课程领导中权力过于集中，几乎所有的事务都由其"拍板定夺"，扮演着"全能型"领导者的角色。长期以来已经形成了制度惯性，副校长"协而无助"，许多管理实务也"请示汇报"，等待"最高指示"，课程领导领域内的事务，分管副校长也只关注"避免责任"的那一块工作，对课程领域的工作"不闻不问"，除非校长特别安排，即便上级文件要求落实的课程相关工作，也是被动落实。

第二，职能部门分工有余而合作不足。

作为与课程相关的教学处、科研处、德育处等中层职能部门，在服从校长的安排的前提下，一般由副校长分管，主要听从分管副校长的工作指令。因疲于应付常规性的课程与教学管理工作，也缺乏课程领导的意识和参与的积极性，不能主动地履行职责范围内的课程领导工作，更谈不上创造性地引领和推进课程实施活动。中层职能部门在课程管理的工作领域有明确的分工，但涉及课程领导方面的相关工作，相互合作显得明显不足。

案例4-5 他们为何"踢皮球"

背景：根据特色学校建设的要求，校长安排一位分管副校长开发社团活动课程，但在组织课程实施过程中各部门相互推诿扯皮，都不愿干这份工作，分管副校长在各部门之间遭遇了"踢皮球"的尴尬。

德育主任：社团活动需要辅导教师，得需要教导处宣传动员，并安排相关教师组织辅导，没有教师组织，社团没法活动。（Z—D—IS—3）

教导主任：学生活动应该是德育处要管的事情，我们主要是教学管理。再者，我们的分管领导也没有明确表态，社团活动影响了高考成绩谁负责？涉及课程开发的事情科研处要牵头负责。（Z—D—E—4）

　　科研主任：社团活动是校本课程，对学生的个性发展很有意义，但需要教导处从上往下安排落实，从职责上看应该是团委要做的事，学生社团的分工应该在团委。（Z—D—M—5）

　　教师（负责团委工作）：前几年没搞课程改革，团委就曾组织开展社团活动，但搞不起来，各部门都不支持，老师们不愿意干，干了也没个说法，我们共青团组织又不能给人家辅导老师给个什么说法。（Z—T—GT—37）

　　学科组长：这事需要班主任在班里动员学生主动报名就好做了，年级组在分工上应该是由年级德育主任管，我这边主要管正常的教学活动。（Z—HG—A—7）

　　年级德育主任：我只能给班主任做动员，至于活动怎么开展，谁去组织辅导，这要通过学科组动员老师参加。（Z—D—C—9）

　　学科组长：老师们也都很忙，不知道大家搞社团活动有没有兴趣，这事情要做就得强制性安排，我只能给我这个学科的老师做做动员，真正要搞起来，恐怕还得校长出面做统一安排，强力推行。（Z—DL—A—7）

　　结果：无奈之下，分管副校长修改社团活动课程实施方案，亲自出面动员教师和学生，亲自出面安排活动时间和场地，亲自组织督促检查，由于缺乏相关部门的支持，课程实施并不顺畅……

　　分工是为了合作，是在合作基础上的分工，分工的目的也是为了更好地合作。只有合作得很好，才能显现出分工的意义。分工与整合没能处理好的时候，"踢皮球"就更易发生。要促成改革，首先按职责分配好工作，分清职责后对任务进行整合。而如若职责分配不清，整个工作在协调上就会有很大的难度。校长课程领导模式最大的弊端就在于过于注重分工负责，为保证工作任务的有效完成，体现课程实施的高效运转，校长也只有依靠细化的分工和明确的任务来落实各项工作，但分工越细、越明确、越容易造成一些"综合性"的工作无人负责。

　　第三，权责不统一导致动力不足。

　　学校课程发展不是仅仅依靠校长一人之力所能胜任的，课程领导需要建立一个完善的支持系统，整个学校课程领导应该是由学生、教师、家长、学校管理人员及校外人士所组成的课程领导团队，共同参与课程改革的合作过程。校长课程领导需要调动这个团队每个成员的积极性、能动性，依靠大家的智慧，发挥其潜能，分享权利，民主参与，形成合力才能有效推进课程改革。但调查研究发现，由于权责不统一，责任不明确，校长课程领导模式没能实现力量整合的愿景。

学科组长具有较高的学科业务水平，在课程发展过程中应该具有"专家权"。但调查研究发现，学校课程领导实践中存在学科组长"有责无权"的普遍性问题，正如下面几位学科组长所言。

学科组长：我们学科组长责任很大，与其他中学相比学生成绩考不好的话要问责，但你说在关键的时候就没我们说话的权利了，比如在关系教师切身利益事情，我们就"靠边站"了，该由我们发言的时候，哈哈……（E—DL—C—8）

学科组长：我们当组长的，主要是把领导安排的任务督促班主任落实好，学生出了问题我们承担责任，关键的时候还是领导们说了算，比如说聘任老师，我们就没有资格说话，其实哪几个老师行，哪几个老师不行，我们最清楚。哪几个老师搭配到一起更能优势互补我们也最清楚，但在关键时候我们就没资格了。（E—DL—IA—9）

骨干教师是学校重要的课程领导者，在推进课程改革、指导教师专业发展和引导课程创新等方面发挥着引领示范作用，但在校长课程联动的模式下，他们课程领导行为也处于"若有若无"的状态。在随机采访的过程中，省级骨干教师张老师道出了他的心声。

教师：课堂教学改革没有固定的模式，最好也不要有固定的模式，应该让老师们结合学科特点和具体情况自己探索，全校用一个统一的模式，肯定不行嘛。学科差别、班级差别、师资差别的存在都是现实的，学校非要让全校教师在课堂中都用同一个模式，那不是"胡整"嘛。我们也曾提出过反对意见，但没人听，大会小会领导讲话都是用同一个模式提高课堂教学质量，弄得我们这些骨干教师没法给大家带头，左右为难。（Z—T—C—38）

2. 问题之四：学校课程领导的组织运行不畅

第一，课程领导组织机构功能失调。

校长课程领导模式的运行，最初设计的想法就是超越行政科室和管理职能分工而成立的相关组织机构，分别负责领导课程改革某一块的工作，这几乎是全国普通高中通行的模式。在新课程改革启动阶段，几乎所有的学校都成立了校长任组长的学校课程领导小组，在这一组织之下又成立了以分管副校长和中层主任为组长的课程开发、课程实施、资源管理、教师培训、校本教研等领导小组，分别负责课程改革某一块的工作。在笔者调查过程中发现三所个案学校都有明确组织机构，职责及目标任务也规定得比较明确。这些临时组织机构在刚刚成立时，在起草方案、组织动员、制定制度等方面确实发挥了一定的作用，但目前已经名存实亡。在调查研究中关于课程领导组织机构的问题，几乎所有的受访者都发出了同样的感慨。

教师：新课改刚开始的时候，学校马上成立了推进课改的组织机构，一阵风过去，就找不见了。没人管，也都不知道谁管了，就这么回事，我们都习以为常了。（Z—T—E—39）

中层主任：具体干实事的还是行政科室的领导，出现工作需要协调的时候，都不管，有些工作需要几个部门配合才能完成的，没人管，就放下了。由此也导致课程改革的推进很难。（Z—D—M—5）

学科组长：大家都负责就是没人负责，比如说吧，投影仪坏了，需要尽快修好投入使用。总务处说是维修需要花钱，得找财务科；财务科说这是教学设备，需要找教导处；教导处说实验电教仪器方面的问题，得找电教中心。一个推一个，按理说，学校不是有一个课程资源领导小组吗，但人都换了，这个组织机构谁管啊。（Z—DL—E—10）

校长课程领导模式的运行基础就是各领导小组形成的组织机构，但这些组织机构毕竟是临时性的组织，在课程领导的过程中，不能有效发挥应有的职责和功能作用，形同虚设。笔者认为这一模式的运行基础已经没有存在的意义和必要，要从根本上解决问题，依靠重建这样的组织机构很显然不合适，需要从课程领导模式的重建方面寻找新的出路。

第二，依靠制度规范束缚教师的创造性。

为保证课程实施有序进行，学校只能从制度管理入手，通过规范相关人员的行为来保证课程实施质量。对于行政事务缠身的课程领导者来说，只有依靠强而有力的制度来落实工作任务，实现课程领导。但校长在强力推行制度的同时，不可避免地会带来制度规范对教师课程创生的束缚，过于严格的制度执行会带来教师的逆反心理，产生一种消极对抗的力量，反而不利于教师积极性的调动。校长课程领导模式的弊端也就从这里显现出来，在调查研究的过程中许多老师已经对此表露出反感情绪。

案例4-6　制度不是"万能"的

背景：就有关学校课程领导中的制度问题，笔者在S校与七位老师做了攀谈式的交流，他们从不同的角度对学校依靠制度管理推进新课程改革谈了自己的体会，现节选五位教师的访谈进行分析。

教师：学校的制度倒是很多，有些管用，有些也不管用。对于敬业的教师，有没有制度都无所谓，凭良心在干活。对于有些老师，就得用制度管啊，依靠人来管是没法管的。但制度能约束老师的表面上的服从，管不了老师的心呀。（Z—T—E—40）

教师： 制定制度到不难，难在执行制度上，有些制度的执行就没法公平地执行啊。你比如说，前年一位多年很敬业的老师就因为一次旷课被校长碰着，按教学事故做了处理，结果影响了人家的职称，闹了几年了，还不罢休……（Z—T—C—41）

教师： 学校制定了以班级学生考试的成绩来评价老师的制度，看起来很公平，按理说谁也不会有意见，这是教学绩效评价的硬件依据。但这个制度运行都好几年了，对教学的促进也不大呀。反而激化了考试竞争，进一步强化和增深了教师之间的隔阂，老师们相互交流和合作也受到了影响。（Z—T—E—42）

教师： 老师们最关心的就是评价考核制度，按说对大家都是公平的，但主观的成分太多。领导凭印象给老师没打分，有些领导连人都不认识，我就不知道这分怎么打呀。再说了，个别领导连老师的课堂都没进去过，教学情况一无所知，还给老师评分……（Z—T—A—43）

教师： 管理靠的就是制度，没制度凭啥管人，校长也就依靠制度来约束和规范教学活动，靠领导监督是干不过来的，没有制度万万不行。但制度这东西，不讲情面，套到谁的头上结果都一样，问题就在于人家心里服不服。课程改革的许多方面是不能用制度来规范的，毕竟制度不是"万能"的，应该更多的是激励和宽容，给老师们更多的人文关怀。（Z—T—IS—44）

校长课程领导模式在实现课程领导的过程中更多地依靠制度规范的手段，已经束缚了教师的积极性和创造性，无法用制度激活教师课程创新的活力，这种模式明显带有管理主义文化的遗风。课程领导需要制度规范的引领，发挥作用的关键在于价值引领，而不在于用制度的执行力来强制教师的行为，必须用一种更为人文、民主的方式来替代校长课程领导模式。

第三，课程领导依靠会议落实任务。

调查研究发现，校长课程领导主要以会议的方式实施，校长办公会、行政会、现场办公会、督促检查反馈会、评价通报会、年级组教师会等等，似乎方式很民主，但体现出较浓的行政化色彩，缺乏人文、民主、互动、对话的交流，这种领导方式不利于调动教师和学生的积极主动性，而且不容易形成互相理解和支持的人际关系。关于以会议落实工作的领导方式，几乎是每个学校的通病。就这个话题，与几所学校的几位受访者在聊的过程中，他们谈了不同的看法。

教师：老师们最怕开会，我们每天的工作满满当当的，批作业、改卷子、上课、备课，哪一样工作都是"扣好"的时间，再把我们抓上去开会，那些工作还得找时间做。（S—T—E—14）

副校长：新课程改革的许多新理念，老师们并没有接受，课堂教学还是老样子，观念没变嘛，就得通过"以会代训"的方式不断进行灌输，会议相对规范一些，通过会议转变老师们的观念这倒很有必要。（S—H—IS—6）

中层主任：我们的会议不是多了，而是少了，许多课程与教学方面的问题，就是要在会上讲，我们督导过程中发现的一些问题如果不说，就引不起老师们的注意，时间长了也就逐渐养成坏毛病了。（S—D—M—9）

学科组长：我们学科组也开会，但总觉得开会不解决实际问题，我倒觉得应该到课堂里开会，开现场会，听完课马上进行评课分析会，这样的会才有意义。当然，领导们本身的会也很多，没时间参加我们学科组的这种会，这就是他们的问题了。（S—DL—A—10）

中层主任：学校每周大大小小的会议不下十个，但也没办法，有时候必须得通过会议的方式落实工作。比如说，每周一次的校长办公会要商议大事统一思想；每周的行政例会要总结上周的工作，安排下一周的主要工作；每周的中心组学习会要学习上级安排的任务，通报相关内容；每周的学科组、年级组会议要安排课程与教学管理方面的任务，还不包括临时性的会议，这些会，校长们和主要科室负责人都得参加，多年来就是这样，老传统了。（Z—D—IS—3）

在所有校长参与的会议上，必然校长是主角，要统一思想、要安排任务、要通报存在的问题、要听取汇报做出指示，校长课程领导的特点就是这样。尽管学校没有课程领导方面的专题会议，但各种会议上都关涉到课程与教学的问题，课程领导的工作就是渗透在这些不同的会议中穿插进行的。这是校长课程领导模式的特点，也是弊端——以会议推进课程改革，以会议实现课程领导，以检查通报代替沟通，以会议代替对话交往。如果课程领导的体制机制顺畅了，也就不存在这么多会议，重建一种课程领导模式成为必然。

（三）校长课程领导模式严重制约着学校课程的发展

课程领导主要围绕学校课程事务而展开，实施效果也主要从课程开发、课程实施和课程评价几方面的实际效果体现出来。调查研究发现，从学校课程发展的实际效果来看，校长课程领导模式在实践中并没有体现出其优越性，这一模式尚存在许多弊端，在一定程度上制约着学校课程的发展。具体表现在以下几方面。

1. 问题之五：学校课程实施没有实质性进展

第一，课程开发严重滞后。

校本课程与国家课程、地方课程一起构成我国高中新课程体系，校本课程开发情况，直接体现学校课程发展的水平。调查研究发现，个案学校对课程开发意义的认识不明确，开发校本课程的积极性不高。尽管有些学校有校本课程开发的工作计划，但只是"摆设"，没有真正转化为课程开发的实际行动。学校完全有能力开发校本课程，但学校把主要精力集中于应付高考，以教辅资料来替代校本课程开发，以精选各类试题资料代替课程开发的过程。

案例4-7　校本课程开发"为了谁"

背景：学校课程的发展取决于国家课程校本化开发的水平，一所学校课程开发的能力和水平，最能体现课程领导的水平。校本课程开发的过程就是教师专业成长的过程，"课程发展即教师发展，课程发展即学校发展"[①]。但从访谈中领导和老师们各表观点，说法各异。

教师：现在使用的教材编写的确实很好，符合新课改的理念，给我们和学生都留足了开发的空间。如果说使用现在的教材，完成学业水平考试，那是"小菜一碟"，但要参加高考，那是绝不行的，需要根据课程标准挖掘教材，补充大量内容，尤其是提升应考能力的练习，这应该是校本课程吧，再要弄其他的，老师没时间。（E—T—E—11）

教师：我没觉得对高中学生而言，教辅资料就是校本课程，市场上多得很，有些教材编写的特别好，高考一轮二轮复习都能用得着。供应商也比较多，价格也很便宜，我们可选择的余地也大，再说了书店的老板就知道学生需要什么，应对高考的资料也很丰富，学生自己买来用就对了，再编写也就没啥意义。（E—T—IA—12）

中层主任：对于高中生，尽管新课程要求开发一些活动类课程，但"三年高中，备考三年"，从高一一入校高考复习备考就开始了，哪有时间参加一些活动课程！学生可能会积极参与，但班主任不答应，家长也不高兴。每学期搞那么一两次活动班主任都提意见说耽误了学习时间，要系列性地搞活动那肯定行不通。

---

① 张嘉育. 学校本位课程发展［M］. 台北：师大书苑，1999：29-30.

（E—D—C—11）

教师：校本课程这东西，咋说呢，从新课程改革的理念来说，我们的老师上每节课，都要对教材内容进行创新，实质上也是校本课程开发；从学校领导的意图来说，就要编写出教材，拿出文本来，那就很难了，需要大量的实践和编写时间。（E—T—E—13）

校长：真正能开发出学生适用的校本课程，那是教师的水平。河北衡水中学的学生使用的教材，全都是老师们自己开发出来的，而且还在市场上流通。我就在想，我们学校的老师如果能积极行动起来，用三年的时间开发符合不同层次学生需要的校本课程，让学生在课堂里学到我们自己开发的课程，既不影响高考，又能提高教师的专业水平，实现这样的愿景并不难，关键是我们要认识清楚，校本课程究竟为了谁。（E—H—IS—1）

课程开发应该走在学校课程改革的最前列，尽管校长对校本课程开发有美好的期待，希望教师能不断开发出符合学生发展实际的课程，但学校教师对课程开发的观念滞后，认识不到位，课程开发行动迟缓。不仅仅是教师的问题，还存在激励机制、支持系统和学校课程发展政策的问题，这种现状也间接反映出校长课程领导模式的弊端。

第二，课程开设偏离规范。

普通高中课程方案对课程目标、课程结构、课程内容和课程实施与评价等方面的要求非常明确，学校领导和教师们心里也特别清楚，应该按照课程设置的标准要求开设好课程方案规定的课程，这是校长课程领导坚持的首要原则，校长作为学校课程领导的负责人必须要按照政策的规范性要求，落实好国家课程政策，开齐、开足必修课程，开好选修课程。但调查研究发现，普通高中课程开设并没有落实好国家课程政策，在课程开设方面存在偏离规范的问题。

案例4-8 都是为了高考

背景：就课程开设的问题，笔者深入几所学校进行了调查，通过查课程表、翻阅资料、师生访谈等方式做了全面的了解，在此基础上就学校课程开设的话题与几位教务主任进行了深度访谈。

中层主任：普通高中课程改革八个学习领域的课程我们都开设了，语言与文学、数学、人文与社会、科学这四个领域的课程都是"硬学科"，这些课程都是高考和学业水平考试的必考科目，那是学生的"命根子"，课时远远超出国定标准，不存在任何问题。技术、艺术、体育与健康、综合实践活动这四个领域嘛，

都是"软学科"，高考不考，领导们也不重视，安排倒是安排了，但也仅仅是草草了事。(S—D—C—7)

中层主任：我就说研究性学习活动，需要老师付出时间和精力指导学生，需要家长在资源方面予以支持，也需要学生积极主动参与，但这些条件都不具备，学生心里想的是考试，老师忙得不可开交，家长也不愿意学生搞与学科学习无关的事，反正我们在高一的课表里排了一节研究性学习的课，安排到任课教师头上，学期结束学生便有研究性学习的报告装进档案袋里。(E—D—IA—8)

中层主任：选修Ⅰ的课程实施没啥问题，因为有学业水平考试，文科生和理科生都知道该怎样学，老师们也知道教到啥程度合适。但选修Ⅱ的课程尽管有6个学分的要求，我们也鼓励老师们根据自己的特长开设，但大家都不动，毕竟远离高考，学生和老师的主动性都不足。(E—D—C—7)

中层主任：体育与健康课程开设的很好，这可能是全校都能达成共识的课程，按照课程设置标准实施课程，我们根据学生的兴趣采取模块化选修的方式进行了创新，效果很好。但技术课程开设就存在问题，尽管学生对信息技术课程很感兴趣，这方面的课程资源也很充足，但与高考没多大关系，老师们也不重视，课程表里我们都按照要求排进去了，但都被年级组安排为文化课的辅导课了。(S—D—IA—8)

中层主任：普通高中的课程改革不能与初中小学相比，我们的中心任务是辅导学生参加高考，学校的课程开设必须围绕这个中心。从多年的实践中我们也总结出了高考复习备考的套路，高中三年六个学期，每一个学段开设哪些课程，每一门课程每周安排几个课时，大家都清楚，课程开设都要为学生的高考设计。(Z—D—M—10)

校长：本来新课程改革的理念设计很好，听起来都对，也很诱人，如果真正按照新课改的方案来做，我们的教育就办好了。但为啥实施起来这么难，我看根源还在于高考。因为高考，我们没时间开发课程，我们的课程实施只能围着高考转，否则，家长不答应，社会有评论，我们校长的日子也不好过。一句话，都是为了高考。(E—H—C—8)

课程是学生发展的载体，课程实施为学生的发展服务，基层的领导和老师都清楚这一理论。学校课程开设必须依据国家课程方案，落实课程政策规范，学校领导也知道这个政策性的规定。但在实践中落不到实处，除了高考这一根源以外，与校长课程领导模式的弊端也有一定的关系。

第三，课程评价改革迟缓。

课程评价是新课程改革重要的内容，也是学校课程实施最重要的环节。学校课程领导在改革课程评价的过程中发挥着重要的作用。调查研究发现，课程评价的改革严重滞后，部分学校对新课程改革倡导的发展性评价体系根本没能建立，评价方式方法依然如故。从考试评价到综合素质评价，从学生评价到教师评价，从教学常规到课堂教学评价，都应该以发展性评价为基本取向，采取质性和量化相结合的评价方式，但调查中很多学校都没能按照新课程改革要求进行改革。

案例4-9　课程评价抓的还是"命根子"

背景：课程评价包含了新课程改革的方方面面，每一个环节都涉及课程评价。笔者在对几所样本校访谈的过程中都提及关于评价的问题，受访者的观点基本一致，但从中也看出了课程发展中的问题。

教师：我们的教学就是在围绕着考试转，每周有周测、每月有月考、每个学段有段考、学期结束有学期考试，都是纸笔考试，命题、监考、阅卷、试卷讲评几乎用去了我们教学一半的时间，我们也习惯了，学生也习惯了。（Z—T—IS—44）

教师：尽管我们对考试也很烦，但没办法，高中生就是通过考试改变命运啊，不考试怎么能成。每次考试完，学校还要评比呀，拿学生考试的成绩来"晾晒"老师，现在统计对比手段有很多，指标也很多，平均分、优秀率、良好率、进入全年级前百名的人数等等，几乎每一项指标都是对教师教学水平的评价。领导们每次拿着成绩单评价老师……（Z—T—IA—45）

教师：关于综合素质评价，学校也编印了学生综合素质评价的小册子，三年就一本，每学期填写一次就完了。高考又不加分，录取又不受影响，没人重视那东西。学生成长记录袋也有，每学期整理一次，老师们也不认真。学生发展关键还是成绩说话，学生读高中的目的就是考个好大学。（Z—T—C—46）

教师：课堂教学评价的问题，哎，不好说。大多数听课的领导很忙，听完课就急匆匆地走了，也没时间评课。同事之间为完成听课次数随便听几节课，也不评价。倒是学科组搞的听课观摩活动结束后，同学科组的老师们要专门评课，但都是说好话。再说了，学校也没拿出过一个科学的评价标准，大家都就互动呀、合作呀、探究呀、三维目标呀等等新课程改革的时髦词汇说一阵子就完了。（Z—T—C—48）

副校长：抓住了分数，就牵住了牛鼻子，不抓分数，质量就上不去。普通高中嘛，与小学不一样，就得这样做。至于其他的评价，也都是最终看学生的考试成绩，论文发表得再多，课上的再好，活动开展的不管有多么好，那成绩考不上去，还有啥意义。（S—H—IS—6）

课程评价改革的难度很大，校长课程领导的一项重要工作应该是引领改革课程评价。但如上所述，学校领导以学生的考试成绩和排名评价老师，教师被迫去提高学生的测验分数，教学方式选择的根本标准就是如何能提高学生的学业成绩。课程评价的导向性错误，导致教师为了追求考试成绩而只能选择有利于提高成绩的课堂教学模式，学生学习方式转变缓慢的原因也在于此。教学方式转变滞后，责任在教师，根源在领导，课程评价的导向是直接原因。综合素质评价是普通高中学生评价的重要组成部分，成长记录袋是实施过程性评价的重要形式，但在实践中没有领导关注，教师们也是应付性地按照要求组织学生"杜撰"材料，填写表格，完成检查任务，没有过程，也没有发挥在学生评级中应有的作用。

2. 问题之六：课堂教学改革没有根本性转变

钟启泉教授指出："新课程改革的成败取决于课堂教学的改革，而课堂教学改革的成败归根结底取决于教师角色的转型"①。几乎所有的校长都清楚，课程发展的核心环节在课程实施，课程实施的主渠道在课堂，如果在课堂教学改革方面取得突破性进展，课改就成功了一半。如果课堂抓不住，搞其他任何改革都会不可避免地陷入形式主义的泥潭。校长课程领导模式自课程改革启动至今，运行了五年，笔者所调查的这几所学校，课堂教学改革的效果并不明显，存在以下几方面的问题。

第一，教学方式转变效果不明显。

提高课堂教学效果，教学方式转变是根本。笔者到几所学校随机进入课堂听了六十几节课，个别课堂能看到新课程改革的理念已经在课堂里体现出来，但大部分课堂只能看到教学方式转变的影子，没有实质性的转变，传统的讲授法仍然是最主要的教学方法，教师没有摆脱"讲师"的角色束缚。教学方式方面存在以下几方面的问题。其一，探究学习的形式呆板，探究的问题没有实质意义，忽视探究过程的指导，学生没有形成探究的意识，探究学习没有成为学生自觉的学习习惯。其二，合作学习没有实际效果，讨论没有足够的时间，合作学习自由放任，合作只有形式没有过程，大部分学生没有合作学习的意识。其三，师生互动

---

① 钟启泉，赵小雅．义无反顾奏响改革进行曲［N］．中国教育报．2006－12－15（5）．

机械呆板，更多的互动体现为教师对学生的"反问"和学生对教师提问的一种集体性的"回应"，课堂教学的气氛更多体现为"紧张"。

第二，课堂教学无限延伸。

课堂是课程实施的主阵地，课堂教学效果是保证课程实施质量的保证。在调查研究中发现，所有的普通高中把课堂无限制地延伸，通过课堂以外的辅导和自主学习保证教学质量，学生们不堪重负，教师们疲惫不堪，家长拍案叫好，领导们认为理所应当。校园成为静悄悄的战场，操场显得异常安静，每一间教室每晚都灯火通明，学校里秩序井然……背后则是苦不堪言的无奈。

笔者：高中学习生活很辛苦呀，有啥感受啊？

学生：不苦咋办，我们老师说了，"现在苦，苦着一阵子；现在不下苦，会苦一辈子。"再熬一年就过去了，我们也苦习惯了。（S—S—1）

学生：时间紧啊，老师布置的作业太多，每一科都是几页几页的，做不完老师检查要挨"批斗"哩，有几门作业做都没时间做。（S—S—2）

学生：我们下午四节课加一个自习，晚餐只有40分钟的时间，七点开始晚自习，下午就没有休息的时间，十一点下晚自习就累得连话都不想说了。（S—S—3）

学生：高中的课程内容并不难，教材上的那些东西，随便就掌握了。但考试的试题难啊，大家都有同感，"上课听懂不算，试卷答对才算"。（S—S—4）

学生：我们在和试题"较量"，也不知道哪里来的那么多怪题，双休日回家做题，回到学校还是做题，我们都被编题的人给搞糊涂了。（S—S—5）

学生：听课倒也不累，自习课最累人，每天的自习与正课差不多，主要是老师辅导我们完成大量的练习，反复操练，生怕我们试卷上给弄错。（S—S—6）

完善的制度是构建学校课程领导共同体的有效保障，只有建立了相应的制度，学校课程领导共同体的运行才能有章可循，有规可依。制度的缺失造成课程领导共同体的权益无法保障，运行随意性较大，缺乏规范性，最终造成各行其是，虎头蛇尾，促进学校课程发展的经验得不到制度的保障而"流产"，调动教师课程创生的机制不灵活，"给力"不足，造成课程创新不能持续。

三、现行学校课程领导模式：基于理性的审视

前面对我国目前普通高中课程领导实践中的校长课程领导模式进行了研究，

对现行校长课程领导模式运行中的现状从三个维度进行了描述，分析了存在的问题和弊端。实践证明，校长课程领导模式已经不适应我国普通高中深化课程改革的需要，必须在学习借鉴国外经验的基础上进行重构。究竟校长课程领导模式的弊端在哪里，如何学习借鉴国外课程领导模式的理念，如何构建符合我国国情和新课程改革实际的普通高中课程领导模式，需做进一步的探讨。

课程领导理论在 20 世纪 50 年代提出至今已有 60 年的历史，但课程领导模式的研究和实践仅仅不过 20 年。如前所述，现行的四种典型学校课程领导模式各有特点，也有其存在的合理性。但由于国内外文化背景不同，课程领导模式实施的环境条件不同，每一种模式在实践中运行也存在一些问题，至今尚未形成比较成熟的模式和相应的理论框架体系，我们也不可能设计出一种具有普适性的模式。本研究基于对国内外课程领导模式理性分析的基础上，做进一步探讨，为构建适合我国普通高中学校的课程领导共同体模式奠定学理基础。

（一）理性分析：现行校长课程领导模式的弊端

国内学校课程领导主要采用校长课程领导模式和校长与中层领导协同模式。其中，内地主要采用第一种模式，也有个别学校采用第二种模式，香港地区主要采用第二种模式。近几年来，国内对教师课程领导也有一定研究，但主要集中于理论的探讨，对课程领导实施模式的研究很少有学者进行探讨，没有形成成熟的实践模式。课程领导的理论研究也主要集中于校长课程领导模式的探讨，或者在校长课程领导的框架下探讨教师课程领导，并没有走出校长课程领导的范畴。现结合前一部分关于校长课程领导模式的实证研究，从原因与问题弊端两个层面进行分析。

1. 校长课程领导模式存在的原因分析

校长课程领导的模式其实就是以校长为首的课程领导，强调校长在学校课程领导中的核心地位，校长集行政领导和课程专业领导于一身，以校长的法定领导权威，在推进学校课程实施的过程中实现课程领导。中层领导协同参与课程领导，也是在校长的统一领导之下发挥一定的课程领导职能作用。尽管目前我国普通高中运行的这一模式弊端重重，问题较多，但这一模式有其存在的必然性。

第一，与我国中央集权的课程管理模式相适应。

西方课程领导理念与模式的产生，与政治民主化的文化背景相适应。而我国课程管理的权力集中于上级教育管理机构和管理者手中，在"他控文化"的影响下运行，学校课程领导受制于集中统一的课程管理体制，校长课程领导模式尽管存在诸多问题，但也是无奈的选择。新课程改革强调民主、合作、共享的课程理念，在课程改革的实践领域尚未形成良好的生长"土壤"，在学校课程领导实践中也无法有效地贯彻落实。在我国，伴随新课程改革产生的学校课程领导理论尚不成熟，课程领导实践模式在短期内还不能够摆脱国内文化的影响。

第二，与我国新课改渐进式改革进程相适应。

诞生于新世纪的第八次课程改革在课程改革的理念和目标方面尽管具有"革命性"的变化，改革过程是复杂的持续不断的重建过程，但实践中课程改革的实施也只能选择"渐进式"的改革策略，而不能采取"突变"策略。同样，与新课程改革相伴而生的课程领导，受三级课程管理模式的束缚，解构这一模式而重建新的学校课程领导模式，不仅需要时间，而且需要一定的条件。学校作为课程实施的主体，国家在课程政策上并没为学校的自主管理创造一定的条件，学校课程领导仍然受制于教育主管部门，尤其是课程资源和课程评价几乎完全受制于政府主管部门。在这种情况下，学校突破现有的课程领导模式难之又难。同时，学校的课程领导也受制于教育主管部门课程领导的制约，与我国大部分地区教育主管部门课程领导职能的发挥都滞后于学校课程发展需要的环境相适应，学校只能选择校长课程领导这一模式。尽管这并不是校长们所希望的，也不是教师们所认可的，尽管该模式的存在不合理，但它又是合理地存在着。

第三，与区域教育发展的不平衡相适应。

与经济、文化、社会发展的不平衡相适应，新课程改革在不同地区的进程不同。我国香港地区采用校长与中层领导协同领导的模式，已经有二十年的实践历程，我国经济发达的北京、上海、广东等一线城市的部分地区也采取这一模式，而大部分地区普遍采用校长课程领导模式，极个别条件较好的学校采取校长与中层领导协同领导模式，这一现状的存在与课程改革的进程相适应。就上海与甘肃对比而言，上海进入二期课改以后，上海市教育委员会制定了《上海市提升中小学（幼儿园）课程领导力三年行动计划（2010—2012 年)》，并采取行动研究的方式，在实践中大胆探索，建构课程领导的实施模式，已经取得了阶段性成果。而我国大部分地区，课程领导的意识和相关理念尚未普及。在这种背景下，校长与中层领导的课程领导与行政领导二者相互融合在一起也就成为必然。校长课程领导模式和校长与中层领导协同模式属于一个过渡性的模式，它需要重建，但需要探索和尝试，需要循序渐进地逐步完善。

第四，与课程领导主体的意识水平相适应。

随着新课程改革的推进，课程领导者通过学习培训，掌握了一定的课程实践经验，具备了一定的课程素养，大部分校长的课程素养应该与其身份和扮演的角色相适应，部分中层领导也具有一定的课程意识和素养。但构成课程领导主体的所有成员，在课程素养方面与课程领导主体所扮演角色的职责要求还不适应，导致校长和部分中层领导在课程领导过程中只能采取行政命令强力推行，出现"单打独斗"的局面也是在情理之中。比如，部分中层领导、教师和家长，对课程的理解、新课改理念的理解、校本课程开发意义的认识、课程领导的观念等基本的课程素养还停留在较低的层次水平上，与重建有效课程领导模式的要求还有一定的差距，尚不具备课程领导主体的素质和能力要求，在一定程度上他们还处于"应然主体"的状态或走向"实然主体"的过渡状态，这就决定了学校依靠校长或校长与中层领导协同领导学校课程的现实。

2. 现行校长课程领导模式的问题及弊端

如前所述，普通高中校长课程领导模式与我国特定的教育发展背景和学校传统的管理体制相适应，但其问题和弊端已经成为制约学校课程发展的瓶颈，具体表现在前面的实证研究中已经有所描述，用一句话概括——校长课程领导模式的低效运行窒息了课程领导的活力，存在的弊端体现在以下几方面。

第一，主体单一导致课程领导合力不足。

主体是人，或是由人组成的团体，个人是主体的基本单位。只有具备主体意识并有能力去实践的个人才能成为真正的主体，课程领导主体是对课程领导具有一定认识和实践能力的个体或由个体组成的团体。校长的课程领导模式强调校长在课程领导过程中的主导地位，尽管中层主任也参与学校课程领导，但视校长为课程领导的核心主体，无疑窄化了课程领导的主体范围，造成学校课程利益相关者（Stakeholder）在学校课程领导中的主体地位旁落于课程领导的实践之外，也忽视了学校外部的家长、课程专家、社区人士等应然的课程领导主体。

调查研究发现，普通高中现行校长课程领导模式存在课程领导主体缺失的问题，课程领导资源闲置的现象较为严重，学校课程领导主体范围窄化，必然导致合力不足。学校课程领导的主体范围应该包括学校课程发展所有的利益相关者，只有他们都能积极参与课程领导，才能形成学校课程领导的合力。校长一个人的课程领导力量单薄，校长的课程领导也无法代替其他课程领导者的作用，课程领导主体的缺失，造成关心、支持、帮助学校实施课程的力量不足，无法形成整体的合力推进课程改革。作为校长在课程领导过程中应该做的不是体现自己的主体地位，而应该是如何把所有潜在的应然课程领导者变为实然的课程领导者，构建不同层次的课程领导共同体，发挥集体力量促进学校课程发展。

第二，职能集中导致课程领导活力不足。

在学校课程领导过程中，不同的课程领导主体在课程实施过程中扮演不同的角色，发挥着不同的功能，只有每个主体在课程领导过程中处于积极参与状态，课程领导才能具有活力。调查研究发现，普通高中现行校长课程领导模式存在有权无责、有责无权、权责错位的现象，学校内部的课程领导主体课程领导意识淡漠，课程创生活力不足，参与课程领导积极性不高的问题。校长的课程领导模式把课程领导的权利主体集于校长，校长和中层主任的课程领导职能细化分布到课程实施的所有领域，校长和中层主任承担了学校课程发展的全部责任，造成教师、学生、家长应该履行的职责"搁置"，应该发挥的功能"抛锚"，应该承担的责任"弥散"，学校课程领导因为缺失了基层教师和学生的力量而最终导致创造性不足，缺失了教师的课程创生导致课程实施的有效性无法提高。

第三，行政权威过度导致课程领导民主性不足。

课程决策的科学性和合理性需要民主化的课程领导方式才能保证，课程领导主体的创造性需要民主化的课程领导方式才能激发和保持，课程实施的有效性只有依靠民主化的课程领导方式才能提高。校长的课程领导和校长与中层主任协同模式在领导方式上主要依靠行政权威的影响力，借助行政领导的法定权力来推行学校的课程领导。这种模式依靠行政权威推进课程改革，在提高效率和追求现实结果方面是有一定的积极意义，但这种依靠行政命令的模式明显缺乏民主性，与促进课程创生的价值追求相悖，只能看到表面的"繁荣"，无法实现提升课程品质的目的。调查研究发现，普通高中现行校长课程领导模式存在行政化管理替代课程领导的现象，教师"领导的安排"，对没有组织或领导安排的课程开发活动视为"领导的事情"，把课堂教学模式的改革视为"额外"的工作，这就充分说明课程领导已经"被行政化"，一线教师也缺乏参与课程决策的民主性，依赖于"领导"决定，大部分工作通过会议安排和通知命令的形式出现。普通高中现行校长课程领导模式最大问题就在于背离了课程领导民主化的价值取向，在一定程度上窒息了课程创生的活力，只能保证课程发展的"有序"而无法实现"有效"。

第四，管理方式通行导致课程领导实效性不高。

校长在课程管理中通常会把这有限的课程权力无限化，独占学校课程实施的权力。教师在实施课程过程中为避免责任追究，一切都要按校长的旨意行事，"权力独占最终会导致教师工作被动和应付"①。在学校内部的课程运作过程中，一切按照管理的持续自动化运行，缺乏了人文关怀，缺乏了弹性空间，缺乏了应有的沟通交流和必要的对话，课程领导者的作用自然无法发挥。调查研究发现，普通高中现行校长课程领导模式普遍通行程式化的管理运行方式，"谁说了算"成为大家默认的潜规则，校长签字、学校发文、会议安排、领导指示、逐级上报等等管理方式渗透于课程实施的所有环节，这种等级体系造成教师课程实施中创造力的逐渐散失，不利于教师课程实施主体作用的发挥。作为最具有创造性活力的教师，在课程开发与实施的过程中处于"失语"状态，甚至处于"不作为"状态。领导与教师之间的沟通严重缺乏，教师与学生之间的课外交往等级分明，学校与家长之间的沟通渠道不畅通……许多问题的存在已经暴露出校长课程领导模式的弊端，尽管没有走到"穷途末路"，但已经严重制约了学校课程的发展。

（二）理性的选择：借鉴西方理念重构共同体模式

国外的课程领导从理论探索到模式建构，已经有六十多年的发展历程。如前所述，比较典型的学校课程领导模式是层级模式和能动分享模式，这两种模式有其产生和发展的历史背景，尽管存在一定的局限性，但代表了课程领导理论发展的趋势，也蕴含着课程领导先进的理念。国外课程领导模式尽管我们不能移植，但需要学习借鉴其合理的价值理念和实施方式。美国是层级模式的典型代表，澳大利亚是能动分享模式的典型代表，美国和英国的部分学校采取的课程领导模式也具有这一模式的一些特点。本书在此不赘述这两种模式的运作方式，而仅仅对其中蕴含的思想和理念进行梳理，以便于在学习借鉴的基础上，重构适应于我国的有效课程领导模式。

1. 借鉴层级模式民主参与的理念

层级模式是对传统的课程领导的超越，直接体现了亨德逊和霍索恩转型的课程领导思想，其核心价值取向是民主的课程理念，对我国课程领导模式的重构具有直接的借鉴意义。

---

① 罗祖兵. 试析校长课程领导的理念转型［J］. 中国教育学刊，2013（3）：67-70.

第一，体现了课程领导的民主参与。

该模式把学校课程利益相关者都纳入课程领导的主体范围，倡导这些利益相关者参与课程领导，并成为课程领导的共同主体，按照课程实施过程中所扮演的角色赋予一定的课程领导权，"使课程利益相关者共同参与课程决策、共同承担责任，构建领导共同体"①。民主是课程领导的本质内涵，尽管层级模式带有"科层化"管理的特点，但民主的课程领导理念贯穿于每一个层面，与西方国家民主的文化理念一致。

第二，重视学习共同体的组织文化。

该模式所倡导的组织文化，是以民主为核心价值的组织文化，以多元参与和民主协商为主要特征，重视共同体成员利益主体的意见参与。层级模式把课程领导构成主体分配于不同的课程领导层级，各层级的课程领导者既拥有各自的权责和功能，能各司其职地发挥在课程领导过程中独特的作用，又能在协同合作的过程中形成促进课程发展的合力。

第三，体现了分权的课程领导思想。

层级模式的课程领导运作方式体现了分布式领导理论的思想，强调各层级之间课程领导权力的分享，共担课程发展的责任，各层级领导主体独立自主地领导课程事务，能调动各层级中主体成员的积极性和主动性，自觉参与课程领导，为实现共同的课程愿景付出相应的努力。在制度规范健全和合作意识较强的组织环境中，这一模式能提高课程领导的效能。

2. 借鉴能动分享模式团队领导的理念

该模式是对层级模式的质疑和超越，体现了分布式领导的理念，是目前为止课程领导模式的典范，澳大利亚是这一模式的典型代表，美国部分学校也采取这种模式，其借鉴意义体现在以下几方面。

第一，体现了课程领导主体多元化的理念。

这一模式为应该参与学校课程领导的所有可能的主体创造了条件，为课程利益相关者提供了一种教育愿景和民主参与的机会，为教师、家长、学生及社区人士等课程利益相关者成为课程领导的主体预设了可能性，拓展了课程领导的空间，不管是否能成为具有实践意义的课程领导共同体成员，至少在理论模式的建构中，为他们成为实然的课程领导主体设计了行使课程领导权力的空间，明确了

---

① 格拉索恩. 校长的课程领导［M］. 单文经，等译. 上海：华东师范大学出版社，2003：170.

参与课程领导的身份和地位，界定了课程领导中应该履行的职责，这对对课程领导共同体的形成创造了基本的条件。

第二，体现了团队领导的课程领导理念。

这一模式的理论依据来自美国课程专家兰姆博特的课程领导理念，他把课程领导视为一个团队组织，并为组织内每一个成员的课程领导权进行了预设，团体内的所有成员一起学习、一起合作。他认为，"通过成员间的交谈，价值观、信念、信息和假设表面化，在共同信念和信息的情景下，反思工作并赋予意义，促进有助于工作的行动，要求权利和权威的再分配，共同承担或共享学习、目的、行动和责任"[①]。能动分享模式把学校视为一个组织团体，一个学习型组织，一个道德共同体，把学校课程领导视为一个团体的共同行动，强调课程领导过程中的权力分享和责任共享，倡导民主对话、赋权合作、批判反思的课程领导理念，体现了团队领导的思想。

第三，体现了合作的课程领导思想。

合作是分布式领导的核心理念，能动分享模式把课程领导的权力分布于不同的课程主体，使他们享有一定的课程领导权力，也承担相应的课程责任，使不同的课程领导者在追求基于实现共享性目标的过程中共同行动，相互依赖、相互合作、相互负责，形成一个基于共同愿景目标实现的课程领导团队。这一模式倡导创建合作性的工作关系和团队精神，体现了课程领导共同体的思想。

（三）结论与愿景：构建学校课程领导共同体模式

综上所述，各种课程领导模式都有不同的地域背景，也各有其特点和存在的意义。国外课程领导模式尽管存在一定的局限性，但体现出的新理念和新思想需要我们学习借鉴，我国普通高中现行校长课程领导模式在运行中存在的问题已经成为制约新课程改革逐步深化的重要因素。为此，本研究坚持学习创新的态度，重构符合我国实际的有效课程领导模式。

1. 学习西方课程领导的理念

如前所述，层级模式和能动分享模式是西方课程领导最具典型意义的模式，代表着课程论与领导理论最新发展的趋势，体现民主、平等、合作的课程领导思

---

① L. Lambert. Building Leadership Capacity in School . Alexandria ［M］. VI: Association for Supervision and Curriculum Development. 1998. 5 – 9.

想，体现着互动、对话、探究、反思的课程理念，也蕴含着学校课程领导走向共同体的思想，本研究构建学校课程领导共同体模式需要借鉴的理念是：第一，注重课程愿景的凝聚作用，发挥目标导向作用，以课程愿景凝聚共同体成员的力量，以有效达成课程发展的愿景；第二，发挥课程领导者专业权威的影响力，采取民主协商、合作分享的领导方式，调动不同层次、不同类别课程领导者的积极主动性，参与课程领导；第三，领导主体的多元化，在学校建立学习型组织，建立赋权承责的有效机制，依靠团队协作的力量推进学校课程发展。

2. 构建有效的课程领导共同体模式

尽管层级模式和能动分享模式仅仅作为一种课程领导共同体的理论雏形，尚未形成完整的理论体系和实践运作规范，但其孕育着课程领导共同体的思想，对构建我国课程领导共同体的有效模式仍具有重要的借鉴意义。构建符合我国普通高中实际的有效课程领导模式，需要借鉴西方先进的课程领导模式的合理内核，本研究把重建普通高中有效课程领导模式的取向界定为以下三方面：第一，在学校课程领导的理念方面，以分布式领导理论为基础，坚持民主合作、赋权承责的理念，构建以课程领导共同体为目标的模式；第二，在学校课程领导主体方面，建立多元主体参与的课程领导共同体，从学校宏观、中观、微观三个层面构建多元主体广泛参与的课程领导共同体模式；第三，在学校课程领导运行方式方面，从课程事务的领导和课程文化建设的领导两个角度构建课程领导的职责，更加重视文化领导。

第五章 学校课程领导共同体模式理论建构

如前所述，国外课程领导模式尽管符合课程发展的规律，具有一定的优越性，但因其作为在异国他乡生长起来的模式，无法适应我国课程发展的实际，所以不能移植和照搬。国内现行校长课程领导模式已经暴露出许多弊端，无法适应新课程改革进一步深化的需要，成为学校课程发展的制约因素，迫切需要一种既科学合理又符合目前新课程改革实际的有效课程领导模式。根据分布式领导理论、结构功能理论和学习型组织理论的观点，本研究选择了学校课程领导的共同体模式，按照先总后分的逻辑结构，先对学校课程领导共同体模式进行整体构建，然后分别对宏观、中观、微观三个层面的课程领导共同体进行分析，最后从课程领导共同体模式的运作机理出发，分析影响有效实施的因素。

一、学校课程领导共同体模式的整体构建

课程实践中存在的家校合作、学校共同体、学科团队等组织形式就是课程领导共同体的"原形"。究竟课程领导共同体的本质是什么？具有什么样的特征？课程领导共同体具有什么样的结构形态？应该如何发挥课程领导的功能？围绕这些问题，结合课程领导的实践经验，构建课程领导共同体模式的理论模型。

（一）课程领导共同体模式的本质内涵

马克思在创立历史唯物主义的过程中明确提出，"社会的真正的本质是人的共同体"①，即"自由人联合体"。布鲁贝克的创造性课程领导理论认为，课程领导者涵括了情境中参与互动的每个人，不只是具有领导职位的人，而是一个"领导共同体"（Leadership Community）；加拿大著名教育学家迈克尔·富兰（Mi-

---

① 马克思恩格斯全集（第3卷）[M]. 北京：人民出版社，2002：394.

chael Fullan）在《改革的力量——透视教育改革》中呼吁"把学校从一个官僚主义机构转变为一个兴旺的学习者的共同体"①。学习共同体理论是本研究结构课程领导共同体模式的最主要的理论依据。学习型组织理论认为，学校是一个学习共同体，在这个共同体中的每一个成员彼此相互依赖而共存。

结构功能理论认为，系统是由若干要素以一定的结构形式构成的具有某种功能的有机整体。结构是指构成系统的各个要素及它们之间的联系，功能是指具有一定结构的系统所发挥的作用。学校课程领导作为一个系统，存在宏观、中观和微观三个层面的课程领导共同体，作为学校课程领导共同体系统中有机组成部分，各自发挥着独特的功能，在相互作用中促进学校课程领导整体功能的发挥。

1. 学校课程领导共同体构成要素

学校课程领导共同体的核心问题是如何发挥共同体在学校课程领导过程中的作用，以有效实现课程发展的目标。从这一核心问题出发，需要探讨以下五个基本问题：第一，谁来领导学校课程发展？第二，为什么目的进行课程领导？第三，通过什么方式实现课程领导？第四，在哪些课程实践场域中实施领导行为？第五，课程领导共同体在什么样的课程文化背景下进行领导？这五个问题构成了课程领导共同体模式的基本要素。

学校课程领导共同体模式作为一个理论实体和一种实践操作模式，有其构成的基本要素，只有从其基本要素入手，才能揭示课程领导共同体模式的本质内涵，构建理论体系。学校课程领导共同体是指课程领导者在课程实践中发挥影响力，通过合作、对话、互动等方式相互影响，为促进学校课程发展而形成的课程领导者集合体。这一概念包含了课程领导的主体、领导行为方式、课程领导的实践情景、课程领导的目标和课程领导的文化背景五个组成部分。这五个组成部分可以概括为主体、目标、方式、情景、文化五个基本要素，由这五个要素构成了学校课程领导共同体的分析框架，如图 5-1 所示。

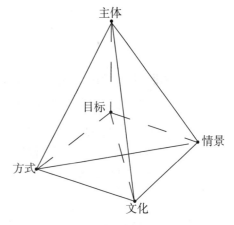

图 5-1　学校课程领导共同体构成要素图

---

① 迈克尔·富兰. 改革的力量——透视教育改革［M］. 北京：教育科学出版社，2004：54.

学校课程领导的主体因素是指课程领导行为的实施者，也就是课程领导者，包含个体领导者和课程领导团体。学校课程领导共同体的目标因素主要是指课程领导共同体的愿景，是共同体成员为之奋斗的理想，在本研究中课程领导的整体目标指向促进学校发展，不同层面的课程领导共同体又有具体的目标。学校课程领导共同体的方式是指课程领导主体实现课程领导的权力来源和具体的行为方式。课程领导共同体的情景因素是指课程领导主体实现课程领导目标的实践场域，包括学校课程实施所有环节中具体的课程实践情景。课程领导共同体的文化因素是课程领导共同体的价值观念和行为方式的总和。

如图 5-1 所示，五个要素构成了课程领导共同体系统，学校课程领导就是这五个要素相互影响、彼此制约并相互作用的过程。五个要素之间的相互影响和依存关系体现在以下几方面。

第一，课程领导目标处于课程领导共同体的核心，是学校课程领导的出发点和归宿，是课程领导者行为选择的依据和评价标准，其他四个因素都围绕促进学校课程发展这一愿景。课程发展的愿景目标决定着课程领导者在具体的课程实践场域中的行为选择，愿景目标影响具体的课程实践，也引导课程文化的发展方向。

第二，课程领导共同体的主体是由共同体成员组成的主体系统，是课程利益相关者组成的共同体。就课程领导者个体而言，包括了校长、中层主任、教师的课程领导，也包括了学生、家长、课程专家等课程利益相关者；就团体而言，包含了学校内部存在的各级各类组织。作为课程领导行为的实施者，在特定的文化背景下，按照课程领导共同体的制度规范要求，根据课程领导的实践情景选择课程领导行为，最终实现促进课程发展的目标。

第三，文化作为价值观念渗透于课程领导行为过程的方方面面，又体现在课程领导的具体行为之中。文化因素通过影响课程领导者的价值观念而影响课程领导的行为选择，课程领导的目标和实践情景也受课程文化的影响。同时，形成学校优质文化也是课程领导的目标，学校文化反作用于学校课程领导，为课程领导共同体愿景目标的实现提供文化支撑。

第四，课程领导的行为方式是课程领导权力的外部表现形式，课程领导权力的本质是影响力，受领导者身份、专业权威和学校文化的影响。课程领导的行为方式也受课程领导者能力和愿景的制约，不同课程领导者的课程领导力不同，课程领导的行为方式和领导行为实施的效果也不同。课程领导者面临不同的课程领导实践场域，课程领导行为方式的选择具有多样性。

第五，课程领导的情景是课程领导行为发生的具体场域，在课程开发与实施的具体环境中课程领导的愿景目标不同，课程领导主体的职责功能和扮演的角色不同，课程领导行为方式也具有差异性。

综上所述，课程领导共同体模式就是在学校课程领导的实践情景中，课程领导共同体发挥课程领导的影响力，相互影响共同促进学校课程发展的过程。在这个过程中课程领导共同体围绕课程发展的愿景目标，在特定的课程领导场域中实施一定的课程领导行为，不断构建课程文化，最终促进课程、教师和学生共同发展。课程领导共同体模式的这一本质特征如图 5-2 所示，这也是本书所构建的学校课程领导共同体模式的基本分析框架。

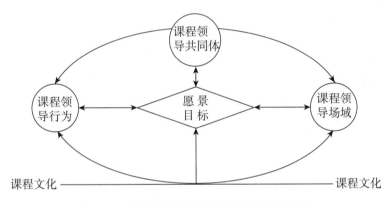

图 5-2　学校课程领导共同体模式分析框架图

如上图所示，学校课程领导过程是一个动态的行为过程，是课程领导主体在特定的课程实践情景中实施课程领导行为以实现课程发展目标的过程。愿景目标、课程领导共同体、课程领导行为、课程领导实践场域和课程文化五个部分构成了学校课程领导共同体模式的基本框架，学校课程领导也是在这五个因素相互影响和作用下共同促进学校课程发展的过程。

2. 学校课程领导共同体模式的特征

学校课程领导共同体是在学校课程领导基础上构建的课程领导模式，其内涵与学校课程领导有共同之处，也有本质的区别。为理清学校课程领导共同体的独特性，下面分别从课程领导共同体模式的构成要素进行总结分析。

第一，课程领导的行为主体基于共同体。

根据学习型组织理论，学校是一个学习型组织，是一个学习共同体，既具有学习型组织的特征，又具有共同体的特征。在课程领导过程中，校长、教师、学生、家长、社区人员、专家学者等课程利益相关者分别存在于不同层面的共同体内，他们都关涉学校的课程发展，以不同的方式参与学校课程领导，并在其中扮演不同的角色。基于共同体的课程领导主体不仅仅指领导者个体，而是由不同的课程领导者构成的一个共同体系统，由学校整体层面的课程领导共同体和若干次级功能性共同体。这一特殊性决定了学校课程领导过程是由不同主体组成的团体实施的领导行为，尽管不同的领导者个体和次级共同体在具体的课程领导实践中扮演不同的角色，发挥不同的作用，但处于不同层面课程领导主体的行为和结果都具有团体性，都是为实现学校发展的整体目标而努力。

第二，课程领导的行为目标基于共享愿景。

根据共同体理论，愿景是共同体的核心，是体现共同体成员价值理念的共同理想。学校课程领导共同体的行为具有明确的目标，共同体成员的行为基于共享的课程愿景和共同的目标追求，是在共享的愿景和价值观的感召下所组成的集合体，愿景融合了课程领导共同体成员的理想信念和共同追求，发挥着达成共识、凝聚力量和行为导向的作用。共同体的愿景代表了课程利益相关者要达到的目标，体现了组织内大多数成员的价值观而共同持有的意象或景象。愿景为共同体成员所共享，并非占主导地位的课程领导者的个人愿望，也不是每个课程领导者目标的总和，而是共同体成员基于理解、认可和支持而达成的共识。愿景目标也是一个体系，学校整体层面课程发展愿景统领不同层面共同体的愿景目标，不同层级共同体也具有与其功能相适应的愿景和目标，不同层面次级共同体课程领导的目标指向于学校发展的愿景目标。

第三，课程领导的行为基于专业权威。

领导的本质是一种影响力，学校课程领导就其"领导"行为的性质而言，是一种基于课程实践的专业领导，领导行为的实施基于专业影响力，领导行为的方式是与共同体成员的一种基于专业实践的交往行为。课程领导的影响力源自权力，体现为课程领导力，实质是由专业影响力和道德影响力而形成的领导权威。学校行政领导可以依靠法定职权、行政强制性权力、特定的奖惩评价权，而学校课程领导主要依靠的是专业权威形成的参照性权力（含道德权威），因为课程实践本身是一项专业实践活动。就课程领导的现实情况来说，在特定的课程文化背景下，对于特定的课程领导者而言，学校课程领导行为方式中也内在地包含了行政领导权威，对于课程领导共同体而言，主要权力影响力还是来自于专业权威。基于共同体的学校课程领导的行为方式，应该是在具体的课程领导情景中基于对话的多样化交往方式。

第四，课程领导的行为场域基于课程实践。

任何领导实践都是在特定的场域中实施的具体领导行为，领导行为不可能"脱域"而存在。学校课程领导是在学校课程实践场域中，基于特定的课程开发与实施的情景而展开的领导行为，它存在于学校课程开发与实施的所有层面和环节中。体现在学校课程决策、规划设计、课程组织实施、课程评价、课程文化建设等具体的课程实践过程之中，也只有在这些具体的课程实践过程中，课程领导共同体的领导行为才能实现其意义和价值，具体的课程领导行为才能发挥促进学校课程发展的作用。否则，课程领导共同体只能以"虚体"的形式存在于人们的观念系统中。当然，在不同的课程实施环节和层面，课程领导共同体的功能和发挥作用的方式不同，具有一定的情景性和校本特点。

第五，课程领导共同体受课程文化的影响。

哈贝马斯的交往行为理论重视文化因素在有效交往中的作用，认为规范与文化是交往合理性的一个必须考虑的因素。帕森斯的结构功能理论把社会规范和文化作为社会系统构建的重要因素，高度重视文化对社会整合与协调的作用。学校课程领导共同体的实践受特定文化的影响，产生于一定的课程文化背景，又不断促地进学校课程文化的生成。因为学校课程领导共同体是在特定的学校文化背景中形成，又要领导学校的文化建设，所以文化因素成为课程领导共同体模式的一个重要因素。课程领导共同体的文化意义就在于课程实践本身就是文化的实践，也是课程文化的形成过程，课程领导与课程文化互为条件，存在互相依赖、互相促进、相互作用的关系。课程文化是多元综合的复合体，在本研究中它渗透在课程领导共同体的规范、价值体系、思维方式与行为方式之中，体现在课程领导者个体的行为之中，也体现于课程领导共同的行为之中。

共同体的概念被引入教育领域，形成了学校共同体、教师专业发展共同体、班级共同体等形态各异的功能共同体，以强调具体教育实践领域中的社会互动性。共同体的概念被运用到课程领域，形成了课程开发、课堂教学、课程研究、课程领导、社团等不同形式的次级共同体，以强调学校作为学习共同体的团队意义。共同体与学校课程领导相结合，意味着学校课程领导的主体以共同体的形式出现，课程领导的权力分布于共同体成员。

从本质上来说，学校课程领导共同体是课程实践的一种方式，是基于学校的课程领导而展开的实践活动，是在学校课程领导理论和共同体思想指导下的一种课程领导实践模式。与教育领域其他功能性共同体有所不同，这一课程领导活动是课程利益相关者组成课程领导的共同体，在学校课程实践中有一定的影响力，为促进学校课程发展而展开的课程领导行为过程，强调课程领导共同体统领、指引、带动共同体成员在课程改革活动中主动参与促进课程发展的行为过程。

基于以上对学校课程领导共同体内在要素的分析，结合学校课程领导的本质及其构成要素，本研究把学校课程领导共同体模式的本质描述为：学校课程利益相关者根据共享愿景形成的共同体，在课程开发与实施中发挥课程领导力，通过民主对话的方式相互影响，促进学校课程发展的课程领导实践模式。

3. 学校课程领导共同体的结构及其功能

帕森斯认为，任何社会现象都可以被看作一个系统，"每个子系统的能量需求由相邻边界的子系统供给，通过能量的流动和信息的交流，各系统之间形成了相互依赖的关系"①。学校课程领导共同体从整体上来说是一个社会系统，系统内又存在着若干课程领导的子系统。本研究认为，学校课程领导共同体是由宏观、中观和微观三个层面的子系统有机构成的一个整体系统，三个层面课程领导共同体职责功能的发挥具有相互包含性，按照一定的制度规范发挥各自的独特功能，保证课程领导共同体权力在合作基础上有序有效运行，以保持系统内部的平衡统一和整体功能的实现。本研究所构建的学校课程领导共同体三个层面的结构模型如图 5 - 3 所示。

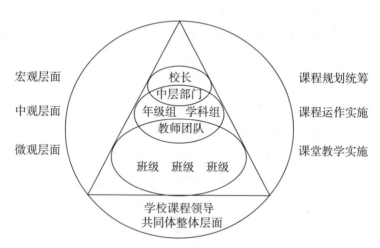

图 5 - 3　学校课程领导共同体三个层面的结构模型

---

① ［美］乔纳森·特纳. 社会学理论的结构［M］. 邱泽奇，等译. 北京：华夏出版社，2007：42.

第一，宏观层面的课程领导共同体。

在学校内部，由校长课程领导和中层职能部门课程领导两个次级共同体构成宏观层面的课程领导共同体，发挥课程规划设计和统筹课程实施的功能，形成了学校课程规划统筹系统。在整个课程领导共同体系统中统领全校课程发展，校长的课程领导在此系统中发挥核心作用，形成了以校长课程领导为核心的宏观层面课程领导共同体，在国家课程校本化方面有效发挥课程领导作用，促进学校课程品质的提升，最终实现课程促进学校发展的目标。

第二，中观层面的课程领导共同体。

在学校整体课程领导共同体内部，由中层职能部门和学科组、年级组两个次级共同体构成中观层面的课程领导共同体，发挥课程协调运作和组织课程实施的功能，形成了学校课程运作实施系统。在整个课程领导共同体系统中具有承上启下的作用，学科组长的课程领导在此系统中发挥核心作用，形成了以学科组课程领导为核心的中观层面课程领导共同体。中观层面学科组的课程领导在课程开发和实施的专业实践方面有效发挥课程领导作用，使教师在专业实践中提升能力和水平，实现促进教师专业发展的目标。

第三，微观层面的课程领导共同体。

在学校整体课程领导共同体内部，由教师团队和班级学生组成了微观课堂层面的课程领导共同体，发挥以教学创新促进学生发展的功能，形成课堂教学实施系统。在整个课程领导共同体系统处于最基层的课程领导共同体，教师的课程领导在此系统中发挥核心作用，形成了以教师课程领导为核心的微观层面课程领导共同体。这一层面的课程领导要在转变教学方式，提高课堂学习质量方面有效发挥课程领导作用，促进学生在知识、能力、情感等方面实现最优化发展。

（二）学校课程领导共同体模式的要素分析

如前所述，学校课程领导共同体模式是以共同体为特征的主体系统实施课程领导的行为过程，课程领导的主体系统是由不同课程领导者和次级共同体所构成的共同体。结构功能理论认为，"系统功能的发挥取决于自身的结构，结构的改变必然影响功能的发挥"[①]，功能是理解所有的生命机体的中心概念，"系统功能

---

① 马尔科姆·沃特斯. 现代社会学理论［M］. 北京：华夏出版社，2000：119－124.

的发挥不仅受制于各要素的功能，更取决于要素之间的联系，即系统结构"①。主体构成、愿景目标、领导方式、实践情景、文化背景是构成学校课程领导共同体模式的基本要素，课程领导主体结构的变化必然导致其他结构和功能的变化，体现出整体与部分有机融合的系统性特征。下面结合普通高中课程领导的实践，从系统论的角度分别分析课程领导共同体模式每一个构成要素的内涵特征。

1. 课程领导共同体模式的主体

学校课程领导主体是指在学校课程实践情境中利用自身的影响力实施课程领导行为，在课程事务中发挥组织引领作用，构建促进课程创生的课程文化，实现学校课程发展愿景的个人和团体。共同体中的个体和团体发挥不同的功能作用，不同程度地影响学校课程改革。课程领导主体系统是一个全方位、多元化的复杂结构，与课程利益相关人员都应该是在学校课程领导共同体的架构内参与课程领导，成为课程领导共同体中的成员，"每一个人都应该有机会来贡献他可能贡献的任何东西"②。学校课程领导共同体中的团体和个人处于不同层面的次级共同体中，发挥一定的课程领导作用，构成了一个复杂的主体系统。

兰姆伯特（L. Lambert）认为，"领导是一个团体，而非个别的领导者（如校长），且组织内的每一个成员都应具有成为领导者的潜能和权利"③。学校课程领导的主体系统是以共同体的形态存在，但在学校内部，课程领导又是一个多层次、多角色、构成复杂的有机体系。从构成特征上划分，课程领导共同体的主体可分为课程领导者个体和课程领导团体，分别分散存在于宏观、中观和微观三个层面的课程领导共同体之中。本研究把这些"团体"称之为功能性的课程领导次级共同体，个体指扮演特定角色并在课程领导过程中发挥一定作用的个人。不论是"团体"还是"个体"，在学校课程领导共同体框架内，本研究都界定为课程领导共同体成员。当然并不是学校课程领导共同体中的每一个成员都是自然的课程领导者，他们只是应然的主体或可能的课程领导者，要成为实然的课程领导主体或现实的课程领导者，还需要具备一定的条件。为构建理论的需要，本研究把课程领导共同体的每一个成员都假设为应然的课程领导者，都界定为课程领导的主体，尽管与现实不完全相符，但毕竟他们都是潜在或可能的课程领导主体。

---

① 朱佳生. 教育系统工程 ［M］. 长沙：湖南大学出版社，1989：11.

② 杜威. 人的问题 ［M］. 傅统先，等译. 上海人民出版社，1965：46.

③ Lambert L. Building Leadership Capacity in Schools ［J］. Association for Supervision and Curriculum Development，1998（6）：25.

第一，课程领导者个体。

从课程领导者个体角度来分析，课程领导主体构成包括学校管理人员、教师、学生和校外课程利益相关者四类群体，这四类群体分别代表着不同的课程利益，组成了不同类别的课程领导共同体（本研究不做具体分析）。其中，学校管理人员群体包含了校长、中层主任、年级主任和管理服务人员，教师群体包含了年级组长、学科组长、教师及教辅工作人员，学生群体包含了各年级、各班的学生，校外课程利益相关者群体包含了家长、社区人士、专家学者、政府相关部门人员等。他们都是学校课程领导共同体的成员，在学校课程领导过程中发挥着不同的作用，构成了学校课程领导的主体系统，具体构成如图5-4所示。

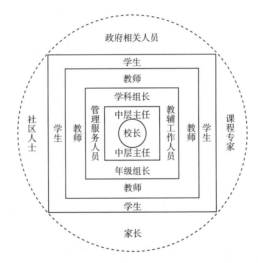

图5-4　学校课程领导共同体主体系统的个体构成图

第二，学校课程领导共同体主体系统的团体构成。

在学校课程领导发展的起步和不成熟的发展阶段，课程领导共同体与行政组织体系是融合在一起的，课程领导作用的发挥也依赖于组织团体或个人身份地位形成的行政权威，具有明显的层级特征。从学校内部课程领导行政组织的隶属性群体特征上看，课程实践中存在以下五个层级的课程领导团体组织：一是校长层面的课程领导团体组织，由校长和分管副校长构成；二是中层职能部门课程领导团体组织，由教导处、政教处、科研处（课程处）等中层科室组成；三是年级组课程领导团体组织，由不同年级的教师、学生、家长等课程领导主体组成；四是学科组课程领导团体组织，由不同学科的教师组成；五是班级层面的课程领导团体组织，由班主任、任课教师和学生组成。这五类团体组织在课程领导过程中发挥不同的功能和作用，每个团体组织都是学校课程领导共同体中的成员，也都能形成一个课程领导的次级共同体，五个层级的课程领导团体组织从纵向角度构成了学校整体课程领导共同体系统。其中，校长和中层职能部门构成了宏观层面的课程领导共同体，中层职能部门和学科组、年级组构成了中观层面的课程领导共同体，班级构成了课堂层面的课程领导共同体，如图5-5所示。

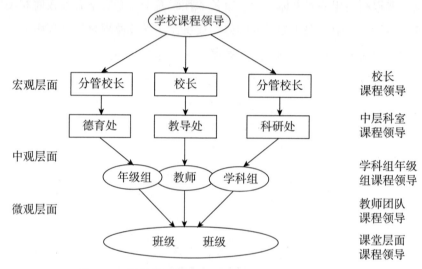

图5-5　学校课程领导共同体主体系统之团体构成图

第三，不同主体在学校课程领导过程中的角色地位。

结构功能理论认为，每一种社会角色对社会系统都有一定的功能，社会角色的功能就是在完成角色义务的过程中表现出来，而角色义务的履行是建立在角色扮演者享有一定权利的基础之上，是在社会规定的某种角色行为规范框架内的行为。学校课程领导共同体的每一个成员根据所处的地位、身份和学校制定的规范扮演一定的角色，享有一定的课程领导权力并履行相应的义务。对不同课程领导者在课程领导过程中的角色根据具体课程领导实践情景有别，本研究不做统一的界定，只对课程领导者的角色地位进行分析。

课程领导共同体中的个体领导者在课程领导实践中，具有不同的角色地位，本研究把课程领导的主体划分为核心主体、参与主体和支持主体三种类别。其中，核心主体是指在相应层面的课程领导共同体中扮演关键角色，发挥领导核心作用，对课程领导共同体的运行起主导作用的课程领导者；参与主体是指在相应层面的课程领导共同体中扮演重要角色，直接参与课程领导，并在一定范围内发挥作用，对课程领导共同体的运行起重要作用的课程领导者；支持主体是指在相应层面的课程领导共同体中扮演特定角色，间接参与课程领导，在可能需要的范围内发挥作用，对课程领导共同体的运行起必要作用的课程领导者。

在三层面共同体模型结构中，每个层面课程领导共同体内不同身份的个体所处的课程领导地位不同：在宏观层面课程领导共同体中，校长是这一层面课程领导的核心主体，副校长和中层主任是参与主体，教师、学生、校外课程利益相关者是支持主体；在学科组课程领导共同体中，学科组长是这一层面课程领导共同体的核心主体，备课组长和中层教师是参与主体，班主任、任课教师和校外课程利益相关者是支持主体；班级课堂层面的课程领共同体中，任课教师是这一层面课程领导共同体的核心主体，学生是参与主体，家长是支持主体。三层面课程领导共同体主体角色地位的分布情况，如图 5－6 所示。

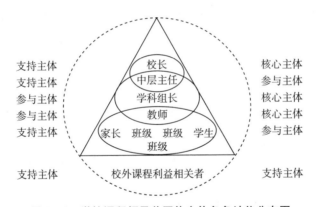

图 5－6　学校课程领导共同体主体角色地位分布图

2. 课程领导共同体模式的愿景目标

学习型组织理论认为，"共同愿景是组织中人们所共同持有的意象或景象，它创造出众人是一体的感觉，并遍布到组织全面的活动，而使各个不同的活动融汇起来"[①]，道德和价值是其核心。一所学校的课程发展是否有活力，取决于学校课程发展的愿景是否有激发力，学校课程领导共同体是在共享愿景和价值观的感召下所组成的集合体，愿景决定着学校的发展方向，对课程发展具有导向作用。学校课程领导共同体也只有在共同愿景的感召下，不断增强责任感和使命

① ［美］彼得·圣吉. 第五项修炼［M］. 上海：上海三联书店，1998：238.

感，发挥课程领导主体的作用，促进课程目标的达成。学校课程领导共同体的目的基于学校发展，具体通过提升课程品质、促进教师专业成长、提高学生学业成就而达成。因此，学校课程领导共同体的愿景是一个目标系统，需要不同层面的课程领导共同体实现具体的目标来达成，每个次级共同体在课程领导系统中具有不同的职责和任务，最终的目的都指向学校课程发展的不同层面。

第一，宏观层面课程领导共同体的愿景目标。

学校课程领导在宏观层面是以校长为核心的课程领导，是学校整体课程发展的统筹规划系统，主要职责是引领学校课程的规划、设计、实施与评价，拟定并传播学校课程愿景，属于理念导向的课程领导，其愿景目标指向提升学校课程品质，促进课程发展。这一目标也涵盖了中观和微观层面课程领导共同体的愿景目标，课程品质的提升依靠教师，最终体现在学生学业成就的提高，宏观层面课程领导共同体的目标以教师和学生发展为旨归。

宏观层面提升学校课程品质的愿景目标包含以下三方面：一是制定传播愿景，引领课程发展，即落实国家课程改革的理念，结合学校实际提炼形成学校课程发展的整体愿景，传播课程改革的理念和学校课程愿景，使课程发展的愿景和理念深入人心；二是规划设计课程，构建课程体系，即落实国家课程政策和课程方案，设计学校课程发展规划，形成具有学校特色的课程体系，为学校课程实施构建发展蓝图；三是引领课程改革，促进课程创生，即传播课程理念，创造条件支持课程开发与实施，为课程改革优化整合课程资源，为学校课程的有效实施创造良好的保障条件。

第二，中观层面课程领导共同体的愿景目标。

学校课程领导共同体的中观层面是以学科组长为核心的课程领导，属于学校课程发展的运作实施系统。课程实施的管理属于年级组的课程职责范围，学科组的课程领导在这一层面的愿景目标指向教师的专业发展，没有教师的专业成长，课程实施的质量和效果就难以提高。因此，这一目标具有承上启下的作用，既落实宏观层面的目标，也涵盖了微观层面的目标。

中观层面促进教师专业发展的核心目标包含以下三方面：一是组织课程开发，促进教师发展，即为教师的课程实践创新创造条件，营造课改教改探索性实验的良好氛围，组织引领教师开发有特色的校本课程，在课程创生中促进教师的专业发展；二是组织教研活动，提升专业素养，即搭建教师专业学习和交流共享的平台，创造展示课程实践成果的条件和机会，广泛开展校本教研活动，使教师能在相互交流学习中提升专业实践能力；三是开展行动研究，提高专业能力，即营造良好的教研文化，引领教师基于课程实践活动，开展校本行动研究，提高教师的专业实践能力，促进教师专业发展。

第三，微观层面课程领导共同体的愿景目标。

学校课程领导共同体的微观层面是以教师为核心的课程领导，是学校课程实施最基层的单位，学校课程开发与实施的成果最终在课堂教学这一微观的场域中体现出来，是学校课程实施的教学系统，属于教学导向的课程领导。这一层面课程领导愿景目标的核心是通过转变教学方式，提高学生学业成就而实现促进学生发展，这一目标是学校课程领导共同体追求的终极愿景，也是落实宏观和中观层面课程领导共同体目标的必然结果。

微观层面促进学生发展的核心目标包含以下三方面：一是开发班本课程，促进学生发展，即根据学生发展需求，开发适宜于学生发展水平的班本化课程，使课程实施的目标能在班级教学层面得到有效落实，促进学生在共性目标实现的基础上实现差异化发展；二是转变学习方式，提高学习质量，即创新课堂教学模式，引导学生转变学习方式，以提高课堂学习效果为目标，在实现"三维目标"的过程中促进学生发展；三是彰显主体地位，促进主动发展，即营造良好的课堂学习环境，调动学生学习的内驱力，形成积极主动的学习态度，在合作探究的良好氛围中提升学生分析和解决问题的能力。

综上所述，学校课程领导共同体的愿景目标是一个从宏观到微观的体系，在学校整体发展愿景目标统领之下，不同层面的目标形成一个从上到下逐层落实的层级结构，学校整体课程愿景目标需要在微观层面的课堂得以落实，其目标结构体系形成了"一体三翼"的形态，如图5-7所示。

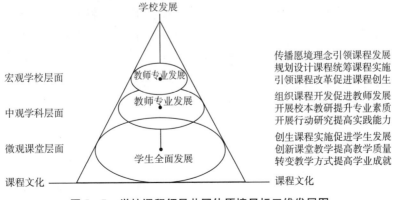

图5-7　学校课程领导共同体愿景目标三维发展图

3. 课程领导共同体模式的行为方式

领导的本质是一种影响力，以各种不同的领导行为方式体现出来，影响力一般指"目标行动者的态度、价值观、信念或行为所发生的实际改变的程度"①，影响力来源于权力，但不同于一般意义上的权力，是凭借领导者的品德、才能、情感等个人素质对被领导者所产生的自愿追随的能力。根据法兰克和瑞文领导者的权力界定的五种类型的经典界说和萨乔万尼的五种权力②来源的界定，本研究认为，尽管在不同层面课程领导共同体内权力分布情况不同，但一般而言学校课程领导者运用以下四种权力：一是以道德权威为基础的参照权，二是以专业权威为基础的专家权，三是以评价为基础的奖惩权，四是以职务身份为基础的法定职权。在不同层面课程领导共同体内，课程领导者的主体地位不同，课程领导的实践场域不同，形成的权力结构也不同，课程领导行为方式以对话交往为基础，呈现出多元化状态。

第一，宏观层面的权力结构与行为方式。

校长是课程领导宏观层面的核心主体，副校长及中层主任是参与主体。就校长的课程领导而言，由校长的人格魅力、敬业精神、责任道义和爱校情怀为特征的道德权威所形成的参照性权力处于权力结构的核心，校长在课程与教学方面的专业知能形成的专业权威是主要的权力来源，而对课程实践相关的人、事、行为及结果等方面评价为基础的课程评价权力和依靠校长身份所拥有的法定职权是课程领导的基本权力来源。校长通过以上权力为基础所形成的影响力，组织引领课程领导共同体成员为实现课程愿景而发挥不同的职能作用，具体通过会议讲话、活动参与、课堂评价、专业对话、课程开发指导等对话交往实现。

第二，中观层面的权力结构与行为方式。

学科组长是课程领导中观层面的核心主体，组内其他教师是参与主体。就学科组长的课程领导而言，由学科组长的敬业精神、团结协作和师德修养为特征的道德权威所形成的参照性权力处于权力结构的核心，学科组长在课程与教学方面的能力和水平所形成的专业权威是主要的权力来源，以教师评价为基础的课程评价权力和依靠学科组长的身份所拥有的法定职权是课程领导基本权力来源。学科

---

① [美] 理查德·哈格斯. 领导学——在经济积累中提升领导力 [M]. 朱舟，译. 北京：清华大学出版社，2004：102.

② 萨乔万尼. 道德领导：抵及学校改善的核心 [M]. 冯大鸣，译. 上海：上海教育出版社，2002：41－42.

组长依靠以上权力所形成的影响力在学科组内部实施课程领导行为，通过与课程领导共同体成员的对话、合作、日常交往、教研活动、专业能力展示、课堂教学指导、课程行动研究等多样化的方式来实现。

第三，微观层面的权力结构与行为方式。

教师是课程领导微观层面的核心主体，班级学生和家长是参与主体。就教师的课程领导而言，由教师的师德修养、敬业爱生和行为示范为特征的道德权威处于权力结构的核心，教师在课堂教学、课程开发和教育活动过程中体现出来的专业实践能力和水平并由此所形成的专业权威是主要的权力来源，以学生评价为基础的课程评价权力和依靠教师身份所拥有权力是课程领导的基本权力来源。教师依靠以上权力所形成的影响力在班级课堂教学中实施课程领导行为，通过与学生平等沟通交流、合作探究、学业指导、对话交流、实践反思、师生交往等不同方式实现课程领导。

综上所述，学校课程领导共同体三个层面课程领导者的权力结构基本相同，都是以道德权威为核心、以专业权威为主要权力来源、以奖惩权（课程评价）和身份职权（基于课程实践）为基本权力来源。领导者权力来源的基础是道德权威，课程领导影响力的程度和大小取决于专业权威，身份职权和评价权作为辅助手段在一定的课程实践情景中发挥作用。由于课程领导的实践场域不同，具体权力来源的内容向度不同。就领导方式而言，课程领导者在不同层面的功能和扮演的角色不同，课程领导的具体任务也不同，领导行为方式呈现出多元化特征。课程领导共同体模式的权力结构和行为方式具有"四维多元"的特征，如下图5-8所示。

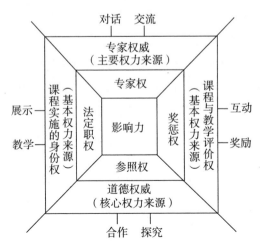

图5-8　学校课程领导共同模式权力结构及行为模型

4. 课程领导共同体的职责功能

学校课程领导总是发生在特定的场域中，是针对具体课程事务的领导，课程事务主要集中于课程决策、课程设计与开发、课程实施和课程评价这四个环节。因此，学校课程领导在课程事务方面的职责功能，也就是对课程决策的领导、课程设计（含规划、开发）的领导、课程实施的领导、课程评价的领导。林一钢和黄显华认为，课程领导可能遵循两个路径进行，即"对课程开发技术的领导和对课程文化的领导"[①]，本研究对课程事务的领导在广义角度上是对课程开发技术的领导。对课程文化的领导将在下一部分专门探讨，本部分主要探讨课程开发的技术领导。

第一，引领课程决策。

课程决策是依据一定的价值判断标准，对课程与教学内容、课程与教学实施方式和课程评价的内容方式做出选择的判断的过程，不同层面课程领导共同体在课程决策方面的内容和方式因课程实施的职责功能不同而不同。作为学校课程领导者，在课程决策方面的所要发挥的作用就是引领和指导，引领共同体成员转变观念，形成科学的课程理念，在不同情景的课程实践中做出符合实际的选择和判断，做出更为科学合理的决策。

第二，组织开发课程。

课程开发包含了规划、设计和课程开发的具体过程，课程规划本身就是设计，设计课程是课程规划的核心，具体的课程开发就是对课程规划的落实。因此，本研究在此处的课程开发包含了课程规划、设计和具体课程的开发。组织开发课程主要是引领共同体成员确定课程目标、选择课程学习经验、组织课程实施，包含了学校课程的规划设计与开发，校本特色课程的开发、课堂教学中课程内容的班本化和生本化设计。学校层面主要是规划设计学校课程，形成完善的特色课程体系；学科层面主要是制定课程实施计划，组织开发具体的校本课程；课堂层面主要是设计教学方案，设计班级课程实施活动计划。

第三，促进课程实施。

课程实施是学校课程发展的核心环节，只有在课程实施过程中不断推进课程创生，才能提高课程实施的质量。课程创生也是提升课程品质、提高课程实施效果、提高学生学业成就的根本途径，促进课程创生是学校课程领导共同体的基本

---

① 林一钢，黄显华.课程领导内涵解析［J］.全球教育展望，2005（6）：22-25.

价值取向。课程领导者在课程实施过程中发挥的主要作用也就在于创造课程实施的条件，引领课程领导共同体成员创新课程实施方式，搭建展示交流的平台，营造促进课程创生的文化氛围，催生课程创新的成果。不同层面的课程领导者都具有促进课程创生的职责和功能。

第四，改革课程评价。

评价是促进学校课程发展的主要方式，良好的课程评价机制也是学校课程发展的基本保障。课程评价包含了对学生的学业及发展状况的评价，包含了对教师专业发展和教学绩效的评价，也包含了对课程本身的评价和课程实施效果的评价。根据我国普通高中课程评价的现状，目前的课程评价的主要任务是更新评价观念、改革评价方式、重建评价的内容，形成促进发展的课程评价体系。在学校课程领导共同体内部，不同层面的课程领导都具有改革课程评价和构建评价体系的相关职责和功能。

总之，从学校课程领导共同体的整体层面来说，引领课程决策是关键，组织领导课程开发（设计）与实施促进课程创生是核心，建立课程评价运行机制是保障。学校课程领导不同层面的课程领导，对课程决策、开发、实施、评价四个方面的课程事务的领导，既具有共性的职责功能，也具有特殊的任务，具体职责和功能后面做详细的分析。不同层面课程领导共同体在课程事务方面的职责功能构成了环形结构，课程领导的根本任务也就在促进每个环节往复循环的过程中实现课程创生，如图5-9所示。

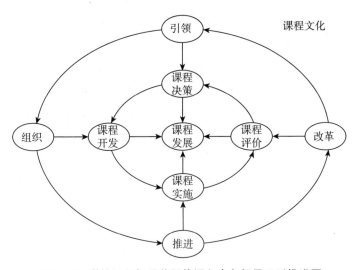

图5-9　学校课程领导共同体课程事务领导环形推进图

5. 学校课程领导共同体模式的文化创建

课程领导是围绕人的发展而实施的领导行为，并非只是对教育事件的领导，课程开发和实施都是围绕"人"而展开的实践活动，课程领导更需要关注学校课程文化的改革。正如刘静波和王娜娜所言，"课程改革的领导是技术，更是一种文化创建与积淀过程"①。学校课程领导共同体本身就是基于民主而形成的课程领导集体，课程领导的行为方式必然是基于民主的价值取向。尽管多元化的课程领导主体决定了课程领导的行为方式的多样性，但不论采取哪种方式实施课程领导行为，其行为方式的背后都是在民主意识支配下的行为选择。这不仅仅是"共同体"的基本内涵，也是学校课程领导特殊性的必然要求。本研究把学校课程的职责功能定位于课程事务和课程文化两个层面，学校课程领导共同体的领导行为也就体现在对课程事务和课程文化的领导过程中。

对于特定的学校而言，学校作为一个课程实施的组织单位，本身具有既定的文化特质，体现于课程领导共同体成员所拥有的观念、制度和行为方式之中。一方面学校形成的特定的文化环境对课程领导共同体领导行为的实施具有一定的影响；另一方面，创建课程文化本身就是学校课程领导的一项重要的职能。学校课程文化建设可从不同的层面和角度进行创建，不同层面的课程领导都具有文化创建的职能，为明确不同层面课程领导共同体在文化创建方面的功能，本研究进行聚焦式定位。

第一，宏观层面课程领导共同体的文化创建功能。

学校文化是学校课程改革的最深层次的影响因素，也是学校课程领导的基本目标。任何一项课程改革，表面上是具体操作方面的"重建性改革"，实际上是"价值观改革"。对于宏观层面学校课程领导共同体而言，在文化领导方面的主要职能主要在于课程理念的引领。理念文化主要指课程实践的理念和渗透在行为背后的价值观念，这是文化建设的核心和灵魂，规定着课程实践的行为准则，是课程实施中不可缺失的、最本质的东西。尤其是校长和中层主任，通过宣传和践行先进的课程理念，营造良好的课程理念文化氛围，引领共同体成员全面理解课程本质，内化课程理念，为课程创生奠定良好的基础。本研究把宏观层面课程领导共同体的文化领导职能聚焦于传播理念文化，具体包括课程实现学生发展的理

①　刘静波，王娜娜. 校长课程领导：内涵、困境和策略 ［J］. 现代中小学教育，2011（1）：55 – 57.

念文化、课程创生的理念文化、批判反思的理念文化、课程回归生活的理念文化。

第二，中观层面课程领导共同体的文化创建功能。

课程文化是一个构成层面和内容比较复杂的体系，学校课程改革的所有内容都涉及课程文化的因素。尽管课程领导共同体的每一个成员在课程文化的创建过程中都发挥着一定的作用，中观层面课程领导共同体在课程文化方面的领导职能应该聚焦于教研文化的创建。学科组本身是一个文化共同体，学科组成员具有共同的愿景，学科组是学术性组织，良好的教研文化是课程改革成功的基石，它会为课程文化重建提供内在动力。学科组长在教研文化的创建方面应该发挥示范带头作用，营造教师专业提升的良好文化氛围，本研究把学科层面课程领导共同体的文化职能定位于创建优质的教研文化，具体包括创建合作共享的交往文化、榜样示范的行为文化、基于专业实践的反思文化和立足校本的研修文化。

第三，微观层面课程领导共同体的文化创建功能。

课堂文化是在课堂教学中"教师与学生各自的角色和个性交互作用整合而成的规范、价值观念、思想观念和行为方式的总和"①，它是"学校文化中的核心地带"②。课堂文化具有较强的凝聚力，影响学生的认知能力、思维方式、道德素养及性格特征，对教师教育智慧的生成具有重要影响，甚至有人认为，"它直接决定了课堂教学的成功与失败"③。课堂文化本身是学习共同体的文化，本研究把微观课堂层面课程领导共同体的文化职能聚焦于创建优质的课堂文化，具体包括创建对话交流的学习文化、合作学习的课堂文化、问题探究的学习文化、互动交往的行为文化等方面。

总之，学校课程领导共同体倡导一种民主而富于人性化的课程价值观念，民主、合作、对话是课程领导的核心价值观，课程领导共同体成员在平等协商的基础上通过权力分享、民主决策、合作对话，共同促进学校课程发展。学校课程文化是个复杂的系统，需要多元选择、多元发展、多元构建，学校课程领导共同体在课程文化方面的领导使命和任务，需要结合不同层面课程领导共同体的功能具体界定，将在下一节专门论述。在学校课程领导共同体内部，不同层面的课程领导共同体的文化创建功能如图 5 – 10 所示。

---

① 宁业勤. 从课堂文化看学生对教师的偏厌［J］. 中小学教师培训，2008（3）：51–53.
② 成尚荣. 学校文化呼唤"深度建构"［J］. 人民教育，2011（18）：22–23.
③ 宁业勤. 从课堂文化看学生对教师的偏厌［J］. 中小学教师培训，2008（3）：51–53.

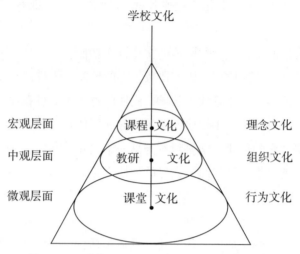

学校文化

宏观层面　　　　课程·文化　　　　理念文化

中观层面　　　教研·文化　　　　组织文化

微观层面　　　课堂文化　　　　行为文化

图 5 - 10　学校课程领导共同体文化创建结构图

（三）学校课程领导共同体模式的理念及特质

学校课程领导共同体是根据共享愿景形成的课程领导共同体，通过民主对话方式在课程实施中发挥专业影响力，有效达成课程发展目标的创生性实践过程。课程领导共同体的内涵涵盖了学校场域中课程实施的所有方面，具有依托这一场域特定的形态与逻辑结构，体现一般"共同体"之共性，又具有与其他"共同体"相区别的特质，这些特征也是本研究构建的课程领导共同体模式的基本理念。

1. 学校课程领导共同体的共享性

学校课程领导共同体是在共享的愿景和价值观的感召下所组成的领导集体，倡导实现分布式领导，"要求共同愿景的分享与践行，要求责任共担与合理赋权"[1]。共享性是课程领导共同体的显著特征，具体体现在以下几方面。

第一，愿景共享。

共同体的核心是共同愿景，"在人类所有的组织中，愿景是唯一最有力量的、最具激励性的因素"[2]，存在于课程实践场域共同体成员潜移默化的观念认识系

---

[1]　陈学军. 学校发展的现实困境与可持续学校发展 [J]. 教育发展研究，2010（8）：37 - 42.

[2]　戴维·W·约翰逊，罗杰·T·约翰逊. 领导合作型学校 [M]. 唐宗清，等译. 上海：上海教育出版社，2003：52.

统中。基于共同的愿景，共同体成员才有了共同的追求和积极参与的行动，才有了为实现目标愿景的努力和付出，也才能把师生"教与学"的活动统率于共同的目标。学校课程领导共同体的愿景融合了全校师生员工的精神气质、共同理想和价值追求。学校课程领导共同体的愿景具有共享性的意义在于课程领导共同体中的每一个成员都能分享共同的愿景，不仅仅因为愿景的形成是经过课程领导共同体成员通过彼此沟通和广泛交流形成共识而最终达成，更主要的是学校课程领导共同体在共享的愿景和价值观的引导下，能把课程利益相关者团结为一个整体，学校课程领导的各种行为和活动才有了方向性和凝聚力。

第二，权力共享。

课程领导共同体强调课程决策权力为每一位课程共同体成员所共享，学校课程领导是全体教职员工的共同参与、相互合作的动态过程。尽管具有一定"身份"和"地位"的课程领导者在课程权力行使的机会不同，决策地位不同，但承担的责任与权力地位相一致，"特殊的权力"也只是暂时存在的现象。在传统课程管理模式的影响下，校长与部分中层领导依据行政权力领导课程，"控制"着学校的课程运行，学校课程依靠规章制度等限制性手段进行运作，课程决策与课程实施相互隔离，教师和学生只充当着课程方案的接受者和执行者，导致课程开发和实施缺乏应有的活力。课程领导共同体强调民主参与，共同体成员根据职责和任务的不同，平等地享有课程领导权，各自发挥不同的职能作用。

第三，情感共享。

课程领导共同体以成员间共同的价值观念、亲密的情感关系为联结纽带，这是课程领导共同体形成的基础。课程领导行为的实施是建立在相互信任的情感基础之上，共同体成员之间是亲密友好的伙伴关系，正是这种情感依赖把共同体成员联结到一起，使他们具有了荣辱与共、相互理解、相互支持的精神力量。与共同体的其他品质相比，情感共享显得尤为重要。这种共享的情感，包含了师生亲密的情感联结、教师之间友好的伙伴关系、领导之间相互信任的关系，也包括家校之间基于关心孩子发展而形成的真诚的友好合作关系。课程领导共同体成员间富有情感的相互依存关系，使共同体成员具有了归属感和安全感。由情感凝聚而成的向心力，使课程领导共同体能共同面对课程领导的挑战，在相互关心、支持和共同关注中解决课程发展中的困难和问题，如此，共同体内部的相互关爱和由此形成的和谐的人际关系就显得尤为重要。正如鲍曼在其《共同体》一书中所叙述的那样：共同体是一个温馨的地方，一个温暖而又舒适的场所，它就像是一个家（roof），在它的下面，可以遮风挡雨；它又像是一个壁炉，在严寒的日子里，靠近它，可以暖和暖和我们的手。①

第四，身份共享。

共同体强调人与人之间共同的精神、归属感和认同感，基于"共同的身份感"所形成的认同感与归属感是课程领导共同体最基本内涵。个体间的彼此认同和对群体的归属是维系共同体存在的内在基础，滕尼斯（F. Tonnies）将共同体看作是"一种生机勃勃的有机体"②。共同体成员经过一段时间的交往和专业生活实践，形成共同价值观主导下的共同舆论，有了"我们"班、团、组、科、处的意识和身份认同，并形成了"我们应该怎样做"的行为角色，在精神上形成强烈的集体归属感。精神分享蕴含着对课程领导共同体成员主体性的尊重、对差异性正视和个性差异的尊重，也隐含着分享意识的自觉、对话合作条件的创设和交往方式的转变，这必将促进课程领导行为的顺利实施和课程发展愿景目标的实现。

2. 学校课程领导共同体的生态性

课程领导共同体就是在学校场域中形成的一个校本生态系统，课程领导的行为就是在这个生态系统中运行，其生态性体现在以下几方面。

第一，系统整体。

学校课程领导共同体是一个整体系统，学校课程领导不仅仅是对课程开发、课程实施或课程评价某一方面的领导，而且是对学校课程发展所有方面的领导，是对整个课程发展系统的领导；学校课程领导也不仅仅是对某一门学科的领导，而且是对整合学科体系内所有课程的领导，包含了必修与选修、活动课程与学科课程、国家课程的校本化实施、校本课程的开发与实施等所有学科；基于共同体的学校课程领导，不仅关注教师的专业发展，更关注学生的学业进步和发展。因此，课程领导涉及的范围包含了学校课程发展的整个系统。就课程领导共同体内部而言，课程领导的主体构成了主体系统，课程领导的愿景构成了目标系统，课程领导基于学校课程开发和实施形成了一个职责任务系统，不同层面的课程领导共同体又形成了子系统。不同层面的课程领导共同体和不同功能的次级共同体共同存在于学校课程领导共同体的整体系统之中，在这个整体系统中发挥不同的功

---

① ［英］齐格蒙特·鲍曼. 共同体［M］. 欧阳景根，译. 江苏：江苏人民出版社，2007：4.
② ［德］滕尼斯·斐迪南. 共同体与社会［M］. 林荣远，译. 北京：商务印书馆，1999：52.

能，彰显不同个体和团体的价值和意义。

第二，开放生成。

受传统课程管理体制的影响，在校长以行政权力为中心的课程领导模式中，学校课程领导处于一种封闭状态，制约了课程创生，影响着课程改革向纵深方向发展。学校课程领导共同体模式就是要建立一个开放的系统，无论是人员组成还是组织运行都要开放，使外界的思想、观念、经验能顺利地进入学校、进入共同体，也使学校的思想、观点和成熟的经验与外界互动，在互动交流中不断更新观念，转变课程实施的行为方式，确保学校课程领导共同体充满活力。学校课程领导共同体系统只有向课程改革和发展的需要开放，让课程领导在促进课程创生的过程中适应课程发展的变化，不断地与环境进行物质、能量和信息的交换，只有这样，才能改变共同体成员的"心智模式"，使系统保持一定的活力，不断涌现出促进学校课程改革的创造力，在促进课程创生中提升学校课程品质。

第三，和谐共生。

学校课程领导共同体的愿景目标指向学校课程发展这一整体目标，学校课程领导不同层面共同体的愿景目标不同，职责任务也不同；就课程领导者个体也是一样，每个人的价值观、行为方式、个性特长不同；不同的课程实施主体对课程开发、实施和评价的理念和认识不同，行为也具有较大的差异；不同学生的知识基础、能力水平和兴趣爱好不同，对课程的需求也有差异；不同家长的文化素质不同、价值观念不同，对学校课程发展的评价取向也存在着较大的差异。这些差异现象是课程实践过程中的常态表现。课程领导共同体对待差异的态度是尊重差异、相互包容、和谐共生。在课程领导共同体内部，倡导在差异中寻求共识，在容纳差异中寻求共同理解，把组织目标达成与个体需求满足相结合而实现共同体内部的和谐共生。

3. 学校课程领导共同体的多元性

共同体的本质在于主体多元和愿景共享，课程领导共同体模式建构的重点在于主体系统的重构，多元参与是课程领导共同体的内在要求，体现在以下几方面。

第一，主体多元。

校长课程领导模式的弊端在于课程领导的主体单一，课程实施主体的参与性不足，课程领导的权力集中于校长一个人，导致课程领导的合力不足。在我国的历史背景和现实的文化环境中，课程领导者绝不限于具有明确领导职位的领导，课程领导的主体一定是多元化的，即使没有固定职位仍然可以成为课程领导者。学校课程领导共同体的主体具有多元化的属性，与学校课程发展相关的校长、教师、学生、家长、社区人员及其他关心学校课程发展的人员都可以参与到共同体中，通过一定的方式参与学校课程问题的讨论与决策过程，对学校的课程提出自己的意见和建议。每一个主体既属于学校课程领导共同体的成员，又属于某一个或几个次级共同体的成员，具有多重身份，更能体现出主体地位。

第二，平等参与。

参与学校课程领导共同体的成员，没有地位和身份的差异，在课程领导的过程中都处于平等地位，在平等协商的基础上，共同进行民主决策。在课程领导共同体内部，课程领导的权力为全体成员所共享，尽管不同课程领导者在课程知能及领导技能上客观地存在一定的差异，不同主体的领导特质存在个性化的差异，但这并不会导致在课程领导权力方面的区别。每一个共同体的成员都是课程利益的"持份者"，权力行使和责任承担具有统一性，根据所扮演的角色，发挥不同的作用，实现一定的课程领导任务。课程领导共同体的优势就在于能够整合各方资源，集群体智慧，发挥各自的创造性，在一个平台上各展其能。

第三，实践反思。

课程领导共同体是基于课程实践的共同体，课程领导共同体的活动是基于课程实践场域的领导行为，课程实践倡导反思性实践观，反思是课程实践的基本品质，"课程领导共同体是一个反思性的共同体，反思是共同体成员的一种生活常态"[1]。因此，课程领导共同体成员天然地具有实践反思的特质，课程领导共同体成员也是在实践反思的过程中展开领导行为，同时也是依靠实践反思而逐步走向成熟和完善。反思过程贯穿课程领导行为的全过程，涉及课程领导的每一个环节，在不断的批判反思过程中，课程领导主体的观念不断更新，固定的思维模式得以更新，课程领导的行为方式不断改进，课程领导的能力不断增强，从而使课程领导共同体不断适应课程的发展变化。

4. 学校课程领导共同体的伦理性

根植于一定的社会历史文化背景之中的课程领导，其内容涵盖了课程与教学的所有主客体的关系范畴，课程领导共同体也承载着特定的社会道德价值和伦理原则，课程领导共同体的存在本身就基于一定的伦理行为规范，归属于特定的伦

---

① 刘莹，罗生全. 课程领导共同体的实现机制 [J]. 教育理论与实践，2012（23）：41 – 43.

理道德范畴。其伦理道德性品质体现在以下几方面。

第一，相互体认。

学校课程领导共同体强调相互体认，教职员工通过密切合作进行有效的课程领导，形成一个紧密团结的集合体。学校课程领导共同体成员在尊重他人个性的基础上达到整体的和谐，这种相互体认的关系意味着从"利他"角度的一种理解和认同，只有这样，共同体成员才能在一个"团体"内向着共同的目标努力。课程领导共同体成员之间的关系是建立在对彼此价值观、思想、信念的体认之上。相互体认是共同体的追求，也是共同体成员的一种道德追求，在课程领导过程中产生的矛盾和文化冲突，在相互体认的文化氛围中，共同体成员能基于共同的愿景目标而达成一致，在互动交往中消融偏见，化解冲突。

第二，利他主义。

课程领导共同体强调共同体的成员的共同发展，更关注课程领导的服务对象——教师和学生的发展。从课程领导的整体功能而言，学校课程领导的最大受益者是学生，其次是教师，再次是课程领导共同体的其他成员。从一定意义上说，学生发展的利益高于课程领导共同体其他成员的利益。因此，课程领导共同体具有明显的"利他"属性，尽管课程领导也具有功利主义的特征，但更为本质的是利他主义，学生发展的利益高于一切。课程领导共同体强调集体主义精神，把"利他性"作为一个基本的伦理准则，在共同的价值追求和愿景目标的感召下，共同体成员遵循这一基本的伦理准则，为学校课程发展贡献智慧和力量。

第三，交往合作。

课程领导主体的多元化要求课程决策的过程中各个主体之间进行分工与协作，在基于课程实践的交往活动中逐步达成行为上的"默契"与心灵上的"灵犀"，最终形成一种团体的凝聚力。学校课程领导不是个人的单打独斗的个体行为，而是共同体成员的合作行为，是一种在共享愿景和责任分担中的合作互动过程。通过共同体成员在共同体中齐心协力、合作共进、同舟共济，最终达成课程发展的目标。课程领导共同体是依靠成员之间的相互归属感调节成员的行为，强调在尊重成员个性的基础上通过密切合作进行有效的课程领导，共同体成员在具体的课程领导事务中共同面对课程实践问题，在互动合作中共同探究解决课程实践中的问题，共同促进学校课程发展。

二、学校课程领导共同体模式三个层面的分析

课程领导是运用领导学的理论、方法、策略与行为来完成课程范畴内的任务，推进学校课程发展的过程。学校是一个学习型组织，学校课程领导是基于共同体的课程领导。根据结构功能理论，学校课程领导是由不同层面的共同体组成的一个整体系统，其内部结构存在着若干子系统，本研究认为，学校整体系统内的课程领导共同体存在宏观、中观和微观三个层面的结构，处于顶层的是宏观层面——以校长为核心的课程领导共同体；处于最基层的是微观层面——以教师为核心的课程领导共同体；处于中观层面的课程领导共同体——学科组层面的课程领导共同体。在此，分别从内涵及特征、愿景及实现方式、实践向度三个方面进行分析。

（一）学校宏观层面的课程领导共同体

课程品质的提升只有在课程创生中才能实现，课程发展是学校课程有效实施的基本标志，也是学校课程领导共同体的基本目标，学校课程发展的标志就是课程创生，也是学校课程领导共同体模式的基本价值追求。

课程创生就是在课程实施的环境中，教师、学生、课程相互作用而生成促进教师和学生发展经验的过程。课程领导关注学校教育的核心问题是学生的学习问题，其根本意义在于为学生提供适切的课程，适切的课程依赖于课程创生。课程只有内化为教师的经验才有实施的可能，课程只有内化为学生的经验才有意义。在课程实施过程中要依据课程实施标准和学校提供的教材，根据学生知识能力基础和发展的需要，对课程内容进行创造性地选择、加工和整合，对课程内容进行优化组合，为学生学习提供适切的学习内容。因此，宏观层面学校课程领导就是要通过引领课程创生，为学生提供适切的课程而达成课程发展的愿景。

1. 宏观层面课程领导共同体的内涵及特征

课程领导是一个由不同领导者组成的团体，而非个别的领导者，这些团体就是本研究课程领导共同体的原型，学校内部存在着各种类型的团体，我们将其称之为功能性共同体。宏观层面的课程领导共同体的内涵涵盖了中观和微观两个层面课程领导共同体的所有内涵，但在主体构成与其他层面相比，又具有其独特性。

根据目前我国普通高中的学校管理组织构架，学校宏观层面的课程领导共同体主要是以校长为核心的课程领导共同体。它包含两类主体：一类主体是以成员单位形式构成的组织主体，另一类是课程领导者个体。

——组织主体

这类主体主要是由学校内部中层职能部门组成，一般学校都内设教导、科研、德育三个职能部门，分别负责课程领导的相关工作。这三个中层职能部门本身就是一个课程领导的共同体，是由主任、副主任和管理服务工作人员组成的履行特定职能的功能性课程领导共同体。中层职能部门在学校教育教学管理中根据职责分工履行职责，尽管各处（室）有明确的分工，各自在课程发展中发挥的作用不同，但都围绕课程与教学这一中心工作而履行职责。因此，中层职能部门都是学校课程领导共同体的组成部分，是应然的课程领导主体。

——个体领导者

这类主体包含校长（副校长）和中层职能部门主任，包括年级主任（组长）、学科主任（组长），也包括了教师、学生、家长等校外课程领导的应然主体。他们以个体身份参与课程领导，尽管在课程领导过程中扮演的角色和履行的课程领导职能不同，但都是宏观层面学校课程领导共同体的主体组成。参与课程领导共同体的个体，只有具备履行课程领导职能的素质和能力，并具有一定的环境条件才能成为实然的课程领导主体，但本研究以假设为前提，把应然的课程领导者都视为课程领导的主体进行理论建构。

——角色地位

学校中层职能部门是必然的课程领导共同体的组成部分，在宏观层面的课程领导共同体中，它们以成员单位的形式存在，在课程与教学管理中发挥着重要作用。教导处是负责课程与教学组织实施的职能部门，主要在学科课程实施、课程资源支持、课堂教学等方面发挥课程领导的作用；德育处是负责学生管理与发展的职能部门，主要在活动课程实施、学生综合素质评价、德育教育等方面发挥课程领导作用；科研处是负责学校课程与教学研究的职能部门，在教师专业成长、校本教研、科研引领等方面发挥课程领导的作用。在宏观层面，存在着更多的功能性次级课程领导共同体，它们是支持主体。

从学校宏观层面课程领导共同体的主体构成来看，校长处于课程领导的核心地位，是学校宏观层面课程领导共同体的核心主体，副校长、中层主任是参与主体，教师、学生、家长、社区人士、课程专家、政府相关人员是支持主体，所有的这些课程利益相关者又分别属于中观层面和微观层面课程领导共同体的成员，扮演着不同的角色，履行不同的职责任务。尽管校长在学校课程领导过程中发挥着"不可替代"并"影响全局"的关键作用，但在中观和微观层面的课程领导共同体中处于参与者地位，随着具体课程领导情境的变化而扮演不同的角色。

中层主任在课程领导共同体中发挥着重要作用，学校课程领导的具体工作需要他们来落实，因此这类主体是宏观层面课程领导共同体实施的"重心"。在宏观层面，校长和中层主任共同合作，形成课程领导的重要主体构成。其他支持主体也发挥着一定的作用，在一定范围的课程领导中是不可或缺的主体。尤其是教师作为课程领导的参与者，作为校长课程领导的实施者，在教师群体中作为同僚课程的协作者和作为课程创生的主体，是学校课程领导共同体的"重要主体"。

学校宏观层面的课程领导是以校长和中层主任（部门）为主体构成的课程领导共同体。校长和中层主任既是课程管理者又是课程领导者，在课程领导过程中扮演着双重角色，课程领导也需要借助校长和中层主任行政力量的支持。因此，宏观层面学校课程领导其实也是基于管理层面的课程领导共同体。校长的课程领导不是校长个人的课程领导，而是以校长为核心的课程领导共同体实施的课程领导。校长是宏观层面课程领导共同体的核心，不仅是由其身份和地位决定，也是课程领导共同体的需要——校长要对宏观、微观和其他次级课程领导共同体进行领导，校长的课程领导与一般意义上校长课程领导有明显的区别，此处指的是在课程领导共同体意义上校长的课程领导，并不否定校长在课程领导中的作用，校长在宏观层面的课程领导共同体中发挥领导核心作用，既总揽全局，又能协调各方，使不同层面的课程领导共同体围绕课程愿景协调运转。

综上所述，本研究把宏观层面学校课程领导共同体的内涵界定为：以校长为核心的课程领导共同体，为实现学生全面发展，组织引领共同体成员发挥课程领导作用，促进课程发展的过程。宏观层面的课程领导，是以校长为核心的课程领导共同体对全校课程实施进行的领导，其领导行为和过程不仅包括共同体内的其他课程领导者，也涵涉课程领导次级共同体和各类功能性共同体。以校长和中层主任为主体的宏观层面课程领导共同体具有以下特征。

第一，主体构成比较复杂。

宏观层面的课程领导共同体主体构成比较复杂，校长处于核心地位，中层主任是最主要的参与者，校长和中层主任属于课程管理层的主要力量，在课程领导过程中又扮演着重要角色，在课程领导过程中发挥着重要作用。学校是一个学习共同体，校长的课程领导是基于学习共同体的领导，是为课程创生而实施的领导，在课程领导过程中发挥着统揽全局的作用，主要是课程理念和行为的引领，以及课程决策的领导，而非具体课程事务的领导，这一特殊性决定了校长的课程领导是"学术领导"而非单纯"行政领导"。中层主任一般都是具有教学背景的专业教师担任，在宏观层面的课程领导中，一方面为校长出谋划策，为学校课程发展制订计划；另一方面组织课程实施，具体负责课程实施某一环节的工作。宏观层面课程领导共同体的其他成员也都处于支持者地位。

第二，愿景目标指向课程创生。

宏观层面的课程领导共同体的愿景指向于课程创生，包括了课程品质的提升、教师专业发展和学生发展，涵盖了中观和微观层面课程领导的目标。如何为学生的发展提供高品质的课程是这一层面课程领导共同体的核心目标。校长不断地传播这一课程愿景，内化为所有课程领导共同体成员的一种信念、价值观和目标追求，并自觉地转化为积极的行动，在课程领导的各个层面、在课程实施的每一个环节、在课程评价改革的所有方面，都要体现课程创生的理念。作为学校宏观层面共同体的课程领导，必须以促进课程创生为核心目标，这也是校长课程领导最基本的价值取向。之所以这样定位，是因为：只有为学生的发展提供高品质的课程，才能实现育人的根本目标——全面而有个性地发展。而开发高品质课程的途径就是课程创生，只有基于学生发展实际，创造性地生成满足学生个性发展需要并能实现学生个体差异化发展的课程，才是真正有价值的课程，课程创生的目的也就在于此，课程领导共同体的所有领导行为，都围绕这一核心目标而展开。

第三，以道德情感作为联结方式。

愿景的力量能凝聚共同体成员的力量，但在课程领导共同体中，校长和中层主任与其他共同体成员联结的方式还需要依靠道德情感的力量。校长和中层主任在课程领导行为的交往性实践中，与共同体的其他成员建立密切的情感关系，以道德的力量孕育学校友善、合作、求真的文化，课程领导共同体成员在这种文化氛围中潜移默化地受到影响，形成一种无形而有力的课程领导力，课程领导就是在这种影响力的作用下，把课程领导共同体成员团结到一起，力量凝聚到一起，共享课程领导权。一种情感依托的纽带，一种人文关怀的力量，一种道德的示范，能为课程领导的实施奠定良好的基础。

第四，制度规范引领课程发展。

学校课程发展不仅仅依靠课程领导共同体中"人"的力量，也需要一定的制度规范来规约课程实施的行为，引领学校课程发展，在课程领导共同体模式运行尚未成熟的情况下，制度和规范能为课程领导提供保障。宏观层面课程领导共同体的一项重要职责也就在于制定合理有效的规章制度以保障课程的有效实施，如教学常规制度、作业制度、评价制度、考试制度、校本研究制度、教师绩效考核评价制度等一系列的制度，来规范和引领课程实施行为。另外，学校建立有利于保障共同体成员参与课程领导的制度规范，如家校合作制度、课程开发实施程序、校本课题研究制度等也发挥着规范课程领导行为的作用。对于课程发展而言，需要制度规范的保障，但课程领导的主要任务不是去制定制度，而是对制度与规范价值观念的引领和制度落实过程中的调整。

2. 宏观层面课程领导共同体的愿景与实现方式

学校课程领导共同体的整体愿景目标指向于课程发展，这一愿景目标的实现依托于课程、教师和学生"三维发展目标"的实现。虽然这一愿景最终指向于学生发展，但没有学校课程的发展，就没有学生的发展，课程发展对学校发展的意义至关重要。以校长为核心的课程领导共同体处于学校课程领导主体系统的顶层，这就决定了最基本的愿景应该指向于学校课程发展，也是这一层面课程领导共同体的本体性目标。宏观层面课程领导的目标包含了"三维发展目标"的内容并统摄中观和微观层面的目标，但具体目标内容及侧重点有别。

——本体性目标：引领学校课程创生

课程领导即课程创新，走向创生性课程领导是课程领导发展的趋势，也是课程领导共同体的基本愿景。"促进每个学生全面而有个性地发展"是现代课程观的核心价值，"全面发展"是基础性的目标，在全面发展基础上的"个性发展"是终极目的，个性发展意味着"适应其身心发展特点和潜能的适得其所的发展"[1]。达成这一目标，必须而且主要依靠课程创生来实现。校长和中层主任作为宏观层面课程领导共同体的主要课程领导者，就是要以此为目标，传播课程创生的理念，创造课程创生的条件，营造课程创生的氛围，组织带领共同体成员围绕课程创生发挥各自不同的作用。

---

① 鲍东明，校长课程领导意蕴与诉求 [J]. 中国教育学刊，2010（4）：39 – 46.

——基本目标之一：促进教师发展

课程开发与实施的质量取决于教师的课程素养，"教师理解与创造课程的过程即是教师专业成长的过程"①，教师的课程意识、课程知识、课程理解与课程能力诸方面构成教师的课程素养，"教师的发展即课程的优化"②。宏观层面课程领导的重要使命在于创造必要的乃至充裕的条件和机会，从教师信念的改造、情感的建立、教学技能技巧的丰富、课程智慧的提升等方面入手，通过校本培训、校本研究、经验交流等途径，提高教师的课程素养，促进教师专业发展。

——基本目标之二：促进学生发展

新课程改革就是要通过对传统"育人模式"的改革，实现学生的最优化发展。最优化发展意味着每个学生的充分发展。学生在知识基础、能力水平、发展潜能和智能优势领域等方面客观存在着不同程度的差异，课程的使命就在于"有针对性地采取不同的教育措施，以保证每个个体都能享受到与其发展潜能、优势领域等自身素质相适应，促进他们在原有水平上获得尽可能充分的发展"③。这一发展理念就是学生的差异化发展，课程领导的过程就是要满足学生差异发展，尊重学生的主体地位，开发丰富的课程内容，为学生的发展提供最大的选择机会，尽其所能地满足学生差异化发展的需要。

第一，依靠专业权威实现课程领导。

对于宏观层面的课程领导者而言，在课程领导共同体中实施课程领导，依靠的是专业权威，而非行政权威。校长课程领导应属同级领导而非"长官式"的领导，是依靠专业权威而不是行政权力。传统课程管理强调行政权力，这种管理体制下中层主任和一线教师俯首听命于校长的指挥与监督，以逃避有可能的责任。真正有效的课程领导并非依靠"管理权威"而是"专业权威"，正如罗祖兵所言，"如果说课程管理重视的是行政权力，那么课程领导重视的则是专业权威"④。在格拉索恩"有效课程领导"的"五个特征"中，核心主张就是树立校长的专业权威，尽管校长是"被任命的领导者"，但其"专业权威"是实施有效课程领导行为的基本条件。

① 张华. 论课程领导 [J]. 教育发展研究，2014（2）：1-9.
② 谢翌，张治平. 学校课程领导实践的反思与重建 [J]. 教育科学研究，2012（5）：44-51.
③ 鲍东明，校长课程领导意蕴与诉求 [J]. 中国教育学刊，2010（4）：39-46.
④ 罗祖兵. 试析校长课程领导的理念转型 [J]. 中国教育学刊，2013（3）：67-70.

第二，通过理念引领实现课程领导。

宏观层面课程领导共同体职能作用的发挥在于调动共同体成员的积极性，在课程领导过程中发挥应有的作用。校长和中层主任是这一层面主要的课程领导者，其他成员是追随者，其中最主要的追随者就是教师。校长通过制定和传播课程愿景凝聚共同体成员的思想和行为，不仅以自己的专业知识形成的专业权威影响其他课程领导者，而且需要通过渗透于学校课程政策、专业发展计划、评价方案、共同体运作规范等制度中的理念来引导课程领导共同体的成员，"校长掌握了多少领导教学知识，将直接影响课程领导的效果"①。

第三，通过行为引导实现课程领导。

宏观层面课程领导是以校长为核心的课程领导共同体，为促进课程创生所实施的团体性课程领导行为，校长通过激发中层主任热情和创造活力，发挥教师课程领导者的基础性作用，调动校外课程利益相关者的积极性，把课程领导共同体的主体力量激活，共同致力于促进学校课程发展这一中心任务。从这个意义上说，基于共同体的校长课程领导的实现方式就不应该是制度规约、命令要求、行动指挥、行为监管，而应该是在课程领导者实践行为层面具有支持性的、启发性的、激励性的、引导性的一种的引领。校长的领导不是以"权力凌驾"（Power Over）的姿态出现，而是"权力穿透"（Power Through）及"权力共享"（Power With）的一种领导方式，是调动课程领导共同体成员的积极性，充分参与并协同合作的领导。

第四，通过赋权分责实现课程领导。

分布式领导理论是课程领导共同体的理论来源，克里斯托夫·戴和哈里斯认为，"大范围的教育改进只有当所有的教师成为领导者时才能发生"②。尽管课程领导的主体需要一定的条件，才能成为实然的课程领导主体，但与学校课程发展的利益相关者都是潜在的课程领导者，课程领导共同体的一项重要的使命和任务就是要把应然的课程领导者培养成为实然的课程领导者，这是共同体的本质要求——让共同体的每个成员都参与课程领导，发挥必要的作用，形成一个真正的领导共同体。"培养每一位教师成为领导者，让替代式领导成为现实是未来学校

---

① 刘径言，吕立杰. 校长课程领导如何影响教师学习 [J]. 外国教育研究，2013（2）：25 – 31.

② David Hopkins, Alma Harris, Christopher Day, Linda Ellison and Mark Hadfield. Effective Leadership for School Improvement [M]. New York：Routledge Falmer Press，2002：9.

发展的必要条件"①，只有创造条件使共同体成员都能成为现实的课程领导者，不断壮大学校课程领导共同体，课程资源才能实现最大化的开发，课程改革才能得到更多的支持。

第五，在行政权力的支持下实现课程领导。

受我国传统教育体制的影响，在课程领导不能完全取代行政管理的情况下，学校课程实践中二者是相辅相成的关系，课程领导共同体职能的实现需要行政领导作为后盾和支持，学校课程实施是在一定课程权力框架的内运作，课程领导权力的行使必然涉及各类资源的调配和基本秩序的规范，这些都需要行政权力予以保障，特别是在课程领导的意识尚处于觉醒阶段，课程领导模式尚未成熟的情况下，课程管理对确保课程领导行为的有效实现发挥着重要作用。因此，宏观层面课程领导主体权力的实现依靠行政权力作为支持性力量。课程担负着为学生的未来发展提供经验的使命，校长必须为教师参与课程领导创造必要的条件，充分发挥政策导向、行政干预、制度规范的作用，确保课程领导共同体成员课程领导行为的有效实现。

3. 宏观层面实践向度：对课程事务的领导

第一，组织共同体成员参与课程决策。

在宏观层面课程领导共同体中，校长和中层主任是课程决策的主体，主要是对学校课程发展规划和学校课程实施方案两个方面的课程决策。具体课程实施领域的课程决策应该由相关中层职能部门与学科组共同决策。在课程决策的过程中，校长的职责任务在于广泛征求课程利益相关者的意见和建议，组织课程领导共同体的成员参与决策，以保证课程发展规划体现课程利益相关者的意志，符合学校和发展的实际。在此过程中，中观和微观层面课程领导共同体的成员以不同方式参与决策。校长要充分发挥中层主任、教师、学生、家长、课程专家、社区人士等课程领导共同体成员的主体性、能动性和创造性，集共同体成员的所有智慧，在民主协商的基础上，形成符合实际的课程决策，必要时还要征求家长代表和课程专家的意见和建议。教师作为拥有相当智慧和创意的群体，具有课程实践的丰富经验，组织发动教师参与课程决策，可以"提高课程的适切性"②。

---

① 刘径言，吕立杰. 教师课程领导的概念诠释与研究反思［J］. 现代教育管理，2010（11）：59.
② 王建军. 教师参与课程发展：理念、效果与局限［J］. 课程·教材·教法，2000（5）：8－14.

第二，制定学校课程发展规划。

学校课程规划是"对学校课程的设计、实施与评价等内容进行整体设计和安排，其实质是学校课程的校本化过程"①，它所涉及的课程范围涵盖了学校应该实施的全部课程，"包括了学校实施的全部课程，既有校本课程，也有国家课程和地方课程"②。它是学校课程实施的"蓝图"，是构建高品质的课程的依据，学校课程规划是以校长为核心的课程领导共同体为促进课程发展所采取的一种课程领导行为。校长作为课程发展规划制定的召集人，必须充分调动学校内外部各种可能的力量，从本校的实际出发，努力挖掘并积极创造自身优势，着眼于学校特色，形成科学合理的课程结构和良好的课程生态体系。学校课程实施方案一般蕴含在学校课程发展规划中，课程实施方案是学校课程规划的一部分，由中层职能部门根据国家课程实施方案和学校课程发展规划，结合校情、学情、课程资源现状和教师队伍情况，制订学校课程实施计划方案，使课程实施计划建立在可以有效执行的基础上，尽量满足学生发展的实际需要。另外，学校课程规划具有"动态生成性"特征，它永远处于学校课程实践的现实性与未来的发展性之间不断调试的过程之中，宏观层面课程领导共同体要引导共同体成员根据课程实施的实际运行状况，敏锐地发现问题，不断调试，充分发挥课程统整的作用使课程发展规划在持续不断的改进中不断完善，构建特色鲜明的学校课程体系。

第三，引领课程创生提高实施水平。

学校课程领导的过程就校长领导共同体成员创生课程的过程，校长课程领导的基本任务就在于组织引导课程领导共同体成员把国家课程及其标准转化为适应学校实际和学生需要的课程，提高学校课程实施的适切性，包括学科课程和综合实践活动类课程校本化的实施。课程实施的主要阵地在课堂，课堂教学的改革体现学校课程实施的水平；课程创生也主要发生在课堂，课堂是落实课程改革思想和精神的重要阵地；课程改革的最终落脚点在课堂，课堂是课程落到实处的场域。一切美好的课程愿景、理想的课程设计、丰富的课程内容只有落实到课堂层面才具有实际意义，在班级层面的课程实施中课程领导最能直接体现出效果。作为对学校课程发展负有整体责任的校长，只有走出行政事务的"沼泽"，回归课程与教学，在课程实施的第一现场发挥专业引领、组织指导和支持改革的协调作

① 靳玉乐，董小平. 论学校课程的规划与实施 [J]. 西南大学学报，2007 (5)：107.
② 崔允漷. 学校课程规划的内涵与实践 [J]. 上海教育科研，2005 (8).

用，才能组织引领课程领导共同体的其他成员提高课程实施的效果。校长的课程领导要把课程领导行为的所有"触角"都要延伸到"课堂"，在管理的最"末端"体现校长课程领导的效果，找到课程实施中存在的"真实"问题。

第四，引导建立发展性课程评价体系。

评价的诊断、导向和激励功能决定了它对一项改革行为的影响程度，课程评价对课程改革会产生"牵一发而动全身"的影响。评价是一把"双刃剑"，科学合理的评价制度能成为课程发展新的生长点和推动力，反之则有可能成为课程创生和课程领导共同体发挥作用的阻力和障碍。宏观层面校长课程领导在改革课程评价方面的职责在于——引导共同体成员树立符合新课程改革要求的发展性评价理念，调动他们参与学校评价改革的实践问题研究的积极性，以目标多元、方式多样、注重过程为评价原则，引导共同体成员以学科课程标准为基础，设计学科评价基本框架，加强对学业质量监测结果统计分析的研究，实施有效的教学反馈指导。

4. 课程文化的领导：传播课程理念文化

文化对于课程的影响至关重要，"文化的反思、批判和整合是课程改革的内在动力，忽略文化的影响因素是课程改革失败的重要原因"①。校长和中层主任作为课程领导者，应当把课程文化的创建作为一项重要任务，在课程领导的过程中不断创新学校文化。提高课程实施的有效性，实现课程领导共同体的愿景目标，必须改革价值观念，形成共同体良好的理念文化，宏观层面的课程领导在文化向度上的领导主要是理念文化的创建，具有以下几方面的任务。

第一，营造课程促进学生发展的理念文化。

学校课程领导的最终落点在于促进学生的发展，课程实施必须以学生发展作为基本的价值追求。课程领导者要集聚影响学生发展的文化因素，为学生实现最优化发展创造一切可能的条件，实现学生的全面和谐发展、自主性发展和差异化发展。具体而言，树立以学生发展为本的理念具有以下几层意蕴。

在发展的维度方面，树立促进学生发展的理念意味着：关注学生全方位发展，既要使学生最有效地习得知识，又要能陶冶性情完善人格；既要提高解决问题的能力，又要生成智慧；既要关注过程性体验，又要提高学习效率。

在发展的层次方面，树立促进学生发展的理念意味着：既要面对班级全体学

---

① 王德如. 课程文化自觉论［M］. 北京：人民出版社，2007.

生，又要尊重学生的个体差异；既要注重知识技能的理解和掌握，又要关注学生"三维目标"层面的全面发展；既要在学习中放手让学生自主学习，又要在教师的统领下有计划按步骤展开学习。

在发展的策略方面，树立促进学生发展的理念意味着：课程的实施要针对学生的个性，既要使优秀学生有最大可能的发展，又要使学困生在原有基础上有最大限度的提高；既要满足学生发展的共性要求，又要针对学生个性发展的需求采取有效的课程实施策略，使其差异化发展。

在发展的品质方面，树立促进学生发展的理念意味着：要关注学生健全人格的培养，既要关注感知、思维、知识、技能等智力因素的，又要关注学生知识与品格、意志、价值观倾向等非智力因素有机结合；课程实施既要注重意向目标、认知目标、行为目标的结合，也要结合教材内特点，有针对性地对学生心理结构进行改造、重组、升华，使学生心理结构中知、情、意、行诸要素协调起来，实现均衡协调发展。

课程实施要把发挥人的潜能与弘扬人的主体精神相结合，树立以促进学生全面而有个性发展的目标，实现基于每个学生个性的"差异性发展"①，这是课程发展学生理念的基本取向。以上这些目标和要求是对课程领导的行为期待，也是以学生发展为本的课程理念文化的价值取向，作为宏观层面课程领导核心主体的校长，要引领课程领导共同体成员形成以学生发展为本的价值取向，形成课程实现学生发展的理念。

第二，塑造课程创生的理念文化。

在传统的课程管理模式下，课程实施者只是在课程资源的开发和利用方面进行创新，课程利益相关者也都关注"教学任务"的完成，课程实施的机械和僵化容易造成学生的"生活世界"精神空虚，价值偏狭，心态异变，最终导致人的主体性的失落。课程标准是课程实施的依据，仅仅为课程的实施提供了一个参照框架，对于学生的发展而言是共性的底线要求，但学生的发展需求是无限的，这就客观上为课程的发展留下了创生的空间。课程实施的过程就是课程创生的过程，不论是开发的校本课程还是课堂教学中生成的课程，都是课程实践创新的结果。课程领导共同体为课程开发和有效实施创造了良好的主体条件，共同体的课程领导者广泛分布于课程利益相关者群体当中，尽管发挥的作用不同，但都是为

---

① 裴娣娜. 教育创新和学校课堂教学改革论纲［J］. 课程·教材·教法，2012（2）.

课程创生的实现而努力。因此，需要课程创生的理念文化引领课程领导共同体成员在追求课程创生中实现课程发展。

只有形成课程创生的理念，才有自觉的课程创生行为，只有课程创生的信念、价值观和愿景落实到课程实施者具体的实践中，不断形成良好的课程创生氛围，课程实施主体才会敢于改革、愿意创生、自觉创生，课程创生才能达到"自觉"的状态。传播课程创生的理念，在课程领导共同体中形成课程创生的理念文化，是宏观层面课程领导的文化使命。校长和中层主任要发挥课程领导这的作用，引导共同体成员转变传统的"忠实取向"，树立"相互调适"观，牢固树立"课程创生"的意识，并在实践中积极助推"相互调适"，大力倡导、全力推进、努力催生课程创生。

第三，营建批判反思的理念文化。

教师的课程意识是教师进行课程领导的前提，也是连接课程理念和课程领导行为的纽带。教师只有意识到自身的课程领导角色，才能根据自身的课程价值理念及学生的需要、特点与反应，对课程目标的制定、课程内容的选择与组织、课程实施与评价进行正确的决策。受课程管理的影响，教师在课程实施方面习惯于"顺从"和"认同"，教师们已经形成了"安分守己""循规蹈矩""服从命令"等自觉意识，导致教师对课程问题态度上的冷漠，行为上对传统做法的"习惯化继承"和"盲从"，缺乏对课程实践问题的批评反思意识。再加之课程改革实践中有推广价值的研究成果相对滞后，课程改革的理念在没有深化的情况下，部分教师又产生"抗拒改革"的心理，固守自己传统的观念，个别教师甚至达到了"顽固不化"的程度，课程实践中的"求异创新""改组重建""吐故纳新"被视为"不识时务""理想化存在"，教师的批判意识、新观念和新方法、创新思维能力和教法创新得不到认同，严重制约和影响着课程的创生行为。教师课程意识的滞后最终导致课程改革的阻力重重，课程领导的重点也就在此。校长和中层主任要引导教师进行批判性反思，运用复杂思维分析课程问题的多重属性，从实践的课程立场出发，坚持正确的价值取向，准确把握课程的本质。

第四，建立回归生活的理念文化。

树立生活化的课堂观就是要引导学生把书本知识与学生的现实生活结合起来，让课程学习的过程成为学生生命体验中的一部分，把课堂内容向课外延伸，引导学生积极参加社会实践，注重智能与品格的同步、和谐、有序发展。在课程实施过程中要引导学生走进自然世界，走进生活世界，走进自身的心灵世界。课程开发与实施要注重与生活的联系，充分挖掘校内外的课程资源，以拓展课程发展的空间，拓展学生的视域，拓展课程所能延伸的空间，突破学科疆域的束缚，让课程在回归生活中走向解放。

树立回归生活的课程观，形成课程生态理念，是宏观层面课程领导共同体的使命，需要学校课程领导者尤其是校长和中层主任要传播生态化的课程理念，引导课程共同体成员不断转变观念，在课程开发、课程实施和课程评价的过程中逐步渗透，形成生态化的课程理念文化。

（二）中观学科组层面的课程领导共同体

在我国目前的学校管理组织框架中，学科组（教研组）和年级组是学校课程与教学实施的基本组织形式，也是本书所建构的中观层面课程领导共同体的原型。在普通高中，年级组主要负责课程管理方面的事务，学科组负责课程实施与课程发展方面的课程领导。因此，本研究把中观层面课程领导共同体界定为学科组的课程领导。

教师的专业成长，不仅依赖于教师个人的专业努力，更需要创建教师专业发展共同体，学科组就是教师专业发展共同体。教师是在集体的影响和帮助下获得不断发展的力量，是在"同行者"之间的相互交流与合作中获取发展的资源。学科组把较为松散的教师群体转变为互动互惠的和协同奋进的教师专业发展共同体。学科组能使教师在一个富有建设性和发展性的教研"共同体"中相互砥砺，相互影响，共同成长。学习型组织是课程领导共同体的依托，学科组是天然的学习型组织，学校课程领导的实现离不开学科组作用的发挥，具有学习型组织的条件，同学科教师每天在一起过着共同的专业生活，具有共同的愿景和奋斗目标。在这个组织内，教师们相互支持帮助、相互交流切磋、相互分享课程实践的经验，组内教师之间是一种以共同参与和互教互学为基础的组织关系。

学科组教师之间相互影响、相互启发、相互支持、相互理解，在基于专业实践的互动合作中促进专业发展。教师围绕课程实践的学习研讨，本质上是一种基于群体的合作学习，是一种教师同侪形成的专业伙伴学习过程，在这样的学习群体中，教师彼此无意识地合作，相互不设防，以真诚的态度在自然而然的交流中共同成长。在这种无组织的群体互动中，教师分享自己的思考并接受别人的影响，教师们原有价值观和信念在不断遭到质疑、批判和理念冲击中解构和建构，在不断的冲突和调适中实现成长。

1. 中观层面课程领导共同体的内涵及特征

学科层面课程领导的目标、主体、职责和内容涵盖了微观层面课程领导领导共同体的所有内涵，同时也包含于宏观层面校长的课程领导。与其他层面相比，中观层面课程领导共同体的主体构成方面具有其独特性。学科层面课程领导共同体包含两类主体：一类是以成员单位形式构成的组织主体，另一类是领导者个体。

——组织主体

学科组是普通高中按学科设置的基层教学组织，受长期以来我国"大教学论"思想的影响，大多数学校都把教研组的职能界定到学科教学研究的层面，随着新课改的深入，这一定位已经完全不能满足学校课程发展的需要，需要重新定位并赋予课程的意义。本研究界定为学科组，是学校在学科领域负责课程发展基本组织，学校根据每个学科（含课程领域）建设的需要分学科设置学科组，规模较大的学校在各年级分学科设置学科组。学科组是由学科主任（组长）和本学科组教师组成的共同体，在此层面各学科组以共同体的成员参与学校课程领导。学校中层职能部门在宏观层面是参与主体，但在中观学课组层面是支持主体。与宏观层面和微观层面课程领导共同体不同，中观学科组层面的课程领导共同体中存在着更多的功能性次级课程领导共同体，如备课组、不同年级段的年级组、跨学科研究共同体、跨学科课程开发共同体等，它们都是支持主体。

——个体领导者

这类主体包含学科主任（组长）、年级主任（组长），包括学校中层职能部门主任、教师、学生，也包括家长、课程专家、社区人士等校外课程领导的应然主体。他们以个体身份参与课程领导，尽管他们在课程领导过程中扮演的角色和履行的课程领导职能不同，但都是中观层面学校课程领导共同体的主体组成。在学校教师队伍中，存在着一个特殊组成部分的群体，学术界一般将其称之为中层教师。中层教师是指教育教学经验丰富，教学技能较强，教学成绩突出，科研成果丰富，教学创新和研究能力较强的教师。这类教师一般是学校的优秀教师、骨干教师或学科带头人，与一般教师或年轻教师相比，课程与教学的能力更强，具备课程领导能力和条件，是实然的课程领导者。这类教师也可能是具有行政职位，如校长、主任、组长，也可能是没有任何职位身份的普通教师，这一类教师群体在学校课程领导中扮演着重要的角色，发挥着重要的作用。

——地位及角色

从学校学科课程领导共同体的主体构成来看，学科组长是本组学科课程发展的负责人，代表着学科学术权威，承担着组织带领本组教师实现课程愿景目标的重任，在学科课程领导中发挥着关键作用，是学校中观层面课程领导共同体的核心主体。年级主任（组长）是年级组课程与教学实施的负责人，主要发挥组织教师实施课程的任务，在参与课程领导方面主要发挥组织管理的重要作用，是学校中观层面课程领导共同体的参与主体；校长（副校长）、中层主任、教师、学生、家长、社区人士、课程专家、政府相关人员等作为课程领导应然的主体，在支持学校课程发展方面发挥着一定的作用，是学科层面课程领导共同体的支持主体。所有的这些课程利益相关者又分别属于宏观层面和微观层面课程领导共同体的成员，扮演着不同的角色，履行不同的职责任务。

学科组是提升教师专业实践能力的主要阵地，学科组作为一个专业实践性较强的共同体，是学校课程领导的组织依托，组内教师之间是一种以共同参与和互教互学为基础的组织关系，"每一学科都应是一个微观共同体，通过学科共同体促进整个宏观课程领导共同体的发展"[①]。学科组作为同学科教师形成的共同体，具有共同的愿景、价值、专业基础，是教师专业学习和实践最基本的组织，学科组开展的校本教研活动对教师专业成长发挥着重要的作用。在普通高中，学科组主要是从课程开发、课程实施、课程评价、教师专业成长和校本教研等方面发挥课程领导的作用。学科组长在学科组层面的课程领导中处于核心地位，是学科组课程领导共同体的核心主体，在本学科课程领导过程中发挥着关键作用。

基于以上分析，本研究把中观层面课程领导共同体的内涵界定为：在学科组层面，以学科组长为核心的课程领导共同体，为推进学校课程的有效实施，教师课程领导者之间通过对话互动、合作交流、专业反思等方式相互影响，提高教师专业实践能力的过程。

学科层面课程领导共同体在普通高中课程领导系统中处于承上启下的地位，对整个学校课程发展发挥着重要作用。学科组通过组织课程运作，促进教师专业发展，有效实施课程领导，以提升学科课程实施水平，最终促进学生发展。学科组作为课程领导共同体，具有以下特征。

---

① 刘莹，罗生全. 课程领导共同体的实现机制 [J]. 教育理论与实践，2012 (23)：41-43.

第一，主体多元地位平等。

学科层面的课程领导是基于专业学习和实践的共同体，学校所有的教师都以专业技术人员的身份平等地参与，领导者与追随者之间没有身份和地位的区分，不存在行政上的上下级关系，领导与被领导的等级关系转变为领导者与追随者的平等关系，更多的是一种专业引领关系，体现了课程领导民主平等的价值取向。普通高中以学科组为单位坐班，有利于课程领导主体之间的专业学习和交流研讨。在课程实践中学科组教研活动已经制度化，形成一种"例行性"的专业实践活动形式，每周在固定时间开展活动，而且要求所有具有教师身份的专业技术人员都必须参加，这种固定化的活动模式和全员参与的特点，为课程领导共同体的形成创造了良好的条件。

第二，共同体联结的方式相对稳定。

学科组教师的组成相对固定，基于共同的专业实践，同学科教师围绕相同的学科课程实践活动，相互交流，共同合作，有共同的话语体系，在围绕专业实践的对话交流中形成了专业情感，有了"学科情结"。同学科教师在一个办公室坐班，有共同专业生活场域，较长时间在同一个学科组过着日常专业生活，日常生活把他们紧紧联系在一起。共同的专业生活，使教师们有着强烈的归属感，共同体的这些特征为学科课程领导共同体的形成创造了良好的条件，这也是中观层面课程领导共同体实现课程领导职能的客观基础。

第三，合作共享的专业学习实践方式。

在学科组内教师在课程实践场域中具有共同性，在共享愿景目标的感召下，产生自然的、共享合作的行为，这为课程领导者进行专业交流奠定了良好的合作基础，也为对话、合作、分享、开放的课程文化的形成创造了良好的条件。学科组的课程领导重视教师教学经验的分享，主要任务是作为教师的亲密伙伴围绕专业实践在相互影响中相互促进。学校课程领导需要一个民主开放的组织结构，学科组成为扁平化组织结构的重要组成部分，为每一个教师的发展提供了一个民主平等交流与沟通的平台，同时学科组之间也进行着物质、信息和能量的交换，以保持其旺盛的生命力和创造力，从而为学科组课程领导职能的实现提供一个良好的组织结构平台。

第四，制度规范保障教研活动。

《普通高中课程方案（实验）》指出，"学校应建立以校为本的教学研究制度，鼓励教师针对教学实践中的问题开展教学研究"①，国家从政策层面把校本教研视为课程改革的一部分，为基于实践问题的校本行动研究给予了政策支持。校本教研制度的建立为教师主动的专业发展提供了保障与支持，教师的专业成长与发展有了这一制度化的保障，就会激发教师的热情，能积极地、创生性地投身于教学实践，不断对自己的教学实践进行反省和探索，不断总结经验，提升实践智慧，激发热情、增强信心，主动地去完善自我、发展自我，在一种激励氛围中，能动地实现专业成长。

2. 中观层面课程领导共同体的愿景与实现方式

课程、教师、学生发展是"三维发展目标"的有机组成部分，也是三个层面课程领导共同体共同的愿景目标。中观层面课程领导共同体是基于学科组层面的课程领导，最基本的愿景是实现教师的专业成长，也是这一层面课程领导共同体的本体性目标，尽管与宏观层面课程领导共同体的目标结构相同，但具体目标的内容及侧重点有别。

——本体性目标：提高教师专业实践能力

中观层面课程领导共同体的愿景目标是学校课程领导整体目标的一个有机组成部分，其愿景目标的实现并影响整体目标，学科组是这一层面课程领导的核心主体，学科组长的课程领导发挥着关键作用。任何层级的课程领导，终极目标都是指向学生的发展，但学生学业成就的提高需要通过教师和课程共同作用于学生才能实现。因此，促进教师的专业发展是中观层面课程领导共同体的本体性目标。著名课程论专家舒伯特认为，"课程改进需要持续的专业发展"②，只有教师的专业发展不断进步和提高，才能形成成熟的教师团队，也才能涌现出更多的课程领导者。学科组长作为这一层面课程领导的核心主体，关注教师成长的可能性与潜在性，为促进教师的自主发展提供可持续发展的动力，不断提高教师的课程素养和专业技能，这是学科组长在课程领导方面的核心工作。

——基本目标之一：提升课程品质

增进学生的学习品质，需要高品质的课程，中观层面课程领导共同体在课程发展方面的目标追求应该是——通过组织教师开发校本课程，为学生的发展提供

---

① 教育部. 普通高中课程方案（实验）[Z]. 2003 - 3 - 31.

② Schubert W. H. Curriculum : Perspective, Paradigm, and Possibility. New York：Macmillan Publishing-ComPany, 1986：373.

高品质的课程。学科组肩负着课程开发与实施的任务，高品质课程是能满足学生全面而有个性的发展、最优化的发展和可持续发展需要的课程。学生的发展是不均衡的，在同年级的不同班级，同班级的不同学生，对课程的需求不同。因此，中观层面课程领导共同体的基本使命是为学生的个性化发展提供适切的课程，使学生在全面、均衡、可持续发展的基础上，个性获得充足的完满的发展。

——基本目标之二：培养学习品质

从根本上来说，"任何课程都是为学生提供发展机会的过程，通过这个过程学生获得知识、形成技能、发展情意"①。课程是学生进行学习和发展自我所经由的途径，课程领导所关注学校教育的核心问题是学生的学习问题。学科层面课程领导共同体所要面对的一个挑战就是如何面对社会对人才的素质和能力的需求，培养学生良好的学习品质。学科组通过组织领导教师开展学生理想信念的教育、人生发展规划、学习态度养成、学习方法培养、学习习惯养成等有利于学生学习品质养成的教育活动，实现促进学生发展的目标。

学校一般把相同或相近学科的教师组织为一个团体，按照课程领域和专业门类把课程与教学的共同体划分为学科组或教研组，以便于课程与教学的实施。学校所有教师也就根据自己的专业归属于某个学科组，教师课程领导行为也主要发生在本学科或本组内部。因此，学科组成为中观层面课程领导的基本单位，学科领导者的课程权力也就主要在这一个场域中实现。

第一，知识管理中实现课程领导。

分享知识经验是课程领导共同体的核心理念，知识领导是中观层面课程领导目标的实现的一种重要方式。学校课程领导是个体在学校组织中运用知识从事课程实践的行为，学科组通过知识管理促进知识的交流与共享，"构建符合学校课程领导的学习型组织，以追求知识的创新，从而提高学校效能"②。学科层面课程领导共同体的一个重要功能是发挥知识的聚散作用实现课程领导，诸如通过校本教研、课题研究、公开课展示、试题精选、课件资源共享、备课资源共享等形式，促进教师之间进行知识分享、知识学习、知识运用和知识创造。同时，学科组内部教师在面对面的互动过程中，基于课程实践经验的分享交流中，把隐性知识外显化，达到知识分享的目的。

---

① 杨明全. 制度创新语境下课程领导的转型与超越［J］. 中国教育学刊, 2010（2）：52 – 55.
② 罗生全，靳玉乐. 学校课程领导：知识管理的视点［J］. 中国教育学刊, 2007（8）：25.

第二，平等交往中实现课程领导。

在课程领导共同体内的专业学习是一种群体互动的交流，任何一位带有"职位"的领导者，都以教师身份和专业技术人员的角色平等地参与专业生活。在中观层面的课程领导共同体中，校长、中层主任是课程领导的支持主体，他们以教师的身份参与专业交流活动。一方面，学科组的专业交流活动为学校领导与一线教师架起沟通的桥梁，理解和感悟学校课程环境和文化，倾听一线教师的"心声"，发现课程实施中存在的问题，分享一线教师课程创新的成果，在课程实践的第一现场体验学校课程发展的真实状况；另一方面，一线教师在专业交流的平台上，课程能力得以释放，课程创新的成果得以展示，课程理解的体验和感悟得以分享，对课程发展的思考和建议能以自然、合理、便捷的方式传递给课程领导者。此外，教师在相互交流中对自己的课程实践做出反省和慎思，通过对课程理解的重构生成有效课程实施的策略，提升自身的专业素养。

第三，发挥教师课程领导作用实现课程领导。

教师作为课程领导者不仅仅在课堂教学中发挥课程领导者的作用，在学科组层面教师也是重要的课程领导者，其作用的发挥是在教学团队中通过相互影响实现。学科组内的课程领导行为，发生在教师与教师之间，学科组长与教师之间，中层教师与普通教师之间。发生在学科组内的课程领导是通过教师之间的专业交往而实现。中层教师是实然的、现实的、具有影响力的课程领导者，其特殊地位决定了他们对学校课程领导的独特意义，他们具有较强的专业能力，有着专业的学科背景和丰富的教学经验，在课程领导中发挥着学科专家的作用。中层教师能以自己独到的教学知识和专业技能树立专业权威，并以自身的人格、道德、知识等方面权威影响其他教师。在一定程度上讲，在专业领域的话语权和产生的影响力有时要大于其他任何课程领导者。因此，中层教师是中观层面课程领导主要依靠的力量，也是有效实现共同体领导的条件。赋权增能的意义就在于为中层教师课授予一定的课程领导权，创造条件让他们在共同体内发挥自身的优势，对教师和学生发挥更大的影响力。

第四，依靠次级共同体实现课程领导。

学科组长的课程领导肩负着引导教师进行校本课程开发与促进教师专业发展的责任，其职能的实现主要集中在课程实施的层面，属于教学导向的课程领导。

共同体的基本特征就是系统性和开放性，每一个共同体从本质上讲都是另一个共同体子系统中的一个基本单元。在中观层面的课程领导共同体中，学科组是最主要的共同体，除此之外也存在着许多隐形的次级共同体，有些共同体是跨学科的共同体，就在学科组内部也存在着形式多样的功能性共同体，如社团、研究性学习小组、学科校本课程开发小组、高效课堂创建行动研究小组等目标和功能更为具体明确的共同体。尽管次级共同体的愿景目标和组织形式不同，但在促进教师、课程和学生发展方面发挥着一定的作用，学科组也需要这些次级共同体在课程发展过程中发挥独特的功能。

第五，校本教研中实现课程领导。

校本教研是教师专业成长的有效载体，是提高课程实施效果的动力来源，也是课程改革的技术支撑。校本教研主要在学科组这一层面展开，中观层面课程领导的实现也主要依托于学科校本教研活动。一方面，学科组创造条件搭建交流平台，发挥学科骨干教师和学科带头人的专业引领和示范作用，采取结对帮扶、导师带徒、合作搭档等方式促进教师的专业成长。另一方面，学科组组织教师开展专题讨论、主体辩论、课改沙龙、经验交流会、课堂观摩、创新课展示、优质课评选、阶段性教学质量评价等有效活动，促进教师在学习、研讨、交流、合作中实现彼此的相互影响，在同行互动和实践反思中促进教师的专业成长。

3. 中观层面的实践向度：对课程事务的领导

第一，组织教师积极参与课程决策。

课程领导行为的实质是课程决策权力的分享，课程决策贯穿于课程开发过程的始终，是课程领导者的一项主要的课程领导权力，课程决策的过程就是课程领导实现的过程。在中观层面的课程领导共同体中，课程决策权力是为共同体所有成员所分享，需要教师在互相尊重的基础上，通过对话交流达成共识。中观层面学科组的课程领导主要是对年级课程实施计划方案和校本课程开发两个方面的课程决策。在学科课程计划制订过程中，学科组长根据普通高中课程实施方案，在广泛征求本组教师代表和班主任意见的基础上，综合共同体的成员的意见，制订符合年级实际的学年和学期课程实施计划，在此过程中学科组教师参与决策，行使课程决策权。在校本课程开发过程中，学科组教师作为课程领导者共享课程决策权，由学科组长提出课程设置和开发的动议，并经学科共同体成员集体审议后进行开发。在课程开发的实施过程中，教师以不同方式参与意见建议，并根据课程运行情况，提出修改的意见建议，在课程开发与实施的共同体决策中，尽管没有最好的方案，但会在共同体成员共同研讨的基础上，发挥集体智慧的力量形成更好的结果。学科教师充分行使自己在课程决策上被赋予的自主权和话语权，在积极主动地参与课程决策过程中，提升自己的课程领导能力、课程理论素养和课程创生能力。

第二，带领教师开发校本课程。

张华认为，"将一切课程转化为校本课程是创生性课程领导的必然要求"①。学校课程领导的根本职能也就在于如何引导课程开发主体，把"外部课程"创生为教师和学生的课程，将学校内实施的所有课程转化为适合于学生发展的校本课程，创生为对学生的发展有价值和意义的课程。作为中观层面课程领导共同体的一项核心任务就在于组织教师开发校本课程，把国家、地方层面的课程转化为学校和班级层面的课程，实现"校本化"和"班本化"的课程。校本课程开发是动态转化、持续创生的过程。根据摩根（G. Morgan）提出的三种组织隐喻，学科组长发挥课程领导的核心作用在于——组织课程开发团队，开发富有特色的校本课程，"创造卓越的课程"②，通过创造性地改编、补充等方式对专家预设的课程进行"二次开发"，对教材中的知识进行选择重组、拓展延伸、补充整合，以适应学生的发展水平，切合学生能力发展的实际需要。学科组长还要带领教师基于课程标准，在国家和地方规定的课程实施方案的框架内编制符合本校实际的学期、学年、模块课程实施纲要，设计单元、章节、课时教学实施方案，开发与组织实施本学科领域内的综合实践活动课程和研究性课程。

第三，引领教师创新课程实施模式。

课程实施是课程运作中的重要环节，也是教师课程创生自主性最大的领域，教师在课程实施方面的创新主要在课堂教学环境中实现。要引领学科教师在课程实施过程创生课程。学校课程实施的一切问题只有在课堂里才能真实地暴露出来，也只有在课堂才能体现出课程实施的效果。中观层面的课程领导共同体的一项重要职责是在推进课程实施的过程中实现课程创生，在课程创生中提高课程质量。学科组长作为本学科教师中的"领头羊"，要发挥组织引领作用，带领教师立足课堂进行教改创新，创造提高课堂教学质量的课程实施模式。带领教师以学生已有的"非文本化"的生活经验为基础，选择适宜的教学方式，采取多种教学手段，通过对话与互动，理解并建构课程的意义。

---

① 张华. 论课程领导 [J]. 教育发展研究，2014（2）：1 – 9.
② 罗祖兵. 试析校长课程领导的理念转型 [J]. 中国教育学刊，2013（3）：67 – 70.

第四，指导教师改革课程评价。

评价最重要的意图不是为了证明（Prove），而是为了改进（Improve），学校课程评价对课程发展的意义在于改进课程，使之更符合发展学生的需要。因此，学科组要指导教师在课程实践中不断地检视课程的效能，诊断学生课程学习的困难，反思课程实施中的问题，对课程实施的效能做出价值判断，并及时调整课程内容、实施方式、课程实施进度以更好地适应学生的发展。学科组长要组织教师基于课程标准，命制试题或设置表现性任务，根据学业考试情况分析教学中的问题，提出课程实施的改进策略以促进学生的有效学习。同时，要组织教师对学生的学业成绩做出评价，组织课程领导共同体的相关成员对教师的专业发展和教学绩效进行评价，对教师的专业发展提出建议。

4. 课程文化的领导：构建校本教研文化

课程文化是学校课程实施过程中通过长期积淀而形成的文化形态，表现为课程意识、思想、价值等内隐的意识形态，也表现为学校所创造的课程管理制度、课程政策、课程设施等外在的外显文化状态。课程文化是在课程与教学层面体现出的学校文化，进入课堂和学科是课程文化的主要场域，中观学科组层面的课程文化建设应该聚焦于教研文化。学科组的这种文化不是人文营造出来的，而是出于对共同目标的追求而展现出来的文化，是一种学科专业发展的文化。正因为有了这样的组织文化，学科组长才能有效实现课程领导，促进教师在相互影响中共同成长，中观层面的课程领导共同体构建基于教师改变的课程文化具有以下任务。

第一，营造合作共享的交往文化。

课程领导共同体强调合作共享的理念，中观层面课程领导的核心目标是促进教师的专业发展，教师的专业成长离不开教师之间的合作。教师的专业成长是在学科组形成的"文化圈"中不断实现的过程，也是专业共同体围绕课程实践进行的相互交流和学习活动中自觉成长的过程，营造学科组合作共享的文化氛围，是课程领导者的一个重要向度。在专业实践共同体内部建构互动交往行为文化，形成人际互动的良好氛围，这是时代发出的最强音，对每一位共同体成员都具有发展性的意义。每一位教师都有专业发展的实际需求，在专业实践中遇到的各类问题，依靠自身的"苦思冥想"和"埋头钻研"在一定情况下是难以奏效的，需要在共同体内部以校本教研为平台，进行对话交流。客观上来说，每一位教师都有自身在专业技能方面的优势，同在一个专业实践领域中工作，也具有沟通交流的必要和条件，同事们的思想观点和实践经验能激发对特定问题的思考，如果能触动"敏感神经"的问题，会激发出智慧和生命的力量。

学校课程领导是一个合作的互动机制，共同体成员共同参与和协同作战是实现愿景目标的必然要求，课程领导者要引导共同体成员形成一种相互学习、相互合作、相互补充、相互支持为特征的协同参与的合作文化。作为专业实践共同体的课程领导者，教师之间是主体间性的关系，以平等的专业实践者的身份实现专业交往，是在共同文化基础上的一种协商。教师作为专业实践者，围绕课程与教学问题在认知性实践、社会性实践、伦理性实践中通过对话性实践而实现自身的发展。期望中的合作文化应该能看到这样一番景象——为了一个共同研究的课题，教师们在分工合作的基础上，共同推进实现课题研究任务；为了一份试卷的编制或评析，教师们围坐在一起，在各抒己见的过程中达成共识；为了一次公开教学的设计，主备教师召集共同协商，共同研制成了完美的实施方案；为了一次研究性学习活动，每个教师参与其中，共同指导学生按要求完成。在这些不胜枚举的专业实践中，教师通过合作，共享智力成果，共同体验专业实践的乐趣，教师就是在这样的集体合作行为中实现专业成长。

第二，树立榜样示范的行为文化。

学校课程领导是一种行为的引领，行为引领的权力来源更多的是专业权威和道德权威形成的一种示范性的引领力。课程领导共同体需要课程领导者发挥榜样示范的作用，以自己模范的言行引导共同体成员做出期望的行为。"喊破嗓子，不如做出样子"，再好的规章制度，不如领导者做出表率和榜样，"要让同事具有学习的热情，首先要自己要热情似火；让同事接受课程改革，必须自己了解并发现课程改革的价值所在"[①]。鲍德赛考夫（P. M. Podsakoff）指出，课程领导者要发挥模范带头作用必须达到两个条件，"首先，他必须做出行动为学校其他人员所参照；其次，他的机制、信念、伦理道德等应该和学校其他成员相一致"[②]。教师课程领导者加强课程理论学习，与教师群体建立互助互信的良好关系，通过彼此之间教学经验与信息的共享，激发教师群体的责任心，进而以专业影响力引领他人进行校本课程的开发与实施。

课程领导就是课程领导者在不同的课程情景中做出示范、榜样、表率，对参与者产生积极影响的过程，也只有这样的影响力，才能触动参与者内心情感、引

---

① ② 于泽元. 课程改革与学校课程领导［M］. 重庆：重庆大学出版社，2006：253 – 254.

导参与者反思、带动参与者态度改变、促进参与者行为转变，关键是要形成榜样示范的行为文化。课程领导共同体的每一个成员都是特定课程情景中的引导者，也是期望中的榜样示范者。在中观层面的课程领导共同体中，中层教师扮演"领头羊"角色，以身作则、处处示范、事事为先，发挥其独特的专业优势，引领、指导教师同伴顺利实施课程，起到模范带头作用。期望中榜样示范的文化应该能看到这样一番景象——骨干教师在年级组复习备考计划的讨论，倾听意见的同时针对教师们意见中存在的问题，发表得到大家一致认可的引导性的观点；中层教师积极参与学科教研活动，身先士卒地主动承担课堂教学模式创新的示范教学，展示引领课堂教学改革的优秀课例；学科组长带领教师随机进入课堂现场，共同参与课堂观察活动并组织教师开展评课议课，在课例研讨中引领教师反思教学；教师在参与学生研究性学习小组的活动中，与小组成员共同分析观察到的现象，指导学生撰写高质量的研究报告。教师课程领导者以自己的模范言行引导共同体成员的行为，就是在这样平凡的工作中实现着课程领导，也是在这样的过程中获得同伴教师的满意，促进了分享合作，凝聚了共同的文化。

第三，形成专业实践的反思文化。

反思是课程的基本品质，也是教师专业成长的基本途径，只有激发反思的意识，养成自觉反思的良好习惯，形成反思的文化，才能真正促进教师的专业成长。在课程实践中，教师立足于实践中遇到的问题进行自我反思，与共同体成员合作反思，在与专家的对话交流中进行反思，在不断体悟课程实践问题和提炼教学经验的过程中反思，可以促进提高课程意识的觉醒，提高对课程问题的理性认识，不断改进课程领导的方式，提高课程实践能力。专业实践智慧不同于理论，既不可学习又不可传授，它是通过有意识的反思而形成；课程实践智慧就是课程领导者引领教师在教学实践的基础上，从反思中不断提炼和建构而生成。因此，营造反思文化，形成良好的反思习惯是中观层面课程领导的主要任务。学科组长要带动教师群体参与反思，带动教师群体对课程行为和课程实践进行全面反思，实现人人反思、事事反思、件件反思，使反思成为一种自觉的习惯和专业生活不可或缺的一部分。教师的自我反思离不开同伴的参与合作，个体的自我反思是起点，更主要的是与同事在课程实践中合作基础上的反思，在学科组内要营造一种合作反思的文化，形成自觉反思的习惯。

第四，打造立足校本的研修文化。

在学校课程领导共同体内部，校本教研主要在学科组这一层面展开，学校课程领导的实现也主要依托于学科组开展的校本研修活动。研修文化体现在教学研讨交流活动和课程与教学研究两个方面，以学科组的形式展开的教师群体教学研讨活动，构成了独特的学校教师学习文化；以课程与教学实践中的问题为主开展的行动研究，构成的了学校的教育科研文化。中观层面课程领导共同体要立足校本开展研讨交流和行动研究活动，营造良好的学习研究氛围，形成独特的研修文化。学科组长要创造条件搭建交流平台，组织全组教师开展专题讨论、主题辩论、经验交流会、课堂观摩、创新课展示、优质课评选、阶段性教学质量评价等有效活动，促进教师在学习、研讨、交流中实现彼此的相互影响，在同行互动交流和实践反思中促进教师的专业成长。

解决课程实践中的问题，有效推进课程改革，仅仅依靠理论指导是不够的，需要教师基于本校课程实践进行行动研究，立足于校本情境中"当下"的问题，解决课程创生中涌现出的难以预料的实践问题，不断在实践探索中创新课程与教学的实施模式，总结并推广课题研究的成果，为推进课程实施提供科研支撑，在课程创生中发挥"助推"作用。"教师研究的主要形态和根本特征是行动研究"①，教师课程行动研究的过程就是课程开发的过程，也是促进课程创生的必然要求。教师开展行动研究是对课程实践中的问题富有批判精神的创造、生成过程，教师就是在改善、革新实践的过程中通过对实践的理解而不断成长。学科组本身就是一个研究的共同体，学科组长组织带领教师围绕高效课堂和有效教学开展校本行动研究，围绕课程实践问题的解决开展创新性教改实验，围绕特色课程的建设开展校本课程开发，这就是最实在的行动研究。教师要把行动研究作为教师日常专业生活的一种方式，在研究中行动，在行动中研究，不断创新教学方法，构建有效教学模式，提高课堂教学质量，提升课程实施效果。

（三）微观课堂层面的课程领导共同体

西方主要发达国家中小学在课程决策机制方面已经走向国家、地方、学校和课堂相结合的四级格局，建立"国家、地方、学校、教师四级课程领导机制已经成为世界课程改革的共同话题"②。与西方的文化背景不同，我国新课程改革实行的是国家、地方、学校三级课程管理体制，"课堂一级的课程管理旁落于理论、

---

① 张华.论课程领导 [J].教育发展研究，2014（2）：1-9.

② 丁念金，西方中小学课程决策机制的转变及启示 [J]，外国中小学教育，2005（6）：6-11.

政策和实践的视域之外"①，作为课程改革的实际主体，游离于课程开发之外，造成了主体"虚位式缺席"。钟启泉教授认为，"我国的课程领导体系，应该包括四个层面：国家层面，地方层面，学校层面和课堂层面"②。

班级授课制是教学基本组织形式，新课程改革倡导建立走班制教学，但受我国基础教育物质基础、师资力量、文化背景等条件的限制，绝大部分学校仍然以班级授课制这一传统的方式为主。发达地区的个别条件优越的学校已经开始推行自主选择课堂的走班制教学。本研究将教室（班级）界定为课堂，班级是学校课程实施的基本组织形式，也是本书所建构的微观层面课程领导共同体的原型。

班级本身是一个学习共同体，课堂是以学习为中心任务的共同体，这就为课堂成为课程领导共同体奠定了良好的基础。课堂作为一个担负着特殊社会功能和文化使命的组织，是一个由教师和学生组成的学习共同体。课堂是由教师与学生组成的交往互动的共同体，课堂教学是教师课程领导者与学生追随者之间围绕课程内容展开对话的过程。教师根据学生的需要和个性差异做出的可能反应进行集体讨论与交流，在互动交流中相互调适，实现理论知识与实践知识的对话，实现视域的融合。在师生互动交往的过程中，教师与学生围绕某一问题进行对话交流，在教师的引导下，学生对问题的认识更加透彻，对问题解决的方法更为明晰，通过对话消解了困惑、迷雾和障碍。教学过程就是教师和学生对话交往的一个展开过程，课程领导就是在这一过程中相互影响的过程。

学生在课堂教学中获得一定的知识和技能之外，在特定的课程环境中陶冶情感和性情，形成良好的态度，树立一定的价值观念，这一过程需要师生在精神分享的过程中实现。实现精神分享的课堂文化暗含着对尊重、民主、平等的人际关系的诉求，蕴含着教师对学生主体性的尊重、对差异性的正视和个性的尊重，也隐含着分享意识的自觉、对话合作条件的创设和教学方式的转变。

1. 微观层面课程领导共同体的内涵及特征

作为单纯的空间概念，课堂特指场地资源，作为时空概念的课堂引入时间因素和主体因素，课堂就由一个封闭的、特定的、无机的物质构成，变为生成的、流动的过程，课堂具有生活属性和生命特征，在这个充满活力的生命系统中，教

---

① 罗祖兵，夏涛. 教师参与课程领导的挑战与对策［J］. 当代教育论坛，2010（10）：114.
② 钟启泉."从行政权威"走向"专业权威"——"课程领导"的困惑与课题［J］. 课程发展研究，2004（2）.

师和学生是课堂知识生成最主要的资源，并扮演者不同的课程领导角色。

——教师是课堂层面课程领导的核心主体

教师处于课程领导的核心地位，是学校微观层面课程领导共同体的核心主体，学生是参与主体，校长、中层主任、家长、社区人士、课程专家是支持主体，所有的这些课程利益相关者又分别属于宏观和中观层面课程领导共同体的成员，扮演着不同的角色，履行不同的职责任务。教师课程领导是基于课堂教学意义上的课程领导者，相对于其他课程领导者而言，教师在班级层面的课堂教学中发挥着主导作用，在课堂层面课程领导共同体中是核心主体。

——学生是课堂层面课程领导的参与主体

在课堂教学中学生是学习的主体，是课程的主要体验者，是课程价值实现的意义主体，教师设计的课程只有被学生充分感知并内化为学生的经验，课程的价值才能体现出来。学生在领悟课程内涵的过程中不是被动接受教师和课程的影响，而是主动建构知识意义的过程。在此过程中学生会对教师施加的影响做出反应，并以主动建构知识的态度参与课程活动。教师是课程资源，学生本身也是课堂教学中最鲜活的课程资源，课堂教学就是一个资源互动的过程，课堂教学就是师生围绕课程问题，在教与学的互动过程中相互影响的过程。教师影响学生的过程，也是学生影响教师的过程，教师与学生共同创生着课程资源，共同体验着生成的课程，在这个过程中实现课程的创生、教师的发展和学生的发展。从这个意义上说，学生与教师一样，都是课程资源的提供者，都是课程生成的主体，也都是课程领导的主体。

——家长是最主要的支持主体

在课堂层面课程领导共同体中，学生家长是不可忽视的组成部分。家长尽管在课堂之外，但家长对课堂教学的关注程度不亚于其他课程领导者，每一位学生的背后至少"站着"一位家长，甚至更多的家庭亲友团成员。他们对孩子成长的关注程度涉及伙伴同学、课堂教学、课程开发、任课教师的课堂教学、甚至学校教育的方方面面。尽管家长并非都是"懂行"的课程领导者，但家长对学校课程与教学的愿景、关注、评价、支持是学校课程发展的巨大推动力。从这个意义上讲，家长是学校课程领导最有力的助手和支持者，他们以不同的方式参与课程与教学，比如，理解支持教师的教学，提供学生发展的课程资源，引导学生理解课程，督促学生落实课业任务，创造条件支持学生参加社会实践活动。与其他课程领导主体相比，家长发挥着支持课程发展的独特作用。

在目前的研究中，大多数学者把学校课程领导的主体界定到校长和教师这一层面，主要从校长课程领导和教师课程领导两个层面研究学校课程领导。这种分析框架忽视了教师课程领导的情景性。特定的情景是课程领导的基本构成要素，也是实现课程领导的条件和基础，同一名教师在不同情景中扮演的课程领导角色和履行的职责不同，不能以宏观的"教师"概念来涵盖不同层面教师课程领导的内涵，否则笼统的概念会模糊课程领导的边界，导致课程领导的角色混乱和职责不明。本研究在此仅把教师课程领导的角色限定于课堂层面。

教师在宏观层面课程领导共同体中处于支持者地位，在中观学科组层面的课程领导共同体中处于参与者地位，但在课堂层面的课程领导共同体中教师是核心主体，在课程领导过程中发挥着关键性的作用。教师课程领导的微观层面环境主要在班级，这一层面的教师课程领导是非职位性的课程领导，主体涵盖了所有教师，包含了资深教师、骨干教师、中层主任教师和各个层面具有职位身份的教师领导，也包括没有职务身份的中层教师。任何教师都有优点，都可以对其他教师和学生产生影响力。因此，所有的教师都应该是课程领导者，只是作用发挥和影响力的程度不同而已，所有教师也扮演着领导者与追随者双重角色，在不同的课程情景中发挥着领导者和追随者的作用。

基于以上分析，本研究把微观层面课程领导共同体的内涵界定为：在班级课堂教学层面，以教师为核心的课程领导共同体，在课堂教学过程中师生之间通过对话、合作、探究的互动方式相互影响，促进学生发展的过程。

教师课程领导是微观层面基于课堂教学的课程领导，是以教师为核心的班级课程领导共同体，每个班级的任课教师共同影响学生成长，教师之间也相互影响，共同分享教学经验，彼此促进专业成长的过程，家长在参与班级课程领导的过程中也发挥着重要的作用。在学校课程领导共同体的构成系统中，班级是最具体的课程领导共同体，也是最能体现课程领导特征和效果的共同体。课堂层面课程领导共同体是宏观和中观层面课程领导共同体的成员单位，本身又是一个独立的课程领导共同体。课堂作为课程领导共同体，具有以下特征。

第一，共同体成员的教学主体性。

课堂层面课程领导共同体的主体相对集中，是由特定的群体——班级任课教师和学生群体所组成的相对稳定的学习共同体，共同体成员基于学习而进行沟通交流、分享学习资源、体验学习活动过程，在平等、互动、对话的学习氛围中共同完成一定学习任务。教师是组织引导学生学习的主体，是引发和促成学生学习的主体；学生是课堂学习主体，是最主要的课堂生成和发展的主体。师生共同组成了确立意义、获取知识和生成能力的共同体，课堂层面的课程领导就是基于课堂学习共同体而实现的课程领导共同体。教师作为课堂层面课程领导的核心主体，职责在于采取有效教学策略唤醒、培养并加强学生的自主意识和探究精神，通过师生间的互动交往，启发、点拨并引领学生围绕预设问题进行合作探究，在问题不断解决的过程中建构知识的意义。

第二，愿景指向于课堂教学目标。

在课堂学习生活中愿景目标发挥着统领共同体成员参与专业世界活动的思想和行为。课堂学习的愿景是师生共同确定的目标系统，是课堂学习活动的核心，统领课堂所有的学习活动，师生围绕愿景目标而努力。从整体来说，在课堂层面课程领导的愿景主要指向于通过有效的教学活动，学生获得最优化发展；从具体愿景目标而言，包括学生掌握理解一定的知识技能，运用知识技能解决问题的过程中能力获得提升，在学习过程中情感、态度、价值观得到一定发展；就某一堂课而言，课堂学习的愿景目标是教师在拟定教学方案计划的过程中预先设计的教学目标，教师根据不同学科的学习内容，结合学情和课程标准，设计课堂学习的目标，基于课堂学习目标，师生"教与学"的活动才有了明确的目的和方向。

第三，课堂行为规范保障有效教学。

教学活动的有效实施，依赖于课堂行为规范，课堂层面的课程领导就是依靠共同体成员共同遵守的有利于有效教学的行为规范来实现课程领导，不断建构具有发展性的有效教学的行为规范，就是从一种依赖"规则"的强制执行转变成为一种依赖于"规范"的主动参与，形成对话性实践关系。经过一段时间共同的学习生活，师生在彼此了解的基础上形成了共同价值观主导下的舆论和行为规范。每一位参与者处于平等地位，并在师生交往的过程中实现自身与客观世界、他人、自身的对话实践，"不断建构客观世界的意义，建构人际关系，形成自身内心世界的意志、思考与情感，以实现共同的学习"[①]。课堂层面的课程领导就是要逐步完善课堂师生相适应的规则，为学生有效学习、教师有效施教、师生有效合作的良好氛围创造条件。

第四，师生有强烈的认同与归属感。

课堂是建立在班级这一组织形式基础上的学习共同体，共同体的成员相对稳

---

① 朱熠，霍涌泉. 基于学习共同体的课堂文化重建 [J]. 中国教育学刊，2011 (5)：46-49.

定，容易形成共同体成员的认同感与归属感，同学情谊和师生情谊能形成永久性情感关系的原因就在于此。"课堂学习共同体视课堂为一个由活动与情感交织共生的生活世界，是一个在发展学生智慧能力的同时又丰富、完善学生情感世界的重要场所"①。在这个共同体中，每个学生在课堂社会中生活，逐步形成了"我们班"的意识，"我同学"的身份认同，"我老师"的情感归属，并形成了"我们应该怎样做"的行为角色意识，在精神上形成强烈的集体荣誉感和情感归属，课程领导在课堂层面的实现，就是基于共同体的这一精神基础。

第五，课堂是专业生活世界的共同体。

教师和学生在课堂里相遇，师生之间以日常生活世界为"地基"的专业生活世界里，相互交流和分享彼此的经验，围绕课程文本和教师预设的知识展开对话交流，在这一过程中课程、教学、学科和学生理解运用知识的问题都会在这一场域呈现，应对这些问题的教学策略也随着问题的"暴露"而即时性地生成。从这个意义上说，课堂既是师生的日常生活，也是师生的专业生活，是二者相融为一体的学习共同体。正如王鉴教授所言，"课堂生活就是教师和学生的具体生活，课堂生活就是教师和学生的社会生活与专业生活的结合"②。在这个共同体中，课程领导成为师生彼此相互影响的过程，不仅仅是教师对学生影响，也是学生对教师专业实践能力的影响。

2. 微观层面课程领导共同体的愿景与实现方式

学校发展的终极目标在于学生发展，只有实现了学生的最优化发展，课程愿景才能实现。学校课程领导促进学生发展的目标在课堂层面，最基本的愿景就在于学生学业成效的提高，也是这一层面课程领导共同体的本体性目标。课堂层面课程领导的目标包含了课程、教师和学生"三维发展目标"的内容，与宏观和中观层面课程领导共同体的目标结构相同，但具体目标内容及侧重点有别。

——本体性目标：提高学生学业成效

学生发展是个宏观概念，学校课程领导的最终目标都指向于学生的发展。但对于微观层面的课堂教学而言，学生发展的内涵更为具体。在这一层面上，学生发展的主要目标体现为学业成效的提高。作为学校微观层面共同体中教师的课程领导，必须以促进学生学业成效提高为核心目标，这是教师课程领导最基本的价

---

① 时长江，刘彦朝. 课堂学习共同体的意蕴及其建构［J］. 教育发展研究，2008（24）26－30.
② 王鉴，王俊. 课堂生活及其改革研究［J］. 课程·教材·教法，2013（4）26－32.

值取向。之所以这样定位是因为：课堂教学是课程实施的主渠道，专家设计的课程、学校设计的课程和教师所创生的课程最终都要在课堂这一层面得以实施，只有在课堂教学中理想的课程才能成为学生所实际体验到的课程，课程因此才获得意义。实现学生的差异化发展，也是在课堂这一层面才具有实际意义。只有课堂教学中教师才能结合学生实际，真正做到"因材施教"，学生才有差异化发展的可能。所有课程与教学的理念，只有在课堂教学实践中，通过教师的课程领导，才能"落地生根"，否则，只能存在于理想的层面。

——基本目标之一：提高课程的适切性

课程是为学生设计、为学生发展、依靠学生主动生成的课程，一切课程本质上是学生的课程。课程创生就是在课堂（此处泛指学生参与的所有活动）环境中教师、学生、课程相互作用而生成促进教师和学生发展经验的过程。如果漠视教师和学生创生课程的积极性，"国家课程"所厘定的人的发展目标也终将落空。课堂层面教师课程领导的目标就在于如何将校本化的课程在课堂层面转化为学生体验到的课程，有效地内化为有利于实现"三维目标"的课程。课程领导关注学校教育的核心问题是学生的学习问题，其根本意义在于通过提升课程品质而促进学生有效学习。课程领导注重课程目标的达成，尽管也追求课程的实施对学业成效的提高，但课程领导更关注课程适切性的提高。

——基本目标之二：提高教师专业实践能力

教师的课程领导以教学实践为导向，教师的专业能力集中体现在课堂教学中，课堂教学是教师专业实践的主要场域，教师的课程领导能力也是在课堂教学实践中逐步提高的过程。课程领导赋予教师一定的专业自主权，作为课程实施主体的教师在课程发展方面有了强烈的主体意识，有了更多的话语权，有了更多的灵活性，有了根据具体情境适时调整课程的空间。课程实践是教师专业成长的场域、机会和基础，教师就是在创造性地实施课程的过程中不断提高自身的专业水平。在课堂教学过程中，面对新的课程任务和挑战，也是在探索性的实践中，不断更新教学观念，变换教学方式，提升教学策略的有效性，这一过程就是教师专业发展和课程领导能力提升的过程。因此，教师的课程领导不仅仅是为学生的发展，也为教师自身的专业发展，这是课堂层面的课程领导共同体的特征之一。

在课堂层面，课程领导者是教师，追随者是学生。教师的主要任务是营造良好的课堂学习环境，组织指导学生学习；学生的主要任务是积极参与班级课程学习活动，学习体验课程。课程领导就是在课堂这一"教与学"特殊的场域中，通过师生交往互动中实现。具体而言，课程领导实现的途径和方式有以下几方面。

第一，引导学生建构知识意义的过程中实现课程领导。

在课程学习过程中，学生不是课程的被动接受者，而是课程知识的积极建构者和能力生成的主体。"教学不是知识传授过程，而是师生合作创造知识的过程。学习是学生真实的问题解决过程，即探究与创造知识和生活的过程"①。每个学生都是完整的一个生命个体，不同的学习背景和经历造就了他们的个性，也成为特殊的资源提供者，"学生的思想、体验、生活经验等与学科知识积极互动、化为一体，学生是课程的有机构成"②。学生即课程，每个学生都把独特的课程资源纳入课程进入课堂，以丰富学生的生活经验，加深、拓展对学科知识的理解。教师在课堂教学的过程中，创造真实的探究情境，引导学生相互影响、相互启发，共同构建知识的意义，引导学生针对情境中的问题，主动思考探究，运用知识分析解决问题的过程中获得能力，教师就是在这一过程中实现课程领导的功能。

第二，在学习方式转变中实现课程领导。

教学行为与学习方式是教学中的两个基本变量，课程的有效实施，一方面靠教师教学行为的改变，另一方面靠学生学习方式的转变。教师的教学行为不改变，学生的学习方式就无法改变，教师在课堂层面的课程领导，就是要以自身教学行为的改变，引导学生转变学习方式，通过引导学习方式的转变提高课程实施效果，在此过程中实现课程领导。学生学习方式的转变，包含着学习方法改变和良好学习习惯的养成，教师在课程领导过程中就是要引导学生转变传统的学习方式，培养学生形成以自主性、探究性和合作性为特征的良好学习方式，并形成习惯。如果学习方式不转变，仍然采取死记硬背、机械训练、被动接受的学习方式，新课程改革的目标就会落空，课程改革摆脱不了"穿新鞋走老路"的厄运，教师课程领导在课堂层面的基本使命之一就是要引导学生建立科学的学习方式。

第三，在培养学习品质的过程中实现课程领导。

"课堂学习共同体是一个在发展学生智慧能力的同时，又丰富、完善学生情

---

① ②　张华. 论课程领导 [J]. 教育发展研究，2014（2）：1-9.

感世界的重要文化场所"①，学生的学习品质包含了学习目的、态度、习惯、方法等维度的内容，是学生发展的基础，也是学生发展的内容。教师在课程实施的过程中，发挥课程领导的作用，一方面引导学生掌握知识技能创设丰富的教学情境，创建安全的、支持性的、挑战性的学习环境，激发学生的学习动机，培养学生的学习兴趣；另一方面，帮助学生确定适当的学习目标，指导学生形成良好的学习习惯，选择良好的学习方法，掌握科学的学习策略。这一过程就是培养学生学习品质的过程，教师的课程领导就是在培养学生学习品质的过程中实现的。

第四，在课程创生中实现课程领导。

课程必须经过教师课程创生的过程，成为学生实际需要的课程，才能实现育人功能。"教师课程创生是指教师根据本地本校的实际情况、自己的知识经验和能力优势、学生的兴趣爱好和发展水平等，在整个课程运作过程中通过批判反思而实现的对课程目标、课程内容、课程意义、课程资源和课程理论的持续地主动地改革、建构和创造"②。教师充分发挥课程创生的意识和能力，创造出适合学生发展需要的课程，提高课堂教学的实效。忽视课程创生的教学，课堂永远没有生命的活力，课堂也不会调动学生的积极性，更不会激发学生的创造性活力。创生性的课堂就是教师点燃学生创造性欲望，不断接受问题解决的挑战，在问题的不断解决中形成创造力，提升学生学习的品质和效果。教师的课程领导就是在课程创生的过程中实现，并在课程领导的过程中展现专业水平。

第五，师生共同探究中实现课程领导。

课程领导是教师引导学生进行合作探究的过程，在探究中教师引导学生围绕一个共同的问题展开讨论，师生在彼此互动中生成课程资源，通过相互批判原有价值观和信念不断遭到挑战、质疑、解构和建构，学生不断建构知识，获得对知识意义的深刻理解，解决和分析问题的能力得以提高，情感得以丰富，价值观念得以更新，实现了课程领导促进学生发展的目的。教师在与学生互动探究的过程中，也获得对教学的认识和理解，进一步体会特定课程学习内容与教学策略之间的关系，获得对学生课程学习过程的规律和特点的认识，在实践反思的基础上教师的教学能力进一步提高。

---

① 时长江，杨宁. 试论课堂学习共同体 [J]. 高等工程教育研究，2009（4）：136－140.
② 李小红. 教师课程创生的缘起、含义与价值 [J]. 教师教育研究，2005（4）：24－28.

3. 微观层面的实践向度：对课程事务的领导

第一，课堂层面课程决策中的课程领导。

在微观层面的课程领导共同体中，教师是课程决策的主体，主要体现在课堂教学中的课程决策，尽管同行教师和学生也参与决策，但在课堂教学层面，更多的是教师的自主决策。教师的课程决策对教师的专业发展和课程实施具有重要的作用，王斌华认为，"课程决策是教师专业生活的主题"。教师作为课堂教学的领导者，其课程决策贯穿了课程实施的整个过程，包括教学目标的设定、教学内容的选择、教学方法的采用、练习的设计、课堂教学活动的安排、练习试题的编制等教学环节中，教师都要进行课程决策，教师的课程决策能力最主要体现在根据具体的课程与教学情景，调整教学内容和方式方法，使施教的影响更能促进学生学习效果的提升，实现学生对知识的内化与吸收、能力的最大化提高和情感态度价值观的有效生成。

第二，课堂层面课程开发设计中的课程领导。

课程只有落实具体的学校，落实到具体的课堂，落实到具体的学生，才具有意义和价值。教师在课程实施过程中要对课程内容进行创造性开发，在调整、补充、创编教材的过程中开发课程与教学资源，生成新的适合于学生需要的课程。教师在课程实施过程中的最基本的专业职责是根据课程标准，基于自己对课程理解，基于对学情的分析和把握，基于学生的个性化的真实需求，对外部课程进行改变或再创造，让课程切合特殊情境中的学生。课堂层面课程开发的过程就是课程设计的过程，教师是教学前沿的实践者，最了解学生学习的需要，更清楚学生喜欢什么样的课程，更明白通过哪些途径可以使课程最容易内化为学生的经验，因此是最佳的课程设计者。

第三，课堂层面课程实施中的课程领导。

课堂具有临场性和生成性的本质，课堂不是预设的，而是生成的，课堂上被学生体验到的课程是在动态变化中生成。教师把教材加工整合为学生易于生成知识和能力的"案例"，引导学生体验、领悟、感受、分析和解决问题的互动过程中生成课程。教师对课程实施的领导集中于课堂教学的改革，打造高效课堂提高课堂教学质量是必然的选择。作为课程领导者的教师，以课程创生的价值取向为指导，以启发式教学的理念为指导，以激发学习动机形成主动学习态度为前提，以教学方式的转变为突破口，落实讲练结合精讲多练的教学策略，坚持问题情境呈现学习内容的方式，创新教学组织形式和方法，形成高效的课堂教学模式，提高课堂教学的有效性，促进学生学业成就的最大化提高。教师的课程领导就体现在课堂教学改革的过程和最终的效果上。

第四，课堂层面课程评价中的课程领导。

课堂层面的课程评价的领导，主体是教师，学生和家长也参与课程评价。教师的课程评价，一方面主要通过自我评价、同事评价和学生及家长评价的方式对课程和课堂教学实施效果的评价，通过课堂评价为教师调整课堂教学策略和方法提供依据；另一方面是教师坚持发展性评价的理念，创新评价的方式方法，充分发挥课堂评价的激励作用，引导学生积极转变学习方式，并逐步付诸行动，以评价促进学生发展。通过评价激励学生独立思考、大胆质疑、热烈争辩，形成充满活力的教学氛围。教师引导学生进行学生之间的相互评价，以"他者"的视角帮助学生发现和反思自身的问题。此外，教师要与家长联系沟通，通过家长及时了解学生在学习方面的变化，并发挥家长评价的有效作用。

总之，教师在课堂层面的课程事务的领导过程中，发挥专业自主权，积极参与课程决策，根据学生发展实际和需要开发课程，创新课堂教学提高课程实施质量，要充分发挥学生和家长在课程领导方面的独特作用，积极参与课程领导，形成课程领导的合力。教师课程领导者要创建课堂，从"物化"的课堂，走向"人本"的课堂，从"授受知识"的课堂，走向"知识建构"的课堂，从"单向交流"的课堂，走向"多维互动"的课堂，这是课堂层面课程领导共同体的本真追求。创建生本的课堂、生命的课堂、生态的课堂、生活的课堂、生动的课堂是课堂层面课程领导共同体的使命。

4. 课程文化的领导：构建优质的课堂文化

课堂文化是课堂教学中教师和学生思想观念和行为方式的总和，从课堂环境层面看，课堂文化作为文化的一种微观形态，具有生态属性，是师生与教学环境之间相互影响、相互作用而构成的人工生态系统，课程领导共同体就存在于这样的生态系统中。教师在课堂文化传播中处于主导地位，教师作为课程领导者，在教学活动中处于引领课堂文化发展的主体地位，担负着课堂文化的设计、组织、引领者的角色。学生是课堂文化适应的主体，学生在课堂文化中主要扮演适应者角色。课堂文化是课堂层面课程领导共同体形成的关键因素，课堂层面课程领导共同体创建的核心是课堂文化，课堂层面的课程领导本质上是对课堂文化的领导。因此，课堂层面的课程领导在文化向度上的领导主要是学习文化的创建，具有以下几方面的任务。

第一，构建对话交流的学习文化。

教学是特殊的认识活动，也是特殊的人际交往活动，教学的本质是"师生在教学目标的指引下经由顺应与理解、质疑与协商、对话与同构而最终获得一致性认识的互动过程"①。对话学习理论认为，课堂中的"教与学"活动是以语言为中介的相互交流，学生的学习就是在与教师和同学的对话中展开的对话。教师作为课程领导者，就要解构的话语霸权，把课堂由教师"教"的课堂转变为学生"学"的课堂，营造真正的对话文化，使师生之间、生生之间、学生与文本资源之间实现零距离的接触、情与意的共通和思维深度的和谐共振，达到无障碍的对话交流，在分享集体智慧的过程中摆脱个人学习困境、突破个人学习困难、顿悟个人学习困惑，就需要形成课堂对话学习的文化。对话和交往使教师话语霸权的解构成为可能，只有教师把课堂学习的权力真正交给学生，把话语权赋予学生，课堂才能成为师生相互沟通、相互理解、充满生命活力的场域。教师作为课程领导者，需要解构教师的绝对权威，创建一种师生地位完全平等的课堂文化，也只有这样才能达到对话交流应有的深度。

第二，构建问题探究的学习文化。

课堂探究学习是指教师引导学生围绕课程学习所创设的问题情景，通过互动合作的方式，利用现有的知识技能分析探讨问题解决的学习行为。传统的课堂教学教师的知识讲解"覆盖"了学生反思探究的过程，忽视了学生探究性学习行为的培养，导致学生思考探究主体地位的缺失，散失了学习的能动性，抹杀了学生的创造性。问题探究学习能激发学生积极思维的活力，学生在课堂中能体验成就感，能激发主动学习的内驱力，有利于学习品质的提升。探究学习是一种学习行为，也是一种课程行为文化。参与课堂活动的每个人都处于合作中积极探究的过程中，绝不是形式上的对话或表面上的合作，而是影响问题解决的真实的、实质意义上的全身心的一种投入。在这样的课堂活动中，每个学生的行为和态度都将影响课堂教学的进程，每个学生的表现也将成为有效的课程资源。教师要设计基于探究学习原创性实践，创设良好的问题情景，借助问题解决，谋求知识的有意义关联，让"知识碎片"在探究学习中得以整合，并转化为问题解决的能力，并创造探究的人际条件，创新探究的组织形式，使学生的探究行为成为一种学习习惯，成为常态化的一种学习方式，把探究学习打造成课堂学习文化。

---

① 时长江，杨宁．试论课堂学习共同体 [J]．高等工程教育研究，2009（4）：136－140．

第三，构建合作学习的课堂文化。

合作文化对课程领导共同体的建立起着关键性的作用，课堂领导的有效实现，也必须以合作文化作为基础。学习共同体的课堂，需要交流合作的文化。

课堂中形成良好的合作学习氛围，不仅仅是知识建构的需要，而且是课程领导共同体形成的基本条件。教师作为课程领导者，就是要在课堂学生群体的学习过程中发挥课程领导的作用，组织指导学生开展小组为单位的合作学习，引导学生在学习中学会合作，在合作中学会合作学习，养成合作学习的自觉习惯，使合作的态度内化为一种学习品质，让合作的学习行为贯穿课堂始终。教师作为课堂共同体的一员，在师生互动中要放下"架子"，放低"身段"，放开"视界"，学会与学生的课堂合作，为学生的合作学习做出榜样和示范，以自身良好的合作行为带动学生群体的合作行为。在课堂学习共同体中形成良好的合作文化，需要教师的行为引领，需要课程领导者的教师创造互动合作的人际氛围，需要教师精心设计课堂主题探究活动，更需要学生学习方式的转变，只有师生共同努力才能共同培育课堂合作文化。

第四，构建互动交往的课堂文化。

课堂文化作为特殊的文化形态，是特殊的实践主体在特殊的实践活动（教学）中，通过师生交往互动而逐渐形成的特殊文化，互动过程是形成课堂文化的关键，没有互动的过程，就不可能催生课堂文化。互动是课堂文化形成的关键支点，课堂如果没有师生间的互动交往，真正意义上的教学就不会发生，课堂文化将会走向"僵死"，"互动使课堂充满生命活力，也使课堂文化得以繁荣和发展"[①]。师生之间的互动的实质在于调动全班学生的积极主动性，全身心地参与课堂活动，并充分尊重每一位学生表达交流的权力，让每一位学生共享学习和评价的权力，让所有的个体都有参与课堂文化建设的权力，使每一位学生对课堂学习的每一项活动都有积极参与和自我反思的机会。课堂学习共同体的成员通过有效的课堂互动，师生在这种氛围和环境中共同分享并创生新的"教学事件"和价值理念，使课堂成为智慧生成的场域和生活的场所，使课堂充满生命意义。课程学习需要互动交流，也必须依靠互动交往，互动交往成为课堂层面课程领导的重要向度。

第五，营造课堂学习的环境文化。

课堂教学是教师、学生、内容和环境等因素之间相互联系、相互作用逐渐形

---

① 孙德芳. 有效教学的课堂文化论［J］. 教育科学论坛，2006（5）：9－11.

成的一个有机整体。课堂环境是由"教师和学生、学生和学生之间的对话沟通所构成的时间、空间与心理情境"①，课堂是师生共同体验生活、理解生活和创造生活的场所，这一环境是一系列特殊的情景构成的复合体，课堂是教师和学生共同生活的环境。教师要营造良好的课堂心理环境，使共同体成员的心态、行为、态度、情感处于和谐状态，形成精神愉悦的课堂心理环境。教师作为课程领导者，要营造良好的课堂学习环境，改革制约学生创新精神、个性化学习和能力发展的制度，把课堂纪律和制度的规约建立在主体发展形成和谐发展环境的基础之上，让课堂纪律和制度成为学生崇高人格和道德发展的内需力，成为教学改革创新的保障。课堂中存在着复杂的人际网络，教师作为课程领导者就是要敏锐地观察课堂教学中人际之间表现出来的亲疏与远近、融洽与冲突的细节，在人际调适的过程中艺术地处理错综复杂的关系，引导并有效化解可能的人际冲突，营造有利于课程有效运行的和谐课堂氛围。教师作为课程领导者，就要引领课堂文化的发展，精心营造全员参与、全程参与、积极参与和有效参与的课堂环境文化。

总之，文化是人们自觉或不自觉地传承下来并被群体共同遵循或认可的行为方式，课堂文化是长期积淀的结果，是师生在认识、认同、接受的渐变过程中固化而成的一种生活方式。构建以学习为核心的课堂文化是课堂层面课程领导共同体实现课程领导的重要任务。只有形成优质的课堂学习文化，课堂才能成为一个真正的"学习共同体"，课堂才能成为一个富有生成性的生命活动场所。

三、学校课程领导共同体模式的运行机理

前面已经从课程领导的主体系统入手构建了理论模型，如何在实践中有效推进，需要从实践运行的机理出发分析影响学校课程领导共同体实施的因素。刘莹和罗生全认为，"课程领导共同体的运作机理是指课程领导共同体在运作过程中，影响其运作的各因素之间相互联系、相互作用、有机整合，以促进课程领导共同体有规律运行的规则和原理"②。影响学校课程领导共同体运作的因素包含了观念、能力、意识、愿景、制度、文化等因素，这些因素有来自学校外部的，有来自学校内部，有来自个体的，有来自团体的。为便于分析，本研究以学校课程领

---

① 杨宏丽. 课堂文化冲突的多视角审视 [J]. 东北师范大学学报（哲学社会科学版），2006（5）：128.

② 刘莹，罗生全. 课程领导共同体的实现机制 [J]. 教育理论与实践，2012（23）：41-43.

导共同体的运作机理为出发点，按照"三维度六因素"的框架进行分析：主体维度——观念和意识因素，实践维度——能力和制度因素，保障维度——愿景和文化因素。这些影响因素在课程领导共同体的实践运作过程中相互作用、有机结合，形成了相对独立的运行机制，在功能和结构上保持统一性，共同促进课程领导共同体的实施。

（一）观念与意识：影响实施的条件性因素

学校课程领导主体是指在学校情境中发挥课程领导力，实施课程领导，促进学校课程发展，实现学校课程愿景的团体和个人。任何一个组织都是由个体构成的团体，共同体对学校课程的领导是依靠个体形成课程领导的合力而实现。本书把所有与学校课程发展利益相关者和存在于学校课程领导共同体内的各类次级共同体都视为学校课程领导的主体，视为共同体的成员。尽管每个成员在共同体内所扮演的角色不同，课程领导功能不同，发挥的作用也有间接与直接之分，但在课程领导的不同情景中都以课程领导者的身份参与学校课程领导，成为课程领导的应然主体。本研究是基于共同体的学校课程领导，是从主体系统入手对学校课程领导进行的模型建构。前面已经从组织团体的角度分三个层面进行了分析，在此仅从个体为基点对主体因素进行分析。

1. 观念认识：共同体模式实施的基本条件

教育观念是教育工作者在教育实践形成的各种教育现象认识的集合体，是一种相对独立的精神力量，渗透于教育主体的实践中，自觉或不自觉地影响着教育行为。课程领导共同体成员的观念主要指在课程领导实践中形成的对课程本质、课程领导、课程领导共同体的认识，共同体成员的观念对课程领导行为的选择起着一定的推动作用。

第一，观念影响课程领导的有效实施。

观念的形成依赖于社会环境及实践，在经验的基础上形成的观念具有相对的独立性、稳定性、持久性，对行为的选择发挥持久的影响，并能成为指导人们实践活动的重要原则和巨大的精神力量。教师对课程本质的理解不仅直接影响教师所持有的教育理念，而且指导着教师的课程与教学行为。"教师的课程理解是教师看待课程的一种视角和思维方式，其核心是教师的课程观"[①]。符合客观实际，

---

① 余娟，郭元祥. 教师的课程创生：意蕴与条件 [J]. 教育发展研究，2009（12）.

反映客观事物发展规律的正确观念，能够有效地指导人们的实践，促进实践活动取得成功。有效的课程领导系于课程领导者先进的理念和正确的认识，要想取得良好的课程实施效果，必须具有符合实际并合乎课程发展规律的观念。很显然，错误的理解和不正确的认识必然造成行为选择的"失切"，甚至导致错误的行为。

第二，观念影响课程领导能力的发挥。

课程领导力是课程领导共同体成员具备行为主体资格的基本条件，由课程知识形成的课程观念是课程领导力的基础，具备一定课程领导力的课程领导者在实践中不一定就能很好地发挥作用，还得具备正确的观念。课程领导者的领导力不必然会对课程实施发挥积极的影响，只有正确地发挥作用才能促进课程发展，其中科学的理念和正确的课程观是决定性因素。错误的认识导致课程领导行为可能错误地发挥作用，错误的认识导向必然导致错误的课程领导行为，对学生的发展和课程发展造成损失。因此，观念对课程领导能力作用的发挥具有重要的影响，课程领导共同体模式的有效实施，依赖于正确的观念。

第三，观念影响共同体模式的运行。

在课程领导共同体中，每个成员对课程发展实践问题的认识都有自己独特的理解，课程领导共同体成员的观念决定着他们参与课程领导的态度、方式方法和效果。在共同体运作过程中，一方面，每个共同体成员都会努力将自己的观念表达出来，并体现于课程实践过程中，影响着课程领导的实际效果；另一方面，共同体成员的领导观念决定着他们参与课程领导的积极性，影响着共同体成员参与课程领导的过程与方法，共同体成员具有了正确的角色认知，会以极大的热情参与到学校课程共同体的实践中，积极、主动地承担课程领导的责任，在共同体中充分发挥自己的作用。

2. 自觉意识：共同体模式实施的主观条件

课程领导共同体的实施，需要共同体成员具备课程领导的主体意识。否则，由于意识的缺乏，会导致课程领导主体领导行为的盲目。如果学校课程领导主体课程权利意识淡薄，课程领导角色认知不清，必然导致行为的失范。

第一，课程领导意识影响角色行为。

课程领导意识是形成角色意识的前提，如果课程领导意识缺乏，必然导致角色行为混乱。课程领导共同体的每一个成员都在不同的情景中扮演着不同的角色，课程领导者职能作用的发挥，必须有自觉的课程领导意识。学校管理工作人员是在管理过程中服务于课程与教学，从课程领导的角度，他们又都是课程领导的应然主体，在服务学校课程发展的过程中，在一定范围发挥着课程领导的特定作用，扮演着管理者和课程领导者的双重角色。课程管理者要发挥好在课程领导方面的作用，就需要自觉的课程领导意识，如果主体意识缺乏，最终会导致管理主义盛行，而课程领导作用发挥不足，陷入管理主义的泥潭，影响学校课程发展。

第二，课程领导意识影响课程创生。

教师的课程意识是发挥课程领导作用的前提，也是连接课程理念和课程领导行为的纽带。教师对课程理论和实践问题的批判性思考是教师课程意识觉醒的主要途径，来源于对问题的思考和敢于表达的勇气，包括教师领导者的自我批判及同事之间的相互批判。只有自觉的课程领导意识，教师才能在课程实践活动中通过相互合作交流提高自身的专业创新意识，通过课程创新促进课程发展。如果教师缺乏课程领导意识，没有对课程创生的认识，被动地完成课程任务，每天常规性地重复完成一定的课程任务，课程发展就只能是一句空话。

第三，课程领导意识影响共同体的发展。

共同体的运行，需要共同体成员的共同努力，作为课程领导共同体的一员，课程领导意识对共同体愿景目标的实现具有重要的作用。课程领导共同体成员只有意识到自身的课程领导角色，才能根据角色行为的要求，创造性地完成既定的课程领导任务；只有意识到自己是课程领导共同体的主体，才能根据自身的课程价值理念及课程愿景实现的需要发挥领导者的作用；只有意识到作为共同体中的一员应承担的责任，才能在课程实践中以合作的态度和强烈的责任心主动完成一定工作；只有形成课程领导共同体成员的自觉意识，才能积极主动地参与课程决策，为课程领导共同体研究的实现做出积极的努力。

(二) 能力与制度：影响实施的基础性因素

1. 领导能力：课程领导共同体模式实施的前提

陈欣悦认为，"领导力是领导者在特定的领导情境下充分发挥以领导能力为核心的影响力，吸引被领导者积极持续地努力实现组织或群体目标的领导品质"[①]。广义的领导力包含了领导能力，是领导者引导追随者和利益相关者为实现共同愿景或目标而努力的影响力，是关注有利于发挥影响力的关系或状态。领

---

① 陈欣悦. 我国高职课程改革中校长课程领导力研究 [D]. 复旦大学硕士学位论文，2012：8.

导能力是领导者获得领导力所必须具有的基本能力，更多关注领导者自身的发展，提高领导力实现的技能。

本研究关注的是在学校课程实践场域中的课程领导力，是把学校课程领导视为一个共同体的存在而建构课程领导的理论，具有特定的领导情景和假设的实施场域。因此，本研究把课程领导力的内涵界定为：课程领导者为实现共同体的课程愿景，组织引领课程领导共同体成员推进学校课程发展的影响力。领导力是以领导能力为核心的品质，领导力的外部表现是一种影响力。课程领导者的领导力是实现课程领导的前提条件，在课程领导过程中发挥着重要作用，课程领导者通过影响力实现课程领导，其实施机理体现在以下几方面。

第一，领导力是实现课程领导的条件。

行为能力是行为主体权力行使的基本条件，权力的行使和实现是以权力主体具有权利能力为前提。课程领导共同体成员要实现课程领导，必须具备一定的领导力。如果缺乏必要的课程领导力，课程领导者只能是应然的课程领导者，不能发挥课程领导者应有的作用。只有具备与角色相应的领导力，才能得到共同体成员的认可，其领导行为才能对其他成员发挥影响。比如，课程领导者的协调沟通能力能够推动学校课程领导主体和追随者之间持续的交互过程，实现民主合作的领导方式；课程领导者良好的创新能力能够激发学校课程领导主体的创新意识与创新精神；课程领导者的较强的专业能力不仅能提高课程实施水平，对课程领导共同体成员发挥示范带头作用。

第二，专业权威决定领导力的影响程度。

课程领导是课程实践的一种方式，是一种专业行为，课程领导者的专业权威是实现课程领导的基本条件，课程领导者的专业权威是最基本的权力来源，课程领导者也是依靠自身的专业知识、专业能力、专业品质等因素构成的专业权威形成的影响力对课程领导共同体成员产生一定的影响，从而引领共同体成员按照课程愿景的目标方向努力，做出课程领导者所期望的行为，以促进课程的发展。

"领导力即是权力性领导力与非权力性领导力的有机统一"[①]，在学校课程领导共同体内部，不同课程领导者的权力来源不同，影响力的程度和效果也不相同，作为课程领导者的专业能力水平决定着课程领导的效果，尤其是校长、中层主任和学科组长的专业权威直接影响学校课程领导的整体水平。

---

① 赵永勤. 论校长课程领导的理念与策略 [D]. 重庆：西南大学硕士学位论文，2005：7-8.

第三，领导力影响共同体合力的形成。

课程领导共同体是由多元主体组成的课程领导团队，合作是课程领导共同体的核心理念，权力共享是实现课程领导的基本方式，课程领导的过程是共同体成员在合作基础上的共同努力的过程。课程领导力是在影响共同体成员实施课程领导的过程中体现出来，这种影响力必须基于共同的愿景目标，通过共同体成员密切联系、相互沟通、形成合力才能展现出来。对于每个成员而言，课程领导力的核心是合作力，对于学校整体而言，课程领导力就是一种合力，在合作基础上的一种聚合力。课程领导者通过发挥自身的领导力，把课程领导共同体成员和课程利益相关者吸引到学校课程改革的过程中，分享课程领导权，在互动合作的基础上，把每个成员的影响力都聚合到共同愿景之下，依靠共同体成员发挥各自的作用，形成一种合力整体推进学校课程改革。

2. 制度规范：课程领导共同体模式实施的保障

制度能够为社会交往提供一种确定的结构，协调人的各种行动，使人们按照某种恰当的规则体系进行交往，防止混乱和任意的行动，引导着社会有序发展。制度与规范是共同体的基本要素，是共同体愿景所蕴含价值的外化表现形式，是调节共同体内部人际关系的行为准则，对共同体成员的行为发挥着规范、支配和调节作用。共同体的制度与规范的内涵与学校课程领导共同体的内涵基本一致，具有相同的意义。制度与规范是学校课程领导共同体的基本要素，也是共同体模式运行的保障性因素。

第一，行为规约保证课程有序实施。

制度与规范能够对课程利益相关者的行为进行规约，使其按照共同体愿景的价值观所指引的方向发展，使共同体成员的领导方式和行为符合课程发展的规律性要求，制度与规范也就是在规范课程领导共同体成员行为的过程中，发挥行为规约的作用，以保证课程实施的有序进行。学校课程领导共同体是个复杂的结构体系，涉及课程规划设计、课程实施、课程评价等学校课程实施的方方面面，关系到不同课程利益相关者的各种诉求，需要不同课程领导者在复杂的课程情景中转换角色，必须要有相应的制度规约共同体成员的行为，缺失这些应有的制度规范，课程领导共同体将成为散乱的组织而失去持续发展的基础。

第二，制度的行为导向促进课程创生。

规范蕴含着一定的价值理念，具有行为导向的作用。"共同体规范应当被解释为学校价值观的内核及其所阐发的一系列行动原则和信条，它们在很多时候能够替代直接的领导"①。对于学校课程发展而言，规范不仅仅是对课程领导行为的一种约束，更主要的是一种引导课程创生的导向，一种权利和义务的双重规定，一种行使课程领导权力的资格确认。为此，规范将成为课程利益相关者参与课程领导的邀约，成为课程实践者不断创新的一种制度保障，成为课程领导者履行课程领导职责的机制，成为课程领导主体促进课程创生的一种导向。

第三，制度规范保障课程领导共同体运行。

制度规范是在共同体成员共同遵守的前提下，保证共同体关系存在和发展，学校课程实践中的课程领导主体，在围绕课程发展的人际互动中，形成一种默认性的约定或承诺，具有价值认同性和互惠互利性，能为共同体成员所积极遵守。在目前我国基础教育课程改革的背景下，在理念认识和行为转变尚处于深化阶段的现实条件下，课程领导共同体模式依靠共同体成员的自觉意识有效运行是不现实的，课程领导共同体模式的实践运行，必须要有一定的制度规范来引导课程领导行为，"唯有通过完善的制度体系来保障课程利益相关人员参与学校课程领导，课程领导共同体才能获得稳定的生存环境"②。

（三）愿景与文化：影响实施的动力性因素

1. 愿景目标：课程领导共同体模式运行的动力来源

共同体因为有了共享的愿景，共同体成员才有了共同的追求和积极的行动，才有了为实现愿景目标的共同努力。课程领导共同体就是在课程发展愿景的价值引领下，带动共同体成员为实现愿景而努力的过程，在共同价值观念基础上形成的愿景，影响着课程领导主体参与课程领导的积极性，也决定着课程领导共同体实施效果的优劣。

第一，愿景的价值引领形成课程领导的合力。

共享愿景来自于共同体成员的内在需要，也是共同体成员价值观的一种体现，课程愿景是共同体得以存在的基石。有了共同的愿景，团队中的每个成员才会有使命感，才能在这种动力的引领下共同合作，才能实现对彼此经验和智慧的共享，以形成相互影响、相互合作的团体精神。因此，课程发展愿景必然地对共同体成员产生一种价值引领力，引导共同体成员明确行动的方向和目标。

---

① 刘影. 萨乔万尼道德领导思想研究［D］. 南京师范大学硕士学位论文，2007：25.

② 刘莹，罗生全. 课程领导共同体的实现机制［J］. 教育理论与实践，2012（23）：41–43.

第二，愿景的方向引领形成课程领导的目标体系。

在愿景的引领下，共同体成员会根据个体（或团体）的角色功能定位，形成不同的目标。愿景将引领不同层面课程领导共同体形成一个目标体系；在学校课程领导共同体的宏观层面，形成以课程促进学校发展为核心的目标体系；在学校课程领导共同体的中观层面，形成以课程促进教师专业发展为核心的目标体系；在学校课程领导共同体的微观层面，形成以课程促进学生发展为核心的目标体系。共同愿景决定了共同体成员的努力方向，目标体系中每一个具体目标的形成都基于共同体愿景的价值引领，是课程愿景目标网络中的一个"节点"，也正是这些"节点"把课程实践连接起来。

第三，愿景的精神聚合力推进共同体的运行。

共同愿景是课程领导共同体创建的启动性工作，也是传统的行政性课程领导组织向课程领导共同体转变的第一步。在起步阶段，愿景把课程领导共同体成员拢聚到一起、吸引到一起、组织到一起。在课程领导共同体的运行阶段，课程愿景的逐步实现也能够形成一种潜在的吸引力和凝聚力。随着愿景的逐步实现，当课程领导共同体成员在实践中感受到课程发展给自己带来的利益时，课程愿景会产生一种超物质的精神力量，能强化共同体成员的精神信念。课程领导共同体成员在合作性的实践中，逐步认同共同体、更全面地理解共同体、更深刻地体会共同体的愿景，也能使共同体团结的更为紧密，更广泛地调动共同体的积极性，为课程发展凝聚更大的力量。从这个意义上说，课程愿景是课程领导共同体运行的动力，它聚合共同体成员的精神力量，并促进共同体的发展逐步走向成熟。

2. 课程文化：课程领导共同体模式实施的支撑

课程文化是学校教育活动的存在方式，是教师和学生的日常生活和生存方式，成为教师和学生共同参与的常态性学校生活。课程是学校育人的媒体和蓝图，课程文化是学校文化的核心部分，课程文化渗透到提升课程品质、优化课程实施、提高教学质量、促进学生发展的过程中，并反作用于学校课程，促进学校课程发展。课程领导共同体模式的实施，需要优质的课程文化为其提供强有力的支撑。

第一，文化影响学校课程改革。

从学校课程改革的角度看，课程改革是"师生生存方式的根本转变，其核心是新的学校文化精神的凝结与优良学校文化生态的构建"①。改革绝不单是校园环境的改善、管理方式的更新、教学内容的改变、教学方法的改革，它是一种系统的、全方位的改革，其核心是学校课程文化的重建，"重大的改革不是在实施单项的革新，它是在改革学校的文化和结构"②。因此，学校文化从最深层面的本质意义上影响着学校课程的改革。

第二，文化影响课程领导共同体愿景的实现。

课程愿景的最终目标是学生的发展，课程文化对学生发展具有重要的影响。一方面，由文化所提供的价值和意义可以引领学生的思想、信念，树立理想的愿景，通过提供约定俗成的规范约束个体的举止行为。另一方面，课程是文化的载体，凝聚着人类思想精华的文化经过课堂教学的内化，形成了学生的价值观念，学生通过课程文化的熏陶，受到潜移默化的影响。学生在良好的校园文化环境中，不断审视和反思自身思想和行为方面存在的问题，感受到作为个体与学校群体的差距，从而完成自我教育的过程。因此，从学生发展的角度而言，文化影响课程愿景的实现。

第三，文化影响课程领导共同体模式的运行。

课程领导共同体作为一种新型的课程改革模式，在实践中有效运行，需要优质的学校文化作支撑。积极的、先进的、优质的文化能形成一种精神力量，凝聚共同体成员的思想和力量，推动课程领导共同体模式的实施；消极的、落后的、传统的文化制约课程领导共同体模式的运行。只有改革传统观念，形成合作、对话、民主的价值观和赋权信任、人际和谐、制度规范的文化，才能为共同体的有效运行提供支撑力量。学校课程领导共同体以促进师生发展和课程创生为主要任务，只有改变不适合学校师生发展的制约课程创生的消极的学校课程文化，建构一种有利于学校师生发展并能促进课程创生的优质的学校课程文化，才能有效实现课程领导共同体的目标任务。

① 徐书业，朱家安. 学校文化生态属性辩证［J］. 学术论坛，2005（5）：171－175.
② 马延伟，马云鹏. 课程改革与学校文化重建［J］. 教育研究，2004（3）.

第六章 学校课程领导共同体模式的实践

任何一种改革模式都需要在实践中检验，并在实践运行中不断完善。如果理论设计符合规律并具有科学合理性，那么创造实施的条件，采取有效策略，保证改革模式有效实施就成为关键。前面对学校课程领导共同体模式进行了理论建构，本部分采取实证方式，通过行动研究检验学校课程领导共同体模式，并通过调查研究扫描课程实践的现状，透视课程领导共同体模式实施中可能存在的困难和障碍，在此基础上从理论与实践相结合的角度，针对现实中存在的真实问题，提出学校课程领导共同体模式有效实施的策略。

一、学校课程领导共同体模式应用的行动研究

理论上构建的学校课程领导共同体模式在实践中能否运行，需要在实践中检验并不断修正。本研究以本人在两所个案学校①从事课程领导实践的经历为背景，通过一年半的行动研究，验证了课程领导共同体模式的可行性。为突出课程领导共同体模式的实践情境性，主要在学校课程实施的具体实践中开展行动研究。

在行动研究的具体内容方面，鉴于课程领导共同体模式整体推进困难较大，两所学校的文化背景不同，校长和教师的课程领导观念层次参差不齐，无法进行整体推进性验证。因此，只能在课程发展规划、课程开发、课程实施和课程评价四个主要领域，各选择一个行动研究项目，进行实证性行动研究。在行动研究的具体程序方面，借鉴"勒温模式"——发现问题、制订方案、执行计划、材料整理、行动反思的基本程序实施研究。在行文表述方面，本研究以问题背景、计

---

① 因本人在写作博士学位论文期间，从 S 校的教导主任岗位调整到 E 校的副校长岗位，故选择了两所学校的课程领导实践案例。

划生成、实施结果、评价反思四个模块进行表述。为体现验证性，本研究突出了对行动结果的呈现。在行动研究过程中，按照共同体模式的理念，本人与个案学校领导和教师合作开展研究，主要采取观察和访谈法收集资料。

（一）研制课程规划：以特色学校课程发展规划为例

学校课程规划是以本校为基础，对国家课程、地方课程和学校自主开发的校本课程的设计、实施与评价等进行的整体性规划与安排的过程。学校课程规划在协调学校课程实施、整合课程功能、保障学校课程与教学活动的有效开展和保证学校课程目标的实现等方面发挥着重要作用。学校课程规划是进行课程改革与实践的参照标准，是评价课程与教学的重要依据，制定学校课程发展规划是课程领导共同体的一项重要的课程领导任务，研制学校课程规划的过程就是实现课程领导的过程。学校课程规划包括总体规划和分层面的具体规划，本研究仅选择特色学校创建的课程发展规划作为行动研究的范围，并以艺体特色课程实施方案的研制为重点。

1. 背景及问题

S 校的前身是具有六十多年师范办学历史的中等师范学校，在全国师范教育由三级师范向二级师范过渡转型的背景下，为解决当地初中毕业生上高中难的问题，2003 年学校转制为普通高中。改办高中以来，学校并没有得到社会的认可，面对生源质量差、数量不足的困境，学校面对区域普通高中激烈竞争的态势，秉承在中师办学艺体教育方面的传统优势，紧紧抓住新课程改革的机遇，选择了彰显艺体办学特色的发展定位。尽管艺体特色教育的发展理念被学校和社会认可，艺体特色创建也在实践探索了十年，但由于缺乏科学的课程发展规划，课程的实施缺乏依据，特色教育的不规范造成课程实施的实效性较低。在学校举行的十年办学经验总结座谈会上，几位教师和学校领导的总结（反思性）发言，达成了一个共识——制定学校艺体特色办学的课程发展规划和课程实施方案，以指导特色学校的创建。

教师： 我们音乐教学方面的资源严重短缺，应该要更新一些设备，钢琴的音都不准，需要调律，也没人管，能不能形成制度，每年维修一次，补充一些设备……（S—T—A—17）

学科组长： 这几年来，在所有二本以上的高考升学率中，艺体特长生占到了三分之二，这说明我们的方向是正确的，问题是我们的艺体特色办学还不规范，我就发现我们的个别音、体、美老师教学"胡搞"，能不能有个"大纲"或什么

依据进一步规范……（S—DL—M—2）

学科组长：我也发现这个问题，我们学科组的美术老师个性都比较强，谁都有自己的一套，课程内容和方式随便由着自己定，有些根本就"不靠谱"。再说，我们专业课老师和文化课老师也经常发生"不愉快"，学校需要出一个"东西"来规范。（S—DL—IS—12）

副校长：学校确定艺体办学特色的发展定位自改办高中之初就已经形成，但这十年的探索都是靠个人的经验在摸索，并没有形成学校课程发展规划和实施方案，学校艺体特色课程实施停留于盲目实践层面，我们需要认真反思，如何在规范化方面做些工作……（S—H—IS—6）

……

经过这次座谈会，大家在总结反思的基础上进一步坚定了艺体特色办学的发展思路，达成了彰显学校特色促进学校发展的信念，但在座谈讨论中也发现了存在的问题。经过会后的反思，笔者认为存在以下问题。

第一，学校特色办学缺乏纲领性的规划，不能从课程发展的角度思考特色办学的问题，学校应该制定艺体特色办学的发展规划，明确办学的思路、发展理念、目标任务和资源保障。

第二，学校缺乏艺体特色课程实施方案，教师的课程实施与教学因没有依据而处于经验摸索层面，应该在总结经验的基础上制订课程实施方案，明确课程设置的内容模块、课程性质、课时比例和课程实施要求。

第三，各学科的课程实施没有可操作性和指导性的课程实施计划，特色课程的实施随机性较强而缺乏规范，需要分学科制订课程实施计划，为教学管理和课程实施提供规范性的依据。

第四，课程领导尚未形成合力，个人主义现象较为突出，导致特色课程的发展实效性不高，需要构建特色课程的共同体，形成多元化参与的课程领导模式，发挥不同层面课程领导主体的主动性，共同推进特色学校的创建。

2. 计划生成

S校改办普通高中以来，尽管在实践中有几年的艺体特色办学实践，但没有形成艺体特色课程发展的规划和具体实施方案，成为影响学校课程发展的问题。本人作为学校教导处的负责人，受命于校长的安排，结合博士学位论文实证研究的需要，拟定了研制艺体特色课程规划的基本思路。

第一，学校课程规划是一项复杂的专业活动，要在分析学校课程发展现状的基础上，根据学校发展的愿景目标，结合国家课程实施方案，科学合理地制定。目前学校已经形成了艺体特色办学促进学校特色化发展的愿景，要据此设计艺体特色课程发展的目标，以统领整个课程设计的内容和实施方式，把特色课程实施方案建立在达成课程发展目标的基础之上。

第二，特色办学的课程发展规划应该以实施方案的形式呈现，明确组织机构和职责，确定实施的步骤和课程实施的保障措施，以课程领导共同体的模式推进特色课程的实施，形成全校上下齐抓共管的局面。

第三，艺体课程实施方案是核心内容，要分别按照音乐、美术、体育三类学科设计课程实施的方案，包括课程目标、课程内容模块、课程实施方式、课时安排及课程资源等方面。通过课程实施方案的制订，为三类特色课程的实施计划奠定良好的基础。

第四，课程实施计划是落实课程方案的具体计划，要分学科和年级制订详细的特色课程实施计划，为教师实施课程制定明确的依据，尤其是要根据艺体特长生参加高考的实际分学科详细拟定课程实施计划。

3. 实施及结果

制定学校课程发展规划是学校课程领导共同体的一项重要职能，为顺利实施计划，在本人的主导下，组建了一个临时性的组织机构，按照课程领导共同体模式的理念和运作方式，发挥共同体成员参与课程决策的积极性，以民主、合作、对话、分享的理念，研制了特色课程发展规划和实施方案。在行动实施过程中按照以下程序展开了这项行动研究。

第一，组织动员。学校课程发展规划的制定，必须要充分调动共同体成员的主观能动性共同参与。为此，笔者建议学校成立了由相关学科教师、学科组长、中层主任组成的学校课程发展规划研究小组，并组织召开了思想动员会议，校长和分管副校长出席会议，校长对此项工作的目的意义做了动员讲话，副校长提出了要求，本人就分工协作的具体任务和要求做了安排。

第二，调研起草。行动实施分三个小组，本人负责学校课程发展规划的起草，并参与其他两个小组关于课程实施方案和计划的制定起草工作。三个小组通过调查研究、资料整理、征求意见建议、起草初稿的程序，利用一个月的时间完成了初稿的起草工作。本人全程参与意见征求的环节，并在起草文本的过程中与其他教师进行了探讨交流。

第三，修改完善。文本形成以后，最重要的工作就是在征求共同体成员意见的基础上进行修改完善。从学科组到年级组，从中层科室到学校领导，从学生代表到家长代表，根据不同层面征求到的意见，我和共同体成员进行了综合汇总。经过两个月的时间，上上下下反复讨论修改，最终形成了三类文本文件。

第四，集体审议。修改成型的规划、方案和计划文本，提交由学校领导、中层主任和学科组、年级组代表组成的专家小组进行了集体审议。这一环节的主要任务是通过讨论学习和意见征求进一步统一思想，达成共识，为规划方案的实施奠定基础。

本人作为研究者，又作为行动者，负责组织协调各方面的力量，组建了特色课程开发共同体，研制了特色学校发展规划和课程实施方案，成果如下。

第一，研制了艺体特色办学课程发展方案。

为彰显艺体办学特色推进素质教育的实施，探索普通高中多样化发展的路径，深化普通高中新课程改革，形成以音、体、美特长生培养为龙头，带动艺体特色全面普及为重点的艺体特色教育发展格局，促进学校课程发展，结合学校实际，在广泛征求各方面意见的基础上制订了促进特色课程发展的方案，为特色课程的实施提供依据，也为全校形成合力推进特色学校的创建明确了方向。

案例6-1 S校艺体特色办学课程发展规划实施方案①

一、课程发展目标

遵循普通高中教育规律，探索高中多元化办学的路径和艺体特色课程实施模式，构建彰显艺体特色课程体系，以高质量的特色课程提升学校办学水平，促进学生个性发展，助跑学生成才之路，具体目标如下。

（1）总体目标：开发突出艺体特色的校本课程，形成有特色的课程实施模式，构建内容完善的课程内容体系，制定规范的课程管理制度，保证特色课程有效实施。

（2）特长生高考目标：音乐类特长生二本以上录取率每年递增20个百分点，三年力争达到70%；美术类特长生二本以上录取率每年递增25个百分点，三年力争达到80%；体育类特长生二本以上录取率每年递增15个百分点，三年力争达到60%。

（3）学生发展目标：通过特色教育使每一位在校学生，实现"三能一专"的发展目标。即每一位学生能识音乐简谱，能掌握一种健身方法，能规范书写钢笔字；每一位学生在音、体、美方面有一项专业技能，实现"学有所长、全面发

---

① 此文本由笔者负责调研起草。

展"的培养目标。

二、实施步骤

按照"分步实施、阶段推进、深化提高"的思路，稳步推进彰显艺体特色办学的课程开发与实施工作，具体安排部署如下。

（1）学习动员达成共识。通过学习《中国教育改革和发展规划纲要》和新课程改革的精神，分析学校改办高中以来学校发展的情况，结合普通高中教育改革发展的形势，理清通过推进艺体特色办学促进学校科学发展的思路，明确特色方向，在全校师生中开展宣传动员工作，营造彰显艺体特色办学的良好氛围，为课程实施奠定良好的思想基础。

（2）制订课程实施方案。根据我校艺体特色课程实施的需要，建立组织机构并明确职责，在学习全国艺体特色学校经验的基础上，以音、体、美学科组为依托，分类别研讨制订特色教育课程实施方案，构建艺体课程实施的依据，形成规范文本。

（3）组织课程有效实施。在总结学校艺体教育方面经验的基础上，制订艺体特色课程计划，在试点运行中，加大跟踪检查的力度，按照"在行动中研究，在研究中行动"的策略，规范课程实施行为，不断总结反思，总结查找存在的问题，进一步修订完善相关制度。

（4）稳步推进总结提高。在全面实施阶段，组织专家指导课程实施，为项目的实施提供理论指导，根据运行情况和课程评价建议适时调整课程实施进度，完善课程体系，加强部门协调，修订各类制度措施，开发课程资源确保课程有效实施。在此基础上总结并提炼有价值的经验，解决课程实施中的问题，做好特色办学的经验推广。

三、组织机构及职责

为加强组织领导，保障项目的实施，确保各项工作落到实处，形成全校上下齐抓共管的良好局面，成立项目实施领导小组和五个专项工作小组，明确职责分工，确保课程顺利推进。

（1）领导小组。学校成立以校长负总责的领导小组，并设办公室，由教导处主任兼任办公室主任，负责协调各小组开展工作，学科组长任办公室副主任。具体职责是：研究制订彰显艺体特色办学的总体实施方案；研究制定项目实施的各类制度，建立良好的运行机制；组织协调各小组按实施方案的要求，推进项目各项工作的有序开展；根据课程实施进程，及时总结经验，适时指导课程实施。

（2）课程开发小组。由分管副校长任组长，学科组长任副组长，负责课程开发工作。具体职责是：研究制订艺体特色办学的课程实施方案；指导校本课程的开发、实施和评价；组织申报并指导课题研究的开展，建立子课题研究项目；选派教师到兄弟学校学习交流，协调职能部门为课程实施创造条件。

（3）课程保障评价小组。由分管副校长任组长，教导处副主任为成员，负责课程实施的资源支持和课程评价。具体职责是：对艺体特色课程实施方案和课程计划的落实督促检查；提供师资、设备和教学场地，保证课程实施的有效开展；对特色课程实施的情况进行跟进性评价，及时反馈调整。

（4）校本行动研究小组。由分管校长负责，抽调经验丰富的骨干教师形成研究小组，负责围绕课程实施开展行动研究。具体职责是：围绕课程实施做好宣传，营造良好的环境氛围；研究制订课程实施计划，开展课程实施干预；组织校内外专家指导课程的实施并根据调查研究结果，提供课程实施的意见建议；组织开展行动研究，为特色办学提供有力的理论支撑。

四、构建特色课程实施方案（后附具体方案和实施计划）

（1）课程体系。按照音乐类、美术类、体育类三个领域，开发设计课程内容。每个领域按照特长生专业课程、社团活动类课程、普通学科课程、实践活动类课程四个层面设计课程的性质类别、具体内容模块、课时保障、课程实施要求。

（2）设计课程实施计划。按照课程内容模块，明确课程实施的具体方式，分音乐、美术、体育三个学科制订课程实施计划。

五、课程实施的保障措施

（1）创新课程实施模式。按照同一年级特长生素质基础和专业倾向，把舞蹈类、声乐类、器乐类特长生编制到音乐特长班，把绘画类、书法类、美术设计类特长生编制到美术特长班，把田径类、武术类、球类特长生编制到体育特长班，统一进行文化课教学和专业辅导训练；单独成立艺体年级组，把高一至高三的音、体、美特长班整合为一个教育教学单位，加强特长生的培养；把音、体、美学科教研室整合到艺体教育处，形成课程实施的共同体。

（2）加强队伍建设。积极创造条件，组织音、体、美教师"走出去"，外出培训学习交流，开展校际间的研讨交流，观摩学习全国特色校创建的经验，开阔视野，更新观念，提升特色办学水平。根据特色教育实施的需要，聘请社会上音、体、美专业方面突出的教师为校外辅导员，为每个专业特长班配足配齐专业课辅导教师；建立文化课教师特长辅导的团队，充分发挥教师的积极性学习一项专业技能，为艺体特色活动类课程的实施创造师资条件。

（3）加强制度建设。制定《特长生专业教师考核办法》《特色活动社团管理办法》《特色教育质量评价办法》《校本课程资源开发制度》《特长生专业考试评价标准》等规范性的制度，确保特色教育活动可持续发展，构建长效机制。

（4）课程文化建设。充分利用校内外宣传媒体，开展特色办学的宣传，形成社会关注和社区支持的合作机制。加强校园文化建设，利用各种宣传阵地（楼道墙面、橱窗、黑板报、文化长廊）大力营造特色教育氛围。围绕特色课程的实施组织开展丰富多彩的艺体活动，开展特色大课间活动，在课外活动中设置艺体活动项目，在年级活动中围绕特色课程开展成果展示活动，把节庆纪念日活动和艺体活动有机结合，开展专题活动，形成特色办学的文化。

第二，研制了艺体特色课程实施方案。

课程实施方案是课程发展规划的重点，需要分学科制定。在此项方案的研制过程中，本人按照课程领导共同体模式的三个层面结构，充分发挥中观层面学科组课程领导共同体的作用，通过召开学科组教师会议统一思想、动员部署、明确任务等环节，在学科组课程领导共同体成员的共同努力之下，形成了具体的课程实施方案，经学校宏观层面课程领导共同体的讨论修改，形成了规范性的实施方案。

案例6-2　S校艺体特色课程实施方案①（节选）

一、体育特色课程实施方案

（一）特长生专业课程

性质类别：专业特长生课程根据高考相应专业的要求设计课程，分为武术、田径、球类、体操类。身体素质（100米、原地推铅球、立定三级跳远）为专业特长生必修课程；田径、球类、体操、武术为专业特长生选修课程。

内容模块：理论课程包括田径类、球类、体操、武术类基本知识、裁判法和高考评分办法；技能课程包括田径类、球类、体操、武术的基本技能和高考考试内容。

课时保障：高一每周8课时，高二每周10课时，高三每周12课时，每天早自习时间进行专业技能和身体素质训练。

课程实施：专业特长班按高考专业方向分组教学，3年内完成全部课程，专业课总课时量为1062课时，基本理论和专项教学占30%，身体素质占70%。

---

① 此方案文本由笔者执笔起草，在广泛征求不同层面课程领导者意见的基础上修改而成，因内容较多，仅节选其中一部分作为案例。

（二）社团活动课程

性质类别：主要针对在体育方面有兴趣爱好的学生，课程性质为选修课，学生根据兴趣爱好自主选择。

内容模块：课程内容按足球、篮球、排球、乒乓球和武术五个模块设置，每个模块根据学生的需要和教师专业特长开设。

课时保障：本课程周期为 2 学年，每周组织 2 次教学活动，每次活动 2 课时，每学期 72 课时，两年共计 288 课时。

课程实施：学校成立足球、篮球、排球、武术和乒乓球专业团队，采取组队分层训练的方式组织教学，每个代表队训练由学校聘任体育教师和有突出特长的教师组织实施教学。

（三）普通班体育课程

性质类别：根据体育与健康课程标准针对普通班学生开设，保证每天体育锻炼 1 小时以上，健康教育和田径为必修课，球类和体操为选修课，武术为我校传统体育教学项目，设为我校校本课程。

内容模块：根据体育与健康课程标准，设置健康教育、田径、球类、体操、武术五个模块。

课时保障：高一开设必修模块课程，每周 2 课时，共计 72 课时；高二开设选修模块课程，每周 2 课时，共计 72 课时，高三开设选修模块课程，每周 2 课时，共计 54 课时。

课程实施：高一必修课按班级开展教学，高二选修课程在了解学生兴趣爱好和特长的基础上，在教师指导下学生自主选择，按照修习模块分组教学的方式实施。

（四）实践活动类课程

体育活动课程是体育特色教育的重要内容，学校把体育实践活动纳入全校教育教学活动体系，采取学校组织和个人自主参与相结合的方式实施，保证体育实践活动的常态化运行。

普及性活动：开展大课间操课外体育活动，根据年级特点、场地和气候条件选择二十四式太极拳、青年长拳、民族舞蹈、广播体操、健美操等项目，每天课间操时间（30 分钟）以班级为单位，组织开展活动，由各年级负责组织实施。

社团类活动：根据年级特点、场地和气候条件，每月由体育教研室负责组织，各专业团队配合，以校内外对抗赛、友谊赛、邀请赛、高考模拟比赛等方式为主，开展一项体育竞赛活动，参加教育部门和社会团体组织的体育竞赛活动，由各训练队负责组织实施。

实践类活动：组织体育特长生每年利用节假日和寒暑假时间，积极参加村镇、社区或街道组织的各类体育活动和三下乡社会实践活动，由团委负责组织实施。

专题性活动：由学校统一安排，体育教研室负责组织实施，每年四次全校性的体育竞赛活动。其中，四月份举行全校田径运动会，六月份举行球类运动会，十月份举行国家体质健康测试、十二月份举行冬季越野赛。

二、音乐特色课程实施方案……（略）

三、美术特色课程实施方案……（略）

第三，研制了特色课程学科实施计划。

课程实施方案仅仅是课程实施宏观层面的依据，特色课程的实施还要有具体的实施计划。为进一步细化具体的实施要求，形成可操作性的课程计划，本人充分发挥学科组课程领导共同体的作用，经过充分讨论制订了学科课程实施计划。

案例6-3　S校美术特长生培养课程实施计划①

为深化我校的特色办学，规范美术特长生教学，创新美术特长生的培养模式，创建美术精品课程，逐步提高美术特色教学水平，特制定本方案。

一、课程目标

以新课程改革理念为指导，以高校美术特长生的招生考试标准为依据，努力探索普通高中艺术特长生培养的规律，使具有美术潜质的学生得到个性化发展，为高等艺术院校输送合格的人才，通过美术专业课程实施，培养学生具有良好的道德品质，掌握素描、色彩、中国书画及工艺设计的基础知识和基本技能。

二、课程设置及内容

（一）专业理论课程

（1）素描基础知识包括色彩学基础理论、解剖学理论、透视学理论。

（2）美术理论包括中外美术史简论、工艺设计基础理论、中国画基础理论。

（二）专业技能课

（1）素描，包括石膏几何体结构素描训练，石膏几何体调式素描训练，静

---

① 此课程计划由本人组织引导学科组课程领导共同体制定，最后由本人统稿。课程实施计划分别由音乐、美术、体育特长生培养课程实施计划组成，在此仅节选美术特长生培养课程实施计划作为案例。

物训练，石膏人物头像训练，石膏人物胸像、人物头像、半身、全身、场景素描训练。

（2）色彩，包括调色、各种笔法、明度、色调、色彩构成、空间色彩和不同物体质感训练。

（3）速写，包括人体头部肌肉、人体头部骨骼解剖、人体躯干、四肢骨骼肌肉、人体运动变化规律训练，人物坐姿、立姿、人物动态训练，场景、组合体、线条变化韵律及节奏训练。

（4）透视学，包括平行透视图、成角透视图、倾斜透视图训练。

（5）工艺设计，包括美术字、图案设计、标志设计训练。

（6）中国画，包括中国画笔法、墨色、花鸟画技法、山水画技法、书法用笔训练。

三、课程实施计划

（一）课程实施

课程实施周期为三年，根据美术特长班文化课和专业课的课程设置，合理调整课时比例关系，文化课以普通高中课程实施方案规定标准执行，专业课按五个学期设置。专业课总课时量为1062课时，其中素描教学占70%，色彩教学占30%，具体内容和时间安排附表说明。

（二）课程实施目标任务

（1）高一第一学期，主要完成石膏几何体结构素描训练，石膏几何体调式素描训练、静物训练、平行透视图训练、成角透视图训练、倾斜透视图训练的教学内容。提高学生的观察能力，思维能力，养成良好的观察习惯和绘画思维习惯，具备一定的表现能力。

（2）高一第二学期，主要完成石膏人物头像训练和石膏人物胸像训练，包括调色、各种笔法、明度、人体头部肌肉、人体头部骨骼解剖、人体躯干、四肢骨骼肌肉训练，培养学生健康的审美观，提高学生的鉴赏水平和造型能力，提高对色彩的感知和对画面色彩的协调能力。

（3）高二第一学期，主要完成人物头像、色调、人物坐姿、人物立姿、美术字、图案设计、中国画笔法、中国画墨色训练，培养学生掌握美术基础知识、基础理论和基本技能，培养学生基本的构图造型能力，具有正确的观察方法。

（4）高二第二学期，主要完成半身人物、全身人物、场景素描、色彩构成、空间色彩、不同物体质感、人物动态、场景、组合体、线条变化韵律训练，以及标志设计、花鸟画技法、山水画技法、书法用笔训练，培养学生的感知力、想象力和采用多种方法表现物象的能力。

（5）高三第一学期，通过集训强化素描、色彩、速写的训练和模拟各种高考不同形式，不同内容的考试训练，提高学生的心理素质，提高学生的应试能力和应试经验。

（三）课程实施要求

（1）运用整体观察法、虚实对比观察法和三点定位法，进行认识和表现对象的训练。

（2）充分调动学生的主观能动性，积极引导学生探索各种不同的表现方法，注重速写训练，注重临摹优秀素描作品。

（3）开展师生书画展和专业技能比赛，引导学生自行设计作品，把美术专业知识和能力在创作实践中运用，提高学生的创作能力。

（4）每学期分年级、分阶段安排学生布置学校艺术长廊，组织学生参观博物馆，各种画展。组织学生外出写生，积累素材，并及时展出学生的优秀作品。

四、课程评价

每学期，每个年级根据教学内容进行一次专业考试，教研室组织统一命题，组织年级教师交叉阅卷，实行考教分离。每个单元教学任务完成后，进行一次测试，并总结经验。高三第一学期，每周进行一次高考模拟考试，提高考试应变能力。每年年底统一组织外出交流学习，组织集训，学校统一组织学生报名参加联考，由带队教师指导学生报考外省院校校考。

五、课程资源

每个年级配备2名专业教师，每个年级配备画室和教具储藏室各2间。学校开辟画廊，展示学生作品，配备专门的电教设备。需要石膏几何体4套，成套的教学石膏静物、头像和石膏人物胸像，静物体100件，台布60块，聚光灯8套，实物投影仪1部。

案例6-4　S校美术特长生课程计划

类别	课程	总课时	第一学年 1	第一学年 2	第二学年 1	第二学年 2	第三学年 1	备注
			每周课时分配					
专业理论课	表现手法技法基本理论	6	2			2	2	安排在对口课时进行不计入总课时
	基本概念	5	2		2	1		
	解剖学理论	4	2		2	1	1	
	透视学理论	4			2	1	1	
	美术史简论	10				5	5	
专业技能课	素描	788	10×18	10×14	12×12	12×12	15×12	专业基础课程规定在两年全部完成
	速写命题创作	25		5×4	10×1	10×2		
	色彩	294			12×6	12×6		
	工艺设计	40		10×6	2×10	2×10	15×6	
	书画书法	50			10×3	10×2		
专题	专家讲座	3					3	
大纲	鉴定与考核	5	1	1	1	1	1	学期考核一次
	高考强化训练						培训基地60天	
课时	每周总课时		10	10	12	12	15	
	学期总课时		180	180	216	216	270	
	三年总课时						1062	
	备注	每学年52周，其中教学时间40周，周活动总量35～40课时，每课时45分钟，专业实践课三节连排。理论可单独进行，也可结合各学课进行渗透						

4. 评价反思

这项行动研究从愿景的形成到研究成果的产出，历时四个月，近一个学期时间。笔者作为这一行动研究项目的主要领导者，在调查研究的基础上不断反思总结，在没有任何参考资料的情况下，依靠共同体成员的智慧，完成了艺体特色办学课程发展实施方案和特色课程实施方案的研制，指导音乐、美术、体育三个学科组分别完成了学科课程实施计划。尽管不完全符合学校课程发展规划和实施方案的标准，但它是一次尝试，是笔者在博士学位论文开题后开展的第一项行动研究。经过一年的实践运行，研究成果对特色学校课程实践发挥了一定的指导作用。

反思此项行动研究的过程和成果，笔者认为：艺体特色课程发展规划和实施方案为 S 校特色学校的创建提供了依据，为特色课程的实施提供了规范性标准。学校课程发展规划和实施方案的制定是学校课程领导的一项重要职能，也是课程领导者实现课程领导的过程，需要课程领导者的协作精神和扎实的调研能力。学校课程领导是基于共同体的领导，任何一项领导职能的实现，离不开共同体成员的参与，只有合作才能共享，只有通过民主的方式才能凝聚智慧。反思艺体特色课程发展，有以下几点认识。

第一，升学率是社会衡量普通高中教育教学质量的重要指标，创建艺体特色学校，与提高高考升学率并不矛盾。只有坚持普及与提高相结合的原则，在面向全体学生实施艺体特色普及教育的基础上，根据学生的发展潜力有重点地培养特长生，才能引领学校特色课程文化的发展，在普及的基础上才有提高的可能。

第二，特色学校的创建重在构建课程体系，理想的办学应该是个性化的办学，个性化办学的最终体现就是特色化办学。只有根据不同学生的兴趣、爱好、特长和潜能构建科学合理的课程体系，根据学生的禀赋差异，实施有差异的教育，全力推进课程的实施，实现个性化的培养目标，才能逐步形成学校的办学特色。

第三，艺体特色课程要积极探索亚艺类专业领域中艺术设计、书法、摄影、空中乘务、舞蹈表演等专业的培养模式，在传媒类专业领域中积极探索广播电视编导、戏剧影视文学、播音主持艺术、影视动画、传媒艺术等专业的培养模式。

第四，要围绕特色办学，广泛开展社团活动，把特色办学的成果逐步向全校学生推广，并根据特长生文化课基础薄弱的实际，结合新课改，探索有效教学的实施路径，逐步解决了特长生高考文化课短腿的问题。

（二）组织课程开发：以学校德育课程开发设计为例

选择这一项目开展行动研究，缘于本人工作的调整变化。在 S 校进行行动研究完成毕业论文的过程中，Z 市所属几所学校领导班子调整，本人从 S 校调整到 Z 校。进入新的学校，一切都得从头开始学习。感受着具有百年历史的一所名校的学校文化，领略了省级示范性普通高中的课程运作模式，课程领导研究的灵感从两所学校的对比中不断涌现。因分管德育，结合自己所负责的具体工作，按照课程领导共同体模式实践研究的需要，开始了以德育活动课程化为主题的校本课程开发行动研究。

1. 问题背景

根据 Z 校的组织构架和科室职能，由政教处负责全校的德育管理，年级组和班主任在政教处领导下开展工作。德育管理包括了班主任、学生管理和课堂教学以外学生参加的常规活动、学生心理健康教育等工作。为力戒"新官上任三把火"的浮躁，校长要求我"先摸清情况再说咋干"，我个人也有这方面的思想准备。为此，笔者进行了为期一个月的调查研究。一个月来，我随着学生，跟着班主任，走进学生的课堂，走近学生的课外生活，进行参与式观察，并与学生交流，向班主任请教，基本掌握了 Z 校德育工作运行的规律，大致了解了 Z 校特殊的学校文化。通过访谈班主任、任课教师和学生，也发现了德育管理中存在的问题。

第一，德育常规活动质量不高。

学生每天在十分紧张的学习生活中度过，从进入教室到晚自习结束，大部分时间在教室里度过，时间安排非常紧密，学生在校学习时间彻底被模块化。只有 20 分钟的早操和课间操学生能出来活动，其他时间都被各类课程安排得满满当当，而且"两操"的活动质量不高。观察发现，尽管每天早操时间班主任跟班跑操，但班级队伍集结懒懒散散，速度较慢，整个跑操过程学生精神面貌较差，除了伴随着杂乱脚步的哨音没有其他声音。20 分钟课间操班主任也是随班出操，但质量和效果更为不佳。队伍集结几乎用去 7 分钟时间，全校学生统一做第九套广播体操，几乎多半学生动作不规范，学生无精打采地随着广播节律应付性地"比划"动作，有老师形象比喻为"小蝌蚪"跳舞，就"两操"活动，笔者在访谈中了解了背后的一些原因。

学生：平时我们就这样，各个班都差不多，出来活动活动就行了，又不是高考，考不好会影响前途，反正大家都习惯了。(Z—S—6)

学生：锻炼身体嘛，大家都一样，现在学习这么紧张，心思也用不到这里，检查评比也是班主任的事情，受通报了就在班会上挨一顿骂……(Z—S—7)

教师：我们也看不惯学生做操的那个样子，但现在的学生和以前不一样了，都不认真，精神气儿不足，懒散的毛病我们也没法治，说了也不起作用。(Z—

T—E—50）

教师：大环境就这个样，每个班都差不多，只要不受通报就行，扣分了就让人家扣去吧，锻炼身体也是学生自个儿的事，不好好珍惜我们也没办法。对那些调皮捣蛋的，有时候我们也在班会上"逮住"就"收拾"一顿，但也没长期的实效……（Z—T—M—51）

第二，德育活动存在会议化倾向。

学校每周有三项集体性的德育活动，周一早晨升国旗仪式，周二下午一节课的班会，周五下午放学之前的年级组集会，这三项活动主要是对学生进行德育教育。调查研究发现，三项活动都存在会议化的问题，活动的效果并不好，带有明显的管理主义倾向，教育的实效性不高，缺乏有意义的内容，德育活动流于形式。升旗集会按照奏国歌升旗、值周领导总结上周工作、学生国旗下演讲的"三部曲"进行，值周领导的套话、虚话、空话较多，主要是对学生和班级管理情况的通报，缺少对师生具有教育启发意义的、振奋人心的内容。学生在国旗下的演讲也是从网络上下载的演讲稿，听起来"虚飘飘"的，没有实在的教育意义。每周的班会大部分班级都是由班主任总结一周来学生在学习和行为方面的表现，对违纪学生进行批评教育，没有明确的主题，内容单一、形式呆板。年级组集会也流于形式，主要是年级组长对学生行为表现、班级管理和值周管理等方面存在问题的通报，德育活动变成了管理情况通报和学生批评教育大会，缺乏对学生的鼓励、引导和教育。

第三，主题教育活动缺乏系统性。

学校的德育活动需要突出主题、系统安排、提前准备、精心组织，只有这样才能提高德育的实效性，发挥"实践感悟德润人心"的作用。调查研究发现，Z校尽管多年来积淀了一些传统的专题性德育活动项目，但由于高考压力较大，学习时间紧张，各种考试测评频率较高，班主任积极性不高，许多传统的主题教育活动逐年流失。政教处和年级组对主题教育活动的计划性不强，缺乏系统性，对班级德育工作指导、评价和引领作用发挥不够。就学校德育主题活动，在与学生、班主任和管理人员的访谈中，了解了一些基本情况。

学生：有些活动也很有意义，但有些活动也不咋样，主要是学习紧张，没时间搞，我们喜欢外出参加一些活动，但学校怕出安全问题，又不允许外出活动。（Z—S—8）

学生：每天的题都做不完，哪有时间准备活动啊，我们班的班主任就不喜

那一套，把我们压的死死的，主题班会也是班干部在那里"跳腾"一阵子就完事。（Z—S—9）

教师：每学期有一到两次活动就行了，我们班主任的教学任务繁重，准备一项主题活动得花时间，我们哪有那么多时间搞活动啊，成绩上不去一切都是"白搭"。（Z—T—E—42）

教师：咋说呢，主题活动当然有意义，对学生的发展来说，多受些教育是好事，但主题活动需要设计好。否则，意义也不大，反而耽误了学生的学习时间。（Z—T—IS—44）

主任：我们每学期也组织一些主题活动，但年级组和班主任积极性不高，人家们不主动，我们是搞不起来的，除非"硬压"。这几年，高考的压力越来越大，大家都在忙着复习备考，老师们对我们举办的主题活动很反感，组织起来也很困难。要说必要性，哪一项活动都或多或少地对学生有积极的影响，这几年我们安排的活动也就少了些。（Z—D—M—12）

第四，学校社团活动课程有待开发。

学生社团活动是发展个性特长的途径和方式，是校本课程的有效形式。作为4000人的学校，学生中蕴藏着丰富的课程资源。利用学生资源和社会资源开发社团活动课程是课程领导的一项重要工作，但奇怪的是Z校没有学生社团。据调查了解，学校领导也曾倡导组织社团活动，但高考的任务太重，学生根本没有时间参与，教师对参与组织社团活动也没积极性。学生在初中阶段还有特长，参加社会上的各种培训和辅导班，但一到高中，就没时间了，特长也就丢弃了。

此外，调查研究发现，学生教育管理存在简单化现象。对违反班级制度和学校相关规定的一般违纪行为，班主任主要采取批评、班级作检讨、写反思的方式进行教育。对违反学校纪律的行为，政教处采取通报、作检讨、请家长、纪律处分的方式。据了解，经常有学生家长因孩子"出现问题"被班主任"传唤"到学校，协助学校教育转化孩子，也有学生严重违反学校纪律被劝退，家长到学校找领导"求情下话"，为孩子做"担保"。

2. 计划生成

经过一个月的调查了解，笔者发现Z校德育实效性不高的问题，有来自领导方面的原因，也有来自班主任的原因，有来自社会环境的影响，也有来自学校教育自身的问题，但最根本的原因还在于德育观念滞后，德育停留于管理层面，没有按照课程发展的理念和要求开发德育课程。德育本身是课程，如果按照课程运作的理念，把德育常规活动以课程实施的方式运行，明确课程目标，丰富课程内容，拓展课程形式，注重课程评价，发挥课程育人的作用，会收到良好的效果。由此，笔者萌生了开发德育课程的想法，以课程领导共同体模式的运作思路，开始了开发德育课程的行动研究，初步形成了以下计划。

第一，把常规活动开发卫活动课程。把学生的"两操"活动开发为活动课程，除早操、课间操各 20 分钟以外，每天下午两节课后开辟半小时的大课间活动课程，确保每天学生课外有效活动时间达到 60 分钟，把这三个时段的活动开发为德育特色课程。

第二，打破德育会议化模式。改变以会议方式实施德育的现状，把班会和周末年级学生集会活动开发为课程，班会更名为"班级德育课"，把年级组学生集会更名为"年级德育课"，按照课程运作的方式设计课程目标、内容和实施方式，提高德育课程实施的质量。

第三，德育主题活动课程化。按照课程设计的思路研制德育主题教育活动的课程体系，并以课程实施的方式运作。根据学校课程领导共同体三层面结构，以学校、学年组和班级三个层次开发全年德育课程，学校每周组织对课程实施的情况进行评价反馈，课程实施的评价结果计入年级组和班级评价考核。

第四，开发设计社团活动课程。根据学生的需要和学校课程资源实际，从高一年级试点，陆续开展学生社团活动，按语言艺术、数学与信息技术、外语、自然科技、人文社会、艺术、体育等七个类别创建社团，学科组根据需要组建不同专题内容的社团，学生根据自己的兴趣爱好自主选择一个社团参加活动。

3. 实施及结果

作为行动研究者，发现问题和设计行动计划仅仅是行动研究的开始，只有把具体的计划方案落实到实践中才具有意义。尽管本人分管并直接领导学校德育教育，但具体的行动执行还需要按照课程领导共同体模式的思路运行实施。为此，在行动实施阶段笔者做了如下工作。

第一，组建共同体，明确愿景目标。学校德育活动课程化开发需要形成一个团结协作的共同体，没有班主任、年级组和学科组的贯彻执行和具体落实，行动项目将无法运行启动。为此，笔者也借助自身的"行政权威"，分别找政教主任、年级组长和几位优秀班主任进行谈话，听取他们的意见，对他们进行"思想动员"。两周的时间，他们被我的诚意所感动，也在不断地交流中，逐步理解了"德育活动课程化运作"的思路和愿景。两周之后，德育活动课程开发的领导小

组（也是行动研究小组），终于成立了

第二，宣传动员，传播愿景。只有每一个班主任都理解了德育课程化的理念，才能自觉地开始课程开发行动，创造性地组织开展特色活动。只有得到学生的理解支持，才能主动参与德育课程。为此，我组织德育活动课程开发共同体成员，发挥他们的积极性，分别对所有的班主任和相关任课教师进行了二次培训，并通过班主任对各班学生进行宣传动员，让德育活动课程化的愿景和理念传播到学生层面。值得欣慰的是校长对我的思路和设想非常支持，在不同的会议场合，帮助我做宣传和思想发动工作。

第三，组织实施，落实计划。宣传动员结束后，德育课程开发进入了具体设计实施阶段。我分别把常规活动、集会班会、主题德育活动、社团活动的设计任务分配到了德育处、年级组和班主任，组织开展了研讨交流，根据德育活动课程化运作的要求，进行了修改完善。Z 校在团队建设方面已经有一定的组织基础，德育工作落实起来行动迅速，2014 年春学期，开发设计的各项德育课程全面实施。在德育课程实施阶段，我每周组织开展一次反馈协调会议，就改进存在问题的措施进行集体讨论，然后明确课程实施的具体要求，充分发挥共同体成员在督导落实和行为跟进方面的领导作用。

以课程化方式运作开展的各项德育活动，引起了全校师生的关注，尽管也带来了一些"非议"，但各项德育活动的效果良好，德育实效性明显增强。就具体活动的开展的情况作以大致描述，并以案例形式呈现个别成果。

第一，设计了德育课程内容及实施计划。

针对德育活动主题不明确、内容零散不系统、活动形式呆板、实效性较低的问题，我们对全校的德育活动主题内容进行了课程化设计，拟定了全年的德育课程实施计划。设计了"一个中心八个主题内容多元"的德育内容体系：一个中心即提高人文素养，培育卓越品质；八个主题指明理修身、传承美德、公民素养、感恩奉献、行为文明、励志成才、健康环保、安全法制；内容多元是指全校各年级组和各班按照德育课程计划的主题内容，结合年级、班级实际，在每个主题领域选择三项活动，分别设计德育课程的具体内容和实施形式，体现课程内容的丰富性、多元性和适切性，提高德育课程实施的有效性。

案例6-5　Z校德育课程主题教育实施计划① （节选）

——三月份以"行为文明"为主题，各班围绕"养成教育、文明礼仪教育、爱心互助教育"三个重点，设计并组织开展德育活动。政教处组织高二年级开展"卓越品行——行为文明从我做起"主题演讲会，团委组织高一年级结合"学雷锋青年志愿者服务日"组织安排德育实践活动，学校组织开展第九次"爱心助学"活动。

——四月份以"传承美德"为主题，各班围绕"革命传统教育、传统美德教育、国学经典教育"三个重点，设计并组织开展德育活动。政教处组织高一年级开展"国学经典"诗词名篇朗诵会，团委组织高二年级结合"清明节"组织烈士陵园扫墓德育实践活动和红色经典诵读活动，学校组织开展"卓越品质——经典的魅力"读书节系列活动。

——五月份以"感恩奉献"为主题，各班围绕"感恩教育、生命教育、'四自'教育"为重点，设计并组织德育活动。政教处组织高二年级开展"回家为父母做三件小事"为内容的实践活动，团委组织高一年级开展"自尊自爱、自立自强"为主题的演讲比赛，学校结合"母亲节"组织一次"卓越成长——为母亲献礼"家校联谊会。

——六月份以"健康环保"为主题，各班围绕"节俭节能教育、身心健康教育、环境保护教育"三个重点，设计并组织德育活动。政教处组织高一年级开展青春期生理心理卫生专题教育活动，团委结合"环境保护日"组织高二年级学生开展"徒步穿越湿地"环保德育实践活动，学校举行"卓越才能——校园艺术节"系列活动。

——九月份以"励志成才"为主题，各班围绕"理想信念教育、学习品质教育、人生规划教育"三个重点，设计并组织德育活动。政教处组织高一年级开展入学教育及学风建设活动，团委组织高二年级开展"卓越追求——我的人生梦想规划设计大赛"，学校举行"庆祝教师节"系列活动。

——十月份以"公民素养"为主题，各班围绕"社会责任感教育、社会公德教育、爱国奉献教育"三个重点，设计并组织德育活动。政教处以高三年级师生和家长为主体隆重举行"卓越成长——十八岁成人仪式"教育活动，团委组

---

① 学校德育课程实施方案由本人负责起草制定，本案例仅节选德育课程实施方案的部分内容作为行动研究的成果。

织高一年级开展"爱祖国、爱家乡、爱母校"系列教育活动，学校组织开展"体育节"系列活动。

——十一月份以"达理修身"为主题，各班围绕"诚信教育、价值观教育、挫折教育"三个重点，设计并组织德育活动。政教处组织高二年级开展"人文情怀杯"主题辩论会，团委组织高一年级开展"卓越品性——诚信为人"作文竞赛，学校组织开展"卓越才能——校园科技节"系列活动。

——十二月份以"安全法制"为主题，各班围绕"遵纪守法教育、安全自护教育、珍爱生命教育"三个重点，设计并组织德育活动。政教处、保卫科组织全校开展防震、防灾避险演练活动，保卫科、团委组织开展和法制教育系列专题教育活动，学校举行"卓越才艺——元旦文艺晚会"。

注：八月份组织好高一年级军训，元月份和八月份组织开展假期社会实践活动。高三年级围绕高考备考及年级实际，组织开展"高考百日动员""高考与人生"励志教育、"告别母校感恩老师"毕业典礼等精品德育活动。

第二，德育常规活动实现了课程化运作。

按照德育活动课程化运行的要求，我们把早操、课间操和大课间开发为特色活动课程，按照课程实施的方式进行运作，经过一个月的实践，逐步地与常规活动进入了特色课程的运行轨道，从"两操一活动"的变化中看到了成效，具体变化体现在以下几方面。

——特色早操：各班按照"集结特别迅速、队伍特别整齐、呼号特别响亮、步调特别一致、动作特别规范、精神特别饱满"的"六特别"愿景目标落实"特色早操"课程。经过一个月的打造，呈现出了良好的面貌：仅仅三分钟，四千学生按要求在固定地点集结完毕；七十二个班级整体启动步伐，以班级方队运行，四千学生几乎踏着同一节律同步调行进；带操员清晰的口令和着整齐的步伐，各班呼喊着自编的口号，个个精神饱满，班班精神振奋，整个操场充满了精气神。

——韵律课间操：课间操运行两个模块的课程，一是第九套广播体操五分钟，二是各班自编的校园韵律操。课程实施改变过去全校混排的方式，按照班级方队先做第九套广播体操，广播操结束后各班开始做各班自己编排的校园韵律操，全校统一旋律和节拍，每个班自己编排具体动作，形成了具有班级特色的课间韵律操。这项活动是行动研究开发的新课程，尽管只有六分钟的时间，但韵律操是各班自己编排的课程，动作活泼形式灵活，学生参与的积极性特别高，动作完成过程特别起劲，活动质量明显比广播操好，课程实施效果比较好。

——特色大课间：多年来，学校都是下午 6：00 放学，为了争取这项课程实施的时间，高一高二年级下午第二节课后的课间十分钟延长为三十分钟，并在这半小内实施特色大课间活动课程，下午放学时间也推迟到了 6：20。由年级组和体育学科组共同指导各班开发班级活动课程内容，政教处负责统一检查评比。经过两个月的努力，这项活动课程终于付诸实施。各班充分利用校内外课程资源，聘请校内外辅导教师编排课程，开发了军体操、太极拳、武术套路、锅庄舞、健美操、校园青春舞等课程模块，各班在统一时间、划定地点开展活动。在特色大课间活动时间，在田径场、马路及校园空闲地带，能看到各班在组织开展特色大课间活动，校园里到处都有学生在活动，尽管课程实施尚不规范，但对于学习压力特别大和学习时间"超长"的高中学生而言，这项活动课程无疑是宝贵的。

第三，会议化德育管理模式的变化。

按照德育活动课程化的要求，我们对每周各班的班会和年级组学生集会进行了课程化改造，按照课程实施的要求设计并组织实施。

——班会变成了德育课。长期以来，班主任都按照惯例以会议的形式对学生进行所谓的"思想政治教育"，基本内容主要是班干部总结和班主任提要求，如果有学生违纪，在全班学生面前作检讨，班会因内容和形式单一，没有德育的实效性。按照德育课程化的要求，我们首先把班会改为"德育课"，并进入学校课程表体系，全校不统一时间，根据每周一节课的标准，优化组合具体安排各班的德育课，把德育课程实施计入教师工作量考核。德育课的课程内容由班主任根据学校德育课程实施方案的要求自主设计，德育处每周对课程实施情况进行视导评价。经过两个月的运行调试，班会已经由"会议"变成了生动活泼的"课程"，不再是班主任的"独角戏"，而是全班学生参与的课程，课程内容也从班级常规活动拓展到了"三观教育"的所有领域，课程实施的形式也更为灵活，有辩论、讨论、讲故事、学习方法交流、演讲、才艺展示等等。

——集会变成了演讲课。按照常规的做法，每周的年级组学生集会都按照"会议"的形式由年级组长在那里"喋喋不休"教育学生，学生集会变成了"批斗会"，一个年级组 12 个班 600 多学生在那里听年级组长的"训导"，实效性较低。根据德育活动课程化的运作，我们对学生集会进行了课程化改造，半个小时的集会，由年级组长设计课程主题，师生共同参与课程实施。这项行动计划迅速得到贯彻落实，而且效果非常好：年级组长根据学校德育课程实施计划，结合年级组实际，每周确定一个主题，由学生主持，有一名教师和学生分别进行 4 分钟的主题演讲，由一名学生讲一个感人的故事，由值周教师表扬一件（或一个）发生在身边的先进典型，最后年级组长简短点评，整个活动过程紧张有序，充满激情，教育意义深远，活动过程掌声不断……

第四，主题教育活动课程化开发。

按照德育课程化运作要求，各年级围绕八个主题设计德育活动，把每项活动开发为德育课程，做到开发的课程有目标、有内容、有形式、有评价，每项德育活动课程我亲自把关，严格按照课程实施的要求组织开展活动。经过一学期的运行，主题德育课程开发实践取得了良好的效果。各年级和各班都能按照课程计划的要求开展活动。在此，选取本人负责组织开展的"感恩母校"主题德育活动课程实施过程的记述为例来展示成果。

案例 6-6　Z 校"感恩与祝福"德育主题活动纪实

青春是惹人的生命律动，三年是别样的锦瑟年华。5 月的最后一天，明媚的阳光如同这些枕戈待旦、豪情满怀的高三学子们的心情一样，都是那样能让人真真切切地感受到青春的活力与激情。上午 8：40，1200 多名高三学子和部分学校领导、学生家长代表及高三年级全体任课教师伴随着《毕业歌》的旋律走进多功能演艺厅，舞台背景墙上的"人文情怀、卓越教育"八个大字在灯光的映衬下温馨而醒目。

"学生致感恩词、行感恩礼"拉开了毕业典礼的第一乐章——感恩篇的序幕。名为《感恩》的轻音乐柔柔地响起，带着现场的每一位老师和同学将记忆的指针回拨到三年前……

主持人：三年汗水的挥洒，终于迎来了绽放璀璨光彩的今天；三年辛勤的耕耘，终于又到了收获累累硕果的时刻。一千多个日夜，我们一起畅想、一起奋斗；一千多个日夜，我们一起欢呼、一起成长！这一千多个日日夜夜，风霜雨雪，严寒酷暑，是您——我可亲可爱的老师，伴我一路走过。

24 个班级的 48 位学生代表每人手持鲜花走上舞台依次站开，饱含深情用心诉说他们对母校、对每一位老师发自肺腑的感恩之情："三年来，感谢学校为我们提供了成长的沃土；感谢老师教授我们知识，用一天天甘为人梯的奉献和默默无闻的敬业教育我们做一个有责任心的人。你用全部的心血换来我们的睿智与成熟""您是我的眼，带我领略书海的缤纷；您是我的翅膀，助我翱翔知识的天空"……伴随着一句句"谢谢老师、您辛苦了"的话语，高三年级的每一位老师心中充满了浓浓的暖意，充满了从事教师这一职业的无比自豪感。

同学们把一束束带着浓浓谢意的鲜花献给了最尊敬、最亲爱的老师们，并深深地向在场的每一位老师鞠躬以表感恩之情。在舞台下，有一位家长难以抑制自己激动的心情也将随身带来的一束鲜花献给了我们亲爱的老师。在热烈的掌声中，老师们抱着鲜花定格了这美丽温馨而又令人难忘的画面。

高三18班全体同学精心排练的合唱《飞来的花瓣》，在舞台上表达了每一位同学对母校和老师的感恩与眷恋。我们看到了某个同学眼眸里的点点泪花，我们分明听到了某个同学哽咽的嗓音……没有永远的相聚，也没有永远的离别，我最最亲爱的母校，我深深眷恋的老师们，我们都只是暂时的离开，追寻彼此心中的梦想。管乐重奏《天鹅湖》缓缓响起，将在场的每一位同学带入三年里和每一位老师度过的点点滴滴。这一刻，所有的记忆都变得柔软，像柔波一样，在学生和老师的心底慢慢漾开……

当12位家长手牵子女走上舞台，依次向老师和学校致感谢词的时候，时空再一次将学生、家长和学校紧紧连在一起。12位家长代表在子女的陪伴下依次登上舞台抒发了自己对学校对老师的感谢之情……

一位同学的独唱《感恩》唱出了所有高三学子的心声：感恩父母，给予我生命；感恩老师，教会我成长；感恩帮我的人啊，使我感受善良……生活在感恩的世界里，感恩的世界和谐美丽；生活在感恩的世界里，感恩的世界有我有你，有我有你。

活动进行到中途，副校长拿起话筒与现场的5位观众进行了互动，他们分别代表50后、60后、70后、80后和90后。一位70后学生家长说："今天有机会参加女儿的毕业典礼，我感到非常高兴。感谢我的女儿，感谢Z校的每一位老师，感谢Z校为我们肃南裕固族自治县培养了大批的人才！今天的毕业典礼让我想起了我的高中生活，让人感慨万千，高中时候的点点滴滴恍如昨日。现场传来了如潮的掌声和热烈的欢呼声。时光荏苒，岁月如歌。现场采访的5位不同年龄段的代表他们都有一个共同的感受和现场的同学们分享：高中阶段是人生的重要阶段。在这个阶段，我们的知识不断丰富，我们的人生观、价值观和世界观逐步形成，我们的品质不断提升……高中阶段是值得我们每个人用心走过的人生最美的阶段之一！四位音乐老师演唱《你的眼神》《少年壮志不言愁》等歌曲，与现场的观众一起互动，共同回忆各自不同味道的高中生活，将活动引向高潮。

活动进入第三乐章，6位老师领诵，其他老师合诵的集体配乐诗朗诵：还记得三年前，你们背起书包，踏入 Z 校时的羞涩吗？还记得三年前，高一报名时，班主任对你们说的第一句话吗？……高二，你们长大了。餐厅叙写着你们的友谊，操场印证着你们的积极，教室谱写着你们的青春……高三，你们痛并快乐着。你们总是睡不醒，作业总是做不完；你们总是感觉很累，总是感觉压力很大。有时候你们也想过放弃，也曾选择过消极。但你们没有放弃，因为你们是 Z 校人！"此刻，整个现场沸腾了！许多同学和家长纷纷涌向观众席的最前面，在与老师最近的地方拿起相机、拿起手机，不停地按下快门。亲爱的老师，此时我最想做的就是用我手中的相机或者手机留住你慈祥但又略显疲惫的容颜。三年风雨，三年欢笑；三年奋斗，三年成长。伴随着全体老师的朗诵词，记忆的闸门再次打开。那些花儿，那些曾经的点点滴滴，再次像精灵一般在我们的眼眸里跳跃。

主持人：过去的三年里，在每一位同学为梦想而努力拼搏的时候，父母总是在我们的背后默默付出。一杯杯温度刚刚好的牛奶、一声声让我们觉得唠叨的嘘寒问暖、一次次半夜起来为我们盖好蹬掉的被子……这些无不凝结着沉稳如山的父爱和温柔如水的母爱。今天，在我们即将踏上征途展翅高飞的时刻，我们鬓角已生华发的父母将满满的祝福送给我们。

12 位家长代表现场 1200 多名高三学子的父母亲把他们厚重而又温柔的祝福一一送出："孩子，细细算来，你已经寒窗苦读 12 年。今天，我突然发现你的个头已经高过爸爸了。昨天是你 18 岁的生日，从昨天起，你成人了！爸爸祝福你！祝福你在今后的人生道路上健康幸福，祝福你在即将到来的高考中取得令自己问心无愧的成绩！""孩子，三年来，我欣喜地看到了你的成长与蜕变；三年来，我们一起经历着挫折、疲惫、欢笑和快乐。在即将冲刺高考之际，希望你们沉着、坚定、平和、坦然。"在现场，孩子和家长拥抱在一起，许多人都不停地抹着滑落脸颊的热泪。此时此刻，这泪应该有甜甜的味道吧！

紧接着 24 个班级的班主任上台，分别道出了对自己班学生的祝福，"高三15 班的 51 个孩子：十年寒窗苦尽甘来；蟾宫折桂舍我其谁。衷心祝愿你们金榜题名，花开六月；衷心祝愿你们天天开心，事事顺心！高三 12 班的同学们：希望你们以后无论身处何方，常回家看看！高三 9 班的同学们：衷心祝愿你们在今后的工作、学习、生活中带着真诚、正直做人……"每一位班主任似长者叮咛自己的晚辈那样，像母亲关心自己的孩子一般，用最质朴的话语表达着自己对所带班级孩子们的最诚挚的祝福。当 24 位班主任依次送出他们对本班每一位同学的浓浓的祝福时，对应班级的同学会全体起立，用他们嘹亮的嗓音回应老师的祝福："谢谢老师，请老师放心！我们爱你！"手持鲜花的同学们上台与班主任拥抱，紧紧地，久久不愿松开……这拥抱，似乎跨越了3年的时光；这拥抱，似乎容纳了3年的苦与甜；这拥抱，前嫌尽释，饱含不舍、祝福与感恩！

校长偕其他五位校级领导款款走上舞台，深情凝望台下的每一位学子，校长语重心长地说：正确面对人生道路上的困难和挫折，用自信书写壮丽的人生篇章。副校长叮嘱同学们：把握住人生路上的每一次机会，正确面对人生道路上的每一次挫折，给生命一份坚实的承诺，以"诚勤博雅"的校训为指引，铺就人生的黄金大道……

主持人：当岁月因奋斗而更添芬芳，我们已走过崎岖的小径；当时光因刻苦而更添厚重，我们已长成挺拔的绿树。让我们在灿烂的阳光下尽情欢笑，放声高歌。带上友谊，带上祝福，带上自信，带上感恩，踏上崭新的征程，让我们20年后再相会。

《在灿烂阳光下》《二十年后再相会》的歌声激荡在现场的每一位高三学子的心海……相信我们的明天会更美好，祝愿母校的未来更辉煌！

《毕业歌》的旋律在现场再次响起，感恩母校主题活动圆满画上了句号。现场的张同学告诉笔者说："今天的毕业典礼给了我们太多的惊喜和感动，近3个小时的时长还是让人觉得不够过瘾，到今天我才发现高中三年的时光转瞬即逝，到今天我才发现我身边有这么多值得我珍惜的老师，有这么多值得我珍惜的同学。"

本人参与设计了这次主题德育活动，并在现场感受了这次别开生面的感恩教育主题活动，真真实实地感受了孩子们的每一次呐喊、每一次欢笑、每一次鼓掌。德育不应该是强制，不应该是管教，更不应该是灌输，而应该是春风化雨，应该是润物无声。只有把每一项活动都按照课程化的方式精心策划设计，精心组织实施，才能提高德育的实效性。

第五，社团活动课程开始启动。

社团活动课程开发对于普通高中而言，是一项非常难的工作。尽管学校领导的愿望很美好，但由于大部分教师的观念滞后，行动研究一再受阻。在校长的大力支持之下，我负责领导德育课程开发共同体的成员，制订了学校社团活动课程实施方案，按照宣传动员、组织申报、立项评审、组织实施的程序，启动了这项活动。一学期的课程实施效果，尽管不理想，但还是按照课程实施计划启动了学校社团活动。

案例6-7 Z校学生社团课程实施方案①

学生社团是学生综合素质培养的重要载体，是校本课程开发与实施的主要途径，也是展示校园文化特色的重要窗口。开展学生社团活动，对完善特色学校创建的课程体系，深化我校新课程改革，活跃校园文化生活等方面具有重要意义。为丰富学生社团活动内容，规范社团活动管理，实现社团活动课程化发展，结合我校实际，特制订本实施方案。

一、课程目标

坚持以学生发展为本的理念，紧紧围绕我校"人文情怀，卓越教育"的特色学校创建主题，根据新课程改革深入推进的需要，以培养学生创新精神和实践能力为重点，以促进学生个性发展为目标，以高一起始年级为主，有计划地逐步推进。

二、课程发展的原则

（1）坚持个性发展的原则。根据学生的兴趣、爱好、特长和天赋条件，组建有利于学生个性发展的社团，班主任适当引导，学生自主选择参加。

（2）坚持有利于高考的原则。精心选择社团活动的主题内容，合理设计社团的活动形式，有效发挥社团活动在拓展学生素质、开发学生潜质、拓宽升学路径等方面的作用。

（3）坚持学科性原则。社团课程的内容立足于学科，有利于开拓知识视野，弥补基础知识，提高分析和解决问题能力，丰富学科课程内容，优化课程结构，促进学科课程的校本化发展。

（4）坚持以校为本的原则。把社团活动纳入特色学校课程建设的一个重要组成部分，不断充实、完善我校校本课程体系，以特色社团的创建推动特色学校的建设。

（5）坚持项目带动的原则。社团活动纳入特色学校创建的项目建设，以社团活动项目化方式运作，以项目带动社团发展，以课题研究推动社团活动，以社团丰富特色课程内容体系。

三、组织领导及职责分工

为加强社团活动的组织领导，规范社团活动的管理，协调社团活动有序有效

---

① 此项方案由本人负责起草制定，作为学校社团活动开展的依据，指导全校社团课程的实施。

开展，学校成立社团活动领导小组，由校长任组长，分管副校长任副组长，政教处、教导处分管主任为成员，教导处、政教处、工会、团委、各学科组、学生会为成员单位，协同参与组织指导全校社团活动的开展。

（1）社团活动领导小组办公室设在团委，由团委书记负责日常活动，团委负责社团活动的宣传、管理、评价和组织实施。

（2）政教处负责社团活动的立项、规划与审批，配合团委做好社团活动的实施，协调解决社团活动发展过程中的问题。

（3）教导处负责社团活动辅导教师的聘任、考核，根据学校相关制度落实辅导教师待遇，协调解决社团开展需要的场地设备等课程资源。

（4）各相关科室和学科组负责确定社团活动的名称、主题内容，推荐辅导教师，指导社团开展活动，不断提高社团活动质量。

（5）学校相关科室按照工作职能，为社团活动开展创造条件，提供服务，履行相应的职责。

四、社团课程的性质及类别

（1）内容类别。社团活动根据内容标准进行划分，主要分为语言艺术类、科技类、人文素养类、信息技术类、体育类和艺术类。各学科组根据学科课程发展的需要和学科性质特点，确定社团活动的主题内容。

（2）性质类别。社团活动根据活动的宗旨和目的，主要分为素质拓展类、学科竞赛类、个性特长类、高考单招类、学科辅导类。社团项目主持人可根据培养目标和活动宗旨确定社团的性质类别，根据性质设计社团活动的内容和形式。

（3）名称的确定。社团活动名称是社团主题内容的概括，项目主持人要根据社团活动的主题确定社团活动名称，设计代表社团的标示符号。

五、社团课程实施的步骤程序

（1）启动。成立社团活动领导小组，研究制订社团活动实施方案，明确目标任务，统一思想，提高认识；学科组根据教师的特长和学科课程发展的需要，在摸底了解的基础上积极申报社团活动项目，填写《社团活动立项申报表》；社团活动领导小组根据特色学校建设的要求，围绕课程发展和学生发展的实际需要，审批项目，公布立项的社团活动项目。

（2）运行。项目主持人负责起草社团的章程，制订社团课程实施计划，明确社团活动的主要内容，确定活动时间、地点、活动方式、评价办法、组织方式。编制社团活动目录，通过团支部进行宣传，各支部组织学生填写申请书，经班主任审查推荐，有选择地确定社团成员。

（3）实施。学校召开社团成立大会，正式聘任辅导老师，明确任务要求，根据课程实施计划，各社团在辅导老师的组织指导之下，开展社团活动。

六、课程实施要求

（1）基本条件。根据社团活动的类型和规模，分为大、中、小三类社团，小型社团至少10人，中型社团不超过30人，大型社团不超过60人，每个社团每学期至少活动10次，每次活动必须由辅导教师组织指导。

（2）检查登记。学生社团每次活动安排学生干部详细记录活动开展情况，团委制定社团管理条例，根据社团活动的时间，安排专人每周进行检查评价。学生社团应按照计划开展活动，活动一般应立足于校内，因特殊需要到户外开展活动，应由项目主持人书面申报审批。

（3）动态管理。社团活动建立退出和吸纳机制，每学期结束前进行社团活动评价，终止活动效果差的社团，每学期开校接受新生社团的申报立项。社团活动要做到有章程、有计划、有总结，平时要收集活动的资料，学期结束前统一送交团委备案存档。

七、课程实施资源及保障

（1）制度保障。政教处制定《社团活动规划》和《社团活动立项审批制度》，做到社团发展有依据，有保障；团委制定《社团活动考核评价办法》和《优秀社团评选标准》，加强过程管理，确保活动有序有效开展；教导处制定《社团活动教师聘任办法》和《辅导教师考评细则》，确保社团活动持续健康发展。

（2）辅导要求。项目主持人可以自己辅导，可以聘请其他教师参与辅导，也可以聘请校外人员辅导。项目主持人要精心设计活动方案或辅导计划，督促检查辅导教师认真辅导，创新活动形式，丰富活动内容，确保活动质量，确保学生有收获，有发展。项目主持人要培养社团学生干部，充分发挥学生干部的作用。

（3）经费保障。项目主持人要充分利用社会资源，合法获取赞助，补充经费来源。教导处要根据社团规模和辅导教师实际辅导课时，给予一定量的课时津贴或加班津贴。学校根据项目实施的效果，对优秀社团给予表彰奖励。

此外，为转变德育教育的管理化倾向，加强德育课程领导，在向校长、书记多次提议之后，把政教处更名为德育处。名称的变化意味着职能的转变，德育处的主要职能也由对学生进行思想政治教育的"德育管理"机构转变为对学生发展进行教育引导的"德育课程领导"机构。从运行效果来看，基本实现了预期的目的，德育处在德育课程领导方面发挥了应有的作用。

4. 评价及反思

德育课程开发的行动研究，仅仅一个学期时间，课程实施尽管还不规范，课程评价反馈尚未充分发挥作用，课程发展的愿景目标还未完全实现，但开启了德育活动课程化运作的道路，提高了德育的实效性，促进了学校课程发展。在访谈中，不同层面的课程领导者谈了他们的感受。

教师：要我说，还是特色大课间活动比较好，学生有至少一刻钟积极活动的调休时间，脑子缓过来了，上课和晚自习的效率就高，要不，太紧张了，大脑太疲劳没效率。（Z—T—E—52）

教师：现在的班会真不好开，我们班主任得精心准备，设计一个主题班会，比设计一份试卷耗费的精力都大，当然，效果确实很明显，德育课和班会就是有区别。（Z—T—M—53）

学生：好着哩，尽管活动的要求提高了，但我们觉得早操活动把我们的精神提起来了，课间韵律操和特色大课间能让我们得到调休，上课打瞌睡的同学也少了。（Z—S—8）

学生：年级组集会活动很有意义，我们也在认真听，收获很大，比起我们的组长训话的效果好得多，就是我们的参与机会不多，有时候那音响的效果也不好……（Z—S—9）

学科组长：社团活动本来是很好的校本课程，学校的实施方案也符合实际，但现在高考的压力太大，老师们准备也不充分，学生参与意识也不强，看来还得转变观念。（Z—DL—M—20）

学科组长：如果全校都认真落实德育课程实施方案，那效果肯定会出来，问题是班主任的精力有限，再者个别班主任的能力还需要提高……（Z—DL—S—10）

副校长：德育活动起色很好，要坚持做精，树立德育课程的精品意识，把每一项活动都搞得有声有色，发挥德育课程的作用，学生管理的压力就小了。（Z—H—IA—4）

校长：活动课程看来启动了，也有实效，还需要进一步锤炼，如果能打造成精品特色课程，长期坚持下去，那就更好了，我们可以表彰奖励一些课程开发成绩突出的老师。如果学科课程的开发能有这种精神，学校课程发展就会上一个台

阶……（Z—H—IA—5）

反思此项行动研究，从课程领导和课程实施的角度来说，有以下几方面感受。

第一，按照课程化运作方式开展德育活动，组织核心环节的实施。推进德育课程的有效实施，需要一个坚强的课程领导共同体，需要不同层面课程领导共同体成员的积极参与，需要充分发挥共同体的职能作用。只有把每一个年级组、学科组、每一个班级建设成为具有凝聚力的共同体，发挥课程领导共同体成员的创造性，才能开发出有质量的课程，才能提高课程实施的质量。

第二，在德育课程实施过程中，课程领导共同体成员共同参与课程领导，每个成员扮演着不同的角色，核心主体、参与主体和支持主体在参与活动过程中的地位不同，发挥不同的作用，需要充分调动不同主体的积极性，创造性地完成特定的任务，只有齐心协力，真诚合作，才能合力推动一项德育活动有效实施。

第三，德育活动课程化要加强课程领导，在课程目标的拟定、主题内容的设计、具体活动的实施方式、课程活动的评价等环节要精心设计，认真组织实施，以确保课程目标的实现。

第四，课程共同体成员观念的转变是最难的一项工作，只有思想转变了，认识提高了，意识增强了，态度转变了，才能凝聚力量，充分展现共同体成员的智慧才能，推进课程的顺利实施。

（三）推进课程实施：以聚焦课堂实施有效教学为例

新课程改革的实施，核心环节在课堂教学的改革，学校课程领导的主要场域也集中于课程实施，教学是学校课程实施的主要途径，只有聚焦课堂教学的改革，全面实施有效教学，才能体现学校课程领导的有效性。为此，本研究选择了改革课堂教学的行动项目，作为验证课程领导共同体模式的另一个领域，并重点在引领课堂教学创新方面开展行动研究。

1. 问题背景

2011年秋，S校与甘肃省的其他学校一样正式进入新课程改革，学校领导也达成了共识，坚决不能放弃课堂搞课程改革，坚决不能忽视高考搞课程改革，必须在提高课堂教学质量上寻找突破口，必须在实施有效教学方面下功夫。但如何引领课堂教学改革，创新课堂教学模式，提高课程实施的有效性，学校领导心里也没谱，学校把这个课题交给了教导处，我作为教导处的负责人，结合博士学位论文的研究，开始探索并展开了行动研究。

新课程改革尚未实施的几年之前，绝大部分教师已经参加了新课程改革各种层次和类型的培训，大部分教师基本掌握了新课程改革的理念，但在教学过程如何落实新课改的理念，不断创新教学方法，改革教学组织形式，提高课堂教学质量，需要引领教师转变观念，指导教师转变教学方式，探索有效教学模式。通过访谈、观察、听课、问卷调查，发现 S 校在课堂教学方面存在以下几方面的问题。

第一，教学目标设定过高。尽管新课程提出了"三维目标"的要求，但在具体的课堂教学中大部分教师并没有真正落实新课程改革的理念，按照高考的要求设定教学目标，偏离课标的要求。笔者经过课堂观察发现，每节课的教学内容都很饱满，教学容量和难度超出了学生可接受的范围，每节课都紧紧张张，教师讲解时间较长，而学生内化知识、提升能力、生成智慧的时间和空间很少。

第二，教学方法单一。课堂观察发现，大部分教师仍然采用传统的讲授法进行教学，教师的讲授"占据"课堂教学 45 分钟中的大部分时间，课堂教学能展示出教师多年来练就而成的深厚"讲功"，但学生仍然处于被动听讲的状态，合作、探究学习的场景很少看到，学生在课堂思考、讨论、表达的机会被教师的讲解代替，即便是课堂练习，也纯粹是学生独立完成，同学之间没有交流的习惯。

第三，教学过程机械。课堂观察发现，大部分教师都按照复习回顾、导入新课、讲授新课、课堂练习、布置作业传统的"五环节"程序实施教学，教学过程过于机械呆板，存在模式化倾向。课堂中师生互动交流很少，学生活动也只有在课堂练习环节占用几分钟的时间，学生大部分时间都在"端坐静听"，尽管教学环节前后衔接自然，但课堂教学没有生机和活力。

第四，教学方式传统。自主、合作、探究是新课程改革倡导的教学方式，但在课堂教学改革中并没有实现真正的转变。一方面，教师一般不采用新的教学方式；另一方面，个别教师尝试采用合作探究，也是"虚晃一枪"又回到了讲授的"老路"，仅仅是表面上的互动、虚假的合作、形式上的探究，课堂教学中的"新方式"体现的不明显，合作探究的实际效果没有体现出来。

此外，多媒体教学手段运用的倒很好，大部分教师都能准备课件，但只是作为教师讲授的一种辅助手段，并没有充分发挥多媒体的真正作用，多媒体手段使用尚停留于工具阶段，与学科课程和课堂教学深度整合不够。

就课堂教学创新的问题，与 S 校不同层面的教师进行了交流，在与一位资深教师和一位年轻教师的深度访谈中了解了问题的原因和症结。

案例6-8 不是我们不愿意改

新理念我们也学了，也知道咋用，但在实践中没法用。原因很多，也没法一一跟你细说，我就说最实际的问题吧。现在的教材确实编的简单了，内容也少了，应该说好教了，学生也好学了。但是，我们教学的最终目的在于考试，在于高考。这一点，你们领导也不是经常讲嘛，高考关系着学生的发展，学校的发展，成绩就是硬道理等等。这是个现实问题，如果没有高考，没有平时的考试评比，我们的教学只应付个会考（此处指全省的学业水平考试），按照课程标准和现行的教材，我"背着手闭着眼睛"，随便教。什么新方式我都可以用，什么新花样我都能搞出来。但我们平时考试的命题模式是按照高考的套路走的，远远超出了课标的要求，每次考试结束的评比，成绩上不去就"亮相"了，老师教的行不行，不是靠课堂上的表现，而是拿学生考试成绩这个"硬指标"来"说话"，更不要说高考了。每门课程分配的课时是有限的，就要在课堂45分钟里要把该讲的知识点讲到位，把有可能要考到的能力点练到位，还要补充大量的例题、课外知识和教材中没说到的知识。你说，老师哪有时间让学生在合作中消磨时间，在探究中浪费精力？再说，高中的课程要让学生自主学习掌握知识，简单一些的还可以，稍难一点的根本不行，还得依靠老师讲。总之吧，一句话，我们不是不愿意转变教学方式，而是课堂没时间用，也不能用。（S—T—M—18）

尽管是一位教师的说法，但道出了真实原因——尽管并不是根本原因。真正有效的教学和高效的课堂，不是用传统的讲授法所能实现的，名校的成功经验得出的结论是教学的有效性依靠课堂创新，课堂的高效取决于学习方式的彻底转变。就这个问题在与一位年轻教师的深度访谈中，他道出了另一层面的原因。

案例6-9 根源在自己

关于有效教学的问题，我们也看过一些资料，比如，杜郎口的经验、衡水中学的课堂、洋思中学的模式，报刊宣传得也很好，课堂教学实录我们也看过。尽管教育界也有批判和质疑的声音，但那毕竟是说法，人家的模式和理论都是从真实的实践中总结出来的，而且已经被实践所检验。我们也曾经尝试过，但人家的那种方式方法在我们自己的课堂里行不通，用不转。问题绝不是那种方式方法不科学，而是我们没有弄出自己的东西，没有结合我们学校自身的实际。新课程改革的理念讲的都很对，也很科学。现在的问题是我们自己对理念的"吃的还不透"能力可能还不行。我也尝试过合作探究，但把握不住，有时候把讲的知识给概括成问题，让学生讨论，在讨论中探究。但学生也讨论不出个啥来，往往课堂就失控了，许多学生不围绕解决问题去思考，就给你"胡拉乱扯"，反而课堂里乱哄哄的，时间也浪费掉了。我也曾做过对比，那些名师的课堂，怎么就搞得那么活，老师讲得少，学生学得多，课堂教学效果好。我们达不到那种程度，我们没做到，别人做到了，说明是我们自己的能力问题，不能赖人家课程改革的理论，根源还在我自己。(S—T—M—19)

在访谈中还了解到一些其他方面的原因，笔者认为最根本的原因在于教师的观念滞后和课堂教学创新能力不足。新课程改革的理念理解还不透彻，课堂教学的效率意识不强，使用新方法的能力不足，缺乏大胆创新的实践。

2. 计划生成

学校课程领导内在地包含了教学领导，必须把教学改革上升到课程改革的高度，从课程实施的角度引导教师创新教学。教导处主任、学科组长、年级组长、骨干教师都是组织领导课堂教学改革的共同体成员，必须要发挥他们的力量，依靠共同体成员的智慧引领课堂教学的创新。为此，笔者通过召开座谈会和个别访谈，分别征求并听取了校长、骨干教师、学生代表等不同层面共同体成员的意见。结合学校课程领导共同体模式三层面结构和共同体运行的规律，按照转变观念、建立规范、评价引领、行为跟进四个环节，分别从学校、学科组、班级三个层面落实计划。

3. 实施及结果

在笔者的动议之下，校长和分管校长出面组建了高效课堂创建行动研究小组，明确了目标任务、组织构成和基本要求。这个行动研究小组就是一个课程领导共同体，愿景目标是创新课堂教学，提高教学质量。主体构成情况是分管副校长任组长，我和科研处主任任副组长，学科组长和年级组长为成员。每个学科组组建学科课程领导共同体，具体落实各项行动研究的任务，推进整体活动的开展。按照拟定的行动路径，在实施阶段，笔者带领共同体成员在推进高效课堂创建和有效教学实施方面，发挥课程领导的作用，开展了许多活动，推进了学校课程实施，也有许多成果产出，限于篇幅，在此仅概要地呈现主要的活动成果。

第一，转变观念的行动

根据课程领导共同体成员讨论的意见，我们首先开始观念转变的行动，主要开展了以下几方面的活动。一是组织动员。学校组织召开了聚焦课堂实施有效教学的动员大会，统一了思想，初步达成了共识。校长做了动员讲话，我从有效教学的内涵、衡量高效课堂的标准、名校课堂教学模式介绍、有效教学的行为选择四个方面做了专题辅导，分管副校长做了学习活动的具体安排和要求。二是学习讨论。为进一步深化认识，转变观念，学校以创建高效课堂实施有效教学为主题，开展了为期一个月的大学习大讨论活动。在课程领导的宏观层面，由校长组织中层主任每周利用中心组学习时间进行学习讨论；在课程领导的中观层面，以学科组为单位，每周在学科教研活动时间集中学习讨论；在学校课程领导的微观层面，由班主任组织学生讨论学习了如何转变学习方式的讨论。在学习讨论的一个月中，校园里充满了研讨有效教学和高效课堂的良好氛围。尤其是在办公室，大家聊天的话题都围绕着"课堂""教学""有效"几个关键词。三是外出考察。为进一步开阔视野，以实践感悟促进教师反思教学，学校派出了由学科组长和骨干教师组成的三支考察学习小组分别赴宁夏一中、洋思中学和杜郎口学校现场观摩学习，考察组返校以后，分别在学科组进行了经验介绍和考察学习汇报。四是集中交流。经过一个月的讨论，改革课堂教学模式，实施有效教学的氛围已经形成。为进一步提高认识，转变观念，我们组织了全校性的集中交流。在此，节选会议现场的学习感悟发言片段。

案例 6-10 聚焦课堂实施有效教学研讨会片段

校长的开场白——随着新课程改革的全面推行，以"提升课堂教学有效性"为主题的教改实验在许多地区不断取得可喜的成果。大家都在思考：没有学业成绩的提高就没有高考升学率的突破，没有升学率的突破就没有优质的生源。学业成绩的提高是硬指标，升学指标的突破是硬招牌，能力水平是硬功夫，教学质量的提高是硬道理，提高教学质量立足点和主渠道就在课堂。一个月来各学科组广泛开展了有效教学研讨，今天我们在这里集中交流……

语文学科组长的发言——没有更重要

我就从发展的角度汇报关于有效教学内涵的理解，新课程改革的三维目标是一个有机结合的目标整体，缺失任何一个维度都是不全面的，也无法达成真正意义上的发展。如同一个立方体的长宽高，缺失任何一方面都不可能构成立方体。但有效教学落脚点在学生学业成绩的提高，尽管不能仅仅以学业成绩的变化作为唯一的指标来衡量和评价教学是否有效，但如果经过一段时间的学习，学生学业成绩没有提高反而下降了，学业成绩测评的结果与可能实现的预期相比提高幅度不大，我们也绝不可能认为这样的教学是有效教学。对于高中生来说，学业成绩与身心全面发展对学生都很重要，没有哪一个更重要……

数学学科组长——"战斗"靠学生

我觉得衡量教学的有效性只能从学生的角度，而不能从教师教的角度出发，这是评价有效教学的基本立场。教学的"主阵地"在课堂，只有立足课堂，向课堂45分钟要质量求效率，提效益增效果，只有这样才能提高教学的有效性。有效教学的着重点在学习方式的转变，课堂教学的一切改革都必须围绕教学方式转变这一中心，没有教的方式的改变，没有学的方式的改变，没有教学方式的彻底改革，其他方面的努力和投入再大，有效教学只能在低层次的水平上徘徊，如同一场战斗，教师是指挥官，但打仗靠的是士兵，在课堂这个"战场"上，打仗靠的是学生……

生物学科组长——草药与西药

……要把握好教学节奏，在学生思维活跃、兴致高昂时需要惜时如金，快节奏、大容量的教学；在学生困惑的时候，就得和风细雨，循循善诱，迂回反复，甚至要慢慢等待。那种超越学生的身心发展规律去追求课堂教学的高速度和快进度，势必欲速不达。这里所说的慢速度，是相对于学生接受的快速度，在慢速度中充满着期待、引导、激励、唤醒。慢速度教学不是不要高效，而是要在教与学之间、教师的要求与学生的可能性之间、我们的预期与学生的实际之间寻求最佳的适切性。中草药见效慢，西药见效快，是否西药就一定比中药好呢。

物理学科组长——漏气的车胎

……我们在时间和精力等方面投入多而教学效益低，其弊不在投入本身，而在于师生投入的精力时间都用在了单纯的知识传授、死记硬背、题海战术、机械训练，我们没有顾及学生的兴趣爱好、个性特长、原有基础、发展需要，特别是忽视目的、动机和学习信心等内驱力的激发，强迫灌输，结果教师苦教，学生苦学，以至畏学厌学的现象层出不穷。我们的学生知识盲点较多，如同充满着许多沙眼的漏气车胎，经常性性漏气，漏气了就打气，而不及时地补胎，造成沙眼越来越大，盲点变成了盲区，信心越来越不足，最终学习越来越差。

政治学科组长——功夫在课外

……我们探讨有效教学，不能把有效教学的希望完全寄托于课堂教学，有效教学之"效"不只是课内功夫。没有课外复习巩固、没有有效的课外辅导、没有有效的检测反馈和考试评价，课堂教学的有效成果不能在作业、复习、辅导、检测、反馈等教学环节上得到强化和巩固，最终仍然会走向无效教学。我们要关注课外的有效作业、有效辅导、有效检测反馈和有效考试评价。教师要引导学生走出课堂，利用节假日时间，积极参加社会实践，注重教材内容与生活实际的联系，增强学习的体验和实践，使课内知识通过课外实践转化为学生的智慧。

英语学科组长——粗粮与细粮

……不少教师认为，只要给学生多"灌"一点，让他们知道的更多一些，知识积累的更丰富一些，掌握的更全面一些，就可以少丢分，给学生讲细一些，"喂烂"一些，就可以提高学习效果。这种观点把学生当成储存知识的容器，尽管教师煞费苦心，但结果往往适得其反，向学生灌得越多，喂的越烂，他们越不会主动获取知识，越不会动脑筋思考问题，这样的教学不能称其为有效教学。如同既要吃细粮，也要给粗粮吃，否则就会患"糖尿病"。

历史学科组长——苦乐与软硬

……实践证明，学生从早到晚，教师苦教苦陪，学生苦学苦练，这是高中教学提高学生成绩的法宝。教学质量不仅包括学生的考试分数和高考升学率等"硬性指标"，还包括使学生终身受益的自学能力、学习方法、学习兴趣、学习习惯和健全人格等"软指标"。我们为社会培养的不是考生，而是可持续发展的社会人。一方面，靠时间磨不出来真正的好成绩，只能磨出来学生坚强的意志品质；另一方面，靠时间能磨出一时的成绩，磨不出在未来社会能生存和发展所需要的能力。高中苦三年，乐一辈子；高中乐一阵子，苦一辈子。这是活生生的现实，我们的有效教学只能选择折中，而不能偏执一端。

地理学科组长——哪个更重要

我的观点有四：第一，用劲教着学要比使劲教更有效。个别教师使尽浑身解数拼命地教，唯恐讲不到位，"讲功"好而"导功"差，造成学生"听功"好而"练功"差，判断教学行为是否更有效，要看教师是在使劲地教，还是组织调动学生使劲学。第二，教会学习比教会知识更重要。有经验的教师把学生教少了，因为学生学会了学习，存在问题的学生逐渐减少；个别教师把问题学生教多了，独立性逐渐丧失，不会学习的学生越来越多，需要教的学生越来越多，有效教学要实现需要教的学生越来越少，需要帮助解疑释难的学生越来越多。第三，学了再教比教了再学更有效。部分教师习惯于先教后学，学生习惯于等待教师的灌输，课堂上没有了问题意识，教师要么把一切问题都看成重点问题，要么把不成问题的问题看成问题，其实留下了一大堆问题。指导学生先学，针对学不懂的问题教学，这才是我们理智的选择。第四，当堂练习比课后练习更重要。个别老师课堂乐此不疲地讲解，学生课后作业练习一塌糊涂，下次上课还得继续"热剩饭"。如果在课堂创设的典型问情境中及时练习，学生在老师的眼皮子底下显现出疑点和错点，教师进行有针对性的讲解，实效性必然会提高。

副校长总结——理论上的欠缺必然导致实践上的盲目，没有科学理论指导的改革很容易陷入经验主义的泥潭。如何在新课改的背景下立足课堂改革，创新教法学法，创建有效模式，提高学业成绩，只有依靠我们自己去学习、去探索、去尝试、去总结、去反思，在研究中行动，在行动中研究，在反思中改进，在改进中提高……

第二，建立规范。

有效教学没有固定的套路，课堂教学创新也没有固定的模式，每位教师都有不同的提高教学有效性的方式方法。但必须有一个统一的基本规范，在制度规范的引领下创新教学课堂，才能保证课堂教学的改革沿着正确的方向步步深入。为此，笔者召集共同体成员共同商议，讨论起草了有效教学的基本要求，印发全校，各学科组组织了学习讨论，全校教师对有效教学的认识进一步提高。

案例 6 - 11　S 校有效教学实施的基本要求（节选）

为聚焦课堂教学创新，创建高效课堂实施有效教学，以教学方式的转变推动有效教学的实施，提高课程实施的质量，促进学生的全面发展，提出以下规范性要求。

一、转变观念，树立新课程改革的理念

（1）转变传统观念，树立四种教改意识。教学是教与学的互动，是师生相互交流、沟通、启发和补充的过程。目前，课堂教学中仍然存在着以教师为中心，以讲为主，练习不够，教法单一，教学手段应用不够等问题，导致课堂教学效益偏低。为此，我们要正视教学中存在的问题，通过加强学习，不断转变旧观念，树立以下四种意识：一是由重传授知识向重能力发展转变，树立为学生发展服务的意识；二是由重教师"教"向重学生"学"转变，树立以学生为主体的教改意识；三是由单一评价向"用多把尺子衡量学生"转变，树立每个学生都能学好的教育意识；四是努力构建和谐的师生关系，树立以情育人的角色意识。

（2）学习先进理念，形成科学的育人观。一是树立"学生主体"的理念，尊重学生的学习主体地位，注重激发学生学习的内驱力，激活学生的思维，促进学生积极主动地参与学习。二是树立"面向全体学生"的理念，教师要尊重每一个学生，给每一个学生提供平等的学习机会和学习资源，实施因材施教，以适应学生的个体差异，满足不同层次学生的需求，促进每一个学生生动活泼地发展。三是树立"全面发展"的理念，教师要从每个学生特殊教育需求出发实施教学，从学生知识和能力水平出发，开发每个学生的潜能，为每一个学生的最优化发展提供机会。

二、转变行为，在教学常规方面要质量

（1）改进教学设计，提高课前预设的质量。一是要以课程标准的要求为指导，整合三维目标，有效挖掘教学内容的育人功能。二是要认真研究学科课程标准，从整体上领会教材编写意图，根据考纲整合、拓展教学内容，创造性地使用教材。三是要关注学生前期知识经验积累，以学生的学为中心设计教案和学案。四是要研究设计三维目标达成方法，根据学生的共性需求和个性特点设计教学策略，选择灵活多样的教学方法。

（2）提高教学实效，向课堂40分钟要质量。一是要做到目标明确，容量适度，重点突出，充分体现师生互动，确保学生课课有想，课课有悟，课课有得。二要坚持教为主导、学为主体、练为主线的原则，做到精讲多练，把课堂还给学生。三要充分考虑学生的个体差异，正视学生感受性和接受能力方面存在的差异，实施分层教学。四要关注学生的最近发展区，通过有效教学，促进学生从不懂到懂、从少知到多知、从不会到会、从不能到能的变化和提高。

（3）转变学习方式，切实提高课堂学习的效率。一是优化情境创设环节，精心设计问题，要在主要结论给出之前留给学生充分的思考时间，抓住学生思维契机，启发学生积极动脑、动口、动手，主动获取知识。二是优化讲授环节，教师要精心点拨，抓住重点、难点、疑点、规律等必讲之处，做到讲清、讲透，课堂上教师讲解不超过20分钟，学生自主学习和互动探究的时间不少于15分钟。三是优化自主学习环节，创设自主探究的氛围，组织引导学生进行尝试性练习，通过独立思考，把握要点、发现难点、产生疑点。四是优化师生互动环节，营造师生平等对话的范围，在学生探究过程中适时点拨，巧妙引导，鼓励学生质疑问难并给予及时的指导帮助，在归纳所学知识的基础上自主建构知识体系。

（4）重视个体差异，提高作业批阅的质量。一是要紧扣教学内容和目标，严把质量关和数量关，科学地布置作业和练习，做到练会一题，会做多题，提倡教师根据学科特点自编活页作业。二是作业批改要及时，写好富有激励性、启发性的评语，提倡对学有困难的学生适时面批，根据学生的学习需要进行个别辅导。三是创新作业的批阅方式，注重作业的反馈功能，及时把作业批改情况反馈给学生。

（5）巩固课堂成果，提高辅导的针对性。一是要端正课外辅导的态度，树立自习课也是课堂的意识，主动辅导学生，督促检查学生的学习情况。二是要明确早自习辅导的任务和目标，指导学生自主学习，坚决反对早读时间教师进行集体辅导，引导学生诵读经典，着力营造一个良好的"书香校园"氛围。三是要创新晚自习辅导的方式，提高辅导的质量和效率，处理好集体辅导、个别辅导与学生自学的关系，做到"因材辅导"。

三、创新模式，深化教学改革中求突破

（1）因材施教，构建不同课型教学模式。一是新授课提倡"先学后教"的课堂教学模式，教师要设计导学案，组织学生提前预习，在课堂教学中针对自主学习中的疑难问题进行精讲点拨，课堂练习要有足够的课堂时间，发现问题及时纠正补充，实现"堂堂清"。二是讲评课提倡"以评为主"的教学模式，要针对学生作业或答卷中表现出的带有共性的问题和典型性问题，进行辅导，要在问题解决的方法、思路、技巧等方面求突破，把课内讲评的内容，延伸到课外。三是复习课要增强综合性和针对性，为所学知识的综合应用创设问题情境，梳理知识系统，提升问题解决能力。

（2）创新机制，形成高校课堂激励机制。一是学校将分学期开展教坛新秀课堂教学竞赛、青年教师教学基本功比武、中青年教师优质课评选和说课比赛等活动，激励广大教师争先创优，不断提高教学水平。二是严格落实教学绩效评价制度，将教师的教学业绩和年度考核紧密挂钩，激发教师不断提升自身业务水平，提高课堂教学质量。三是鼓励广大教师积极投身教育教学改革，在教学模式、教学内容、教学方法、考试方法、作业批改等方面进行大胆实践和创新，对在课改实验中做出突出成绩的教师，学校将给予一定的奖励。四是加强课堂教学视导，对共性问题，采取简报、总结等形式进行反馈通报；对个性问题，采用座谈会、个别交流、书面反馈等形式，进行反馈。五是建立课堂教学质量评价标准体系，制定科学、合理的课堂教学质量评价标准，引领课堂教学改革，促进教师专业成长。

有了明确的要求，教师们感觉还是很茫然，不知道从哪里入手创建高效课堂，不知道采取哪种教学模式能实现有效教学的目标。为此，笔者与共同体成员在广泛征求意见、充分酝酿和讨论的基础上，起草了有效教学教师授课基本要求，作为一个实践参照的依据，逐步提升高效课堂的理念。

案例6–12　S校创建高效课堂教师授课基本规范①（节选）

一、教学设计

（1）教学目标明确、具体、适度，体现新课标三维目标的理念，切合学生知识能力水平。

（2）教学内容紧扣课标并进行拓展整合，课堂容量适度，难度适中，符合大部分学生实际。

（3）教学方法体现学科特点，灵活运用教学方法，能选用必要的多媒体或直观教学手段。

二、教学过程

（1）教学基本环节完整，遵循学生感知、理解、巩固、应用基本规律，过渡自然，衔接紧密。

（2）学生主体地位突出，课堂学习内容结构疏密有致，时间分配科学合理，符合认知特点。

（3）落实精讲多练策略，能及时解决学生在练习中的问题，质疑问难得到有效回应和鼓励。

（4）教学活动有序开展，组织教学贯穿课堂始终，课堂教学活而不乱，课堂气氛民主和谐。

三、学生行为

（1）学生能积极主动地全程参与教学，集中精力专心听讲，能按教师的要求完成学习任务。

（2）学生能积极思考教师提出的问题，有强烈的求知欲和学习愿望，善于交流，敢于质疑。

（3）能有效开展必要的合作探究学习，自主学习积极主动，学习方式符合新课改基本理念。

（4）能围绕问题的解决开展师生交往，教学互动真实有效，学生能自由充分地讨论交流。

四、教师行为

（1）教师能根据教学创设教学情境，教学组织形式多样，智慧处理课堂中出现的各种问题。

---

① 本案例内容由本人执笔起草。

（2）教师能有效地运用启发式教学，围绕问题解决展开教学，引导学生解决问题方法得当。

（3）教师能有效发挥教学主导作用，讲授精当重点突出，根据学生已有经验建构知识体系。

（4）能按要求备写教案，提前候课并准时上、下课，教具准备充分并能规范运用，熟练操作。

（5）使用普通话教学，语言表达准确生动，板书（图、画）简明美观，体态语自然大方。

（6）教师精神饱满充满激情，富有感染力，服饰整洁大方，言谈举止文明，具有亲和力。

五、教学效果

（1）知识获得系统完整，知识掌握扎实有效，多数学生能达成拟定的知识目标。

（2）原理要点理解透彻，难点突破，疑点消化，多数学生能理解消化教学内容。

（3）思考探究问题积极，多数学生能进入创设的问题情境，思维能力有效提升。

（4）德育渗透自然有效，多数学生获得积极的情感体验，学习态度有积极变化。

（5）教学互动生成良好，有机渗透学法指导，多数学生能掌握问题解决的方法。

（6）面向全体关注差异，不同层次学生有不同程度的提高，获得学习成功体验。

第三，行为跟进。

经过讨论学习和规范引导两个环节，教师对有效教学的实施和高效课堂创建有了理性认识，如何在课堂教学实践中不断探索创新，需要在实践中指导，在相互观摩交流中提高，引导教师在实践感悟中反思改进。为此，按照课程领导共同体模式的优势，充分发挥三层面课程领导共同体的职能作用，深入教学现场，进入课堂广泛开展听课研讨和行为指导。主要开展了如下活动：一是由学校领导和中层主任组成宏观层面的课程领导共同体，形成课堂教学创新视导小组，六个视导小组每个小组两个学科，随机进入课堂进行视导，每周汇总共性问题，并在学科研讨会上进行反馈，个性问题以谈话方式反馈；二是各学科组成中观学科层面课程领导共同体，开展骨干教师示范课观摩、创新课案例研讨、青年教师汇报教学、高效课堂交流展示课、同课异构对比课研讨等不同形式的交流活动，每次活动结束，以学科组为单位开展评课、议课、研课活动；三是以班级为单位形成微观课堂层面的课程领导共同体，开展师生对话交流、学习方法讲座、合作探究学习方式技能培训等活动，促进学生学习方式的转变。

第四，评价引领。

在听课评课活动中，由于评价者的视点不同，高效课堂和有效教学的标准不统一，造成同一节课不同评价者观点各异的现象，有些问题还引发了教师们之间的争议。经过研讨，行动研究小组认为，需要有一个课堂教学评价体系，以评价标准引领教学创新，以规范的评价指标引导教师的教学行为。为此，行动研究小组经过讨论交流，从四个维度、十七个角度设计了由五十一个"观察点"构成的课堂教学质量评价视点体系，并在此基础上设计了高效课堂达标评价量表，引导教师在听课评课实践中，对照标准观察课堂，反思课堂，评价别人的课堂，改进自己的教学。

案例 6 – 13　S 校高效课堂评价视点体系①（节选）

一、教学设计

1. 目标设计

——教学目标具体明确，能充分体现新课标三维目标要求；

——教学目标适度难度适中，切合学生知识能力水平实际；

——教学目标面向全体关注个体，能实现学生差异化发展。

2. 内容设计

——结合学生实际确定教学重点，做到紧扣课标重点突出；

——围绕课程标准拓展整合教材，做到容量适度深浅适宜；

——问题设计切准学生最近发展区，针对疑点抓住关键点。

3. 方法设计

——教法设计符合学生的认知规律，体现新课程改革理念；

——练习的设计能围绕知识能力目标，具有较强的针对性；

——教法运用能体现教师的主导作用，体现学生主体地位。

---

① 此案例内容由笔者起草。

4. 媒体设计

——能根据实际需要运用媒体技术，最优化使用教学手段；

——能根据教学需要选用合适的教具，体现教学的直观性；

——能使用不同媒体呈现内容，扩大课堂教学的信息容量。

二、教学过程

1. 课堂结构

——教学基本环节完整，课堂能做到讲练结合，以练为主；

——教学环节过渡自然衔接紧密，课堂教学流程自然和谐；

——教学环节时间分配科学合理，课程学习内容疏密有度。

2. 教学组织

——教学以学生为主体，引导学生自主学习并有时间保证；

——能有效地组织学生围绕问题开展探究学习和合作学习；

——教学组织形式灵活有效，能为有效达成课程目标服务。

3. 情境创设

——创设的情境具有吸引力，能激发学生的兴趣和求知欲；

——问题情境能面向全体，切合不同思维层次学生的实际；

——教学互动有序有效，师生之间能自由充分地交流讨论。

4. 课堂气氛

——学生能得到教师应有的尊重，师生平等交流互动合作；

——课堂气氛民主和谐，学生的质疑问难得到回应和鼓励；

——教师根据反馈信息调整教学，教学活动高效有序开展。

5. 学法指导

——教学过程能注重学生学习习惯和学习品质的培养教育；

——教学过程能有机渗透学习方法和思维方法的指导训练；

——教学过程能培养学生合作学习和探究能力的方法指导。

三、教学效果

1. 目标达成

——多数学生能达到知识、技能、态度、方法等课程目标；

——多数学生在情感、态度、价值观方面有一定程度变化；

——多数学生的知识能力在原有基础上有最大程度的提高。

2. 参与状态

——多数学生精力集中，能积极主动地全程参与教学活动；

——学生能进入问题情景，在合作探究中能积极思考质疑；

——学生能全身心地投入学习，有适度的紧张感和愉悦感。

3. 教学效能

——学生在有限时间能掌握知识点、突破难点、消化疑点；

——优化配置课程资源，有效生成课堂资源并能有效利用；

——学生能在自主、合作、探究学习中提升知识能力水平。

4. 思维状态

——学生能运用较为准确的学科语言有条理解释说明问题；

——学生能善于质疑，提出有价值的问题，并能展开讨论；

——学生对教师或同学的问题质疑能积极回应并具有创意。

5. 生成状态

——教学行为能引发学生求知欲，激发学生学习的自信心；

——学生潜力不断得到激发，能创造性地分析和解决问题；

——能唤醒新旧知识的联系，融会贯通地分析并解决问题。

四、教学行为

1. 教学理念

——教学过程能体现以学生发展为本，促进学生和谐发展；

——坚持精讲多练，做到教为主导、学为主体、练为主线；

——能体现在知识传授和能力培养的过程中有机渗透德育。

2. 教学态度

——教师能按要求备写教案，做到提前候课并准时上下课；

——教师能提前做好教具和媒体准备，操作规范运用熟练；

——教师能关注每一个学生，能结合实际促进学困生进步。

3. 教学技能

——能组织好课堂教学活动，课堂节奏张弛有度活而不乱；

——教师能根据教学情境变化灵活处理出现的非常态事件；

——教师能有效调控自身情绪，创造和谐愉悦的教学氛围。

案例 6-14　S 校高效课堂达标评价量表（一）

学科			班级		授课教师		课题		
课型			听课者		评课类别		授课时间		
评价项目		序号	评价指标——特征描述		评价等级（划√）				
					A 达标	B 基本达标	C 未达标		
教学过程	教师行为	1	教学情境创设新颖，组织形式灵活多样						
		2	有效地运用启发式，突出重点突破难点						
		3	学习内容条理清楚，讲解释疑方法得当						
	课堂状态	4	教学基本环节完整，过渡自然衔接紧密						
		5	内容结构疏密有致，时间分配科学合理						
		6	讲练结合练为主线，针对问题及时辅导						
		7	组织教学贯穿始终，课堂气氛民主和谐						
学习效果	学习过程	8	积极主动全程参与，精力集中专心听讲						
		9	积极思考教师提问，敢于质疑善于表达						
		10	自主学习积极主动，根据需要探究合作						
		11	教学互动真实有效，师生生生交流充分						
	目标达成	12	知识获得系统完整，知识掌握扎实有效						
		13	原理要点理解透彻，难点突破疑点消化						
		14	思考探究积极主动，思维能力有效提升						
		15	情感体验丰富积极，德育渗透自然有效						
		16	有机渗透学法指导，教学生成效果良好						
		17	面向全体关注差异，不同层次均有收获						
教学素养	教学设计	18	目标明确具体适度，切合学生现有水平						
		19	内容紧扣课程标准，容量适度难度适中						
		20	教学方法科学灵活，教学手段直观得当						
	教师素质	21	遵守课堂教学常规，教具媒体运用熟练						
		22	语言表达规范生动，板书设计简明美观						
		23	精神饱满充满激情，服饰整洁举止文明						

S校高效课堂达标评价量表（二）

量化评价	项目	教学过程						学习效果						教学素养						总评≤99分
		教师行为			课堂状态			学习过程			目标达成			教学设计			教师素质			
	标准	A	B	C	A	B	C	A	B	C	A	B	C	A	B	C	A	B	C	
	分值	3	2	1	3	2	1	6	4	2	6	4	2	3	2	1	3	2	1	
	个数																			
	评分																			
级差评价	尖子																			
	重点																			
	普通																			
	特长																			
达标界定																				
评价意见	优点特色																			
	改进建议																			

备注

1. 此评价表根据新课改的理念设计，坚持"以学评教"的价值取向，采取达标质性评价的方式进行，旨在引导教师依据评价标准反思并改进教学，为创建高效课堂提供参照依据

2. 此评价表的客体主要指向课堂，不作为定性评价教师课堂教学的直接依据。因班级性质和学生差异会造成课堂评价的失衡，在班级差异评价中运用和谐系数进行平衡处理

3. 教学过程和教学素养的评价项目按照综合评价的原始分数计算，学习效果的评价项目按原始分数乘以和谐系数计算，其中尖子班1.0，重点班1.1，普通班1.2，特长班1.4

4. 依据量化转换后的成绩进行达标界定。其中：总评成绩≥80分为达标；≥70分为基本达标；<70分为未达标

4. 评价反思

经过一学期的努力，聚焦高效课堂实施有效教学的行动研究取得了良好的成效：教师的教学观念转变明显，教学行为有了较大的改进，课程领导意识逐步觉醒，教学方式在课堂教学中不自觉地发生转变，课堂教学效果明显提高，师生关系逐步改善，已经呈现出良好的发展态势。

学校课程领导共同体模式作为一种课程领导的实践模式，只有借助具体的课程领导项目或内容，才能体现出这一模式的优越性。在这项行动研究中，课程领导共同体模式民主平等、多元参与、对话交往、合作共享、实践反思的理念在具体的课程领导实践中得到了验证，充分体现出了这一模式的优越性，结合访谈进行反思性分析。

第一，多元主体参与能凝聚课程领导的合力。

在本项行动研究中，几乎所有的教师都参与了改革课堂教学的行动，并发挥了课程领导者的作用。学校课程领导共同体成员围绕高效课堂和有效教学的愿景，在改革课堂教学的行动中，课程实施的主体性逐步显现，课程领导的力量进一步凝聚，教师创造性智慧充分涌现，课程领导的活力处处展现，高效课堂教学模式在探索中逐步成型，推进了有效教学的实施，从访谈反馈的情况来看，多元主体参与课程领导能促进学校课程发展。

教师：这学期的高效课堂创建活动，大家都动起来了，兴致很高。一学期就像搞运动似的，一个接着一个，与以往的活动相比，大家参与的积极性较高，收获不小。（S—T—IS—20）

教师：我以前不咋关注这类教学研讨创新活动，这一次有不一样的感觉，我的观念有所变化，本来我是个"老古董"，经过这学期几次活动的认真参与，对我触动很大。（S—T—C—21）

学科组长：我现在才认识到共同体的意义，扮演课程领导者的角色干了不少事，这一学期做的事多，尽管很忙很累但很有意义，不像干其他工作，忙了就叫苦……（S—DL—M—20）

第二，规范引领能提升课程领导的效能。

在本项行动研究中，从有效教学的基本要求到高效课堂教师授课规范，从高效课堂评价视点体系到高效课堂达标评价量表，充分发挥了制度规范对改革课堂教学的引导作用。这些成果对教师观念的转变、教学行为的改变、教学方式的转变、课程文化氛围营造等方面发挥了重要的引领作用，提升了课程领导的效能。

教师：我最感兴趣的是那几项制度和标准，尽管概括性较强，但对我的教学有许多启示，我平时也有许多实践中的困惑，有时候翻着看看，觉得就应该那样。（S—T—IS—22）

教师：我们以前评课都是"跟着感觉走"，说说好话，提提希望。现在出台的这几项规范性要求，我觉得有了依据，对我重新设计自己的课堂也很有帮助。（S—T—C—23）

学科组长：这学期的活动扎实，新课程改革就应该这样搞。老师们经常在办公室讨论，有时候我发现争论起来的时候，还拿出那几个规范标准作为说辞依据。（S—DL—IS—12）

第三，三层面课程领导共同体协同互动能形成合力。

在本项行动研究中，宏观、中观、微观三个层面课程领导共同体相互支持、密切合作，共同推进了高效课堂创建和有效教学的实施，既发挥了各自的职能作用，又体现了学校整体课程领导的功能。提高学校课程领导共同体模式效能，最关键的就是要调动三个层面课程领导共同体的积极性，使它们能围绕愿景目标发挥各自的职责功能，形成合力共同促进课程发展。

教师：我当班主任被这项活动折腾了一学期，组织学生交流讨论学习方式，组织准备课堂展示，许多活动班主任都得组织学生。我的班参与课堂改革，效果很明显，尤其是学习方式转变了许多，有些学习不好的学生在课堂里也开始表现自己了，哈哈，这个变化很大。（S—T—C—24）

教师：这学期的活动我发现各个科室和部门都比较积极，学校领导也开始进课堂了，尤其是学科组，每周都至少有两次活动，学习讨论呀，观摩课堂呀，评课研课呀，搞得人晕头转向，活动也太多了吧，当然收获很大。（S—T—IA—25）

学科组长：这学期的活动，我最大的感受就是各部门配合相当好，以前学校开展活动不大协调，这学期的活动就没有"踢皮球"的现象，学校领导也都能"下的来"，我们学科组全体参加，班级也积极参与，大家都动起来，反而感觉轻松。（S—DL—M—2）

第四，课程领导共同体模式的运行需要文化支撑。

课程领导共同体与课程文化两者之间是双向互动的关系，形成良好的课程文化是课程领导的重要任务，课程领导共同体模式的实施依赖于优质课程文化的支撑。在本项行动研究中，共同体成员在课堂研讨交流、有效教学规范的建立、听课议课活动和高效课堂评价标准的制定过程中，以民主平等的方式进行对话交流，教师之间的专业交往更加密切，民主合作意识逐步增强，对话交流的氛围逐步浓厚，形成了良好的文化。这种课程文化在课程领导的有效实施方面发挥了一定的支撑作用。

教师：以前大家都"装内涵"，不多评说，很谦虚。这学期的活动，我发现大家都有话可说了，而且变成了办公室的"公共话题"，一有空就"捞起来"说，也有许多没有答案的"争议"，不过，大家在交流中好像"靠"的越来越近了。(S—T—IA—26)

教师：大家在评课交流的过程中能相互启发，我也在听的过程中经常否定自己，有时候觉得越来越没有自信了。课堂教学创新蕴含的理念太深了，我现在才渐渐明白名师的课，为啥上的那么好，以前觉得是我们的学生不行，现在觉得是我们老师不行。(S—T—M—27)

学科组长：我们平时的学科组活动要有这一学期的氛围就好了，大家围绕高效课堂创建，民主平等地交流，随时都能拉起一个话题自由交流，分享彼此的观点和感受，效果要比领导开会讲话大家被动地去听要好得多，但愿这种风气不要热一阵，冷一阵。(S—DL—M—2)

学科组长：这学期的活动，最大的变化是老师们之间的合作意识逐步增强，相互之间的"计较"越来越少，同事们的交往越来越密切，已经开始从封闭走向开放，要长期保持，还需要学校领导不断地助推，形成一种主流文化。(S—DL—C—1)

（四）改革课程评价：以重建教师考核评价制度为例

课程评价是学校课程实施的一个重要组成部分，对学校课程评价的领导是课程领导共同体的一项重要内容。制度规范是共同体的基本构成要素，也是学校制度文化的一个载体。学校课程领导共同体模式的运行，需要相关的制度规范来约束、指引、规范共同体成员的课程领导行为。课程评价制度规范的范围比较广泛，根据样本校的实际和本研究的需要，仅仅选择了与学校课程发展密切相关的教师评价作为行动研究项目，以此对课程领导共同体模式进行验证。

1. 背景及问题

S 校是一所普通高中办学历史不足十年的普通高中，与普通高中办学相适应的文化建设尚处于逐步形成过程，需要制度规范引领教师的课程行为，需要制度保障课程实施的有序运行。调查研究发现，S 校制度规范大多是沿用中师办学形成的一些制度，学校课程实施方面的经验积累也不足，尚不适应普通高中课程发展的要求。随着办学规模的逐步扩大，每年进入的年轻教师比较多，需要制度文化进一步规范教师的行为，也需要制度规范来引领教师发展。在调查研究中大部分教师对教师考核评价制度的意见较大，对此项制度规范的重建有较强的期待。

教师： 我对学校意见最大的地方就是评价制度，不公平，也不规范。干的和不干的一个样，干多和干少的一个样，干好和干坏一个样，哪有积极性呀。每周上 10 节课的老师和上 15 节课的老师，评价结果一样的话，谁愿意多干？（S—T—M—28）

教师： 学校的其他制度，可以慢慢建立，一遍干一遍总结经验，形成制度。但评价方面的制度可是关系到大家的利益问题，搞不好会伤害教师们的积极性，再这样下去，如果大家都因为评价制度不公失去了信心，那可就麻烦了。（S—T—IA—29）

教师： ……评价得有个标准，不能由着领导的个人偏见来对我们进行定论，比如说吧，教学常规是评价教师的重要内容，检查的人随意确定评价标准，各个学科组都不一样，分数差距也大，考核评价成绩不真实，不正确，大家意见大。（S—T—IS—30）

教师： 我觉得评价方式不科学，都是领导在那里打分，凭借主观印象"冒捏"成绩，简直不把老师的劳动当回事情，应该有一个客观的标准，要有硬性的指标。（S—T—IA—31）

教师： 评价的问题，可能是我们学校发展的"瓶颈"问题，大家都有意见，看来就得改。现在应该是需要规范的时候了。就拿学科组来说，我们组长辛辛苦苦干了一年，干好了还是干坏了，没个标准和说法，大家哪有积极性。（S—T—M—32）

学科组长： 学校发展的缓慢，我看问题还是出在评价上。为啥有些人不愿意多干，也不愿意卖力地干，原因很简单，评价不公平嘛。再说了，每个规范的评价依据，大家也不知道怎么干就干好了。比如，教师搞科研，为啥"喊不起来"，因为在考核中体现不出来，谁愿意干那些"吃力不讨好"的事？（S—DL—A—11）

学科组长： 看来教学常规需要出台一个规范性的标准，一方面引导教师按照规范的要求去做，另一方面，让我们学科组长要求老师也有个依据，评价教学常规也好操作，要不，每个学科组都"各吹自己的调"，无法统一，影响课程实

施。（S—DL—IS—12）

校长：这些年来，我们集中精力规范办学，忽视了制度文化的建设，尤其是在课程实施方面的评价制度，我也始终想要进一步规范，评价的引领作用比我们领导"喊着干"发挥的作用要大得多，最近我们就准备启动这项工作。教师评价的问题最多，先做这一块吧，你负责教导处的工作，就由你主持这项制度规范的研制工作……（S—H—M—7）

根据访谈中大家的意见和笔者课程领导实践的体验，发现 S 校制度规范的建设方面存在如下几个问题。

第一，学校制度规范不健全。S 校在高中办学的道路上文化积淀不足，制度文化建设相对滞后。学校作为一个学习型组织，作为课程领导共同体，制度规范的不健全，必然会导致共同体成员的行为"失范"，学校课程发展必然受到制度规范"缺失"造成的影响。需要发挥课程领导的作用，创建与新课程改革相适应，符合学校发展实际的制度规范体系，以发挥制度文化的作用，促进学校课程发展。

第二，课程评价制度不规范。在学校所有的制度体系中，评价方面的制度规范是关键性的制度，直接影响到教师工作的积极性和课程实施行为的选择方向。调查研究发现，教师对重建课程评价制度的期待最为强烈，而在课程评价制度中，教师考核评价的意见较为集中。存在评价制度内容不全面、标准不统一、评价的方式方法不合理，评价的操作不规范等问题。

第三，学校课程领导对教师评价重视不够。校长、中层主任、学科组长和教师都是课程评价的参与者，也是课程领导共同体成员，应该充分发挥在课程评价方面的领导作用，依据制度规范引导共同体成员围绕课程发展的愿景目标而努力。但实际运行中，学校课程领导共同体成员对评价考核的制度都不满意，严重影响课程领导共同体的和谐发展，也影响教师课程领导作用的发挥。

第四，教师评价存在主体单一的问题。学校的课程评价涉及每个教师的自身利益，需要共同体成员共同有序参与，体现共同体成员的主体性，在参与课程评价中发挥课程领导作用。调查研究发现，S 校在课程评价实践中存在"官本位"的倾向，学校领导和年级组长是最主要的评价主体，而学科组长、教师、学生和家长作为课程领导共同体的成员，参与机会很少，评价主体作用没有充分发挥。

2. 计划生成

调查研究中反映出来的问题就是行动研究的方向，作为课程领导应该"瞄准"课程发展实践中存在的实际问题，寻找解决的途径和办法。未解决教师考核评价中存在的问题，充分调动教师参与学校课程改革的积极性，激发教师课程创新的内驱力，在征求课程领导共同体不同参与主体意见建议的基础上，对重建教师考核评价制度的行动项目，初步形成了以下思考。

第一，明确教师评价制度的价值取向。评价制度应以充分调动教师课程创新的积极性为基本原则，以促进教师、学生和课程发展为基本取向，发挥制度规范的行为导向作用，以评价内容和标准引导共同体成员围绕愿景目标共同努力，促进教师专业成长和课程发展。教师考核评价制度研制过程要体现民主参与，调动课程领导共同体成员的积极性，共同参与决策，实现制度由大家制定、规范为大家遵守、评价由大家参与。

第二，明确教师考核评价的内容模块。教师评价考核制度对学校发展而言是最重要的一项制度，教师的积极主动性能否被激活，关键看评价制度的科学合理性。作为一项制度，既要全面，又要突出重点，既要符合现实，也要适度超前，发挥引领作用。基于这一思考，结合学校课程发展和教师专业发展的实际，笔者初步设计了由教学常规评价、德能评价、工作量评价、科研成果评价四个内容模块组成基本框架，根据评价内容的特点，具体设计评价方式。

第三，注重制度规范的科学性。教师考核评价是对教师课程行为和结果的判断，也是引导教师选择行为方式的依据，评价内容和方式必须体现科学性，制度规范的制定过程必须体现民主性。为此，要按照课程领导共同体模式的运作要求实施，要在广泛征求意见和科学论证的基础上，努力做到评价内容要突出重点，具有引导性；评价方式要科学合理，定量与定性评价相结合；评价标准要统一规范，便于操作；评价过程要突出评价者的主体性，体现多元参与。

3. 实施及结果

基于以上思考，在校长的大力支持下，笔者根据课程领导共同体模式运作的实施要求，按照起草、征求意见讨论修改、审定三个阶段的基本程序，开始了四项重点内容的研制。起草工作由本人负责，在学科组的共同努力之下，形成了制度草稿。初稿成型之后，召开学科组长会议进行了讨论，并做了修改。此后，又分别召开青年教师、中年教师、老教师三个层次的座谈会，对修改稿进行了讨论学习，经过再次修改之后形成了送审稿。审议阶段由校长主持召开不同层面的教师代表进行了最后的审定修改。本项行动研究形成了系列性的课程评价制度规范，限于篇幅，在此仅以典型的几项制度规范的部分内容作为案例来展示行动研究的成果。

第一，教学常规评价制度。

教学常规是规范教师课程实施行为的基本要求，也是教师考核评价的主要内容。根据学校课程发展的实际，结合多年教学管理实践经验和调查研究阶段的意见，以备课、上课、作业、辅导、考试五个环节为重点，分别形成了教案备写、课堂教学、作业批阅、课外辅导、考试评价五项制度规范及评价标准。在此，仅以教案设计及评价规范和作业批阅及评价规范两项制度为例来展示。

案例6-15 S校教案备写基本规范及评价标准①

为进一步加强教学常规管理，引导教师认真备课，规范教案备写，创新教学设计，为教学常规检查提供依据，特制定本标准。

一、备课的基本要求

教案是备课的书面表达形式，包括学期教学进度计划、单元（课题或章节）教学计划和课时教学设计三部分。学期教学进度计划由备课组（语、数、外）和学科组根据学科课程计划统一制定，按周次合理安排课程与教学内容。单元教学计划在备课组或学科教研室集体研讨的基础上由教师个人备写，基本内容包括教材内容分析、学情分析、三维目标设计、重难点分析、教学策略和课时分配等。课时教学方案的设计主要包括内容要点、学习目标、重难点分析及解决策略、教学方法手段和教具资料准备等案头内容，其中教学内容、方法和程序设计是主体部分。任课教师要在研读课程标准、分析考纲、认真钻研教材、分析学情、明确考点、梳理知识点的基础上备写教案，基本要求如下。

（1）备课标。课程标准规定了各门课程的性质、目标、内容框架，提出教学建议和评价建议。教师备课前要认真学习本学段课程标准，领会基本内涵，明确落实要求，并适当了解相关学段课程标准。

（2）备教材。根据教材的内容、教学目标要求和重点、难点，确立教学课型（新授课、复习课、习题课、讲评课、实验课），科学设计课堂结构，做到层次清楚，过渡自然。

（3）备学生。要熟悉学生，分析所教学生的知识结构、学习态度、学习能力、性格特征，预测不同程度学生的学习需要和可能出现的问题。

（4）备教法。坚持"教为主导，学为主体，练为主线"的原则，从教学内

---

① 此项制度规范由笔者负责起草。

容、目标要求、能力要求出发，积极采用"启发式""探究式""问题式""讨论式""发现式"等多种行之有效的教学方法，重点加强学生自主学习、探究精神和实践操作能力的培养，要充分发挥多媒体教学和实验教学的优势，提高教学效率。

（5）备学法。要结合学科特点，对不同章节内容、不同课型、不同知识技能进行学法指导设计，培养学生养成课前预习、课堂记笔记、课后及时复习、规范训练、自主归纳和建错题笔记本的良好习惯。

二、课时教案设计要求

（1）学习目标的设计要符合课标要求，体现三维目标，切合学生实际，做到明确、具体、适度、便于检测。教学重、难点的设计要立足学习目标，围绕教材内容，结合学生实际确定重、难点，并有突出重点、突破难点的方法和措施。

（2）教学方法的设计要符合新课改理念，方法的选择要科学合理、明确具体，有针对性，便于操作，并能根据教学内容需要优化组合。

（3）教学思路策略的设计要体现出以启发式为核心的多种教学方法，要有学法指导，组织引导学生动手动脑，多感官参与学习活动。教学准备的设计要突出教具和学具的选择，合理选用现代化多媒体辅助教学手段。

（4）教学内容备写完整准确，内容丰富，信息量大，难易适度，符合课程标准的要求，拓展延伸符合学生实际和考纲要求。

（5）教学环节的设计要体现组织教学、复习导入、教学新授、课堂练习与检测、课堂小结和作业布置等基本环节，教师可根据个人风格创新教学内容与程序部分的备写模式。教学过程的设计要突出问题教学和动态生成，体现教学内容问题化、讨论问题情境化和方法选择多样化的特点。具体教学程序的设计要体现小步骤设计，各环节过渡自然，时间分配科学合理。

（6）学生活动设计要体现新课改"以学生为主体"的理念和自主、合作、探究的要求，为师生互动预留足够的时间和空间。课堂练习的设计要典型精当，符合学生实际和教学内容的特点，体现以思维训练为核心，以知识巩固和能力提高为目的。

（7）板书设计要做到精炼巧妙、条理清楚、布局合理、层次分明、文图并用，力求多样化，体现艺术性和实用性。教案的书写要详略得当，格式规范，书写工整，文辞通达，图表设计体现学科特点和艺术性。

（8）课时教案要有教学反思或教后记。课后反思要体现教师对课堂教学实施过程中教学重难点把握、教学方法应用、师生双边活动、教学效果等情况的总结与分析，重点要对目标达成情况进行分析，为今后的教学提供经验和素材。

三、教案备写的差异性要求

（1）教案备写要遵循基本的规范，根据个人风格，结合学科特点，备写具有个性特点和创新性的教案。所有教案的案头部分必须按教学常规要求规范备写，不同课型教案的主体部分可适当区分。新授课要求备写详案，复习课、习题课、讲评课教案的主体部分可略写。

（2）除高三专题复习和其他年级学业水平考试专题复习可根据教学特点备写专题教案外，其他教案应严格按照教学常规要求分课时备写。

（3）课时教案主体部分备写要符合基本要求，教学环节备写完整，讲授及学习内容全面，教学方法备写具体，备写练习内容和典型例题并有分析和解答思路，板书设计完整，有教学反思。具有多年高考辅导和高中教学经历的中老年教师，经教导处认定，教导主任同意，教案的主体部分可略写。

四、评价与管理

（1）语文、外语和数学学科由备课组长每两周签阅一次教案，教研室每月查阅一次，其他学科由教研室每两周签阅一次教案。教导处采取抽查和集中检查相结合的方式，检查、评价教师的教案备写情况。

（2）任课教师应提前一周备好教案，学科教研室每月检查评定一次本组教师教案备写情况，评价结果作为教学常规检查成绩的依据。教案检查应综合评价学期教学进度计划、单元教学计划和课时教学计划设计的备写情况，以分课时备写的质量为主要依据。

（3）各学科要采取集体备课的方式交流教学经验，共同研讨问题，改进教法。各年级语、数、外备课组和其他学科教研室每两周开展一次集体备课或专题研讨活动，对重点课型、典型课例进行研讨，统一教学目标、统一重点、统一教学进度。

案例6-16 S校各学科作业布置及批阅标准① （节选）

一、语文作业布置及批阅标准

1. 高一、高二年级

（1）大作文每学期学生完成8篇作文。其中，教师精批3篇，"插标"批阅1篇，每月至少完成1篇批阅；面批作文1篇，也可视学情精批；按学练目标和

---

① 此项制度包含各科作业布置与批阅标准，在此仅节选语文和物理学科为例。

要求评分 1 篇，先由学生互批，后由教师评价；学生互批 2 篇，学生写出评语，教师签阅并讲评。

（2）教辅资料以教学单元为单位（包括单元检测），按学期单元数确定。每个单元教师可抽查签阅部分，亦可普查全部，每学期普查签阅不少于 4 次，每月至少签阅 1 次。

（3）课后练习作为预习内容或课后巩固、消化的内容，教师可随堂检查或讲评，亦可课后收查或讲评，该项不作为教学常规检查项。鼓励教师根据教学内容和学情，随机补充课本以外的练习。

2. 高三年级

（1）大作文第一学期完成 10 篇，其中教师精批 2 篇，面批或"插标"批阅 1 篇，略批 1 篇；按学练目标和要求评分 3 篇，先由学生互批，写出评语，后由教师评分并讲评；学生互批 3 篇，学生写出评语并评分，教师抽查签阅。第二学期完成 6 篇，其中教师精批 1 篇，面批 1 篇（亦可精批），按高考评分标准评分 2 篇，对优秀作文或典型的问题作文进行必要的讲评；略批 2 篇。

（2）专题测试卷及模拟套卷教师每两周布置一套模拟试卷，在学生完成的基础上可进行集体或个别辅导，每学期教师按考试要求累计批阅学生试卷每生不少于 6 次（不含月考、统考），教辅资料查阅 4 次，每月至少 1 次。

二、物理学科作业布置及批阅标准

1. 高一年级

（1）书面作业每周至少 1 次，全学期学生完成不少于 16 次，每生批阅不少于 12 次。

（2）教辅资料根据教学进度，以督促学生完成巩固练习为主，教师每学期查阅 4 次，每月至少 1 次；实验报告每学期不少于 2 次，全收全改。

2. 高二年级

（1）书面作业，理科班每学期学生完成 16 次，教师批阅每生不少于 12 次；文科班每学期学生完成 14 次，教师批阅每生不少于 10 次。教师检查督促学生完成《学业水平考试指导》，每生查阅不少于 4 次，每月至少 1 次。

（2）教辅资料根据班级学情布置不同量的练习题，督促学生按教学进度完成相应的练习。每学期教师查阅 4 次，每月至少查阅 1 次。实验报告：每学期理科班学生完成实验报告 2 次，教师全批全改。

3. 高三年级

（1）练习检测卷每周布置一套模拟试卷，进行集体或个别辅导，每学期累计批阅学生试卷每生不少于6次（不含月考、统考）。

（2）教辅资料以督促学生完成巩固练习为主，教师每学期查阅不少于4次，每月至少查阅1次，根据需要完成试题套卷的编制和批阅。

第二，教师工作量评价标准。

教师的工作量主要以课堂教学实际上课节数为依据，是一个可以量化的客观指标，是体现教师劳动成果最直观的评价内容。为解决教师考核评价中"干多干少一个样"的问题，尊重教师劳动，体现考核的公平性，我们在广泛征求意见的基础上，制定了教师工作量考核评价办法。

案例6-17 S校教师工作量核定及教学津贴发放办法①

一、常规工作量核定

（1）教师系列人员工作量的认定采取周标准课时计算方法，每周10个标准课时为满工作量。周标准课时=周实际任课节数（基本课时）×学科系数，语文、数学、外语学科系数为1.00，其他所有学科系数为0.825。

（2）跨年级（或学科）代课，每周加计1节基本课时（最多不超过2节）。以下情况认定为跨年级（或学科）代课：各学科兼任高一、高二或高三年级的课；兼任艺体类课程特长班的专业课与普通班的公共课；兼任复读班与应届班的文化课。

（3）学校物理、化学、生物兼职实验员每周分别加计6、8、6节基本课时，通用技术兼职实验员每周加计4个标准课时。

（4）信息中心网络管护、全校多媒体设施设备专职管理人员周工作量为基本课时12节；学校各部门干事兼职任课，每周加计4个标准课时。

（5）校级领导岗位工作量为每周7个标准课时；办公室、教导处、科研处和政教处主任岗位工作量为每周5个标准课时；学校其他主任岗位工作量为每周4个标准课时。

二、特殊情况下工作量的核定

（1）高三特长班任课教师，音乐、美术班专业课教师全学年每周按满工作量计；文化课教师第一学期语文、数学、英语每周按4节基本课时计，文综或理

---

① 此项制度由笔者负责起草修改。

综各学科每周按 3 节基本课时计；文化课教师第二学期语文、数学、英语每周均按 6 节基本课时计，文综或理综各学科每周按 5 节基本课时计；体育特长生专业测试期间，带领学生参加考试的专业课教师按满工作量计算，该班文化课教师不计工作量；其他时间根据课程安排（课表）计算工作量。

（2）高考结束后高三任课教师工作量的核定。每年高考结束后，高三任课教师调休 10 天后正常上班，参与学校安排的各项活动。调休及正常上班期间全勤教师一律按满工作量计。

（3）军训期间，全勤教师一律按满工作量计，请假教师则按时间扣除相应的课时；教师请产假期间不计工作量；每学期最后一周所有全勤教师均按满工作量计算。

三、教学津贴发放

教学津贴发放以周标准课时为依据，根据不同岗位和职称核定标准，以月为单位核算实际完成的工作量，按月造发。

（1）教师每超 1 个标准课时，按职称分别以一定的标准造发津贴，月超课时津贴 = 月累计超标准课时数 × 职称超课时标准。

（2）学科组长、实验室管理负责人、图书馆馆长每月按一定标准发放岗位津贴。年级主任、支部书记、学科教研室主任、班主任按学校有关办法享受相应津贴，不另计岗位工作量。

（3）凡工作量不满的教师，要积极主动地承担相应的兼职工作或临时性工作。否则，奖励性绩效工资则根据本人实际工作量按比例发放。

第三，教师德能评价。

一所学校教师的师德师能水平代表着学校的软实力，体现着教师专业发展的层次和水平。对于教师而言，师德师能是教师为人师表的基础，是教师能否成为课程领导者的基本条件。在教师考核评价的内容体系中，师德师能评价是重点，因无法以客观的测评方式进行评价，需要学校课程领导共同体成员共同参与评价，把定性评价和定量评价结合起来，得出一个综合评价结果。在广泛论证和征求意见的基础上，我们研制了教师德能评价考核办法。

案例 6-18　S 校教师德能评价办法① （节选）

为激励广大教师修身立德，提高教书育人的能力，促进教师专业发展，形成

---

① 此项制度由笔者起草，节选其中部分内容作为案例。

课程领导共同体多元主体评价教师的制度，结合我校实际制定本办法。

一、评价内容及原则

教师德能评价主要针对全校任课教师的师德和课程实施能力进行评价，由教导处负责组织实施，评价过程要坚持客观、公正、公平、公开，定量测评与定性分析结合。

（1）师德评价。主要对教师遵守职业道德规范的情况进行测评，主要内容包括教师敬业爱岗、师表形象、廉洁从教、出勤考核、团结协作、责任心六个方面，具体指标由测评的组织单位根据实际选择确定。

（2）师能评价。主要对任课教师的课程实施能力进行测评，主要内容包括课程开发能力、课程评价能力、课堂教学能力、教学效果、课外辅导、作业批阅六个方面，具体指标由测评的组织单位根据实际选择确定。

二、师德测评方式

（1）同行测评。由教导处组织各年级任课教师，采取匿名测评的方式对本年级组任课教师从敬业爱岗、师表形象、团结协作、廉洁从教四方面进行评价，本项测评满分为100分，按10%计入总成绩。

（2）学生反馈。由教导处根据测评的重点项目内容编制师德师风学生反馈表，组织任课教师所带班级的所有学生进行网络匿名问卷测评，测评满分为100分，按10%计入总成绩。

（3）家长反馈。由年级组根据测评的重点项目内容编制师德师风家长反馈表，在家长会期间组织家长代表对本班任课教师的师表形象、廉洁从教、工作态度和责任心进行评价，本项测评满分为100分，按10%计入总成绩。

（4）同行评价。由年级主任负责召集本组教师测评会议，根据本组任课教师师德师风方面的平时表现，采取匿名评价的方式进行测评，本项测评满分为100分，按10%计入总成绩。

（5）学校评价：由学校组织年级联系领导和教导处主任、副主任、年级主任组成评价小组，采取集体评议的方式，对任课教师违反师德师风、受到教学事故通报和师德师风举报查实情况进行考评。本项测评满分为100分，按10%计入总成绩。

三、师能测评方式

（1）同行测评。由学科组组织本学科任课教师，采取匿名测评的方式，对本学科教师课程实施能力的六个方面进行等级评价（优秀、良好、较好、一般），优秀不超过20%，良好不超过40%，等级量化后计入考核，本项测评满分为100分，按10%计入总成绩。

（2）学生反馈。由教导处根据测评的重点项目内容，编制教师课程实施能力学生反馈表，组织任课教师所带班级的所有学生进行网络匿名问卷测评，测评采取等级评价（优秀、良好、较好、一般），优秀不超过30%，良好不超过40%，等级量化后计入考核，本项测评满分为100分，按20%计入总成绩。

（3）校外专家评价。由学科组负责从校外聘请高中教学经验丰富的骨干教师对本学科组教师的课堂教学进行听课性评价，每学年评价一次。采取排序评价计分的方式进行，限定最高分和最低分，根据本学科组教师的人数确定等距分值，按序依次递减计分，本项测评满分为100分，按10%计入总成绩。

（4）师能评价小组评价。由教导处负责聘请骨干教师，分学科组成课堂教学评价小组，小组成员随机进入课堂进行听课，对本学科教师的课堂教学每月期至少听课一节，根据多次听课的情况，对任课教师的课堂教学进行排序性评价（计分方法同上），教导处汇总评价小组成员的学期评价成绩，计入测评，本项测评满分为100分，按10%计入总成绩。

四、评价结果及使用

（1）评价成绩的界定。教导处负责统计汇总成绩，整理档案资料，并公示结果，评价成绩以客观分值计入教师年度考核。教师德能测评得分＝师德师风测评得分×30%＋课堂教学能力测评得分×70%。每学年结束后，按照学年得分（两学期平均分）由高到低确定"优秀、良好、合格、不合格"等次。其中"优秀"等次占30%，"良好"等次占40%。

（2）评价结果的使用。德能测评结果由学校纳入教师绩效工资和年度专业技术考核，并按"优秀"5分、"良好"3分的标准计算教师继续教育学分，凡晋升高一级职称的教师，近三年德能测评结果必须有1次"优秀"或2次"良好"。同时，测评结果作为教师评优晋级的重要依据。

第四，科研成果加分制度。

科研兴校、科研兴师是S校提出的学校发展策略，但长期以来教师参与校本科研的积极性不高，更多的教师仅仅为了职称评定应付性地参与科研活动，在学校的考核制度中也没有形成完善的激励制度。在此项行动研究中，校长多次提醒要把科研加分制度确立起来，制定明晰的标准，以制度引导、激励教师参与教育科研。为此，参照兄弟学校的相关制度，我们把科研成果加分切入教师考核评价制度，制定了教师科研成果加分办法，以此调动教师参与校本教研的积极主动性。

案例 6 - 19　S 校教师科研成果加分办法①（节选）

一、论文

（1）论文发表。国家级期刊每篇论文记 15 分，省级期刊每篇论文记 10 分，正式出版的合法刊物、专科院校的学报每篇论文记 3 分，地方非正式出版刊物及正式出版合法刊物的增刊、副刊、专刊、专辑等每篇论文记 1 分，校刊每篇论文记 0.5 分。

（2）获奖论文。由市行政部门发文，并经学校科研处安排参加的各级论文评选活动中获奖，国家级一等奖、二等奖、三等奖、优秀奖分别记 5 分、3 分、2 分、1 分，省级和市级依次低减计分，论文在报刊上发表并同时获奖的论文，依等级按照发表论文得分的 100%、50%、30%、10% 计分。

二、专著出版

（1）公开出版本专业专著，独立完成记 20 分。合作完成的作者或主编记 15 分、副主编记 10 分、编委记 5 分，按人数平均分配到个人。

（2）未公开出版的校本教材纳入教学计划，并且在课堂教学中使用，独立完成记 8 分，合作完成的作者或主编记 5 分、副主编记 3 分、编委记 2 分，按人数平均分配到个人。

（3）内部交流供学生使用的读物，独立完成记 5 分，合作完成的作者或主编记 3 分、副主编记 2 分、编委记 1 分，按人数平均分配到个人。

三、课题研究

（1）课题认定。国家级课题由省市教育行政部门下发文件安排申报，国家部委或直属的业务行政部门批准立项的有关教育教学的课题，省级课题以省课题规划办下达的课题立项通知书为准，市级课题以市教育局文件为准。

（2）计分标准。国家级、省级、市级课题立项分别记 5 分、3 分、1 分，国家级、省级、市级、其他课题结题分别记 8 分、5 分、3 分、1 分。课题获奖，国家级一等奖、二等奖、三等奖、优秀奖分别记 20 分、15 分、10 分、5 分，省市级依次递减计分。

四、教师个人获奖

（1）优质课评比。在教育行政部门组织的课堂教学评比中获奖，国家级一

---

① 此项制度由科研处起草，课程领导共同体成员集体审议。

等奖、二等奖、三等奖分别记 20 分、15 分、10 分；省市级依次递减计分。

（2）教育教学业务技能竞赛。市教育局明文通知参加的各项与教师专业技能相关的比赛、竞赛、成果展示活动中获奖，国家级一等奖、二等奖、三等奖，分别记 10 分、8 分、5 分，省市级依次递减计分。

五、教师辅导学生获奖

（1）学生团体奖。国家级一等奖、二等奖、三等奖、优秀奖分别记 10 分、8 分、5 分、2 分；省市级依次递减计分，市教育学会及学科研究会等组织的活动分别按市级 50% 计分。

（2）学生个人获奖。国家级一等奖、二等奖、三等奖、优秀奖分别记 8 分、5 分、3 分、2 分，省市级依次递减计分，市教育学会及学科研究会等组织的活动分别按市级 50% 计分。

注：各项加分最多记 100 分，所有计分依照学校考核办法，按比例计入年终考核总分。

4. 评价及反思

从制度规范的起草、讨论修改到制度的实施，将近两个月的时间，尽管存在一些问题，在实践中还需不断修正调试，但形成了教师评价制度体系的基本框架。从制度制定的过程和实施运行的结果来看，此项行动研究调动了教师的积极性，促进了教师的专业发展发展，也验证了学校课程领导共同体模式的可行性。反思这项行动研究，有以下几方面的体会。

第一，多元主体参与决策有利于提高课程领导效能。课程评价的领导是学校课程领导的一项重要内容，根据课程领导共同体模式的运作要求，充分发挥了共同体成员的主体作用，从校长到中层、从学科组到教师、从学生到家长都以不同方式参与教师评价制度的制定。主体多元是学校课程领导共同体模式的基本理念，在制度规范的制定过程中，课程领导共同体的核心主体参与了制度规范的起草工作，并征求各个层面共同体成员的意见，体现了课程领导共同体的多元参与性。实践也证明，参与面越广泛，制度的合理性越强，通过访谈可以得到印证。

教师：现在出台的制度很好，与以前的制度相比更加合理，大家也没啥意见，许多老师在征求意见阶段也都发表了自己的看法，没啥问题，关键是执行好……（S—T—C—33）

教师：我觉得很细，也很全面，与目前咱们学校的实际相符合，我看最近大家都开始动起来了。我也参与过几次讨论，当然，"众口难调"嘛，个别意见可

以保留嘛。（S—T—M—32）

学科组长：就为这制度的讨论修改，我们都搞烦了，上上下下好多次。但后来也想，大家的意见都问到了，执行起来老师们就没话可说了，要不老师们有意见，顶住落实不下去，制度就变成了"聋子的耳朵"。（S—DL—C—1）

第二，制度规范发挥了行为导向的作用。制度是一定价值观的体现，也是共同体成员参与学校课程领导的依据。制度本身不是目的，制度和规范仅仅是一种手段，创建制度的目的在于促进发展，引领发展方向。研制出台的教师评价制度，经过一学期的实践检验，已经充分发挥了引领和促进教师专业发展的作用。从访谈中反馈的意见来看，预期的目的已经实现。

教师：这学期出台的教师评价制度对我们的影响很大，我参加工作才几年，以前也不知道咋干，许多方面随大流，自己也没主见。看了现在的制度，我似乎找到了感觉，依据评价的要求我能做好工作，谁不希望考核成绩走到前面呀……（S—T—S—15）

教师：我也快退休了，制度对我也不起作用了。但参加了几次讨论，我觉得很好，尤其是对这些年轻教师，给他们明确了方向，按照制度规范的要求去做，那专业成长肯定就快一些，当然，也给老师们"套了个笼头"，不好好干就落到人后面。（S—T—A—17）

学科组长：……现在好了，我今后干工作也会轻松些，以前我总是对老师说呀、催呀、骂呀，老师们对我还有意见。现在，我不再多管了，他们看着办，考核评价成绩也不仅仅是代表着他们专业发展的情况，也关系到个人的利益，职称、评优、待遇都受到影响。不需要我们再"扬鞭催马"了。（S—DL—A—11）

学科组长：毫无疑问，这次的教师考核评价制度会调动大家的积极性，促进专业发展，评价就是方向，谁都想考核评价走到前面，按要求去做好的老师就能走到前面。（S—DL—IS—12）

副校长：我看，这次搞得好，就应该这样。有了评价的标准和依据，努力的方向，管理压力就小一些，让制度规范去领导大家，我们当领导的就轻松一些……（S—H—IS—6）

第三，课程领导共同体模式运作实施的效果明显。评价制度的设定要有利于不同层面课程领导共同体成员能以不同方式参与评价，形成多元主体参与学校课程领导的格局，形成共同促进课程发展的合力。此项行动研究发挥了宏观、中观、微观三个层面课程领导共同体在课程决策和评价方面的作用，调动了共同体成员参与课程领导的积极性。尤其是学生和家长能参与到教师德能评价的过程中来，体现了他们作为课程领导共同体成员的主体地位，也发挥了学生和家长在师德方面的监督作用。

教师：我觉得对教师德能评价中教师同行互评的方式很好，我们年轻教师也有了考核评价的资格，以前总是被别人评，现在我们也可以评评别人了，本来早就应该这样。（S—T—C—16）

学科组长：让大家都来相互评一评，老师们也就没啥怨气了，以前的成绩出来，有些老师不认可，还以为我们"搞了关系"，现在公开了，大家都参与，意见就少了。（S—DL—M—2）

学生：我们在教学反馈中给老师打分，大家的心都"公"着哩，好老师肯定打得分高，有几个老师大家都有意见，平时也不敢说…… （S—S—12）

学生：有几个老师的以前不好好教，还经常骂我们。那次反馈我们就给他打了个最低分。最近，他可能知道了，态度变好了，大家都说，让咱们评老师最公平。（S—S—13）

家长：我们对老师上课的情况，不大了解。主要是孩子回家说，有些老师确实不错，孩子也经常夸。有个别老师，师德就存在问题，我们几个家长的意见也比较一致，看来确实存在问题。学校搞的家长评老师活动很好，我们的意见和态度也有了反映的渠道。（S—P—9）

家长：在上周的家长开放日中，年级组要我们家长给老师打分，尽管有些难为情，家长们都觉得"对劲"，好老师就应该给予肯定，家长也不会给有问题的老师打高分，通过孩子也了解老师的情况，不知道学校给老师反馈了没有，我们也只是想要促进教师。（S—P—10）

校长：我们几位校长在审议制度的时候，也反反复复斟酌，总想让制度规范发挥好引导作用，也给你们提了些意见，最后我看都改过来了。我觉得这一系列的制度还不错，能不能发挥好作用，就要看执行的过程。（S—H—M—7）

第四，教师考核评价制度促进了学校课程发展。教师评价制度的实施，为教师专业发展提供了依据，为教师考核评价明确了标准，使学校的教师评价走上了规范化的道路。在制度实施一年后，笔者做跟踪反馈，通过访谈调查，印证了制度规范研制的初衷。

教师：那几项评价制度，效果很好，教师们的工作积极性提高了，抱怨情绪也少了，大家都觉得很公平，行就是行，不行就是不行，从最终的成绩上能看得

出来。（S—T—M—28）

教师：制度运行的很顺，有些年轻教师的成绩走到了前面，年龄大的老师压力很大，科研成果年轻人占优势嘛，再说学生对年轻教师的评价成绩也高。（S—T—IA—29）

学生：老师的课堂教学都很认真，也经常口头征求我们的意见，包括上课了，作业批改了，拓展教材内容了，师生关系了，等等方面吧，都有新的变化。（S—S—14）

学生：老师们都紧张起来了，也开始想办法创新教学方法，和我们商议教学怎么样改，就能让我们能听得懂。总之吧，老师们都有变化……（S—S—15）

学科组长：评价的结果很客观，对大家的触动也很大，学校的变化明显，有新的起色，与那几项制度的落实有很大的关系，我们当组长的也轻松了许多。（S—DL—M—2）

主任：那几项制度实施以后，老师们课程开发和校本研究的积极性高了，个别老师已经开始组织团队开发课程了。学生和家长参与评价的效果非常好，老师们课堂教学也认真了许多，谁都不敢应付，闹不好学生和家长就有意见，评价上不去。（S—D—M—9）

副校长：你负责起草制定的那几项制度，在你走了以后一年多的时间，确实发挥了一定的作用，制度约束人、引导人、激励人的作用看来是体现出来了。尤其是在课程改革和科研方面的工作，落实起来不那么费劲了，成果也逐步展现出来了。看来，在课程与教学创新方面就得靠制度引领，但也存在一些问题，现在让他们继续研究，逐步完善……（S—H—IS—6）

二、学校课程领导共同体模式实施的阻抗调查

学校课程领导共同体模式在理论上的建构，仅仅是逻辑思辨基础上的一种预设，如何有效实施才是本研究的落脚点。普通高中课程领导共同体模式的运行需要具备一定的主客观条件，前面已经从运作机理上对影响因素进行了分析，明确了来自主体、共同体内部和文化等方面的若干影响因素，课程领导共同体模式在实践中的运行就是这些因素相互作用的结果。究竟在实践中能否有效实施，还需分析目前普通高中学校内部的课程实施环境，梳理可能存在的困难和障碍，为实施对策的提出奠定良好的基础。为此，本研究从课程领导共同体的主体、组织制

度环境、课程文化三个角度设计了问卷调查表和访谈提纲，在三所个案学校对有可能影响课程领导共同体模式运行的困难因素进行了实证调查，分析了影响课程领导共同体模式运行的困难及背后的原因。影响课程领导共同体模式实施的因素有来自内部和外部环境的各种因素，本研究以学校内部层面为主进行分析。

（一）主体：课程领导共同体模式运行的阻力

课程领导共同体模式能否在实践中顺利实施，取决于课程领导的主体。尽管所有课程利益相关者都是应然的主体，但能否成为实然的主体，在课程领导的实践中发挥应有的作用，还必须具备相应的条件。正如钟智所言，"校长、教师、学生、家长、社区人士等虽是学校课程领导共同体的应然主体，但能否成为实然主体，主要取决于这些共同体参与人员是否具备相应的课程素养，是否有能力在课程领导共同体中承担相应的角色"①。如前所述，就个体而言，观念、能力和意识是最重要的影响因素。调查研究发现，三所样本校课程领导主体存在观念滞后、能力缺失、意识淡漠的问题，这将成为课程领导共同体模式实施的阻力，在此仅选择最突出的问题进行分析。

1. 困难之一：学校课程领导者观念滞后

学校课程领导共同体的最终目的在于促进学校课程的有效实施，共同体成员对课程本质、课程资源、课程实施过程、课程与教学方式的认识理解所形成的观念，直接影响课程实施中的行为选择，不同的行为导致不同的课程实施效果。"在课程领导共同体中，各主体的观念决定着其参与课程领导共同体的可能性"②，课程领导主体的观念是影响课程领导实践的关键因素。调查研究发现，个案学校课程领导共同体成员的观念相对滞后，不同主体之间也存在不平衡的特征，比较突出的问题表现在以下几方面。

第一，对课程领导概念的认识模糊。

对于课程领导主体而言，"领导"的概念必然都存在，但对"课程领导"概念的理解和认识未必就能达到课程领导共同体模式有效实施的要求。在调查研究中，笔者设计了课程领导概念认知自我评价表，了解了不同课程领导者对课程领

---

① 钟智. 构建学校课程领导共同体之研究［D］上海：华东师范大学硕士学位论文，2006：41.
② 阴祖宝，刘莹. 我国课程领导共同体的主体模式及其建构［J］. 安庆师范学院学报（社会科学）2012；（5）：153－156.

导概念的认知情况，如表6－1所示。

表6－1　课程领导者对课程领导概念认知自我评价调查结果

	完全了解		基本了解		基本不了解		完全不了解	
	人数	百分比	人数	百分比	人数	百分比	人数	百分比
校　　长	4	33.3%	5	41.7%	2	16.7%	1	8.3%
主　　任	7	23.3%	6	20.0%	9	30.0%	8	26.7%
学科组长	16	20.5%	32	41.0%	12	15.4%	18	23.0%
教　　师	4	7.3%	27	14.0%	54	28.1%	97	50.5%
合　　计	41	13.1%	70	22.4%	77	24.7%	124	39.7%

　　问卷调查显示，75%的校长和副校长了解"学校课程领导"这一概念，完全了解的只占到33.3%，只有个别校长不了解这一概念。中层主任和学科组长对课程领导概念的认识差异较大，相比而言，学科组长对"课程领导"概念的了解情况稍次于校长，61.5%的学科组长基本了解"课程领导"这一概念，而43.3%的中层主任表示基本了解。教师群体对"课程领导"这一概念的了解程度就相对较差，只有21.3%的教师了解这一概念。从整体情况来看，完全了解"课程领导"这一概念的课程领导者只占到13.1%，而基本不了解和完全不了解这一概念的课程领导者占到了64.5%，如图6－1所示。这说明学校课程领导者在"课程领导"的意义认知方面还存在较大的问题，这将对课程领导共同体模式实施造成困难一定的困难。

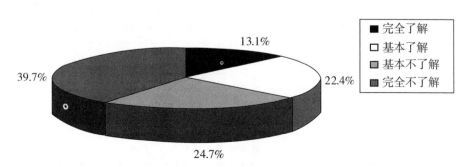

图6－1　课程领导者对课程领导概念认知自我评价统计图

反思：学校课程领导者对课程领导意义的认知状况直接影响着课程领导行为，课程领导共同体模式的实施，首先必须引导课程领导者理解"课程领导"的意义，只有这样才能有自觉的课程领导意识。在访谈中了解到，校长外出学习和培训机会多，对"课程领导"的概念有所接触，在课程实践过程中也有一定的体验性认识。而绝大部分教师长期在教学一线工作，学校提供外出学习培训的机会较少，对"课程领导"概念认识模糊。尽管一线的教师在实践中履行着课程领导的职责，但并没有从观念上意识到自己本来就扮演着课程领导的角色。课程领导概念的建立是一个实践的过程，也是一个需要学习和研究的过程，学校课程领导共同体模式的实现，需要共同体成员转变课程管理的传统观念，逐步建立"课程领导"的概念。

第二，对课程本质的理解肤浅。

在调查中了解到，尽管甘肃省普通高中新课程改革实施不足五年，但对新课程理念的学习认识已经十年有余，学校绝大部分教师都参加过各级各类培训机构组织的新课程改革的相关培训，对课程本质的理解也在实践中不断深化。但调查研究发现，教师对课程本质的理解与我们的预期还有较大的差距。大部分课程领导者对课程本质的理解仅仅停留于表层，尚未形成理性的认识。在问卷调查中，笔者设计了对课程本质理解四个层次的解释，以测试课程领导者对课程本质理解的程度，调查结果如表6-2所示。

表6-2　课程领导者对课程本质内涵的理解调查结果

	课程就是学科的总和		课程包括了学科和学校开展的所有活动		课程是在课程实施中动态生成的经验		影响学生发展的经验都应该是课程的范畴	
	人数	百分比	人数	百分比	人数	百分比	人数	百分比
校　　长	1	8.3%	2	16.7%	4	33.3%	5	41.7%
中层主任	12	40.0%	7	23.3%	5	16.7%	6	20.0%
学科组长	15	19.2%	24	30.8%	28	35.9%	11	14.1%
教　　师	84	43.8%	62	32.3%	27	14.1%	19	9.9%
合　　计	112	35.9%	95	30.4%	64	20.5%	41	13.1%

如上表所示，75%的校长对课程本质的理解已经达到了本质的层面，中层主任中有一部分行政管理人员长期在管理一线，对课程的理解比较肤浅，学科组长对课程本质的理解达到较高层次的只占到一半，76.1%的教师对课程本质的理解还停留于学科和活动的层面。这将成为课程领导共同体实施的一个障碍性因素。总体而言，把课程视为学科和活动的课程领导者分别占到35.9%和30.4%，而对课程本质的理解达到较高层次的课程领导者仅占到33.6%。这说明课程领导者对课程本质的理解比较肤浅，如图6-2所示。

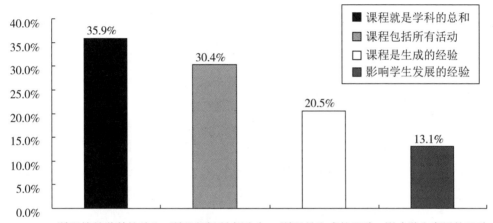

图6-2 课程领导者对课程本质内涵理解统计图

在与几位教师的群体访谈中，围绕课程理解的话题与教师进行了访谈，进一步了解了他们对课程本质的认识。

话题：新课程实施了五年，请你们谈谈对课程的理解。

教师：以前我们认为课程就是教材，现在觉得课程包括的内容很广泛，应该说，所有的课本、教学计划、考试大纲、教辅资料、图书等都是课程吧。（E—T—C—1）

教师：学校里排到课程表中的都是课程，除了学科课程，还有研究性学习、学生的综合实践活动，课程设置方案中的那些必修、选修内容都应该是吧。（E—T—IA—2）

教师：也还包括学生的活动吧，学校的常规活动包括早操、课间操、眼保健操、课外活动，学生参加这些活动有利于身体健康，也应该是课程。（E—T—M—3）

教师：好多年了，资料当中有一句话我始终不理解，但又经常碰到，说课程是学生发展的经验，我搞不懂"经验"这东西能拿出来看吗？有些专家培训的时候，总是说课程是动态生成的，我们也不理解。（E—T—IS—4）

反思：课程理解是课程有效实施的前提，课程领导者对课程本质的理解层次决定着课程创生的水平，对课程本质的理解程度直接影响课程领导的效果。校长从宏观角度理解课程，相对比较全面，也能上升到理性层面。教师具体感受到的是有形的课程，对课程的理解还没有上升到理性认识的抽象层面。教师长期在课程实践中缺少对课程本质的理性反思，缺少对实践背后意义的追问。许多中层主任陷入教育教学管理的事务之中，对新课程理念的理解和认识较为肤浅，甚至滞后于教师。对课程本质的理解是课程领导者实施课程领导行为的前提，课程领导共同体模式的实施，需要在引导课程领导者在反思性实践中不断体悟，加深理解，达到理性认识的层面。

第三，对课程创生的意义认知不足。

课程实施是学校课程发展的中心环节，课程领导的效果也主要体现于课程实施过程，实现课程创生是课程领导共同体的基本愿景。忠实取向、相互调适和创生取向是课程实施的三种基本取向，课程领导者对课程创生意义的认识，直接关系到课程实施的效果。课程创生的范围比较广，对于普通高中而言，课程创生主要集中于校本课程开发，而课程领导者对校本课程开发意义的认识又决定着课程开发行为。为进一步了解学校课程领导者对校本课程开发意义的认识，在问卷调查中专门设计了校本课程开发必要性认识自评项目，调查结果如表6-3所示。

表6-3　课程领导者对校本课程开发必要性认识自评调查结果

	非常有必要		有必要		没必要		根本没必要	
	人数	百分比	人数	百分比	人数	百分比	人数	百分比
校　长	3	25.0%	6	50.0%	2	16.7%	1	8.3%
中层主任	4	13.3%	7	23.3%	12	40.0%	7	23.3%
学科组长	14	17.9%	39	50.0%	16	20.5%	9	11.5%
教　师	21	10.9%	37	19.3%	92	47.9%	42	21.9%
合　计	42	13.5%	89	28.5%	122	39.1%	59	18.9%

表6-3中，不同课程领导主体对校本课程开发意义的认识存在明显差异。校长和学科组长的认识相对到位，75%的校长和67.9%的学科组长认为有必要开

发校本课程。对校本课程开发认识滞后的群体主要集中于中层主任和教师层面，63.3％的中层主任和69.8％的教师认为没有必要开发校本课程。整体而言，学校课程领导者对校本课程开发意义的认知还停留于实践经验的层面，只有13.5％的课程领导者对校本课程开发的意义认识到位，18.9％的课程领导者认为根本没有必要，39.1％的被调查者认为没有必要开发校本课程。具体情况如图6-3所示。

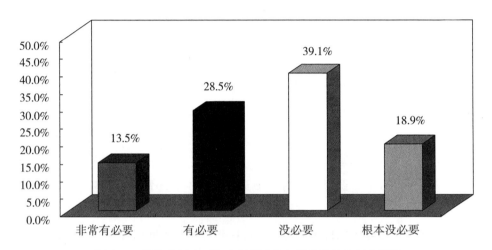

图6-3　课程领导者对校本课程开发必要性认识自评统计图

就校本课程开发意义的认识，在随机访谈中，不同层面的课程领导者谈了他们的看法，了解了背后的原因。

校长：……完全按照国家课程标准落实学校课程肯定不行，学校有学校的难处，但放开让老师们开发各类课程也不行，我们的学生毕竟要参加高考，课程开发必须以高考为中心，再怎么创生，都不能转移这个主题。（E—H—IS—1）

学科组长：课程要发展就必须创生，现在的课程为啥不受学生的欢迎，就是因为没有创生。国家课程标准仅仅是一个基本要求，留给我们的余地很大，关键看学校有没有这个勇气，带领全校共同创生课程，北京十一学校的李镇西在课程创生方面的经验我们可以借鉴嘛，也并没有影响高考啊，许多高中名校都是在课程创生方面有有成就，才出了名。（E—DL—C—8）

家长：尽管国家积极倡导学校结合实际进行课程开发，可能学校领导也鼓励教师创新课程，使课程更能符合学生发展的需要。我认为，九年义务教育阶段不管怎么创新都不为过。但对于普通高中来说，我们家长最希望的就是让孩子学好，考出理想的高考成绩，将来能走个好大学。我倒觉得学校没必要搞大的改

革，也不需要更多的创新，能按照高考的要求来做就行了，关键是不能让孩子的成绩考差。(S—P—12)

反思：尽管不同层面的课程领导者对校本课程开发意义的认识和理解层次不同，但有一个共同之处是都把"高考"作为一个重要的关注点。从本质上讲，高考与课程创生并不矛盾，校本课程开发本身也有利于高考，课程创生不仅仅有利于学生全面发展，也有利于学生高考。但大部分课程领导者对课程创生的意义认识不足，不了解课程创生的内涵，仅仅把课程创生狭隘地理解为开发校本课程和开展各类实践活动，而没有把课程创生作为促进学生发展的内在要素考虑，没有把课堂教学的创新纳入课程创生的范畴来认识。

2. 困难之二：共同体成员课程领导能力缺乏

有研究指出，"领导力是领导者在特定的情境中吸引和影响被领导者与利益相关者并持续实现群体或组织目标的能力"①。课程领导共同体为每一个成员赋予了课程领导的权力，课程领导者必须具备相应的领导能力才能实现课程领导，只有依靠程领导者做出有效的领导行为，才能组织引领共同体成员在具体的课程事务和学校文化建设中发挥影响力，促进课程发展。不同课程领导者的权力来源不同，影响力的程度和效果也不相同，尤其是校长、中层主任和学科组长的专业权威直接影响学校课程领导的整体水平，教师在课堂教学层面的领导能力直接影响课程实施的效果。不同主体的课程领导能力究竟如何，本研究设计了具体的测评项目进行了问卷调查和访谈。调查研究中发现，样本校课程领导共同体不同成员的课程领导力差异显著，总体呈现出课程管理能力较强而课程领导能力相对较弱的特征，这将成为课程领导共同体模式实施的制约因素，比较突出的问题表现在以下几方面。

第一，校长和主任的管理能力较强而领导能力不足。

校长是宏观层面课程领导共同体的核心主体，中层主任是重要的参与主体，其课程领导能力对课程领导共同体成员作用的发挥具有重要影响，课程领导共同体模式的实施也依赖于主体能力的发挥。校长和主任的课程领导力包含了课程管理能力、课程事务的组织协调能力、教师专业发展的引领力和指导教师课程开发的能力等方面。笔者围绕主要的课程领导能力设计了校长、主任课程领导能力评价项目，进行了问卷调查，结果如表6-4所示。

---

① 中国科学院科技领导力研究课题组. 领导力五力模型研究 [J]. 领导科学，2006：(9).

表 6 - 4　校长和中层主任课程领导力评价调查结果

	非常强		比较强		一般		非常一般		合计	
	人数	%	人数	%	人数	%	人数	%	人数	%
课程事务的管理能力	142	45.5%	82	26.3%	53	17.0%	35	11.2%	312	100%
组织管理和协调能力	151	48.4%	93	29.8%	43	13.8%	25	8.0%	312	100%
教师专业发展引领力	27	8.7%	54	17.3%	179	57.4%	52	16.7%	312	100%
指导课程开发的能力	25	8.0%	37	11.9%	142	45.5%	108	34.6%	312	100%

问卷调查结果显示，被调查者对校长和主任课程事务管理能力和组织协调能力比较满意，71.8% 的被调查者认为校长和主任课程管理能力较强，78.2% 的被调查者认为校长和主任组织协调能力较强。但与此形成较大反差，被调查者对校长和主任引领教师专业发展和指导开发课程的能力并不满意，尤其是指导课程开发的能力评价较低，45.5% 的被调查者认为校长和主任指导开发课程的能力一般，34.6% 的被调查者认为校长和主任指导开发课程的能力非常一般。这说明校长和主任课程领导力的现实与预期存在较大的差距。从图 6 - 4 我们可以清楚地看到，校长和中层主任在引领教师专业发展方面的能力和指导教师开发课程的能力不容乐观，而对课程管理能力的评价较高。

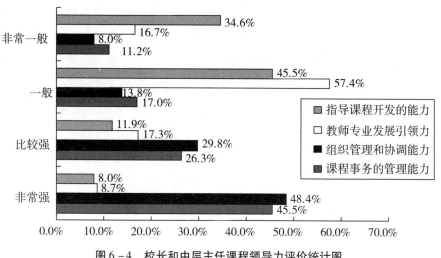

图 6 - 4　校长和中层主任课程领导力评价统计图

访谈中三所学校的受访者尽管对校长的评价视角不同，说法各异，但都认为校长各方面的综合能力突出，具有较强的管理能力。尽管受访者没有明确指出课程领导力的具体表现，但笔者能从其他方面明显感受到，校长和主任的课程能力与新课程改革的需要之间明显存在差距。

话题：说说对你们学校校长和主任们的评价（至少说一点不足）

——Z 校访谈

教师：我们校长威信很高，人品好，组织协调能力、把握大局的能力、处理问题的能力都很强，这几年学校的发展就已经证明校长的管理能力。也没啥不足，只是觉得我们在学校课程开发方面还没有突破性进展。（Z—T—C—52）

教师：我们校长最突出的特点是综合协调和统筹决策能力强，能把各部门和各年级组的事情安排得井然有序，多少年了学校就没有乱过。不足嘛，还在新课程改革的这一块上，有时候带领大家创新的劲道不足。主任的情况不一样，有些主任工作魄力大，能干事，有些年龄大了也就是维持现状。（Z—T—E—53）

中层主任：校长这几年干的也很苦，高考的压力大，新课程改革要创新，个人能力强，素质较高，学校管理也很有序，大家很团结。但我们学校与其他名校相比，差距还在课堂教学模式的创新方面，校长引领课堂改革的力度还不大。（Z—D—IS—3）

——E 校访谈

教师：现在的校长是从全区选拔出来的，有基层工作经验，能力比较强，讲话水平高、动员能力强、号召力也比较强，做事情也公道正派，老师们心服口服。要说问题嘛，稍有一点，就是对校本科研这一块抓得不紧。（E—T—M—5）

教师：校长的号召力强，计划的也很周密，认定要坚持做下去的事情一般不会动摇，魄力很足，中层部门的执行力度也较大。大家对校长在教师的评价激励机制方面还有一些期望吧，可能今后会加强。分管教学的主任们可能发挥的作用大一些，但还是需要不断提高能力，比如说，主任们课堂教学就不如普通老师。（E—T—C—6）

中层主任：要在全区再找一个人来当我们学校的校长，还挑不出来。我们的校长上任三年成绩有目共睹，领导能力强，管理水平高，教育局评价也好，社会公认，老师们很服。就是有时候不关心老师的发展，教师专业成长方面做的事少。（E—D—IA—8）

——S校访谈

教师：新来的校长魄力大、能力强、会干事，是一位专家型的领导，在新课程改革方面还有"一套"，讲话也能说到"点子上"，老师们也爱听他讲话。缺点我们还没发现，就是管理抓得紧了些，研讨交流少了些。主任嘛，也还都能发挥好作用，但都要向教学努力，不能只做管理，学校还是以课程与教学为主嘛。（S—T—M—28）

教师：这一年学校的变化大，新校长能力强，水平也高，说到做到，雷厉风行，中层部门较之前几年，好像变了个样子，学校管理越来越规范了，大家都比较认可。要谈问题，主要是对校本课程开发给力不足，可能新校长还没顾上。主任们干得很卖力，但课程改革这方面还不行啊，需要创新的地方还很多。（S—T—IA—29）

中层主任：新校长来以后把我们主任搞得很紧张，努力的方向明确，改革的力度大，校长的能力较强，管理办法多，各部门协调配合也很好，校长自己也能督促检查到位。缺点不明显，就是对课堂的关注还不够。（S—D—C—7）

反思：三所样本校的调查结果基本一致，校长和主任在课程管理实践中练就了较强的组织管理和协调能力，但面对新课程改革的实施，需要的不仅仅是课程管理能力，更为主要的是要在课程领导方面发挥应有的作用。这就需要提高认识，转变观念，优化自身的能力结构，在课程实践中不断提高引领学校课程发展和教师专业成长等方面的能力。

第二，学科组长专业能力突出而课程领导能力相对较弱。

学科组长是中观层面课程领导共同体的核心主体，就学科组内部而言，发挥着相当于"校长"的作用，涉及对教师专业成长的引领、课程开发的组织、学科教学的指导等方面领导作用的发挥，学科组长课程领导力直接影响学科课程实施的效果。在调查研究中，笔者根据普通高中实际，围绕学科组长的核心领导力，设计了课程设计开发能力、教学创新实践、教育科研、指导教师专业发展、组织开展教研活动构成的学科组长课程领导力评价问卷调查项目，进行了评价性调查，调查结果如表6-5所示。

表6-5　学科组长课程领导力评价调查结果

	非常强		比较强		一般		非常一般		合　计	
	人数	百分比	人数	百分比	人数	百分比	人数	百分比	人数	百分比
课程设计开发能力	36	11.5%	72	23.1%	83	26.6%	121	38.8%	312	100%
教学创新实践能力	147	47.1%	96	30.8%	44	14.1%	25	8.0%	312	100%
教育科研实践能力	114	36.7%	107	34.4%	53	17.0%	37	11.9%	312	100%
指导教师发展能力	112	35.9%	85	27.2%	73	23.4%	42	13.5%	312	100%
组织教研活动能力	35	11.2%	83	26.6%	133	42.6%	61	19.6%	312	100%

　　调查研究发现，三所样本校学科组长的个人专业实践能力较强，能发挥示范引领作用，但在学科共同体内面对专业实践共同体的组织领导能力相对不足。如上表所示，被调查者对学科组长教学创新、教育科研和指导教师专业发展方面的能力比较满意，77.9%的被调查者认为学科组长个人的教学创新能力比较强，71.1%的被调查者认为学科组长个人科研能力比较强。但被调查者对学科组长课程开发能力和组织教研活动的领导能力评价相对较低，65.4%的被调查者认为学科组长课程设计能力一般，62.2%的被调查者认为学科组长组织教研活动的能力一般。总体而言，被调查者对体现学科组长课程领导能力的课程开发设计、教研活动组织、指导教师专业成长三方面的能力评价较低，如图6-5所示。

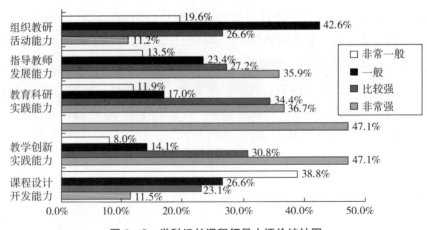

图6-5　学科组长课程领导力评价统计图

访谈调查结果显示，学科组长的个人专业能力较强，在本学科范围内具有专一定的专业权威，但组织领导能力、指导能力和引领能力普遍不足。

话题：聊聊对你们学校学科组长能力发挥的情况（至少提一点希望）

教师：学科组长在业务上那是"顶呱呱"的，学校聘任的时候也都是经过广泛了解做出的决定，尤其是在课堂教学和科研成果等方面，那都是最突出的，个人能力强。希望嘛，情况也不一样，大部分组长存在的问题是组织协调能力弱。（E—T—E—7）

教师：学科组长的业务能力很强，在学科组内也有很高的权威，按说应该能把学科组带起来，但最近几年组长干的事儿少了，你像课堂教学模式的这一块，他们自己都不带头，我们有时候也没个参照。（E—T—C—8）

教师：学科组长都是教学经验丰富的骨干教师担任，也都是学校的顶梁柱，个人能力强，专业水平高。但这几年，总觉得学校有些强化年级组的管理，而弱化了学科建设，组长们的积极性不太高，能力也没发挥出来。（E—T—IA—9）

教师：学科组长专业方面没啥说的，专业不强也干不了。应该说学科组长要把年轻教师的培养抓在手上，但最近几年作用发挥的不够好，再说现在的年轻人也不谦虚，哪像我们过去，经常请组长进课堂指导。（E—T—M—10）

教师：学科组长嘛，那肯定在专业方面是走在最前面的，我们学校的组长都有科研成果，也能写，而且都有自己根据多年积累的教学经验编写的练习册和教辅材料。作用发挥不够的地方，就在指导年轻教师这方面做得不够好。（E—T—C—11）

教导主任：学科组都是本组教师推荐，学校公开聘任的学科骨干。作为学科组内教师的领导，要在组织引领大家创新教学、落实新课改理念、指导教学方面发挥作用，这几年的组长个人主动性也不足了，能力也弱化了，作用发挥也不够。（E—D—C—11）

科研主任：我在科研处时间也长了，经常与学科组长打交道，这些人能力倒没啥说的，都凭自己的本事在干。但在发挥组织协调作用，带领老师们开展教学研讨啊，校本课程开发呀，我看能力还不咋样，需要好好锻炼提高。（E—D—IA—8）

副校长：学科组长发挥的作用可大着哩，学科组长不行，整个学科的教师就不咋行，学科高考成绩也就会落到其他学校的后面，这是多年的经验。我们学校学科组长个人能力都不错，但在新课改的方面引领作用发挥的还不是很充分。（E—H—C—8）

反思：学科组长是中观学科组层面课程领导的核心主体，在教师专业发展、学科建设、课程创生、校本课程开发等方面发挥着至关重要的作用，在这些方面课程领导力的不足，直接影响课程领导共同体模式的实施。把学科组长从教学业务骨干培养成为课程领导骨干，需要校长发挥引领作用，也需要学科组长对课程领导的自觉意识。

第三，教师的教学能力较强而课程创新能力缺乏。

教师在课堂教学过程中发挥着主导作用，是课堂教学实施的领导者，也是课堂学习共同体的领导者，教师的课程领导能力直接影响课堂教学效果。教师在课堂层面主要在讲解知识、引导学生思考问题、组织课堂学习活动、辅导作业问题等方面发挥领导作用，其目的在于促进课堂创生，提高课堂教学效果。笔者根据普通高中实际，围绕教师在课堂层面课程领导力的核心，设计了知识讲解能力、信息技术运用能力、组织学生合作学习能力、引导学生探究学习能力、辅导学生复习备考能力为内容的测评项目，调查结果如表6-6所示。

表6-6　教师课程领导能力评价调查结果

	非常强		比较强		一般		非常一般		合　计	
	人数	百分比	人数	百分比	人数	百分比	人数	百分比	人数	百分比
课堂知识讲解能力	94	30.1%	142	45.5%	53	17.0%	23	7.4%	312	100%
信息运用技术能力	87	27.9%	114	36.5%	76	24.4%	35	11.2%	312	100%
组织合作学习能力	43	13.8%	71	22.8%	153	49.0%	45	14.4%	312	100%
引导探究学习能力	35	11.2%	62	19.9%	144	46.2%	71	22.8%	312	100%
辅导复习备考能力	75	24.0%	126	40.4%	75	24.0%	36	11.5%	312	100%

调查研究发现，除年轻教师（五年教龄）以外，绝大部分教师在教学能力方面完全能胜任普通高中教学工作，但课堂层面的课程领导能力明显不足，尤其是课程创生能力亟待提高。75.6%的被调查者认为教师课堂知识讲解能力较强，64.4%的被调查者认为教师辅导学生复习备考的能力比较强，64.4%的被调查者认为教师运用信息技术的能力较强，这说明被调查者对大部分教师的教学能力评

价较高。但大部分调查者对体现教师课程领导能力的评价较低，对教师组织指导学生合作探究学习的能力并不满意，63.4%的被调查者认为教师组织学生合作学习的能力一般，69%的被调查者认为教师引导学生探究学习的能力一般。总体而言，教师的能力结构不平衡，呈现出教学能力较强而课程领导能力不足的特征，如图6-6所示。

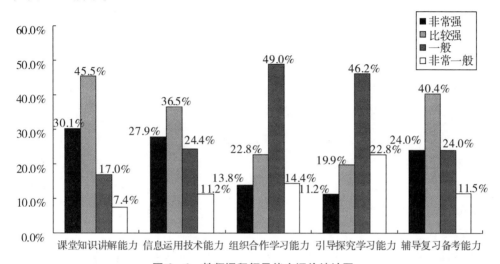

图6-6　教师课程领导能力评价统计图

在访谈中笔者以教师课程领导能力评价为主题，分别与校长、主任、教师三个层面的课程领导者进行了交流。访谈的结果与问卷调查的结果基本一致，受访者从不同角度对教师课程领导的能力做了评价。访谈结果显示，大部分教师在教学能力方面比较强，但在课程领导方面的能力不足，这将成为课程领导共同体模式实施的一个重要的制约因素。

话题：说说你们学校教师的能力现状（至少提出一个方面的问题）。

教师：高中老师教学能力不行就"站不稳"讲台，几天就下来了，家长要向校长反映哩。但我们也存在问题，总觉得人家名师上课师生互动好，学生讨论热烈，问题在课堂就解决了，我们不知道缺啥，就是达不到那个效果。（Z—T—M—53）

教师：大部分老师知识讲解的能力都好着哩，中老年教师经验丰富，知识储备没问题，经验也很丰富，就最近十年聘任的年轻教师也都至少是师大毕业的，素质和能力都不错。但创设问题情景，引导学生思考方面还缺"火候"。（Z—T—E—55）

教师：我们学校信息技术培训活动多，老师们做个课件和整合网络资源的能力较强，但课堂里每个老师的上法都不一样，效果也不同。可能最困惑的就是搞不出自己的一套高效课堂的教学模式来，不知道咋弄就搞出"名堂"来了。（Z—T—GT—56）

教师：有些老师课上的好，课外把学生压得也紧，考试成绩很高。但领导们听课说"不行"，还是那"老一套"，但我们也不敢用新课改的那套模式做实验创新一种方法来，万一成绩掉下来，一切都得"从头再来"。（Z—T—IS—57）

教师：现在不是全国都在搞高效课堂嘛，有些学校就搞成功了，成为名校。但我们也试过了，别人的经验和套路拿过来"不管用"啊。这高效课堂也没个标准，照着做又学不像，领导们也说我们没有课堂创新。（Z—T—E—55）

教导主任：尽管老师之间的能力有差异，但总体上都能胜任普通高中教学，一个老师从高一到高三转上一轮基本就能干了，走上两轮基本就成熟了，知识讲解和课堂管理那就"硬邦邦"的。但问题还在课堂教学的创新设计方面。（Z—D—E—4）

科研主任：我经常听课，发现一个问题。高水平的老师，45分钟时间足够，学生合作探究"搞得"好，总能引导学生把学习中的问题自然暴露出来，解疑释惑。但大部分老师，讲得功夫深，讲的能力强，不会引导学生合作探究学习。（Z—D—M—5）

校长：要说教师的教学能力绝大多数没啥问题，都能胜任高中教学。普通高中的所有老师都是经过公开选拔才能到高中工作，能力水平不行的老师也不敢来，都知道干这活是要拿成绩才能立住脚。要说问题嘛，也还在课堂教学这一块，有些老师就驾驭不住新课改的合作探究学习方式，好东西就"搞砸"了。（Z—H—IA—4）

副校长：我就直接说问题吧。新课程改革以来，老师们的能力普遍受到了挑战，老师们也在不断学习提高，但课堂教学的设计、教学组织形式的选择、教学方法的创新等方面的能力还跟不上需要，与名校的课堂创新的差距较大。（Z—H—M—2）

反思：教师在课堂层面的课程领导过程中，最重要的能力体现在引导学生合作探究学习，这是衡量教师课程领导能力的主要指标，但调查研究显示，教师在这方面的能力明显不足。教师是新课程改革的具体实施者，教师的课程领导力集中体现于课堂教学中，尤其是课堂教学创新能力和组织引导学生有效学习的能力直接决定着课程实施的效果。教师课程领导能力的不足，对课程领导共同体模式的实施提出了挑战。

3. 困难之三：学校课程领导者主体意识淡漠

课程领导意识是影响课程领导共同体模式实施的关键性因素，课程意识的觉醒是课程领导者有效实施课程的基本条件。课程领导者在课程实践过程中课程领导意识的强弱，直接影响课程创生、课程资源开发、教师专业成长和课程的有效实施。调查研究发现，个案学校课程领导共同体成员课程领导意识淡薄，不同层面的课程领导者之间呈现出不平衡状况，突出表现在以下几方面。

第一，教学管理意识强烈而课程领导意识淡漠。

长期以来，我国教育理论中只有教学概念而没有课程概念，只有教学意识，没有课程意识。新课程改革以来，教育实践工作者的课程意识逐步觉醒，但还没有完全树立起强烈的课程意识。受此影响，学校课程领导者的意识当中仍然具有"挥之不去"的教学管理意识。笔者设计了课程领导角色自我感知评价项目，就学科组长和教师对不同角色的自我感知情况进行了评价，如表6-7所示。

表6-7　学科组长及教师对课程领导者角色自我感知调查结果

	教学管理者		教学改革实践者		课程领导者		课程创生实践者	
	人数	百分比	人数	百分比	人数	百分比	人数	百分比
学科组长	31	39.7%	19	24.4%	15	19.2%	13	16.7%
教　师	63	32.8%	92	47.9%	21	10.9%	16	8.3%
合　计	94	34.8%	111	41.1%	36	13.3%	29	10.7%

问卷调查显示，作为课程领导者的学科组长和教师，他们对自己在课程领导角色的自我感知更多地集中于教学管理者和教学改革实践者。39.7%的学科组长和32.8%的教师把角色定位于教学管理者，24.4%的学科组长和47.9%的教师把角色定位于教学改革实践者。只有19.2%的学科组长和10.9%的教师把角色定位于课程领导者，定位于课程创生实践者的学科组长和教师更少。在学科组长和教师的访谈中，通过他们对自己角色的理解，进一步了解了课程领导意识的情况。

话题： 聊聊在课程改革中自己应该扮演好的角色（就教学管理与课程领导）。

组长： 教学管理方面的许多工作，如教案、作业、上课等教学常规检查都是我们常规性的管理工作。但我们也觉得这些工作不应该有我们干，在课程领导方面，应该有许多事儿要创新，也有这方面的想法，需要一个好的支持环境。（E—DL—C—8）

组长： 新课程改革的理念确实很好，我们也很着急，需要我们组长带领大家要做的工作很多，仅就课程开发和校本教研这两方面就有做不完的工作，我们也试图在这方面下点功夫，把大家吆喝起来做，但认识还不统一。（E—DL—IA—9）

组长： 学校课程发展需要大家的共同参与，依靠我们学科组长"干跳弹"恐怕不行，在课程领导者方面，做工作最多和挨骂最多的都是我们当组长的（E—DL—IS—14）

组长： 课程领导的意识太重要了，没那个意愿就不会做课程创新的事儿，需要那么一种氛围。我们做组长的不是没那方面的意识，又要上课又要搞教学常规检查，没时间和精力带领大家做课程开发和课堂创新方面的工作。（E—DL—C—8）

教师： 我们的主要职责在于教书育人，关键是教学，教学成绩自然得从学生考试成绩中体现出来。领导对老师的要求就是搞好教学创新，提高学生成绩，能把学生抓住在学习上不断进步，至于其他方面也都是次要的。（E—T—IA—12）

教师： 新课程改革对我的要求越来越高，涉及课程方面的事务很多。但作为老师，主要是抓教学，提高学生的学业成绩，对于课程开发呀、校本教研啊、研究性学习呀，那些东西都是虚的，教学成绩上不去其他都是"白搭"。（E—T—E—13）

教师： 课程改革就是要"改"，但怎么改，那是领导考虑的事情。我们做老师的把自己的课教好就行了，至于课程方面的事情，领导说咋干我们就咋干。（E—T—C—5）

教师： 学校对我们的期待是教好书、上好课、抓好学生。课程改革的事情，刚开始喊得很凶，调子也很高，但没有监督制约机制，也就没人落实。（E—T—E—3）

学科组长和教师具有较为强烈的教学意识，但对课程领导者的角色意识较为淡薄，更多的学科组长和教师把自己的角色定位于教学改革实践者，而对课程领导者和课程创生实践者的角色认知相对较为模糊，如图6-7所示。

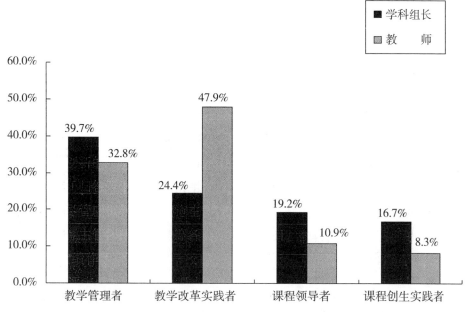

图6-7　学科组长及教师对课程领导者角色自我感知统计图

反思：访谈过程中笔者明显感觉到，学科组长和教师尽管有课程领导概念的基本感知，但课程领导的意识尚未形成。他们对教学情有独钟，有着割舍不下的教学情结，有着较为强烈的教学意识。许多教师关注自己的教学，不关心学校课程的发展，很多教师习惯于按部就班地使用教科书，过度依赖教辅资料，缺乏课程开发的意识。比较而言，学科组长的课程领导意识比教师相对明确，教师的课程领导意识正在觉醒。课程领导共同体模式的实施，需要走出教学管理思想的束缚，引导教师觉醒课程领导意识。

第二，课程管理意识强烈而课程领导意识淡薄。

学校课程领导共同体模式的实施，要求共同体成员转变观念，树立课程领导意识，但传统课程管理思想并没有因新课程改革的推进而从观念系统中弱化。在调查研究中，笔者设计了课程领导角色自我感知评价项目，分别就校长和中层主任对不同角色的自我感知情况进行了评价，结果如表6-8所示。

表6-8　校长及中层主任对课程领导角色自我感知调查结果

	课程管理者		课程改革推进者		课程领导者		课程创生引领者	
	人数	百分比	人数	百分比	人数	百分比	人数	百分比
校　长	4	33.3%	5	41.7%	2	16.7%	1	8.3%
中层主任	16	53.3%	8	26.7%	4	13.3%	2	6.7%
合　计	20	47.6%	13	31.0%	6	14.3%	3	7.1%

问卷调查显示，校长和主任对自己在课程领导过程中角色的自我感知更多地集中于课程管理者和课程改革推进者，33.3%的校长和53.3%的主任把角色定位于课程管理者，41.7%的校长和26.7%的主任把角色定位于课程改革推进者。只有16.7%的校长和13.3%的主任把角色定位于课程领导者，对课程创生引领者的角色认知模糊。总体而言，校长和中层主任课程管理的意识强烈而课程领导的淡薄，如图6-8所示。

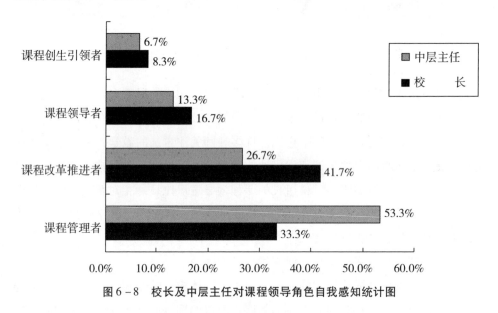

图6-8　校长及中层主任对课程领导角色自我感知统计图

在与不同主课程领导主体的访谈中，通过他们的角色认知，了解了课程领导意识的情况，也进一步印证了问卷调查的结果。

话题：在课程改革中自己应该扮演好的角色（就课程管理与课程领导的角色）。

教导主任：我们学校课程改革的推进速度慢，成效不明显，还是管理措施不到位的问题，新课改本来推行难度就大，没有强硬的课程管理措施和办法是不行的。我主要是管理方面落实，按文件要求操作，课程领导嘛，那是校长们的事。（E—D—C—11）

科研主任：新课程改革难啊，我接触过上海的课改，人家对学校课程领导力的项目做得很好，是依靠课程领导的理念来推进课改。我们这边落后一些，我也发现我们的领导和老师没有课程领导的意识。（E—D—IA—8）

教导主任：我们中层职能部门在教学管理方面的主要依托就是学科组，组长的角色很重要。作为学科组的领导，主要任务还在于督促检查教学常规，至于课程计划、学科教研活动、教师培养等方面的工作，他们也做不了多少。（E—D—C—11）

科研主任：课程改革方面的经验比较多，我们也经常外出学习，有些学校搞的就是好，但我们这边的高考氛围太浓，要取得好成绩，就得抓住教学学管理，至于课程领导方面，目前环境气候还没有形成，尤其是课程领导的意识普遍落后。（E—D—IA—8）

副校长：三级课程管理的国家政策，确实给了学校一定的课程决策权，我们也明显感觉到在课程方面有了许多自主权。就学校内部来说，我们主要是在管理措施方面想了许多办法，但大家的积极性不是很高，也没弄出些成绩来。作为校长，主要应该在课程管理方面拿措施，至于课程领导，主要是思想方面的引导。（E—H—C—8）

校长：学校的中心工作是教学，管理的重心也在教学管理方面，我们做校长的，抓教学管理一刻也不能放松。至于课程方面的工作，主要根据上级教育主管部门的要求落实一些工作任务，创新方面也做不了多少事。（E—H—IS—1）

反思：不论是校长还是主任，不论是组长还是普通教师，受传统课程管理思想的影响，他们普遍缺乏课程领导的意识。校长和主任习惯于课程管理工作又强化了这种意识。学科组长和教师长期"浸泡"在教学实践中，脑海里只有教学而没有课程的概念，只有教学管理的意识而缺乏课程领导的意识。走出课程管理思想，走向课程领导，任重而道远。课程领导共同体模式的实施，最大的阻力来自于意识缺乏的困难和挑战。

第三，个人领导意识强烈而合作意识淡化。

合作是共同体的核心理念，学校课程领导是共同体成员在合作基础上实施课程领导行为。课程领导共同体模式的实施，需要共同体成员具有课程领导意识，更需要合作意识，共同体内部成员如果缺乏合作意识和团队精神，就无法形成课程领导合力。课程领导者个体的合作意识和态度影响共同体模式的实施，在调查研究中笔者设计了合作意识评价内容，就部门和同事之间合作意识进行了自评。调查研究发现，共同体的合作观念相对缺乏，合作意识淡薄，具体如表6-9所示。

表6-9 学校课程领导者对部门及同事间合作意识评价调查结果

	非常强		比较强		比较弱		非常弱	
	人数	百分比	人数	百分比	人数	百分比	人数	百分比
校　长	1	8.3%	3	25.0%	6	50.0%	2	16.7%
中层主任	4	13.3%	6	20.0%	13	43.3%	7	23.3%
学科组长	9	11.5%	12	15.4%	38	48.7%	19	24.4%
教　师	21	10.9%	34	17.7%	94	49.0%	43	22.4%
合　计	35	11.2%	55	17.6%	151	48.4%	71	22.8%

问卷调查显示，66.7%的校长和66.66%的中层主任对学校部门的同事之间的合作意识并不看好。48.7%的学科组长和49.0%的教师认为部门和同事间合作意识的比较弱，评价非常弱的也都在20%左右，评价较强和比较强的仅仅占到较少的比例。这说明学校课程领导者的合作意识普遍较弱。就总体情况来看，48.4%和22.8%的评价者认为学校部门和同事之间合作意识弱，认为比较强和非常强的评价者只占极少数，如图6-9所示。

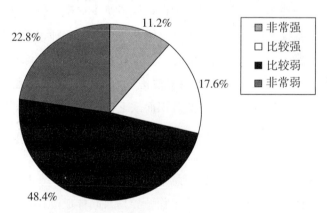

图6-9 学校课程领导者合作意识评价统计图

在与课程领导者的访谈中，就合作意识的问题，他们从不同的角度谈了自己的感受，也印证了问卷调查的结果。

话题：聊聊课程改革中我们学校教职工团结合作的情况（任选一类主体）

教师：大家都在一个学科组，竞争的氛围浓一些，有些关系好的还经常交往，能走到一起，共同合作完成一定的任务。关系一般的，也就谁干谁的事情。（Z—T—E—33）

教师：要说共同体的观念，现在还达不到。老师们的个人主义很严重，还没有形成一种团结合作的良好学科氛围。中层科室的领导也是各干各的事情，谁不管谁的事情，分工很明确，责任也很清楚，但推诿扯皮的事情也不少。（Z—T—IS—23）

教师：课程改革方面的工作，主要是学科组长在那里"跳"，学校领导看起来都很忙，至多在会上讲一讲，做出一些命令性的安排，学科组来的次数也很少，对学科组课程改革方面的支持我看也不足，有时候组长急也没办法。（Z—T—C—34）

组长：我们这些组长大都是六十年代的人，我们年轻的时候团结合作意识非常强，但现在的这些老师，缺乏这种意识，安排个工作有去无回，本来对他们是有益的事情，他们意识不到应该怎么配合做好事情，自私得很。（Z—DL—M—6）

组长：有些领导，权力意识很重，高高在上，像命令一样要我们必须执行，没有我们创造的空间，按照他们的说法去做了，效果不好，也就再不"吭声"了。我也在想，能不能大家坐到一起商量商量，互动中找找好的办法。（Z—DL—A—7）

主任：这个问题可能是各个学校普遍存在的问题，老师们之间的竞争意识很强烈，教学绩效评价中把别人的成绩盯得紧，也许是竞争导致了合作意识差，谁都认为自己了不起，能干的很，相互之间学习氛围也不浓厚。（Z—D—E—4）

主任：新课程改革的理念就是合作，教师们之间要合作，相互交流共同学习，合作完成一些课程创新实践方面的工作，但老师们现在缺乏这种意识。大家都处在一个共同体内，目标和根本利益在合作中才能实现，但大家认识不清。（Z—D—M—2）

副校长：最近几年这方面很糟糕，老师们的合作意识确实很淡薄，也不知道是咋回事，许多方面"斤斤计较"，缺乏那么一种奉献精神、合作精神，可能是受市场经济的影响吧，我们也经常在会上讲，但这种意识激发不起来。(Z—H—IA—4)

反思：课程领导共同体成员对共同体观念和团结合作意识缺乏，在实践存在课程领导者支持、配合、合作、共享意识不足的问题，最终造成课程发展的合力不足。课程领导者之间协同合作意识淡薄，在一般课程事务中表面上合作，而专业交流方面的实质性合作明显不足。这将成为课程领导共同体模式实施的困难。课程领导共同体模式的实施，需要激活共同体成员的合作意识，形成团队精神。

（二）体制：课程领导共同体模式运行的障碍

1. 困难之四：愿景目标低层次定位的影响

共同愿景是共同体组织为之奋斗并希望达到的发展蓝图，课程领导共同体的愿景对学校课程的发展具有重要意义，目标的确立不仅是课程领导的一项重要职能，也是实施课程领导行为的起始环节。共同的愿景能把每个课程领导者个体和不同层面课程领导共同体"串联"起来，使不同的课程领导主体全身心地融入学校这个共同体组织。学校作为一个共同体组织，以学校发展作为愿景目标，在这个共同体中的每个成员个人也有自己的愿景目标。为全面了解课程领导共同体愿景目标的定位指向和实现的障碍因素，从学校整体、个人和组织三个层面分别分析，以寻找可能影响课程领导共同体实施的因素。调查结果显示，理论上构建的愿景目标与实践中的存在的情况存在较大的差距，将成为制约课程领导共同体顺利实施的障碍性因素，突出问题具体表现在以下几方面。

第一，学校愿景目标指向于高考成绩。

学校课程领导共同体的愿景概括了学校作为一个学习型组织的目标、使命及核心价值，愿景也体现着共同体成员的价值追求，尽管不同学校发展愿景的表述不同，但其目标指向具有共通性。为了解学校共同体成员对学校发展愿景的意向，笔者以课程愿景指向学生发展、教师发展、高考成绩和提升课程品质为选项，设计了学校课程愿景目标指向调查项目，问卷调查结果如表 6 - 10 所示。

表6-10 课程领导者对学校课程愿境目标指向调查结果

	促进学生发展		促进教师发展		高考成绩优异		提升课程品质	
	人数	百分比	人数	百分比	人数	百分比	人数	百分比
校　长	1	8.3%	2	16.7%	8	66.7%	1	8.3%
中层主任	3	10.0%	4	13.3%	21	70.0%	2	6.7%
学科组长	6	7.7%	11	14.1%	55	70.5%	6	7.7%
教　师	13	6.8%	36	18.8%	121	63.0%	22	11.5%
合　计	23	7.4%	53	17.0%	205	65.7%	31	9.9%

问卷调查显示，总体而言，学校课程领导者对高考成绩非常敏感，66.7%的校长、70.0%的中层主任、70.5%的学科组长、63.0%的教师都选择了课程发展愿景目标指向高考成绩的选项，而选择促进学生发展与提升课程品质意向人数比例较低。这说明，学校课程领导共同体成员对课程愿景目标的定位较低，课程领导者对学校课程发展的认识水平较低。这将成为制约课程领导共同体模式实施的又一个制约性因素。就总体情况而言，65.7%的评价者认为，学校课程发展的愿景应指向取得优异的高考成绩，如图6-10所示。

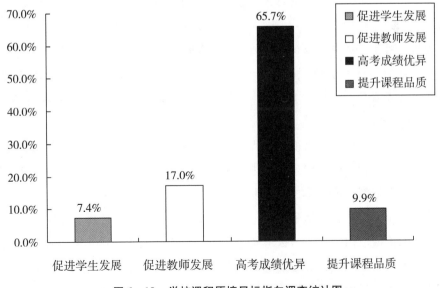

图6-10 学校课程愿境目标指向调查统计图

笔者围绕"目前学校课程发展愿景"的话题，与不同课程领导主体进行了访谈，了解了愿景指向选择高考成绩背后的一些原因。

话题：请您结合实际谈谈目前学校课程发展的愿景目标。

教师：愿景嘛，大家都心知肚明，学校课程发展的最终指标就是以高考来评定，课程创新的目标也只指向于高考成绩，高中不追求高考，那就是不务正业。（Z—T—A—42）

教师：大家心里都清楚大家都为着高考，大家也都围绕着高考在干，其他的一切都是虚的。每个老师都有目标任务，也都与学校签订了高考目标责任书。（Z—T—C—45）

教师：学校的愿景目标不管怎么表述，背后的东西就是高考，真实的东西指向于高考。（Z—T—M—41）

组长：不管是课程开发，还是教师发展，也不管是提高教学质量，还是学校发展，其实最终的目标就是取得优异的高考成绩，我们心里都清楚。（Z—DL—M—4）

组长：与其他高中相比高考成绩上不去，社会上的评价首先不好，就不要说教育主管部门了，考不好家长都跑来问责，"一荣俱荣，一损俱损"。（Z—DL—C—5）

主任：口头都说"一切为了学生的发展，为了学生发展的一切"，其实本质就是高考，成绩考好了，才有好大学可上，才有发展，否则那不是空谈嘛。（Z—D—E—4）

校长：对于普通高中来说，学校课程发展的最终目标最终还是高考成绩，尽管许多学校都"冠冕堂皇"地标榜办学理念，特别是高中名校对学校发展目标说的"天花乱坠"，但中心目标就是高考，高考成绩不突出，一切都是假的。（Z—H—IA—4）

反思：对于普通高中来说，课程发展的愿景应指向于学生发展，但大多数被调查者认为，课程发展的愿景目标指向于取得优异的高考成绩。高考升学率尤其是重点大学升学率，成为学校课程发展的愿景目标。学校只关心考什么，不关心课程计划的全面落实，教师只关心怎么考，不关心怎么改，教师在课程实施的过程中追求的价值取向是——怎么考就怎么教，考到哪里就教到哪里，考多难就教多难，不考的坚决不教，要考的绝不留白。尽管学校课程发展的愿景目标应该指向于课程创生和学生发展，但绝不是基于高考的学生发展，"片追"成为课程领导共同体实施的一个制约性因素，需要引导课程领导共同体的成员从过分追求高考成绩的泥潭中走出来，关注学生的全面发展。

第二，个人愿景目标指向于评优晋级。

共同体成员除了为学校整体的愿景目标而努力以外，也有个人发展的愿景目标。只有个人发展愿景目标与共同体的愿景目标和谐一致，在实现共同体愿景的同时，个人发展的愿景目标不断得以实现，才能调动每个共同体成员的内驱力。为进一步了解课程领导共同体成员个人的发展目标，笔者以个人专业发展、学校发展、个人评优晋级、工作顺利开展为内容，设计了个人发展愿景目标指向选择项目进行了问卷调查，调查结果如表6-11所示。

表6-11　课程领导者个人愿境目标指向调查结果

	个人专业发展		促进学校发展		个人评优晋级		工作顺利开展	
	人数	百分比	人数	百分比	人数	百分比	人数	百分比
校　　长	1	8.3%	3	25.0%	6	50.0%	2	16.7%
中层主任	4	13.3%	6	20.0%	14	46.7%	6	20.0%
学科组长	17	21.8%	5	6.4%	39	50.0%	17	21.8%
教　　师	65	33.9%	12	6.3%	83	43.2%	32	16.7%
合　　计	87	27.9%	26	8.3%	142	45.5%	57	18.3%

如上表所示，学校课程领导者对个人评优晋级的愿景目标指向比较集中，50.0%的校长、46.7%的中层主任、50.0%的学科组长、43.2%的教师都选择了个人发展愿景目标指向评优晋级的选项，这说明课程领导者更多考虑个人利益。相比其他目标，校长和中层主任选择促进学校发展的指向相对集中，分别占到25.0%和20.0%，这说明学校领导具有学校发展的集体意识。教师相对其他愿景目标指向而言，对个人专业发展的关注程度也比较高，占到33.9%。对于个人发展的愿景目标理想的状况应该更多指向个人专业发展，但现实情况与此目标还有较大的差距。就总体情况而言，学校课程领导者把个人的愿景目标指向于个人评优晋级的人数较为集中，占到45.5%，而关注学校发展的比例较低，只有8.3%，这说明课程领导共同体成员对与个人利益密切相关的评优晋级更为关注，对个人专业发展的期望并不强烈，如图6-11所示。

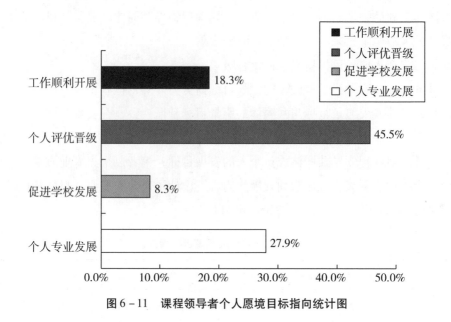

图 6-11　课程领导者个人愿境目标指向统计图

笔者围绕"就个人发展愿景目标"的话题，与不同课程领导者进行了访谈，进一步了解了愿景指向背后的原因。

话题：请您就个人的真实想法谈谈自己发展的愿景目标。

教师：我们这边评职称条件苛刻，需要创造更多的条件，越往高里走条件也越高。而且名额有限，学校考评成绩要走到最前面才能有资格参加申报。其实大家都在为这个而努力。当然，教学成绩上不去就"没门"。（E—T—E—7）

教师：我在教学方面也很下功夫，成绩也好。我把评优的科研条件创造好，弄个特级教师，工资高挂一级就行了。（E—T—C—8）

组长：我们当组长的也不是个啥"官"，就是为学校操心为大家服务的，也没啥想法，把考核成绩弄上去，做个课题，评个优秀，职称上个级别。（E—DL—C—8）

组长：我和大家的想法差不多，做老师的，一方面能培养出更多的好学生，另一方面，自己的职称不要耽误了，能达到高级的最高等级也就满足了。（E—DL—IA—9）

主任：我就不再多想图什么了，再干几年也干不动了，我拿职称工资嘛，就想着再创造些条件，评上个先进，能够着高级五挡，升个职称等级就行了。（E—D—C—11）

主任：就学校发展，校长也很赏识我，我也在卖命地干。就个人嘛，反正我还年轻，不想当将军的士兵也不是好士兵。如果大家抬举就再上个"台阶"。（E—D—IA—8）

副校长：我们当校长的其实真心地在为学校发展努力，学校办不好，自己也没地位。我也再不图啥了，年龄也不允许，职称能再上个台阶，多拿点工资就退吧，但年轻的副校长，也都有可能再上个台阶，努力的目标也就在此吧。（E—H—C—8）

反思：从受访者内心的表白来看，每个人都有个人发展的愿景目标，与问卷调查的结果比较一致，课程领导者把个人发展的愿景目标都指向于"评优晋级"，不管是职称还是职务，对于学校教育工作者而言，评优晋级与个人利益密切相关，把个人愿景目标定位于评优晋级也合乎情理的。遗憾的是笔者没有听到在个人专业发展方面的愿景目标，也没有听到想成为专家型教师的愿望，几所学校的情况大致都一样，共同体成员的个人愿景目标带有明显的"功利性"，这将成为课程领导共同体模式实施的一个制约因素。个人愿景目标脱离了对课程专业发展的追求，必然会导致个人专业发展偏离共同体的愿景目标，会影响课程领导主体作用的发挥，共同体愿景目标的实现也会受到影响。

第三，组织愿景目标：指向于保障安全。

在学校内部，存在着若干组织或团体，尽管他们尚未形成完全意义上的共同体，但作为一个组织的存在，也可视为一个"准共同体"，如年级组、班级、学科组、各科室等这些团体或组织。在学校课程发展过程中，学校内部的各级各类组织都扮演着一定的角色，对促进学校课程发展发挥着特殊的作用。课程领导共同体成员对这些组织或团体发展的愿景期待，体现共同体成员的对课程发展运行的价值取向。笔者设计了组织（团体）愿景目标调查内容，进行了问卷调查，调查结果如表6-12所示。

表6-12 课程领导者对学校组织和团体的期望调查结果

	促进课程发展		提高教育质量		抓好安全工作		保障职工权益	
	人数	百分比	人数	百分比	人数	百分比	人数	百分比
校　长	2	16.7%	3	25.0%	6	50.0%	1	8.3%
中层主任	5	16.7%	10	33.3%	12	40.0%	3	10.0%

续　表

	促进课程发展		提高教育质量		抓好安全工作		保障职工权益	
	人数	百分比	人数	百分比	人数	百分比	人数	百分比
学科组长	20	25.6%	12	15.4%	41	52.6%	5	6.4%
教　师	49	25.5%	36	18.8%	84	43.8%	23	12.0%
合　计	76	24.4%	61	19.6%	143	45.8%	32	10.3%

问卷调查显示，学校课程领导者对组织（团体）的目标期待选择安全工作项目的人数较多，对学校各类组织团体抓好安全工作的期待较为强烈，50.0%的校长、40.0%的中层主任、52.6%的学科组长、43.8%的教师对安全工作的期待较强。校长和中层主任对各级各类组织团体共同关注学校教育质量的期待相对明显，25.0%的校长和33.3%的中层主任选择了这一愿景目标项目，学科组长和教师对组织团体促进课程发展寄予一定的期待，25.6%和25.5%的学科组长和教师选择了这一愿景，学校课程领导者对教职工权益维护的期待不明显。总体而言，学校课程领导者对学校组织或团体抓好安全工作的期待较为明显，选择这一期待的人数占到45.8%的比例，而选择保障教职工权益的期待并不明显，仅仅占到10.3%，对提高教育质量和促进学校课程发展的期待也不明显，分别占到19.6%和24.4%，如图6-12所示。

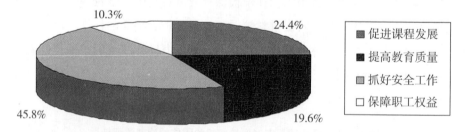

图6-12　课程领导者对学校组织和团体期望调查统计图

笔者围绕"对学校组织团体期待"的话题，与不同课程领导者进行了访谈，了解了共同体成员的对学校组织团体期待背后的一些原因。

话题： 请您就对学校各部门科室或年级学科组的期待谈谈个人的看法。

教师： 为啥说安全第一呢，课程实践活动，不出事就没事，一旦出事全校上

下都不安稳。(S—T—C—16)

教师： 课程实施中的许多涉外活动都被限制了，我们一个社团计划双休日组织学生到"湿地"环保考察，领导层层审批，最后考虑安全问题给"砍"了。现在学校课程设计和实施首先考虑的就是安全因素，已成为决策的"第一原则"。(S—T—M—28)

教师： 学校和个人都有目标，许多愿景都很崇高，但顺利地实现难啊，制约因素越来越多，老师们也都不敢"另搞一套"，都这样"按部就班"不出问题。(S—T—IA—29)

组长： 安全本来与课程发展关系不大，但现在由于安全的问题，我们都把一些很有价值的校外实践活动给"删除"了，大家都怕出安全问题，怕承担责任，而不愿搞那些室外学生较为集中的活动，球类运动会都不敢搞了。(S—DL—M—2)

组长： 开发课程本来是我们要做的，现在老师都不愿意干，我们的工作难搞啊。(S—DL—IS—12)

主任： 学校安全是件头疼事，领导们有三怕：一怕出个学生安全问题，二怕发补助上面来查，三怕老师或学校的问题网络上炒作，影响学校声誉和发展。(S—D—M—9)

校长： 对校长来说，尽管所有的工作都集中于高考，但还有一个放不下的担忧，就是学校的安全，只要在位一天，那个"定时炸弹"就卸不掉。我们最怕出安全问题，尤其是最近几年，学生安全、财务安全、教职工的人身安全等等，都得安排周到，一旦出个事那麻烦就大了，弄不好就成为"反面典型"。(S—H—M—7)

反思： 制约课程愿景实现的因素很多，但受访者对安全因素更为重视，成为重要因素的"首选"。其中的原因较多，最根本的原因是不愿意承担责任。在地方教育管理"追责制"的影响下，学校课程领导者具有较强的"责任意识"，但不是来自于对学生发展负责，而是一种"管理责任"的风险规避。社会环境的变化给教师的专业实践带来了影响，从安全的角度来说，教师的职业是"高危职业"之一并不为过。如何寻找一种"责任和风险规避"的途径，创造良好的课程发展条件，让课程领导者不必过分地考虑所谓的"安全因素"而"放开手脚"地进行课程创新，需要社会与学校的共同努力。

2. 困难之五：制度规范僵化造成机制性障碍

对于一项改革而言，制度和规范是改革行动遵循的原则要求，在改革启动过程和正式运行阶段，制度和规范发挥着重要作用。与一般的制度规范所不同，学校课程领导共同体制度规范的形成是基于课程领导者的共同约定，是共同体内部成员行为方式与交往关系的一种行为约定，虽然不具有一般社会制度的强制执行力，但具有一定的行为规约性。课程领导共同体的实施，需要制度规范营造良好的实施环境，需要制度规范形成良好的管理体制，需要制度规范保障课程利益相关者参与课程领导，需要灵活的机制协调各种矛盾冲突。课程领导共同体是建立在学校现有体制机制基础上的实践模式，课程领导的行为方式和运行过程是基于共同体的理念，而学校原有体制框架下所形成的制度规范必然会与课程领导共同体模式发生冲突，成为制约性因素。笔者从层级化的监管体制、管理制度、运行机制三个角度设计了现行课程管理体制对课程领导影响程度评价问卷调查内容，以期分析学校原有的制度规范和管理体制对课程领导共同体实施可能产生的影响，调查结果如表6－13所示。

表6－13　现行课程管理体制对课程领导影响程度评价调查结果

	影响非常大		影响较大		影响较小		影响非常小		合　计	
	人数	百分比	人数	百分比	人数	百分比	人数	百分比	人数	%
层级化的监管体制	43	13.8%	161	51.6%	69	22.1%	39	12.5%	312	100%
各项课程管理制度	32	10.3%	147	47.1%	85	27.2%	48	15.4%	312	100%
课程管理运行机制	38	12.2%	151	48.4%	77	24.7%	46	14.7%	312	100%

第一，科层管理体制影响共同体的运行。

课程领导者在一个权责共享的平台上实施课程领导行为，需要民主合作的组织文化和"去权力"等级的组织结构。但传统的课程管理体制，自上而下的层级模式界限分明，权力运作按照垂直向下的方向运行，课程实施依靠"监控"和"监管"的惯性力量运转，课程领导组织在僵化、保守和封闭的状态下运行，必然影响课程领导共同体模式的实施。

问卷调查显示，51.6%学校课程领导者认为层级化的管理体制对课程领导的影响较大，13.8%的课程领导者认为影响非常大。这说明课程领导共同体成员对学校科层化的管理模式已经有明确的认识，为进一步求证可能影响的程度，笔者与不同课程领导者围绕"目前学校课程管理体制运行情况评价"的话题，进行了访谈，印证了分析的假设。

话题：请您评价评价目前学校课程管理体制运行的情况。

教师：我们主要的任务是抓学生的学习，至于学校课程发展的大事，还是有领导们做决定，逐级落实下来，我们"分摊"的任务也不多，干好就对了。（Z—T—A—43）

教师：有些领导下命令"狠得很"，反而大家也都不当回事，有些领导学术水平高，轻轻一点，大家都知道要怎么去干，人和人不一样，效果也不同。（Z—T—IS—44）

教师：课程领导运行也不太顺，民主性也不足，有一个奇怪的现象：有利的事大家抢着做，无利的事情推着做；重要的事情不上会，上会的事情不重要。（Z—T—E—40）

组长：我就觉得现在的管理模式不好，课程方面的事情都推到我们当组长的头上，额外干好多事，弄不好还"得罪人"，大家都干一些嘛。有些事情领导们不公开，怕惹麻烦，悄悄地干掉了，等我们知道也就"生米煮成熟饭了"（Z—DL—A—7）

组长：关键的权力又不给我们，还是上面的领导说了算，我们承担的责任又很大，每月的津贴就那么几个"子儿"，谁卖命地给他们干，就混着干呗。（Z—DL—C—5）

主任：现在的老师，就得抓紧，我们也不愿意监督老师的行为，不跟进督促检查工作就会"走样"，有时还"跑调"，尽管老师们不愿意被管束，但弱化管理质量就不能保证，依靠老师的自觉性把课程方面的工作做好，那可能不行。（Z—D—M—2）

主任：课程领导提倡民主管理、彼此合作、权力共享，理念很好。但真正落实起来，恐怕得有个过程。大家都习惯了，权力也是一种责任，现在的人都不愿意多"揽事"，大家都依赖各级领导安排，自己落实好任务，也不担责。（Z—D—M—12）

副校长：目前主要还是依靠管理，课程领导也是建立在课程管理基础之上，有些方面还有交叉。可能我们西部地区文化落后，还实现不了人人参与课程领导的目标，毕竟多年都是靠管理要质量，人都是有惰性的，外部约束少不了啊。（Z—H—IA—4）

反思：从访谈的情况来看，受访者对目前的课程管理模式褒贬不一，但共性之处是受访者普遍认为，课程权力运作的民主性不足，课程领导运行的机制尚不顺畅，课程领导行为的行政化现象过浓。存在的这些问题是受传统课程管理模式影响的必然结果，与课程领导共同体的理念正好相悖，这些因素成为制约课程领导共同体模式运行的机制性障碍。长期积累起来的问题，不可能在短时间内消除，需要一个逐步淡化的过程，需要课程领导者解放思想，不断更新观念，摆脱管理思想的束缚，树立课程领导共同体的理念。

第二，束缚性的管理制度限制创造性发挥。

课程领导共同体模式的实施需要发展性的制度规范作保障，制度规范应该具有引领性、激励性和开放性，只有这样，共同体成员才能在制度规范的引领下发挥各自的作用，形成课程创生的合力。但学校制度具有惯性力量，不合理的制度经过一段时间的实施也能得到认同。课程管理体制下形成的各种制度会成为一种制约力量，影响课程领导共同体模式的运行。随着新课程改革的推进，学校课程领导者对课程管理制度的批判意识明显增强，有了对促进课程发展制度的期待。表6-13中，47.1%的课程领导者认为学校现行的各项课程管理制度对课程发展的影响较大，10.3%的课程领导者认为学校现行的各项课程管理制度对课程发展的影响非常大。为全面了解现有制度的制约性，笔者与不同课程领导者围绕"目前学校课程领导制度建设情况评价"的话题，进行了访谈，进一步了解了制度对课程发展的影响程度。

话题：请您聊聊目前学校课程管理制度建设方面的情况。

教师：老师们最关心绩效评价制度，但制度条款中更多的是扣分项目，鼓励老师进行课程开发和教学创新的内容缺乏，引导性差，导致老师们"防扣分"，而不去想着怎么在课程创新方面多做点事，课程发展的积极性不够。（S—T—IS—30）

教师：制度执行的灵活性不够，许多制度要么不执行，要么一执行就"伤人心"，老师不高兴，领导也无奈，关键是制度的条款太细，规约性太强。（S—T—M—32）

教师：课程发展需要制度的引领，但管理制度又相对滞后，应该要让制度走到行为的前面，要让激励性的制度去鼓励大家都来创新，而且具有选择性，这样就好了，不要让制度束缚了领导的行为，又制约了大家的创新，两头都不落好。（S—T—IA—31）

组长：制度关键在导向性上，导向不正就起"副作用"，比如评优制度，推荐优秀教师要看科研成果。你说我们都忙成啥样了，哪有时间写文章。那些教学一般的老师，教学不行但会"倒腾"文章，他们就获评优秀了，这一点不公平。（S—DL—M—2）

组长：学校最重要的是考评制度，每过几年就修改，尽管反复征求意见，但最后还是领导拍板说了算。太过于量化了，每项考评都细化了评分标准，你说老师的工作能靠"评分"就能调动积极性吗，还得依靠领导的关心和激励。（S—DL—IS—12）

政教主任：学校没有制度的约束，靠人管是管不过来的。就说综合素质评价吧，班主任不认真落实，我们就得扣考核分，否则那项活动就"走样"。（S—D—IA—8）

办公室主任：我最近正在整理我们学校的制度汇编，内容全面，几乎涵盖的学校管理的方方面面。但有些制度已经过时了，有些制度根本落实不了，需要重新修订，毕竟制度不是管人的，而是管事的，怎么能把事做好，就怎么定制度。（S—D—IA—1）

副校长：学校的制度具有稳定性，但我们也在不断地修改以适应学校课程发展的需要。制度一方面为了约束大家的行为，另一方面也是引导大家往好的方向发展，关键是大家不理解我们制定制度的意图，有时候也不便解释清楚。（S—H—IS—6）

反思：不同访谈者对学校课程领导方面的制度有不同的认识和理解，从管理的角度，现行的制度具有一定的合理性，而从课程发展的角度评价，现行的制度制约课程创新的弊端明显。学校不仅通过课程愿景影响共同体成员，而且通过制定学校课程政策、专业发展计划、评价制度等具有引导性的制度引领共同体成员发展课程，但现有制度的滞后性、封闭性、制约性已经凸显，存在价值引领不足、引导创新不够、激励性不强的问题，这将成为制约课程领导共同体模式实施的障碍。如何在共同体环境下，重新修订与学校课程发展相适应的相关制度，让制度创造良好的课程发展环境，让制度保证课程领导共同体模式的顺利实施，需要课程领导共同体成员共同努力。

第三，封闭运行的管理机制制约课程领导活力。

课程领导共同体模式的实施，需要一个促进课程发展的良好环境，以调动共同体成员的积极性，激发共同体成员的创造热情，彰显课程领导的主体地位，整合课程领导共同体每个成员的力量，促进课程愿景目标的实现。传统的科层化管理体制没有被打破的情况下，权力集中化、操作程序化、运作线性化等问题造成了课程领导运行机制封闭保守，制约着学校课程的发展。问卷调查的统计结果（表6－13）显示，48.4%的课程领导者认为现行的课程管理运行机制对学校课程领导的影响程度较大，12.2%的课程领导者认为现行的课程管理运行机制对学校课程领导的影响程度非常大，这说明课程管理的运行机制并没有为课程领导的实现创造良好的环境，如图6－13所示。

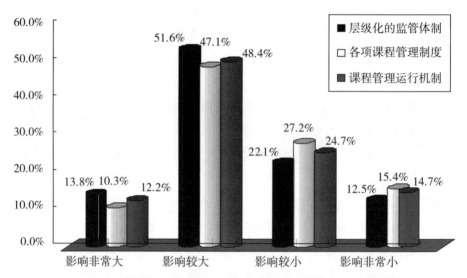

图6－13　现行课程管理体制机制对课程领导影响程度评价统计图

笔者与不同课程领导主体围绕"目前学校课程管理机制运行情况评价"的话题，进行了访谈，了解了机制运行对课程领导的影响和其中的原因。

话题：请您谈谈目前学校课程管理运行机制方面的情况。

教师：就目前的状况来说，课程领导的"气候"还没形成。就拿老师们之间相互影响来说，老师们的经验一般不外传，有些资源是可以共享的，但做不到。（E—T—IA—9）

教师：有学校领导多次讲"谁的娃娃谁抱好，谁的课堂谁负责"，但课程方面的许多事情能这样做吗？大家需要在民主开放的环境中分享智慧，相互启发影响，才能形成合力。（E—T—M—10）

教师：要说课程领导的权力，大家都享有，在课程创新方面可以大胆地干，但学校领导的追责机制谁都害怕，不按课程计划实施，万一高考"考砸"了，

那可是个人的事情。（E—T—C—11）

组长：机制方面最主要的问题还在于个别领导有"官本位"思想，我们的有些诉求本来反映给领导就是让他们解决，但本应该由他们之间协调解决的，又推回来让我们去协调。时间长了"多一事不如少一事"，我们也就不管了。（E—DL—C—8）

组长：课程改革本来需要大家共同做，打破部门之间的界限，联合行动。但大家可能没有意识到这一点，还存在"铁路警察各管一段"的问题，时间长了，大家也就没那份热情了，我们做组长的这一点感受最深。（E—DL—IS—14）

主任：总觉得合作互动不太默契和灵活，包括部门之间和老师之间总有些不协调，大家互动不起来，活力还是有些不足，可能是传统文化的影响吧。（E—D—C—7）

主任：教师也是课程领导者，主体地位也得到了应有的尊重，学校也从来不"打压"老师的创新，在课程创新方面能跳多高就跳多高。但老师们积极性并不高，都等着领导安排怎么去创新课堂教学，责任意识不强。（E—D—IA—8）

校长：新课程改革以来，教师的自主权应该是给足了，我们学校领导只关注考试成绩不要落下去了，其他的怎么搞都可以，课程模块顺序可以变，高考选修的模块可以自己定，教学模式也可以自己创，甚至有些教材教师也可以自己编。问题是我们的老师有些方面做不到，权力给了不会用，用不到地方上。（E—H—IS—1）

反思：在教师访谈中笔者明显感觉到，目前课程领导的运行机制存在一定的问题。尽管受访者没有用准确的专业术语表达出来，但口语背后隐藏着一定的态度和价值取向。课程管理模式造成权责不统一、程序化的管理方式、行政化的操作过程、缺乏合作交流的文化等问题，必然导致封闭僵化的课程领导运行机制。封闭僵化的机制又制约了教师课程创生的积极主动性，造成教师课程领导主体地位的逐步丧失，这些问题成为制约课程领导共同体模式实施的因素。课程领导具有平行性、参与性、互动性和发展性等特点，依靠某一方面的改变不能解决问题，课程领导不是控制人，而是要引导人，要从教育生态学的视角创建有序、有效、生态和可持续的运行机制，需要从文化重建入手。

（三）文化：课程领导共同体模式的隐性制约

学校文化是一所学校内部形成，为其成员共同遵守并得到同化的价值体系、行为准则和共同的作风的总和。课程文化是学校课程实施过程中，通过长期积淀而形成的价值观念和行为方式的总和，表现为内隐的意识形态和外显的文化状态。学校课程领导共同体是在特定课程实践场域中运行，必然受到来自地方文化、学校文化、课程文化等各方面的影响，富兰认为学校文化是学校改革成功与否的关键因素。文化本身是比较复杂的概念，影响课程实施的所有因素都可以在文化的范畴内找到根源。本研究是基于共同体的学校课程领导模式的研究，需要分析影响课程领导共同体实施的文化因素。对于特定的学校而言，来自各方面的文化因素都可能成为课程领导共同体模式实施的影响因素，本研究按照因素聚焦的原则，仅仅结合观察和访谈情况，从课程文化、外部和内部文化三个层面进行概要性地分析，以探寻影响课程领导共同体模式实施的文化因素。

1. 困难之六：专制文化造成课程文化主体缺失

教师和学生是课程实施的真正主体，也是课程文化创造的主体，生成良好的课程文化，需要彰显教师和学生课程文化的主体性，课程领导共同体模式的实施，需要课程文化的主体地位处于活跃状态。调查研究发现，受传统专制性课程文化影响，个案校教师和学生在课程文化中的主体性呈现被遮蔽状态，存在课程文化主体缺失的问题，具体问题突出表现在以下几方面。

第一，课程文化主体的权力不足。

教师和学生作为课程文化的创造者应该具有主体地位，他们在与课程内容互动过程中相互影响，不断生成课程文化。但受专制性课程文化的影响，教师和学生失去了应有的文化主体地位，处于文化的边缘地位。正如陈静静和姜美玲所言，"师生的身影虽然占据着课堂的空间，但是他们其实没有真正的课程权力，他们也没有办法将自己的经验和想法纳入合理的课程内容当中"①。教师和学生作为社会规则的遵循者，失去了应有的发言权、决策权和创新权。由于主体性地位被遮蔽，师生的经验与智慧被传统的专制文化所抹杀，成为被发展的对象。对于教师在课程文化创生中的地位问题，笔者与一位资深骨干教师进行了深度访谈，进一步了解了真实的状况。

教师：新课程改革赋予了教师一定的专业自主权，应该说目的是"解放教师"，让教师在课程实施的过程中不断创新，这种理念很好。但实际上并没有做到，你比如说吧，就每周、每月的考试测评，我们做老师的就没有选择权，大家

---

① 陈静静，姜美玲. 学生问题意识缺失的根源分析——基于课程文化的视角 [J]. 全球教育展望，2013（11）：46–52.

都"考腻了"，有必要嘛，尽管能及时发现教学中的一些问题，但对学生的发展并没有多大好处，反而浪费了时间。比如，按照课程计划，我们的有些教材内容就上不完，每周的课时数是定死的，为了完成课程计划，我们就得利用自习时间给学生补啊，这个问题给哪位领导反映都不了了之，好几年了。再比如说，有些老师想开发一门课程，通过专题讲座方式实施。但请示领导，得到的回复让人不解——上课时间不能挤占，正课都上不完，哪有时间搞讲座。（S—T—M—28）

第二，课程文化主体地位不平等。

教师与学生作为课程文化的主体，在课程文化创生过程中的地位应该是平等的，只有地位平等才能在互动交流中创生课程文化。但受专制性课程文化的影响，师生关系存在等级地位的差别，师生关系受师道尊严的影响，学生处于被压制、被塑造、被发展的状态。教师作为社会性和法理性文化的代言人，掌握了社会和文化规则，并自觉不自觉地从社会法理性文化的立场出发，通过传授显性的教材知识或者传达隐性的缄默知识，将社会文化的思维方式、逻辑形式、文化表达传递给学生，学生在服从和被教化的过程中逐渐失去了主体地位。正如陈静静和姜美玲所言，"教师个体在面对学生群体时，往往将学生看作是受众，学生个性化的喜怒哀乐在这个庞大群体中逐渐式微"①。访谈中一位中层主任对师生关系的现状谈了他的感受。

教师：学生嘛，就得"收拾"紧，来学校就是要受教育，你把他管不住，他就不听话，作业就给你应付。有些自觉的学生还可以，不需要老师多管。而大部分学生都有"惰性"，尽管是高中生了，有些学生根本不知道珍惜时间用于学习上，就得老师不断地调教。我多年的经验就是"先管好管紧，再往好里教"。所以我不反对老师们惩罚学生，哪个老师也不会无聊了去教训学生，都是因为需要教训才选择这样的方法，"严师出高徒"就是这个道理。师生之间地位本来就不平等，如果不需要教化。他们也就没必要来学校上学了，当然毕业了，成人了，学生来学校，那可都是"哥们"。（S—T—IS—30）

第三，课程文化主体的创造性不足。

专制文化遮蔽了真正的课程文化主体，无视课程文化主体的存在，忽视了学生在课程文化中的创造性，把学生视为"被塑造者"，以非常威严的态度把传统

---

① 陈静静，姜美玲. 学生问题意识缺失的根源分析——基于课程文化的视角［J］. 全球教育展望，2013（11）：46–52.

的价值观念通过课程传递给学生。由此而造成学生探究愿望和创造欲求得不到满足，问题意识逐步消弭。尤其是以教科书为本和标准答案为准的专制文化，使学生自我思考的兴趣和冲动被教科书的理性与逻辑战胜，学生问题意识、创新意识和批判意识被压制而最终走向合理的顺从。在与一位老教师的访谈中，他结合听课的感受谈了自己的看法。

教师：我们的老师上课，有一个坏毛病，就是手里放不下教材，眼里没有学生，不给学生学习的权力。绝大部分把课本和教案提在手里进课堂，好像离开教材就没办法上课，就连例题都要用教材上的，内容上缺乏创新。另外，许多老师还有"念经"的毛病，不根据学生学习过程中的问题来引导，自己懂了不算，学生搞懂才是我们的最终目的。有许多老师不让学生说话，反馈渠道不畅通，学生只是"往懂里听"，结果课堂听懂了，课后做题就"傻眼了"，说明还是没有"学懂"，问题在哪里呢？还在于没有把学生当成真正的学习主体。时间长了，学生越学越傻，越学越死，没有了问题意识，哪有创造性能力啊。(Z—T—C—41)

反思：国家课程和地方课程能否落实到具体的学校和课堂，能否转或为学生的经验，需要教师结合学校实际、结合班级学情、结合学生的差异进行校本化实施，这是学校课程发展的基本取向。如何根据具体的课程情境对国家课程进行"二次开发"，实现校本化、班本化、生本化的课程实施，做到既能落实课程标准，又能超越"最低限"的要求，根据学生发展的实际需要对课程内容进行增、删、补、调，这是对学校课程领导提出的最为严峻的挑战，需要创建学校的课程文化。

2. 困难之七：内部非主流文化的消极影响

尽管学校文化随着社会文化的发展和教育改革的推进不断地创新，但传统文化仍然在一定范围内制约着学校课程发展。学校文化发展过程中存在主流文化和非主流文化，主流文化一般代表学校课程改革的发展方向，属于改革催生的新文化，但文化的继承性使得传统文化弥散于课程实践的各个领域，以非主流文化的形式存在。调查研究发现，个案学校的存在的非主流文化样态形式多样，对课程领导共同体的实施造成一定的影响，突出问题表现在以下几方面。

第一，学校保守主义文化的制约。

学校课程发展需要民主开放的课程文化与之相适应，需要合作、对话、互动的课程实施文化，需要平等、合作、创新的教师文化，需要自主、合作、探究的学生文化，这些都是课程发展对先进文化的诉求，也是课程领导共同体模式实施的条件。但传统的保守主义文化尽管是非主流文化，但仍然占据一定的地位，产生一种维护现状、拒绝合作、排斥改革的力量，显性或隐性地发挥惯性影响力，对课程领导共同体模式的实施造成一定的影响。尤其是成人文化对学生文化的压制，导致学生只能按照处于优势特权地位的教师和学校管理者顺从，学生对原有文化的默记和模仿，必然失去文化创生的主体地位，"丧失了学习的内在动力，也消减了对未知世界的渴望与神往"①。在访谈中教导主任对这一问题，兴致很高，结合听课的情况谈了他的看法。

教导主任：新课程改革理念从刚刚开始接触到实践，也有十多年了，现在大部分老师的观念还没有彻底更新，老同志的观念守旧还可以理解，就一些新教师的观念也还没有彻底转变，这就让人有些想不通了。大部分教师在课堂中"废话"太多，总是爱"喋喋不休"地讲，唯恐听课的学生"听不懂"，讲授的水平一定要在那节课上"展示"出来。不愿把学习的权力"撒手"还给学生。合作探究也都是表面上的"虚套套"，给我们听课的老师"表演"一下就算完事了。有时候一节课听下来，让人哭笑不得，找不到课堂创新的影子。（Z—D—M—2）

第二，教师个人主义文化的制约。

课程领导共同体强调合作、互助、对话、交流的教师文化，而"专业个人主义"是教师职业明显特点，这是中国知识分子固有的个性。大部分教师根据学校政策、课程要求和教学目标独自完成教学任务，在独立的"班级王国"和课堂教学环境中习以为常地实施教学，习惯于个体作业、单打独斗、唯我独尊，遇到问题不愿意求助同行，不愿意暴露自己的缺点，不想让同行知道自己的短处和问题。学校的竞争机制也强化了教师的个人主义，同行之间缺少真诚的合作，孤立的探究成为大多数教师的日常工作状态，这种封闭的、个人独尊、相互竞争的教师文化制约了课程领导共同体模式的实施。访谈中一位学科组长和老师以直白的语言说出了真实的现实。

学科组长：新课程改革的许多工作，需要老师有一种谦虚的态度、合作的精神、人文的情怀、开放的心态和共同体的思想，现在的老师"共事"的精神不足啊，都有些自私的毛病，集体主义精神淡薄。（Z—DL—C—5）

教师：学校也提倡在课堂教学中要不拘一格地创新模式，不管采取哪种方

---

① 陈静静，姜美玲，学生问题意识缺失的根源分析——基于课程文化的视角［J］. 全球教育展望，2013（11）：46－52.

式，只要提高学习成绩就行。老师们也是"谁念谁的经"，在那里独自摸索，"谁的娃娃谁抱"嘛，这也不足为怪。当然了，因为存在学生考试成绩评比的问题，有些老师的"绝技"也不会随意传给其他人。许多学校也都存在这种现象，很正常。（Z—T—A—43）

第三，派别主义文化的制约。

课程领导共同体模式的实施，需要共同体内部各类次级共同体的力量支撑，课程领导者也分别在不同的共同体内扮演着一定的角色，需要形成合力促进课程发展，但课程实践中存在的派别主义文化严重影响共同体的形成。调查研究发现，在学科教研组和年级组之间存在着团体主义的倾向。教师一般都以学年或学科的形式开展活动，同一年级的教师之间因共同的愿景沟通联系比较紧密，同一学科的教师之间因共同的专业实践而有较多的合作交流。这种模式容易造成派别和团体，形成不同学科或年级的身份认同和情感归属，这些正式团体时间长了就自然发展为次级共同体。在学校共同体内部，也存在着以其他非正式群体形成的团体，比如"老乡"情结形成的派别、同学情结形成的派别、领导圈形成的派别等等。这些团体尽管以隐形的方式存在，但作为一种非正式群体，对课程领导共同体会形成消极的影响，在访谈中一位中层主任对此进行了评价。

主任：哪个学校都有团团伙伙，各种关系错综复杂，这种风气不好，有时候左右学校课程发展的一些政策。有时候遇到关系个人利益的事情，比如民主测评推荐市级先进，各种派别的小团伙就联合起来"拉票"，没办法实现真正的民主，遇到测评结果与实际不相符的情况，学校领导就得开小会重新决定。当然，毕竟这些小团体不敢公开"活动"，都是在"背地里"偷偷地搞些"小动作"，也影响不了大局。（S—D—IA—8）

这些非正式团体形成的派别主义文化，尽管是一种非主流文化，但对课程领导共同体的实施会造成一定的影响，在重建课程文化过程中需要以积极向上的文化淡化派别主义文化的消极影响。

3. 困难之八：外部社会文化制约课程领导

第一，管理主义文化的影响。

新课程改革确立了三级课程管理体制，学校作为课程管理主体，被赋予了课程发展的自主权，为课程创新创造了一定的条件。但在实际运行当中，学校在课程发展方面享有的自主权非常有限，学校作为"工具性组织"，成为执行上级管理机构赋予课程实施任务的工具，实质上并没有课程发展的自主权，学校课程实施仍然被管理主义文化所"笼罩"，并没有自主发展的实质性权力。尤其受课程资源方面的制约较大，在分层组织模式的课程管理体制影响之下，学校作为课程发展的主体，并没有真正的自主权。与几位校长的交流中，他们对管理主义文化的制约感触颇深。

副校长：当校长难啊，听起来权力很大，实质上是责任大。在现在的这种管理体制下，课程开发与实施的权力似乎是给了学校，但那是在很小的范围内的权力。就教师聘任，我们说了不算，得政府人事部门来弄，招聘的老师可能并不是我们想要的。（E—H—C—8）

第二，考试文化的影响。

学校是课程实施的主体，应该具有课程创新的主动权，但学校无法左右社会文化的影响。许多专家学者把应试教育的责任归咎于学校，认为学校没有把握好素质教育的方向，制造了所谓的应试文化。尽管应试教育的实施主体在学校，但考试文化的形成不在于学校，而是社会、教育主管部门、家长等各类学校利益相关者共同酿造而成。教育主管部门把高考成绩作为评价考核学校的一项重要指标，学校不能不重视；社会把高考成绩作为评定学校教育教学质量的核心依据，学校不能无视；家长把自己一生的发展希望压在孩子身上，希望孩子考个好成绩走个好大学，对学校寄予较高的期望。整个学校教育被外界"高考期望"的影响之下，校长不敢不抓高考，教师不能不重视考试成绩，学生拼命地学习就是为了考取高分，学校文化被"异化"为"考试文化"，在这种文化的影响下，学校课程发展被陷入应试文化的泥潭里"苦苦挣扎"。在校长访谈中他们道出了其中的辛酸和无奈。

副校长：在区域普通高中竞相发展的态势下，高考是学校发展的"生命线"，生源的质量直接影响着高考，高考的成绩决定着生源的质量。高考成绩在区域内普通高中的比较性评价"出彩"，就会引来优质的生源，有了优质的生源，高考成绩必然突出，学校会走入良性发展的轨道，否则，导致恶性循环。（S—H—IS—6）

校长：每年高三复习备考阶段，市教育局都要组织几次高考模拟考试，每次考试结束后，所有学校的成绩排名和每个学生的考试成绩都打印成册，分发每个学校进行对比分析。尽管教育主管部门不做公开的通报，但那就是无声的评价。我们当校长的也有"脸面"，老师们也有"自尊"，成绩上去了都心安理得，而在平行学校对比中成绩落后了，谁还能"无动于衷"？这在一定程度上助推了这

种考试文化……（E—H—IS—1）

高考成绩与生源质量二者之间的关系，在理论上的不成立并不代表实践中存在的不合理。相反，它已经被实践反复地证明着，并不断地强化了所有人的认识，已经形成普遍性共识，不管这种评价是否科学合理，几乎成为"铁律"。在访谈中校长道出了他的心声。

校长：我个人认为，在现行教育体制下，高考成绩成为衡量高中教育成败的唯一指标，教育主管部门、社会和家长对学校的诉求表面上是提高教育教学质量，本质上是高考成绩。考不好还不仅仅是学校的"面子"问题，更主要的是要承担责任追究的风险，也还影响到生源质量，关涉学校的声誉，甚至影响我们校长"升迁去留"的发展问题。（E—H—IS—1）

学校对这些外部评价主体在学校发展方面"声音"的高度关注，皆源于对他们"利害性"后果的充分估计。如此种种可能的后果深藏在校长的心里和校长领导行为选择的价值判断中，学校课程发展无疑会受到影响。

反思：在外部文化的影响下，学校课程目标不是为了实现学生的发展，而是对准了高考，课程目标与课程领导目标的分离必然造成课程改革偏离航线，这是制约普通高中新课程改革推进的根本原因。受外部文化的影响，追求高考升学率的"功利性"目标淹没了课程改革的目标，校本课程开发"异化"为应付了事，校本教材成为"装点门面"，高效课堂的目标直奔"考试得高分"的主题，学校课程领导的愿景目标在升学考试和人才选拔制度所形成的考试文化面前显得苍白无力。如何构建学生发展导向的文化，改革"高考导向的课程发展"模式，成为课程领导共同体模式面临的一项重要任务和挑战。

三、学校课程领导共同体模式有效实施的策略

学校课程领导共同体以愿景为核心，以实现课程创生为价值取向，不同层级的课程领导者以相应的愿景目标为追求，发挥主动性和创造性为学生的最优化发展提供高品质的课程。因此，基于共同体的课程领导超越了课程管理的束缚，是范围更广、力量更大、层次更高的课程领导，是有效实现课程领导并能促进课程创生的模式。学校课程领导共同体模式在实践中有效实施，需要一定的主客观条件，需要从影响因素出发，针对存在的问题和原因，提出符合实际的运行策略，才能保证这一课程领导的改革模式发挥推进学校课程改革的作用。

前面已经从运行机理出发，根据影响因素分析了影响普通高中课程领导共同体模式在实践中实施有可能遇到的困难障碍。本部分将针对普通高中新课程改革实践中存在的问题，结合本人长期从事课程领导实践的经验和行动研究中的反思，提出普通高中课程领导共同体模式实施策略——"三面九线"框架。即，从主体系统、共同体建设、课程文化三个层面入手，提出有效实施的策略。主体系统从观念、意识、能力三条主线提出具体对策，共同体内部建设从愿景、制度、机制三条主线提出具体对策，课程文化从精神文化、组织文化、行为文化三条主线提出具体对策，以推进课程领导共同体模式的实施。

（一）主体重建：形成有效能的课程领导主体系统

1. 转变观念：理念引领课程领导共同体模式的实施

思想是行动的先导，意识支配行动；认识的深度决定着行动的宽度，理念的高度决定着实践的广度。普通高中课程领导共同体模式能否顺利启动，需要正确的观念指导；课程领导共同体模式的运行，需要科学理念的引领；课程领导共同体模式的逐步深化，需要认识层面的理念创新。任何一项改革的启动，必然要从观念转变和认识的提高开始，普通高中课程领导共同体模式的实施，需要课程领导者树立正确的课程观和课程领导观，使共同体成员对课程领导的认识由自在状态转变为自觉状态，通过观念更新、认识提高、理念内化，为共同体模式的实施奠定良好的思想基础。为此，学校课程领导要通过校本研训、理念引领、实践指导等途径，引导共同体成员树立以下几方面的观念。

第一，引导共同体成员树立动态生成的课程本质观。

在传统的课程管理模式下，学校被动执行国家课程方案和课程实施计划，"合乎规定"成为校长监督课程计划方案落实的基本原则和取向，课程实施者所拥有的创生权仅仅限定在课程资源的开发和利用方面，课程利益相关者也都关注"教学任务"的完成，课程领导者的存在没有实际意义。在普通高中课程实践中，大部分领导和教师始终把教学视为学校发展的核心，坚守"大教学小课程"的传统观念。学校课程领导者对教学仍然是"情有独钟"，投入过多精力于教学，视教学为"本业"，通过"抓教学"来促进学生的发展，而把学校课程视为教学的"一部分"，存在"抓小放大"的问题。

学生的全面发展是依靠课程的哺育、课程的涵养、课程的育化、课程的营养才能实现，教学仅仅是课程实施的途径。不可否认，教学工作是学校的中心工作，抓教学就是抓成绩，抓教学指能通过学习成绩的提高而促进学生的"暂时发展"，这种发展是建立在学生片面发展、畸形发展、不可持续发展基础上的"发展"。学校课程领导者课程观念的滞后和对课程功能价值认识的不到位，制约了学校课程的发展。课程是教师、学生与课程内容三个基本要素相互作用的结果，是师生在活动过程中创生的经验，是动态过程中形成的被学生感知和体验到的实实在在的经验，是获取知识信息、生成经验、丰富情感、认识升华的过程，而不是已经存在的静态知识信息，应该从动态的角度理解课程的本质。从课程实施的角度讲，一切对课程实施有影响的人和物的因素都是课程资源，只不过有些是显性的课程资源，有些是隐性的课程资源；从课程实施行为主体的角度，教师和学生共同创造课程并成为课程最重要的资源；从物的角度讲，一切对学生和教师的学习、发展和行为有直接或间接影响的客观存在，都是可以开发利用的课程资源，只要能参与到课程实施过程都是潜在的可以开发的资源。

因此，学校课程领导必须引导共同体成员转变传统观念，树立现代课程观，充分认识课程之于教师发展、学生发展、学校发展的意义，准确把握课程的本质内涵，从课程对学生发展意义的角度来理解课程的本质。只有这样，课程领导者才能在课程实施过程中不断创生课程，实现课程领导的愿景目标。

第二，引导共同体成员树立民主的组织观。

在传统的课程管理模式背景下，课程管理的组织体系是严密监控的等级系统，课程决策依靠法定权力的行政命令强制推行，追求效率、权力监管、行为控制是其基本旨趣，学校以课程管理落实课程计划和相关的课程政策。在体系完整、组织严密的环境中，课程实施是课程管理等级体系中的一个"落点"，尽管存在课程领导，但没有课程创新的主动权，学校的课程发展因缺乏自主权而失去了活力。调查研究发现，以注重指派任务、强调落实指令、采取监控手段、追求暂时效率为特征的课程领导方式，已经导致教师的创造性、理性的批判意识、专业实践的反思能力消失殆尽，课程发展由此缺乏创造性而失去活力，无法适应课程民主化和课程改革的需要。

学校是一个民主开放的组织，是课程实施的权责主体，具有课程开发与实施的自主权利，享有课程发展的最终决策权。以民主为核心价值观的学校课程领导组织是一个课程领导的共同体，学校课程领导者发挥以专业权威为核心的影响力，在课程实践中以专业引领、同伴互助、实践指导、民主协商等方式，调动共同体成员课程创生的积极主动性，以课程创生为基本取向，以共同体的组织形式凝聚力量，以民主、开放、对话、协商的方式实现课程领导，最终实现以高品质的课程促进学生的发展。领导被视为在思想、观念、认识和行为等方面发挥引领、引导、带动与关心、支持、理解的过程，领导者是否具备"关心"的品质、支持的态度、理解的情怀，领导者是否能发挥理念引领、精神引导、行为带动的作用，是评价领导能力的依据。学校课程领导共同体模式的实施，需要引导共同体成员转变领导观念，树立民主、合作、分享的领导观，在课程创生中提升学校课程品质，促进教师专业成长和学生发展。

第三，树立多元参与的课程领导观。

现行的校长课程领导模式窄化了课程领导的主体，把可能成为课程领导主体的教师、课程专家、家长、学生等应然的主体排除在外，不仅仅在理论上不完善，而且与实践不符。校长课程领导模式忽视了在更大范围内课程实施主体的课程决策权，忽视了教师在课堂层面的课程领导，忽视了学生作为课程实施主体的参与，也忽视了课程利益相关者参与课程领导的积极性和可能的力量。课程领导主体的单一，造成课程创生的力量不足，无法形成课程领导的合力，共同参与学校课程发展的动力不足，最终导致课程促进学生发展的功能不能有效实现。

课程领导的主体是由课程利益相关者组成的一个共同体，课程领导者的范围应该包括每一个课程利益相关者，他们都是课程领导的应然主体，蕴藏着促进学校课程发展的力量。学校整体课程领导共同体由宏观到微观的三个层面组成，每个层面课程领导的主体地位不同，扮演不同角色，发挥不同的课程领导作用。课程领导共同体的每一个成员既是具有独立的价值意义的主体，也是课程领导团体中的一个成员，享有个人权利的同时，也承担着一定的义务，只有每个成员都成为权责主体，才能形成共同体成员的归属感，才能扮演好自己的角色，发挥课程领导作用。基于共同体的课程领导超越了课程管理的束缚，是范围更广、力量更大、层次更高的课程领导，是有效实现课程领导并能促进课程创生的模式。为此，学校必须要引导共同体成员树立多元参与的课程领导观，形成"我为人人，人人为我，共同领导课程"的集体意识，以调动每个成员参与课程领导的积极主动性。

2. 提升能力：充分发挥课程领导者的引领作用

课程领导力是课程愿景实现的决定性因素，只有提高课程领导力，才能创生有特色的课程；只有提高课程领导力，才能提高课程实施的有效性。学校课程领导共同体首先应该是一个学习共同体，一个实践共同体，一个研究共同体，行动、反思、学习、研究是课程领导共同体成员的专业生活方式，要从校本课程开发、校本教研、实践分析、行动研究等方面入手提高课程领导共同体成员的领导力。

第一，组织校本课程开发提升课程领导能力。

校本课程开发是课程领导的一项重要任务，课程领导者的能力也集中体现在课程开发的实践中，课程领导共同体的生命活力也是在校本课程开发的实践活动中彰显出来。校本课程开发与课程领导共同体的理念具有一致性，二者是互动互利关系，"课程领导共同体为校本课程研发提供强有力的支持，而校本课程开发为课程领导共同体提供了现实基础"①。校本课程开发需要校长、教师和课程专家在合作的基础上，根据课程发展需要充分发挥各自所独有的课程领导力，群策群力，各展所长，共同参与，在开发具有学校特色的校本课程过程中，共同体成员提高对校本课程发展的认识，领会新课改的精神和理念，课程专家提供理论和技术指导，在课程开发的专业实践活动中，共同体成员的专业能力进一步发展。

第二，组织校本教研活动提升课程领导能力。

校本教研是从学校的实际出发，依托学校自身的资源优势，为解决课程与教学实施中的真实问题而开展的校本行动研究。课程实施是一种创造性的劳动，是一种带有不可穷尽的研究性活动，学校课程的有效实施依赖于校本教研的引领，高效课堂的创建也依赖于校本教研，校本教研也为课程领导共同体的实践搭建了平台。在校本教研活动中每个成员将自己在实践中的经验、信息、知识等所思、所想、所得、所悟主动与其他课程实践者分享，实现知识的建构。知识是合作构建的，意义是协商的，经验是分享的，在教研活动中教师围绕课程与教学实践活动开展交往，围绕课程实践问题展开对话，生成知识并建构意义，不断提高自身课程领导力。课程实施如果没有以研究为依托的深化和提高，课程实施主体就容易在固守旧经验、老方法的窠臼里不能自拔。课程与教学的实施如果不基于研究，必然导致依靠惯性运行而最终形成惰性，散失课程创生的活力和应有的个性，本应该充满活力的课程实践只能变成"死水一潭"。因此，学校要组织开展高质量的校本教研活动，在校本教研中提高教师的专业知识、专业技能，在校本教研中转变专业思维、专业态度和价值观，提升课程领导力。

---

① 刘莹，罗生全. 课程领导共同体的实现机制［J］. 教育理论与实践，2012（23）：41－43.

第三，引导教师在实践反思中提升课程领导力。

实践反思是课程的基本品质，是课程领导者能力提升的有效途径。学校课程领导者以课程与教学实践中的真实问题为反思对象，在实践中反思，在反思中实践，在实践与反思的互动中课程领导能力得以提高。自我反思是教师专业发展与自我成长的内在要素，从这个意义上说，实践反思是教师专业持续发展的内在机制和根本途径。教师在专业性实践反思过程中逐步重构与新课程相适应的教学观念，在实践经验的基础上提炼理性的成分，形成对课程与教学理性认识，形成驾驭新课程教学的有效经验和智慧。如果教师的专业实践活动缺少了基于实践的反思性研究，教师的专业成长也只能在实践经验的积累中"背负"更多的感性认识，而无法上升为理性认识。这种没有"广度"和"深度"的专业经验积累无法满足课程创生的需要，也无法面对课程实践中出现的"不可预测"性问题。因此，要引导课程领导共同体成员在实践中反思，通过实践反思提高专业实践能力，进而提升课程领导力。

第四，引导共同体成员在行动研究中提升课程领导力。

开展行动研究是教师课程领导力提升的主要途径，张华教授发出了"将课程开发变成行动研究"①的呼声，也意味着教师开展行动研究的意义。教师作为课程领导共同体的主体部分参与校本行动研究，是自身成为课程研究者和领导者的必由之路。没有无行动的研究，也没有无研究的行动，课程领导共同体是基于行动中的研究而展开的领导行为。教师作为课程实施的主体，"研究的主要形态和根本特征是行动研究"②，教师的课程领导能力就是在围绕课程实践开展行动研究的过程中获得发展。"教师课程行动研究的过程就是课程开发的过程，亦即教师专业成长和学生个性创造性发展的过程，这是创生性课程领导的核心内涵"③。因此，学校要组织引导课程领导共同体成员围绕课程实践开展行动研究，提升课程领导能力，为共同体的发展奠定良好的人力资源基础。

3. 培育意识：以课程领导自觉激发共同体的内驱力

课程领导意识淡薄是制约课程领导共同体模式实施的主要因素，"只有唤起课程领导力建设的价值觉醒，才有课程领导力培育的行为自觉，才有高水平的课

---

①②③　张华. 论课程领导 [J]. 教育发展研究，2014（2）：1-9.

程领导力和高品质的学校课程文化"①。课程领导意识的培育是课程领导共同体主体效能发挥的关键，"课程领导的真正要义在于鼓励教师觉醒其课程意识"②，要通过整合学校课程领导的客观意义与主观意义，有效地唤醒课程领导意识，使不同群体课程领导者理解、参与并支持学校课程改革，使他们成为课程改革的真正主体。因此，课程领导共同体模式的有效实施，要从课程领导主体的自觉意识培育入手。

第一，唤醒管理人员的课程领导意识。

如前所述，管理工作人员最大的问题是只有管理意识而没有课程领导意识。因此，要激活课程领导的角色意识，通过培训学习唤醒这一群体的课程领导意识，在课程管理实践中树立自觉的课程领导意识，在服务课程与教学管理工作中发挥课程领导的作用。尤其是校长和中层主任，他们是实然的课程领导者，在课程领导中扮演重要角色，直接参与课程领导，并发挥着榜样示范和组织引领作用，树立课程领导的自觉意识显得更为迫切和重要。校长和中层主任是学校课程领导的主要力量，是学校课程领导共同体的主要参与者，这两类主体如果缺乏课程领导意识，课程领导也只能在"管理"的圈子打转转，无法引领教师的课程创新，课程改革也走不出课程管理的"怪圈"。

第二，激活教师群体的课程领导意识。

教师是学校课程领导最重要的主体，也是学校课程领导共同体的主体部分，教师是学校课程领导共同体主体系统中的专业群体，其课程领导意识对共同体的运行起着关键作用，"违背教师意愿或没有教师参与的教育改革从来就没有成功过"③。因此，要通过实践反思、对话交流、培训学习、实践感悟等方式自觉生成课程领导意识。调查研究发现，教师的课程领导意识处于自在状态，课程领导的潜意识明显，要通过行为激励的方式，使其能自觉地履行课程领导的职责。同时，要采取理念引领的方式，激活教师群体的课程领导意识，在专业实践中有效发挥课程领导作用。

第三，激发学生群体参与课程领导的意识。

在课程领导实践中，我们长期忽略了学生的存在，无视学生的主体地位，学生被"天然"地看成课程领导的对象，"我们把学生当作改革的潜在受益者，而

---

① 张必有. 程领导力建设的校本实践［J］. 教育科学论坛，2013（12）：58.
② 李洪修，张绍新. 关于课程领导的几点思考［J］. 现代教育，2006（89）：6.
③ 联合国教科文组织. 教育——财富蕴藏其中［M］. 北京：教育科学出版社，1996：137.

很少将学生视为改革过程与学校组织的参与者"①。由于忽视了课程实施中学生的感受和体验，忽视了学生课堂学习中的主体地位，忽视了学生在课程领导中的意见和诉求，导致学生课程领导参与意识的严重缺乏。如果学生缺乏课程领导的参与意识，课程实施结果的反馈渠道就不畅通，课程学习的主体地位就会因为意识的缺乏而缺失，课程实施的效果难以提高，课程品质也只能在低层次的状态下徘徊不前。因此，要创造学生参与课程领导的条件，让学生有机会参与课程决策和评价，并创设良好的激励机制，激发学生参与课程领导的意识，让学生在课程领导共同体中扮演一定的角色，发挥应有的作用。

第四，引导校外课程利益群体的课程领导意识。

校外课程利益相关者是学校课程领导最大的主体群，他们是学校课程发展的参与者，也是利益享受者。学校课程实施离不开这一类群体的支持、理解和参与，校外课程利益相关者作为最大的课程资源群体，尽管在课程决策、设计和实施的环节发挥有限的作用，但在课程资源方面他们能发挥无限的作用，从课程资源开发的角度讲，他们是不可或缺的课程领导者。作为校外课程利益相关者群体，并不缺乏课程领导的行为和能力，缺乏的是课程领导的意识。其中，家长是这类群体中最主要的课程领导者，缺乏家长参与对学校教育是个严重的威胁。因此，学校必须发挥主导作用，通过家长培训、专家讲座、社区座谈、学校发展宣传、社会实践成果展示等活动，吸引这类群体在参与学校课程发展的过程中逐步形成课程领导意识，引导这类群体发挥各自的优势，以不同的方式参与学校课程领导。

（二）模式重构：打造充满活力的课程领导共同体

学校共同体有共享的价值观、共同愿景、共同承担的责任与义务和共同的情感与信念，学校课程领导的使命就在于把这些价值观和信念转化为支配共同体成员的行为，发扬团队精神，使共同体内部产生凝聚力，共同致力于学校课程发展。普通高中课程领导共同体模式的有效实施，必须要加强课程领导共同体的内部建设，通过愿景引领、制度规范和机制创新，为共同体模式的运行提供持续动力，形成具有活力的课程领导共同体。

1. 愿景引领：形成共同体成员实施课程领导的合力

学校课程愿景是对学校课程发展预期目标的一种期待性的愿望或前景的理想

---

① Fullan M. The New Meaning of Educational Change (3ed). Teachers College Press，2001：151.

化预设，能凝聚课程实施主体的力量共同促进学校课程发展。课程领导共同体的愿景指向于学校课程发展，不同层面的课程领导共同体愿景形成一个纵横交错的目标系统，指向总体目标的实现，并逐级体现总体愿景。愿景是凝聚团队向心力并一起努力的目标方向，发挥课程愿景的引领作用，形成课程领导的合力，要从以下三方面入手。

第一，建立课程发展的愿景目标体系。

愿景目标的确立不是依靠主要领导者个人的卓见、智慧和技能，而应该注重愿景目标的共享理念，只有依靠共同体成员的集体智慧，形成的愿景目标才具有"超越自利的意义"①。学校课程发展的总体愿景具有概括性，需要校长依据学校办学传统和课程哲学，立足于校本和课程发展的规律，在广泛征求不同层面共同体成员意见的基础上，经大家共同协商，整合大家的智慧而生成。学校主要课程领导者要集中大多数成员的意志，并通过愿景传播形成共识。学校课程愿景要求"一切课程与教学目标的制定与实施，都必须考虑学生能够取得最佳的学习效果，促进学生发展"②。不同层级共同体的愿景目标，包含了课程发展的愿景，以及由此而产生的课程实施过程中每一个环节和层面具体目标，包含课程开发、教师专业发展、校本教研，乃至具体某一堂课的愿景目标。学校课程领导要引导不同层面课程领导共同体根据学校课程发展的总体愿景，制定具体的愿景目标，形成一个完整的愿景目标体系，以发挥不同层面课程发展愿景的感召力、向心力和凝聚力，充分调动不同层面共同体成员参与课程领导的积极性和热情，为实现促进学校课程发展的愿景付出自觉的努力。

第二，在动态调整中生成愿景目标。

在学校课程发展愿景之下，课程领导的次级共同体和个人还要在课程实践的不同层面和每一个环节不断地生成具体的目标，只有具体目标得到落实，才能实现整体课程愿景。树立目标不是短期内完成的一次性的领导步骤，不是课程领导活动的一个"点"，而是贯穿课程领导活动始终的一条"线"。确立愿景目标不仅仅是课程领导共同体的起始性工作，而且是伴随着课程发展的实际和课程情景的变化而不断生成的过程。因此，要把目标的生成和落实作为课程领导的一项常态性工作，在不断汲取课程共同体成员提出的意见建议基础上，根据课程发展变

① 冯大鸣. 道德领导及其文化意蕴 [J]. 全球教育展望，2004 (3)：15－18.
② 徐君. 从课程管理到课程领导：课程发展的必由之路 [J]. 课程·教材·教法，2005 (6)：10－121.

化的具体情景，依靠共同体成员的智慧进行动态调整，不断丰富愿景的内涵，使其具有与时俱进的品质。另外，学校内部不同层级共同体的发展是由个体发展形成的合力推动而实现，学校主要课程领导者要以促进个体发展为基点，引导个体发展愿景目标与学校或共同体的整体课程愿景目标相一致，创造条件支持个体目标的实现，以个体愿景目标的实现推动共同体愿景的实现。

第三，努力践行并不断传播愿景理念。

课程愿景是学校课程发展的基础，愿景的形成和传播就是课程领导发挥作用的过程，制定课程发展愿景对于学校课程领导来说是课程领导实践的首要工作。但愿景毕竟是以文本或理念的形态存在，发挥愿景对课程发展的引领带动作用才是制定愿景最重要的工作，也是最具实在意义的任务。这就需要共同体成员要不断传播愿景，把课程愿景渗透于课程改革实践的方方面面和每一个环节。学校课程领导者要通过邀请专家学者做报告传达共同体的理念，通过学术研讨活动让共同体成员理解愿景的精髓，要通过专题培训领会愿景的意义，通过各种会议渗透性地进行愿景的宣传，使愿景和理念真正能被共同体成员所理解。在课程领导过程中，一方面要不断地传播愿景目标的内涵，让共同体的成员理解愿景的意义和目标指向，使每个成员的课程领导行为体现愿景目标；另一方面要引导共同体成员践行愿景目标，在实践中共享愿景理念，共享愿景目标实现带来的成就感，尤其是校长、中层主任和学科组长，要发挥模范带头作用实践愿景，成为愿景理念的带头践行者。

2. 制度引领：规范课程领导共同体成员的行为

学校课程领导共同体强调开放的文化，为教师的课程创生创建民主自由的氛围，但必要的制度规范对课程领导行为具有规约和导向作用。制度所明确的行为规则是理念与具体做法之间的桥梁，它规范着课程领导者的行为，特别是在共同体模式运行的初期阶段，对强化正确的行为具有引导作用。学校课程领导共同体模式的实施，只有以必要的制度规范形成良好的保障机制，课程领导行为才能有章可循，有规可依，才能保障学校课程领导共同体有序有效运行。

第一，制定发展性的制度规范。

自由和纪律是对立统一的关系，制度本身具有约束和促进行为的两面性，也具有发展的滞后性，学校课程领导共同体的制度规范也具有这样的特点。一方面，制度规范对共同体成员行为具有引导、强化和规约作用，对共同体成员做出期望的行为是一种导向；另一方面，制度的"不宽容性"和连续性，在一定程度上会约束课程创新，尤其是课程实践中形成的一些潜规则，具有惯性约束力，会制约创新精神、个性化发展和能力的生成。学校制度的建构"不是出于约束人的目的，而是出于发展人的目的"①，制度和规范的建立，要坚持发展性的取向。因此，课程领导共同体制度的制定既要保持原有制度规范的稳定性及连续性，也要以促进课程发展为原则敢于破旧立新，制定有利于调动和发挥共同体成员积极性、主动性、创造性的制度规范，引领课程改革；既要明确纪律性的"硬性"要求，体现行为规约的"原则性"要求，发挥制度规范在统一行动方面的规约作用，也要以发展性的理念为指导，在制度规范的要求方面体现"柔性"，为课程创新留有一定的"弹性空间"，在发挥"约束性"作用的同时，能更好地发挥对期待行为的"引导性"作用，把制度与规范建立在有利于"促进发展"的底线要求之上，让制度规范成为课程改革创新的保障。同时，制度与规范的内容应该具有引导性，明确课程领导共同体的成员在课程实践过程中应负的责任和义务，明确权力行使的方式和义务履行的途径，引导共同体成员在课程实践中应该选择的行为，以及以何种方式去行动才能达到理想的效果。只有这样，课程领导共同体才会更具有活力，才能持续、健康、有序地发展。

第二，构建完整的制度规范体系。

课程领导共同体模式的顺利实施；需要完整的制度规范体系来保障，需要用制度规范把与课程发展有关的人、财、物等课程资源"聚拢"于学校课程实施，需要制定制度规范协调不同主体之间的关系，把各种力量统筹于课程的实施，也需要以制度规范的形式规约课程领导行为，形成统一的标准和要求，也需要在课程实施的每一个环节形成制度规范，把影响课程实施的各种因素的活力激发出来。因此，学校要以课程创生的理念为指导，在不断修改完善现有制度的基础上，建立与学校课程改革相适，符合学校课程发展实际，并能体现课程领导共同体理念的制度规范，构建课程与教学、资源开发、课程评价、校本教研、社团活动、学生发展评价等发展性的制度体系。课程领导者要深入课程实践活动中，督促落实各项制度，协调因制度实施造成的矛盾冲突，并根据实践运行中存在的问题适时修订完善，保证制度在引导课程领导行为过程中能发挥持续性的作用。

第三，在制度实施中体现人文关怀。

学校课程领导的目标在于依靠制度规范达成行动上的默契和力量上的聚合，

---

① 孙鹤娟. 学校文化管理［M］. 北京：教育科学出版社，2004：142.

但制度规范的统一性要求难免无法估计制度遵守主体的差异性。因此，课程领导共同体成员之间要在交往行为中体现人文理解和人文关怀，使共同体成员之间在共同遵守制度规范的基础上，互相信任、理解和尊重，形成课程领导的合力。在制度规范的实施过程中，不能以"硬"态度强制性地要求共同体成员做出"统一标准"的行为，要尊重共同体成员在课程领导过程中的主体地位，给予共同体成员更多的人文关怀，把制度规范的落实作为与共同体成员交往互动的过程，使共同体成员具有归属感。另外，要倡导柔性管理，避免过于严格的处分制度、过于量化的考核制度、过于死板的纪律约束制度对课程领导共同体成员创造性的束缚，要避免管理制度的条规对组织成员行为的约束，还要避免管理行为的过于严格而导致人际冲突。

3. 创新机制：激发共同成员课程领导的潜力

良好的机制是课程领导共同体运行的环境条件，只有建立与共同体模式实施相吻合的良好的机制，才能保证各种影响课程发展的因素统一于共享愿景，激发不同层面课程领导共同体的活力，调动扮演不同角色的课程领导者的潜力，使共同体成员为实现愿景目标而有机结合，避免课程领导实施过程中的矛盾冲突，发挥共同体的合力。具体而言，要创新以下几方面的机制。

第一，创建权力共享的参与机制。

学校要创建课程领导共同体成员对话交流的平台条件，搭建多元主体以共同体成员的身份进入课程领导的平台，让"领导"或者"专家"以平等主体的身份"融入"课程实践的环境中，让家长、社区人士、政府相关人员以平等主体的身份参与课程问题的解决过程中，并创造条件让他们乐意参与课程领导活动，在对话交流、现场观察、研讨观摩等活动中，共同体成员之间围绕课程实践中共同关心的理论与实践话题展开"对话"，在平等交往和随机对话中得到"认同"，引发"共鸣"，以增进相互了解，在对话交流中献计献策，共享课程领导权，共同承担学校课程发展的责任。学校要建立良好的决策机制，创造共同体成员参与课程决策，可以通过开通校长信箱、书面征求意见、家长开放日、网络征询建议等方式，组织、引导课程利益主体参与决策，让共同体成员安全、便捷地参与课程决策。

第二，建立冲突化解机制。

学校课程领导是一个主体构成较为复杂组织，基于复杂的课程文化场域，在课程开发与实施中展开的领导行为，这就决定了课程领导过程中矛盾冲突的必然性。一方面，学校课程领导共同体内存在着不同功能和层级的次级共同体，参与课程领导的每一个个体在不同的课程情景中扮演着不同的角色，履行着不同的职责，课程实施过程中必然产生矛盾冲突；另一方面，课程利益相关者受传统文化的影响，在长期的交往实践中共享一种价值观、思维模式、态度倾向及行为方式，这种差异必然导致冲突。文化的保守性格决定了新文化受到旧文化的排斥和抵制，"不管新文化怎样有价值，它都要受到旧文化的反对"①。差异造成的冲突也是课程领导的动力来源，学校课程领导者面对矛盾冲突的选择不是去消除，而是引导。问题的背后潜伏着矛盾，冲突的背后隐藏着问题，问题的解决也意味着课程的发展，学校课程领导的意义和价值也就是在课程问题的逐步解决中推进课程的发展。因此，课程领导者面对课程改革的挑战和错综复杂的矛盾，要坚持回到事实本身作为解决冲突的基本立场，概括归纳存在的问题，分析存在问题的原因，找到化解冲突的有效策略，引导课程领导者抓住问题的实质，采取观念引导、行为引领、评价导向、纠正偏离等方式，从根源上逐步化解导致问题出现的因素。

第三，创设课程领导的实现机制。

从本质上来讲，学校课程领导的核心任务就在于提供和创设一种有利于共同体成员发挥作用的组织环境。课程领导共同体模式的有效实施，需要学校创设民主开放的组织环境和良好的人际环境，以充分挖掘共同体成员的潜力，创设各种条件和气氛引导共同体成员纵横沟通与交流，从而促进信息的流动，保证组织体系的信息共享和有效互动。学校要创造教师实现专业能力的自由环境，创设教师实现专业自主的条件，让课程权力回归教师，让教师在课程创生中提升课程实施能力，让教师真正拥有开发、实施、评价课程的权力，创建教师发挥自身专业能力的空间和展显成果的平台，充分发挥自身的潜力，不断创新课程实施方式，在课程创生中提升课程品质。

（三）文化重生：创建共同体模式有效运行的环境

学校文化是个复杂系统，课程文化是学校文化的核心组成，学校课程改革的所有内容都涉及课程文化的因素，课程领导共同体成员所有的课程领导行为本质上都是对课程文化的建构。课程改革是"师生生存方式的根本转变，其核心是新

---

① 郑金洲. 教育文化学 [M]. 北京：人民教育出版社，2000：139.

的学校文化精神的凝结与优良学校文化生态的构建"①，课程领导共同体作为学校课程改革的一种模式，是学校文化的整体转型，"领导的实质是文化重建和改革创新"②。课程领导共同体模式的实施，需要针对普通高中课程文化中存在的问题，改变束缚师生发展、制约课程创生、落后消极的学校课程文化，创建民主、创新、合作、多元和尊重差异的学校课程文化，为共同体模式的实施提供经验、动力和支持。文化的表现形态可分为物质文化、精神文化、行为文化、组织文化，本研究选取与课程领导共同体密切相关的精神文化、组织文化、行为文化三条主线，针对实证研究中总结出来的问题，分别提出课程文化重建的对策。

1. 精神文化：为共同体模式的有效实施提供动力来源

学校精神文化是学校课程改革过程中的理念和渗透在行为背后的价值观念，这是学校文化的核心和灵魂。建设共同体的最基本要素是"保证归属感、信任感和安全感，而要做到这一点，则需要普遍的价值观和接收他者的合作精神"③。在课程文化中，精神文化是其内核，"精神虽然是抽象的、至高的、神圣的，但却是课程文化中不可缺失的和最本质的东西"④。课程改革最终是一种价值改革，是课程利益相关者价值思想观念的改革，创造和彰显具有感召力的精神文化，需要从以下几方面入手。

第一，创建民主的课程文化。

亨德森所倡导的课程领导理念的本质是课程民主，我国新课程改革的价值追求是教育民主。尽管在我国现实的社会文化背景下，走向课程民主需要漫长的历程，甚至每一项改革都会受到来自民主的挑战，但课程民主的理念闪耀着"金子"般的光芒，是课程领导的核心价值取向，也是课程领导共同体走向成熟的基本标志。民主的理念转化为实践，就需要把课程民主的旗帜高高扬起，以民主的价值取向作为课程领导共同体的价值追求，内化为每一个课程领导者的基本信念。意义协商是共同体的一个重要概念，民主是一种共同交流经验的方式，以意义协商为取向的民主文化主要指课程领导行为方式的民主，也体现在课程领导主体参与的民主性、表达交流的民主性、意义理解的民主性和形成共识的民主性。正是民主的文化使共同体内部成员之间形成和谐的人际关系，保持着共同的情

---

① 徐书业，朱家安. 学校文化生态属性辩证［J］. 学术论坛，2005（5）：171–175.
② 谢翌. 重建课程管理文化：N 中学的经验［J］. 中国教育学刊，2008（5）：25–28.
③ 刘莹，罗生全. 课程领导共同体的实现机制［J］. 教育理论与实践，2012（23）：41–43.
④ 陈磊，杨爱萍. 课堂文化对学生的人格滋养［J］. 教育理论与实践，2012（8）：19–20.

感，逐步深化着共同体成员的归属感。因此，民主文化是课程领导共同建构的必然要求，是课程领导共同体行为方式的核心特征，这要求课程领导者要摒弃独断专行、集中统一和权力垄断，以协商为主要沟通方式，尊重、理解、认可、信任共同体成员，并赋予共同体成员话语权、行动权、决策权，塑造、培育和影响具有民主精神的共同体成员。

第二，创建以人为本的主体文化。

普通高中课程实施中忽视了人的因素，教师和学生成为课程所物化的个体，忽视了对人的主体价值和生命意义的关注，造成课程实施中"见物不见人"，割裂了课程实施中人的因素，最终导致课程成为工具性的存在。弘扬和培植人的主体性是现代教育追求的目标，也是课程发展的标志。学校课程文化突出强调主体存在的意义，基本内涵也就是以人为本，以人的发展为本，以师生的生命成长为本。以人的发展为本对学生而言，意味着对情感、意志、愿望、合作意识、创新精神和实践能力的关注，为每个学生全面而有个性的发展创造条件。教师要以专业发展为本，在课程实施中依靠教师的模范言行、实践智慧、专业能力、道德情操等课程力量对学生产生影响。因此，学校课程领导共同体要尊重教师在课程实践中的创造性，给予教师尽可能的人文关怀和专业支持，使教师在课程实践中获得专业成长的生命力，通过课程使学生获得最优化发展。共同体成员要树立师生在课程创生中相互影响共同发展的意识，共同创建以人的发展为本的文化理念。

第三，创建科学与人文融合的课程文化。

学校课程领导要把学生人文精神的塑造作为文化建设的重要内容，引导教师在课程实施的过程中注重人文教育。强调课程中的人文精神并非否定科学理性的价值，对于学生的发展而言，追求科学真理与追求生活意义是统一的，科学与人文二者在精神层面上具有一致性。因此，学校课程领导要把科学精神和人文精神统一于课程的"文化内涵"之中，使科学和人文走向融合，在注重科学知识学习的同时，渗透人文关怀，体现人文价值。学校课程领导要把责任感、道德价值观念、理解与宽容、尊重与关心、诚信与友爱等价值观渗透在课程开发与实施的各个层面，使学校课程充满人文情怀，使课程实施的过程"饱含"人文关怀，提高学生的人文素养。同时，学校课程领导要注重科学人文性课程的开发，尤其是在活动课程开发方面，要更加重视人文精神类课程的开发与实施，以人自身的完善和解放为目的，以提高人的科学素养为课程目标，结合地方文化开发科学主义与人本主义整合的课程。

第四，创建课堂教学生活文化。

课堂教学文化是学校课程文化的重要组成部分，二者存在相互建构的内在关系，重建课程文化就要在课程实施的主要阵地——课堂教学中实现文化的创生，为课程文化重建提供内在动力。课程文化是一种生活方式，课堂是课程文化的实践场域，课堂文化是师生在教学活动的场域中逐渐形成的集体生活方式。"教学活动过程不只是一种认知活动过程，更是一种人与人之间的平等的精神交流过程"①，课堂是学生生活其中的实然世界，每个生活于其中的共同体成员都是一个独特的、鲜活的、需要成长的生命个体，课堂为学生的生命成长创造了环境。调查研究发现，普通高中在以知识传授为中心任务的课堂里，学生在生活中的体验被拒斥于课堂之外，课堂学习脱离了学生生活的基础，造成课堂脱离学生的生活世界。树立生活化的课堂观就是要立足于学生的生活实际，关注学生的"精神世界"，关照与学生相关的活生生的经验，把书本知识与学生的现实生活结合起来，让课程学习的过程成为学生生命体验中的一部分，把课堂内容向课外延伸，引导学生积极参加社会实践，注重智能与品格的同步、和谐、有序发展。

2. 行为文化：为共同体模式的有效实施提供行动支持

课程创生是提升课程品质和提高学生学业成就的根本途径，学校课程领导行为集中体现于课程创生。课程创生不仅是一种理念，更为主要的是它是一种行为，是课程有效实施的行为标准。促进课程创生也是学校课程领导共同体的行为要求，学校课程领导的过程就是共同体成员引领课程实施主体有效实施课程促进课程创生的行动过程。形成良好的行为文化，为课程创生提供一定的保障，对课程领导共同体模式的有效实施具有重要意义，培育共同体课程领导的行为文化，需要从以下几方面入手。

第一，创建基于协同参与的合作文化。

学校课程领导共同体是一个自然形成的生态系统，每一个次级课程领导共同体都发挥着一定的作用，共同体的每一个成员都围绕着课程愿景目标完成特定的任务，这就需要一种协同参与的行为文化。为此，课程领导者要引导共同体成员形成一种相互学习、相互合作、相互补台、相互支持的协同参与的行为文化。学校课程领导的实现，也需要合作共享的互动机制，共同体成员共同参与和协同合作是实现愿景目标的必然要求，营造学科组和年级组合作共享的文化氛围，是课

---

① 陈晓端. 有效教学理念与实践［M］. 西安：陕西师范大学出版社，2007：77.

程领导者的一个重要向度，教师的专业成长就是在学科或年级组形成的"文化圈"中不断实现的过程，是专业共同体围绕课程实践进行的相互交流和学习活动中自觉成长的过程。这就客观上要求课程领导者要搭建教师交流合作的平台，引导教师摒弃"个人主义"的态度，养成自觉合作的习惯。期望中的合作行为应该是这样一番景象——为了一个共同研究的课题，教师们在分工合作的基础上，共同推进实现课题研究任务；为了一份试卷的编制或评析，教师们围坐在一起，在各抒己见的过程中达成共识；为了一次公开教学的设计，主备教师召集共同协商，共同研制成了完美的实施方案；为了一次研究性学习活动，每个教师参与其中，共同指导学生按要求完成……在这些不胜枚举的专业实践中，教师通过合作，共享智力成果，共同体验专业实践的乐趣，自然会形成协同参与的合作文化。

第二，创建平等交流的对话文化。

学校课程领导共同体是由不同主体构成的复杂系统，为实现课程领导的愿景，需要不同的课程领导者展开广泛的对话交流，只有在共同愿景目标下的对话，才能使课程实施的不同利益主体达成共识，形成共同体的凝聚力。课程领导就是所有课程利益相关者之间作为平等主体间的对话过程，对话行为对每一位共同体成员参与课程领导具有条件性的意义，在共同体内部建构"对话关系"，倡导对话行为是课程领导共同体模式有效实施的必然要求。哈贝马斯认为，"对参与者来说，话语必须被认为是真实的，必须被认为是真诚的"①，而对话真实与真诚的前提条件就是对话者之间地位的平等，共同体成员在课程领导过程中具有平等的地位，都具有"说话"的应然权力。因此，学校课程领导者要在学校营造平等主体间对话交流的行为文化，让家长、校外人士、学生、教师等课程领导共同体成员能在平等的氛围中自由地展开有效的对话，在共同协商的基础上达成彼此视域的融合，共同促进学校课程发展。

第三，创建人际理解的和谐文化。

学校课程领导共同体是一个差异性的共同体，每个共同体成员的价值观念和行为方式都具有独特性和差异性。具有差异性的共同体在课程领导过程中必然会出现人际理解的冲突，造成课程领导行为实施的障碍，这就需要学校要营造人际理解的和谐文化。在学校课程领导共同体内部建立和谐的人际关系，使每一个共

---

① ［德］哈贝马斯. 交往与社会进化［M］. 张博树，译. 重庆：重庆出版社，1989：29.

同体成员在具体的课程领导过程中宽容他人的行为，理解他人的行为，接纳他人的行为，并在此基础上给予相互支持。因此，学校课程领导者要共同创建一种尊重差异、基于理解、互助合作、相互支持为特征的行为文化，使共同体成员欣赏别人的优点，取人之长补己之短，尊重和宽容他人的个体差异和独特性，而不要去"抹杀差异"或"消除异己"，更不需要探讨"谁是谁非"的问题。正如史密斯所言，"每个地方似乎都需要'理解'的语言来将差异当作一份邀请，而不是将'差异'当作问题来解决"[①]。

3. 组织文化：为共同体模式的有效实施提供良好环境

组织文化的建设是学校课程领导的一个重要的向度，"组织文化改革是改革的关键因素，忽视组织文化改革或失败的组织文化改革将导致其他改革措施的挫折和失败"[②]。课程领导共同体的形成，本身就是组织文化改革的结果，也需要组织文化的支持。课程领导与组织文化之间相互作用，有什么样的组织文化，必然有什么样的学校课程领导。组织文化对课程领导共同体模式的实施具有潜移默化的影响，课程领导共同体是基于共同体成员组成的集体领导，形成良好的课程领导团队，需要组织文化创设课程领导者发挥作用的环境。为此，学校要从组织结构的改革、权力赋予、学习型组织建设等方面入手建构良好的组织文化。

第一，创建基于结构改革的组织文化。

调查研究发现，普通高中校长课程领导模式的组织结构是等级分明、职责明确的层级体系，组织成员之间的人际关系是管理与被管理的关系，禁锢、僵化、封闭的组织文化在一定程度上制约了课程创生的积极性，不利于彰显课程领导主体地位，不利于团队凝聚力的形成。优化学校组织文化，较为便捷而有效的途径就是从组织结构的改革入手，调整组织结构以整合课程领导的力量，从组织结构的优化入手分配不同课程领导主体的职能，从而形成职责明确、分工具体的课程领导共同体。普通高中课程领导共同体模式的组织结构应该是以权力分布为特征的扁平化组织结构，课程决策权由上层转移到最基层，学科组、年级组、班级成为主要的决策组织，教师、学生和学科组长拥有充分的课程自主权，形成"基层为主"的扁平化组织结构。只有这样，课程领导共同体才能成为有效能的组织，

---

① 史密斯. 全球化与后现代教育学 [M]. 郭洋生，译. 北京：教育科学出版社，2000：133.

② 金·卡梅隆，罗伯特·奎因. 组织文化诊断与改革 [M]. 谢晓龙，译. 北京：中国人民大学出版社，2003：2.

课程领导者的主动性和创造性也才能充分调动起来，课程发展才能充满活力。在组织文化建设方面，重点要加强学科组的建设，使学科组成为一个文化共同体，促进每一位教师的专业成长，使每一位教师成为实然的课程领导者。本研究认为，从学校课程发展的需要出发，普通高中应增设"课程处"这一中层职能部门，以协调学校课程实施的相关工作，负责课程建设与发展，在校本课程开发、学校课程实施、课程评价、综合实践活动等方面发挥课程领导的作用。

第二，创建基于赋权信任的组织文化。

学校课程改革能否成功，依赖于优质成熟的课程文化，学校课程领导共同体模式的有效实施，需要以赋权和信任为特征的课程文化，通过赋权来创建课程领导共同体，是增强课程领导主体意识的有效途径。营造一种互信互助和彼此支持的良好氛围，凝聚课程领导共同体成员的力量，分享与践行共同愿景，形成"责任共担与合理赋权"① 的课程文化是学校课程领导共同体构建的基本条件。课程领导共同体的显著特征就是每个成员对自己、对其他成员和整个共同体承担责任。学校应当引导、帮助、支持共同体成员成为合作伙伴，使每个共同体成员产生"同舟共济"的共同体意识和情感，形成相互依赖的关系。学校课程领导者要主动转变角色，从"教育行政领导"转变为"专业学术领导"，加强共同体成员之间的互动交流，在不断交流和争鸣的过程中形成相互信任的氛围；学校课程领导者要充分尊重并信任教师，赋予教师参与课程的权利，支持教师大胆创新，勇于尝试，鼓励教师在失败的遭遇中反思改进，提高教师解决课程问题的能力和课程创新能力；学校主要课程领导者要摆脱传统的"他控文化"的控制，减少不必要的行政干预，坚持以人为本的理念，让教师成为课程的主人，创建鼓励创新的评价机制，逐步形成自我负责的课程文化。课程领导者要以平等的身份融入团体之中，在与其他成员共同思考的过程中形成倾听别人、帮助他人、共同提高的品质，激发课程领导者的内部潜力，使共同体成员形成敢于担当、勇于创新、大胆实验的良好品质。

第三，创建学习型组织文化。

学习型组织的本质性特征就在于组织中的每一个个体都在不断学习，通过全面持续地学习，带动组织的不断发展。课程领导共同体的每一个成员都要树立终身学习的理念，不断更新观念，树立科学的教育理念，完善知识结构，提高课程

---

① 陈学军. 学校发展的现实困境与可持续学校发展［J］. 教育发展研究，2010（8）.

实践能力和领导能力。课程领导共同体是学习共同体，处于共同体场域中的学习者之间是合作的、互惠的、相互促进的关系，学校要营造学习型组织文化，促使共同体成员在一个富有建设性和发展性的学习共同体中相互砥砺，共同成长。学科组是课程领导共同体的依托，是天然的学习型组织，在这个组织内，教师们相互支持帮助、相互交流切磋、相互分享课程实践的经验，组内教师之间是一种以共同参与和互教互学为基础的关系。学习型组织是课程领导的组织依托，是提升课程领导品质的主要阵地，需要共同体成员共同努力，形成体现学习型组织的优质文化。

第七章　结论与反思

一、研究的结论

本研究以我国新课程改革为背景，以基础教育阶段普通高中作为研究对象，针对现行校长课程领导模式效能较低的问题，构建了"五要素三层面"为特征的学校课程领导共同体模式。通过理论分析和实证研究形成了旨在促进学校课程发展和提高学校课程实施有效性的课程领导共同体模式，并通过行动研究进行了实践验证，得出了以下结论。

（一）课程领导共同体模式具有一定的优越性

本研究构建的学校课程领导共同体模式是针对现行校长课程领导模式的弊端而提出。研究发现，与校长课程领导模式相比，课程领导共同体模式具有以下几方面的优越性：一是共同体模式以主体多元为特征，把学校课程发展利益相关者都视为学校课程领导的主体，把学校课程领导的权力分布于共同体所有成员，能充分发挥共同体成员参与课程领导的积极性和主动性，超越了校长课程领导模式存在课程领导主体单一和权力过于集中的问题；二是共同体模式具有愿景共享的特征，愿景具有一定的感召力，能凝聚力量形成合力，激发共同体成员的创造性，发挥团队合作精神，共同致力于学校课程发展，克服了校长课程领导模式合力不够和活力不足的问题；三是共同体模式具有系统整体的特点，学校课程领导共同体是一个整体系统，学校内部的组织团体和个体领导者构成了课程领导的主体系统，愿景方面形成了课程领导促进课程、教师和学生发展的目标系统，功能层面形成了课程开发与实施的职责任务系统，这些系统构成了学校课程领导共同体的网状结构，能有效发挥课程领导促进学校课程发展的整体功能，弥补了校长课程领导角色混乱、职责不清和效能较低的问题；四是课程领导共同体在开放的环境中生成，民主、宽容和理解是课程领导共同体的基本精神追求，共同体成员在共享愿景的感召下，坦诚、平等、开放地进行交流和沟通，能容纳差异，彼此包容，形成"差异性共同体"，克服了校长课程领导模式封闭、专制和民主性不足的问题。

（二）课程领导共同体模式的实施具有可行性

本研究构建的课程领导共同体模式基于普通高中新课程改革背景，是本人深入课程领导实践场域并经过行动验证构建的课程领导模式，符合新课程改革的理念，体现了民主、合作、对话的思想。实证研究的结果表明，学校课程领导共同体模式切合普通高中课程发展的实际，在实践中能有效实施。一是共同体模式调动了课程领导主体的积极性，校长、教师、家长、学生及社区人士等课程利益相关者成为学校课程领导的共同主体，共同参与课程决策、共享学校课程领导权、共担学校课程发展责任，多元主体的有效参与，提高了课程领导的效能；二是共同体模式优化了课程领导的结构和功能，学校整体是一个课程领导共同体，在学校内部构建的宏观、中观、微观三个层面的课程领导共同体形成了合理的结构，既拥有各自的权责功能，能做到各司其职各尽其能，又能彼此依赖协同合作，共同联结于学校整体层面的课程领导共同体，在学校课程开发与实施的课程领导事务中协同促进学校课程发展；三是共同体模式有利于创建良好的组织文化，共同体成员以民主的方式实施课程领导行为，在协商合作、对话交往、平等参与的过程中实现课程领导，能彰显民主合作的课程理念，形成充满人性化和民主平等的组织文化，激发共同体成员参与课程改革，促进课程创生的活力。

（三）共同体模式能实现学校课程发展的目标

本研究构建的课程领导共同体模式，在样本校开展的行动研究中进行了验证，研究结果表明，共同体模式有利于提高学校课程实施的有效性，能有效达成课程领导的愿景目标。一是共同体模式的实施提升了学校课程品质，宏观层面课程领导共同体在课程开发设计中能有效地发挥引领课程发展的作用，制订符合学校实际的课程发展规划和实施方案，能调动教师参与课程开发的积极性，开发特色校本课程，学校课程的适切性逐步增强，国家课程校本化实施的水平进一步提高；二是共同体模式的实施促进了教师专业发展，中观层面学科课程领导共同体能充分发挥聚合专业力量、引领教师发展的作用，逐步形成专业实践共同体，能围绕专业实践组织开展交流研讨活动，教师在对话、合作、探究、反思的过程中实现了自身的专业发展；三是共同体模式的实施促进了学生发展，学校课程领导共同体在微观课堂层面，能围绕提高课堂教学质量的愿景目标，通过制度规范引导、同伴互助、行为指导、研讨观摩等方式，引领课堂教学改革、激发课程创生活力、创新课堂教学模式，随着教学方式的逐步转变，课堂学习质量进一步提升，促进了学生的发展。

（四）共同体模式有效实施需要创造一定条件

本研究基于共同体的课程领导模式是在个案学校研究的基础上构建而成，对全国同类普通高中具有一定的借鉴意义，如果具备一定的实施条件，可以推广使用。学校课程领导共同体模式有效实施需要创造以下必要的条件：一是通过校本研修活动，转变课程领导共同体成员的观念，深化对课程本质的认识，以达成课程理解，在此基础上培育课程领导的自觉意识，为课程领导共同体模式的实施奠定良好的思想认识基础；二是引导共同体成员立足校本开展行动研究，围绕实践中的问题，广泛开展改革课程实践的行动研究，通过理论研讨和实践反思，不断提高共同体成员的课程领导力，为课程领导共同体模式的实施奠定良好的人力资源基础；三是根据课程发展的需要，坚持发展性、规约性和导向性的原则，修订完善现有的制度规范，使之与共同体模式的实施相适应，并引导共同体成员参与课程领导，共同促进学校课程，为课程领导共同体模式的实施创造保障条件；四是建立共同体模式有效实施的运行机制，在完善现有运行机制的基础上，构建良好的家校合作机制、冲突化解机制和激励机制，调动不同层面共同体成员的积极性，使应然的课程领导者转化为实然的课程领导者，并明确不同层面课程领导共同体成员的职责和任务，形成课程领导共同体模式实施的长效机制。

二、反思与建议

本研究按照学位论文的要求和社会科学研究的基本规范开展研究，采取理论与实践相结合的方式构建了普通高中课程领导的共同体模式，完善了已有课程领导研究的理论体系，并产出了一种实践模式，但研究中也存在不少问题，有待后续相关研究进一步拓展补充。

（一）本研究的创新

社会科学研究的范式（模式）是一个科学共同体的成员经过长期的探索形成的具有操作性意义的模式，科学研究构建的模式能为研究共同体提供共同的理论范式和解决问题的方向与路径。本研究在模式构建方面有以下创新之处：一是在借鉴国外已有研究成果和总结实践经验的基础上，紧密结合普通高中课程发展的实际，建构了以"五要素三层面"为特征的课程领导共同体模型，为理论研究者和实践工作者提供了研究学校课程领导的基本框架；二是在共同体模式的理论构建方面，从课程领导共同体的五个要素出发，设计了"一体三层"的主体系统、"三位一体"的愿景目标系统、"四维多元"的行为模式、"环形推进"的职能模式和"三维多元"的课程文化系统，形成了直观形象的分析模型；三是在共同体模式的功能方面，从宏观学校层面、中观学科组层面和微观课堂层面分析了课程领导共同体模式的结构功能，形成了学校课程领导共同体"三层面"结构模型；四是在共同体模式运行方面，建立了"三维度六因素"——主体维度的观念和意识因素、实施维度的能力和制度因素、保障维度的愿景和文化因素为特征的共同体模式运作机理的分析框架。

（二）后续研究建议

本研究构建的普通高中课程领导共同体模式，尽管经过个案学校实践检验是切实可行的模式，但在实践中有效实施会受到来自各方面因素的影响，在实施中会产生许多问题，后续研究还需从以下几方面完善。一是本研究尽管构建了课程领导共同体模式的理论分析框架，但在课程领导的策略、程序、方式、方法等方面的研究限于篇幅，尚未全面展开，课程领导三个层面结构的功能定位、职责及相互关系也需要进一步论证；二是在学校课程领导共同体的主体系统中，学生是重要的课程领导者，如何定位学生在课程领导共同体中的职能，学生通过哪些途径和有效方式参与学校课程领导，没有做详细的论证分析，课程领导实践中也不能忽视这一特殊的重要主体，这将是后续研究需要拓展的一个方面；三是本研究仅仅从学校内部构建了课程领导共同体模式，但还需要拓展课程领导的对外合作，建立学校与家庭、学校与社区、学校与科研院所、学校与学校之间的合作机制，构建课程领导的校外共同体合作体系，以此形成系统完整、内外结合、有效互动的网状课程领导共同体结构，后续研究应该加强学校外部与内部共同体合作机制的研究。

  总之，学校课程领导共同体模式切实可行，具有一定的优越性。但作为一种新型的课程改革模式，必然存在一些问题，需要进一步探讨和完善。随着新课程改革的逐步深化，课程领导共同体模式必将成为普遍采用的模式。

李富贵

2019 年 4 月

参考文献

[1] ［德］斐迪南·滕尼斯. 共同体与社会 ［M］. 林荣远，译. 北京：商务印书馆，1999.

[2] ［英］保罗·霍普. 个人主义时代之共同体重建 ［M］. 沈毅，译. 杭州：浙江大学出版社，2010.

[3] ［德］马克斯·韦伯. 社会学的基本概念 ［M］. 顾忠华，译. 南宁：广西师范大学出版社，2005.

[4] ［德］斐迪南·滕尼斯. 共同体与社会：纯粹社会学的基本概念 ［M］. 林荣远，译. 北京：北京大学出版社，2010.

[5] ［英］齐格蒙特·鲍曼著. 共同体 ［M］. 欧阳景根，译. 南京：江苏人民出版社，2003.

[6] 迈克尔·富兰. 改革的力量——透视教育改革 ［M］. 北京：教育科学出版社，2004.

[7] 陈向明. 质的研究方法与社会科学研究 ［M］. 北京：教育科学出版社，2003.

[8] 王鉴. 实践教学论 ［M］. 兰州：甘肃教育出版社，2003.

[9] 徐宗国. 质性研究概论 ［M］. 台北：台湾巨流图书公司，1997.

[10] 温忠麟. 教育研究方法基础 ［M］. 北京：高等教育出版社，2004.

[11] 王鉴. 课堂研究概论 ［M］. 北京：人民教育出版社，2007.

[12] 李春萍. 教育研究方法 ［M］. 长春：东北师范大学出版社，2001.

[13] 陈向明. 教师如何做质的研究 ［M］. 北京：高等教育出版社，2001.

[14] 董奇. 心理与教育研究方法 ［M］. 北京：北京师范大学出版社，2004.

[15] 于泽元. 课程改革与学校课程领导 ［M］. 重庆：重庆大学出版社，2006.

[16] ［美］罗伯特·G·欧文斯. 教育组织行为学 ［M］. 窦卫霖，等译. 上海：华东师范大学出版社，2001.

[17] 黄显华，朱嘉颖. 一个都不能少——个别差异的处理 ［M］. 台北：师大书

苑：2002.

[18] [美] 格拉特索恩. 校长的课程领导 [M]. 单文经，等译. 上海：华东师范大学出版社，2003.

[19] 黄旭钧. 课程领导的理论与实务 [M]. 台北：心理出版社，2003.

[20] 王鉴. 教学论热点问题研究 [M]. 南宁：广西师范大学出版社，2008.

[21] 王鉴. 课程论热点问题研究 [M]. 南宁：广西师范大学出版社，2008.

[22] [美] 约翰·杜威. 民主主义与教育 [M]. 王承绪，译. 北京：人民教育出版社，2001.

[23] [美] 托马斯·J·萨乔万尼. 校长学：一种反思性实践观 [M]. 张虹，译. 上海：上海教育出版社，2004.

[24] 夏正江. 一个模子不适合所有的学生：差异教学的原理与实践 [M]. 上海：华东师范大学出版社，2008.

[25] [日] 佐藤学. 学习的快乐——走向对话 [M]. 北京：教育科学出版社，2004.

[26] 靳玉乐，于泽元. 后现代主义课程理论 [M]. 北京：人民教育出版社，2005.

[27] [美] 詹姆斯·G·享德森，理查德·D·霍索恩. 革新的课程领导 [M]. 志平，等译. 杭州：浙江教育出版社，2005.

[28] 张华荣. 科学思维方法论 [M]. 福州：海风出版社，2001.

[29] 塔尔科特·帕森斯. 社会行动的结构 [M]. 张明德，等译. 南京：译林出版社，2008.

[30] [德] 哈贝马斯. 交往行动理论 [M]. 重庆：重庆出版社，1994.

[31] [德] 哈贝马斯. 现代性的哲学话语 [M]. 南京：译林出版社，2004.

[32] 许正中，江森源. 学习型社会 [M]. 北京：中国环境科学出版社，2003.

[33] [美] 彼得·圣吉. 第五项修炼——学习型组织的艺术与实务 [M]. 郭进隆，译. 上海：上海三联书店：1998.

[34] 俞文钊. 管理的革命——创建学习型组织的理论与方法 [M]. 上海：上海教育出版社，2003.

[35] [美] 博耶. 关于美国教育的演讲 [M]. 涂艳国，等译. 北京：教育科学出版社，2002.

[36] 彼得·诺思豪斯. 领导学：理论与实践 [M]. 吴荣先，等译. 南京：江苏教

育出版社, 2004.

[37] 冯大鸣. 美、英、澳教育管理前沿图景 [M]. 北京：教育科学出版社, 2004.

[38] 全国十二所重点师范大学联合编写. 心理学基础 [M]. 北京：教育科学出版社, 2002.

[39] 靳玉乐. 学校课程领导论 [M]. 北京：人民教育出版社, 2011.

[40] 黄显华. 课程领导与校本课程开发与 [M]. 北京：科学出版社, 2005.

[41] 张嘉育. 学校本位课程发展 [M]. 台北：师大书苑, 1999.

[42] 马尔科姆·沃特斯. 现代社会学理论 [M]. 北京：华夏出版社, 2000.

[43] [美] 乔纳森·特纳. 社会学理论的结构 [M]. 邱泽奇, 等译. 北京：华复出版社, 2007.

[44] 杜威. 人的问题 [M]. 傅统先, 等译. 上海：上海人民出版社, 1965.

[45] [美] 胡弗曼, 海普. 学习型学校的文化重构 [M]. 贺凤美, 等译. 北京：中国轻工业出版社, 2006.

[46] 托马斯·J. 萨乔万尼. 道德领导：抵及学校改善的核心 [M]. 冯大鸣, 译. 上海：上海教育出版社, 2002.

[47] 崔允漷. 有效教学 [M]. 上海：华东师范大学出版社, 2009.

[48] Leo H. Bradley. 课程领导——超越统一的课程标准 [M]. 吕立杰, 等译. 北京：中国轻工业出版社, 2007.

[49] 鲍建生. 聚焦课堂——课堂教学视频案例的研究与制作 [M]. 上海：上海教育出版社, 2005.

[50] 王德如. 课程文化自觉论 [M]. 北京：人民出版社, 2007.

[51] 孙亚玲. 课堂教学有效性标准研究 [M]. 北京：教育科学出版社, 2008.

[52] 孙鹤娟. 学校文化管理 [M]. 北京：教育科学出版社, 2004.

[53] 郑金洲. 教育文化学 [M]. 北京：人民教育出版社, 2000.

[54] [德] 哈贝马斯. 交往与社会进化 [M]. 张博树, 译. 重庆：重庆出版社, 1989.

[55] 陈晓端. 有效教学理念与实践 [M]. 西安：陕西师范大学出版社, 2007.

[56] 阿姆斯特朗. 当代课程论 [M]. 陈晓瑞, 译. 北京：中国轻工业出版社, 2007.

[57] 陈美如, 郭昭佑. 学校本位课程评鉴：理念与实践反省 [M]. 北京：九州出

版社，2006.

[58] 熊梅. 校本课程开发的行动研究：来自一所小学的课程创新 ［M］. 北京：教育科学出版社，2009.

[59] 刘金玉. 高效课堂八讲 ［M］. 上海：华东师范大学，2010.

[60] 余文森. 有效教学十讲 ［M］. 上海：华东师范大学出版社，2009.

[61] 徐超圣，李明芸. 课程领导与教学领导关系之研究 ［J］. 教育研究与发展期刊，2005（1）.

[62] 靳玉乐，赵永勤. 校本课程发展背景下的课程领导：理念与策略 ［J］. 课程·教材·教法，2004（2）.

[63] 汪菊. 两种课程领导观的比较研究 ［J］. 全球教育展望，2004（3）.

[64] 刘力. 当前校本课程开发带来的六个困扰 ［J］. 教育科学与研究，2005（5）.

[65] 余文森. 自我反思·同伴互助·专业引领——以校为本的教学研究的三个基本要素 ［J］. 黑龙江教育（综合版），2003（28）.

[66] 徐佳. 课程领导的多种形态与研究动向——访澳大利亚柯尔廷大学科林·马什教授 ［J］. 全球教育展望，2003（83）.

[67] 郑先俐，靳玉乐. 论课程领导与学校角色转变 ［J］. 河北师范大学学报（教育科学版），2004（3）.

[68] 张志旻，赵世奎. 共同体的界定、内涵及其生成 ［J］. 科技政策与管理，2010（10）.

[69] 傅敏. 论学校课程范式及其转型 ［J］. 教育研究，2005（7）.

[70] 严瑜. 共识的重生和知识共同体的前景 ［J］. 中国图书评论，2008（4）.

[71] 陈学军. 学校发展的现实困境与可持续学校发展 ［J］. 教育发展研究，2010（8）.

[72] 陈向明. 从"范式"的视角看质的研究之定位 ［J］. 教育研究，2008（5）.

[73] 蒋凤，朱嘉颖. 校本课程发展下课程与教学领导的定义与角色 ［J］. 全球教育展望，2002（7）.

[74] 周海银. 扎根理论：学校课程管理研究的生长点 ［J］. 全球教育展望，2007（3）.

[75] 高博诠. 课程领导的理念与策略 ［J］. 教育研究月刊，2001（8）.

[76] 李定仁，段兆兵. 试论课程领导与课程发展 ［J］. 课程·教材·教法，2004（2）.

[77] 钟启泉. 从"课程管理"到"课程领导"[J]. 全球教育展望, 2002 (12).

[78] 黄显华, 徐蒋凤, 朱嘉颖. 校本课程发展下课程与教学领导的定义与角色 [J]. 全球教育展望, 2002 (7).

[79] 林一钢. 课程领导内涵解析 [J], 全球教育展望, 2005 (6).

[80] 陈美如. 教师专业的展现与深化: 教师课程领导之为何? 如何? 与限制 [J]. 教育研究月刊, 2004 (10).

[81] 许占权. 论教师的课程领导 [J]. 中小学教师培训, 2006 (11).

[82] 沈小赔, 罗人会. 课程领导问题探析 [J]. 教育研究, 2004 (10).

[83] 蒋敦杰. 普通高中课程改革的领导: 一个值得重视的话题 [J]. 2004 (3).

[84] 徐君. 教师参与: 课程领导的应有之举 [J]. 课程·教材·教法, 2004 (12).

[85] 郑东辉. 教师课程领导的角色与任务探析 [J]. 课程·教材·教法. 2007 (4).

[86] 程红兵. 领导力: 课程改革与教研组建设的核心要素 [J]. 河北师范大学学报 (教育科学版), 2008 (10).

[87] 吴岩, 周敏. 我国小学教师课程领导现状和影响因素分析 [J]. 新课程研究, 2001 (11).

[88] 王嘉毅. 透过行动研究培养课程领导能力: 在西北贫困地区农村学校的探索 [J]. 教育科学研究, 2005 (5).

[89] 王利. 学校课程改革中的教师课程领导调查与分析 [J]. 内蒙古师范大学学报 (教育科学版), 2008 (12).

[90] 钟启泉. 学校层面的课程领导: 内涵、极限、责任和困境 [J]. 全球教育展望, 2006 (3).

[91] 宋艳梅. 西部农村地区教师课程领导力提升的困境与出路 [J]. 河南社会科学, 2010 (3).

[92] 毛利丹. 教师的课程领导探析 [J]. 继续教育研究, 2009 (8).

[93] 刘宇. 中小学校长课程领导的内涵与实施策略综述 [J]. 中学校长, 2008 (1).

[94] 董小平. 教师参与学校课程领导: 意蕴、缺失与构建 [J]. 中国教育学刊, 2008 (5).

[95] 熊鑫, 钟兴泉. 从自发走向自觉: 促进教师课程领导的策略 [J]. 教育与教

学研究，2010（10）.

［96］陆燕萍. 基于课程文化建设提升教师课程领导力［J］. 江苏教育研究，2011
（12）.

［97］马俊峰. 共同体哲学意蕴刍议［J］. 石河子大学学报（哲学社会科学版），
2012（2）.

［98］余进利. 对"课程领导"与"课程管理"的甄别［J］. 当代教育科学，2005
（20）.

［99］龚群. 自由主义的自我观与社群主义的共同体观念［J］. 世界哲学，2007
（5）.

［100］陈效飞，傅敏. 美国批判视域下的课程领导：解读与启示［J］. 教育发展
研究，2013（8）.

［101］张庆东. 公共利益：现代公共管理的本质问题［J］. 云南行政学院学报，
2001（4）.

［102］王有升. 重建"共同体"：学校教育改革的体制关怀［J］. 当代教育科学，
2011（14）.

［103］董静. 关于学校场域下构建"专业学习共同体"的思考［J］. 现代中小学
教育，2014（8）.

［104］金生鈜. 为什么要塑造学校的道德文化［J］. 西北师大学报（社会科学
版），2005（4）.

［105］刘建. 学校管理的道德基础：美德、规范与共同体［J］. 河北师范大学学
报（教育科学版），2014（5）.

［106］马和民，周益斌. 走向对话与支持的教育共同体［J］. 南京社会科学，2010
（3）.

［107］吴黎辉. 学校共同体在学校管理中的实然分析［J］. 教育教学研究，2007
（5）.

［108］冯锐，金婧. 学习共同体的思想形成与发展［J］. 电化教育，2007（3）.

［109］丁荣森，黄洁. 课程领导下的学校共同体建设实例探析［J］. 科教文汇，
2011（5）.

［110］刘永福，李保强. 近二十年西方课程领导理论的进展与根本转向［J］. 比
较教育研究，2013（8）.

［111］徐高虹. 学科组长的课程领导实践［J］. 全球教育展望，2008（11）.

［112］蓝恭勤. 浅谈新课程背景下我国课程领导模式的构成［J］. 实践探索，2013（10）.

［113］张树德. 试谈当前西方的学校课程领导重构问题［J］. 当代教育科学，2005（10）.

［114］崔成前. 基础教育课程领导面临的问题与对策［J］. 阜阳师范学院学报（社会科学版），2009（3）.

［115］胡浩，邓欣. 完善学校课程领导推进基础教育课程改革［J］. 新课程研究，2010（4）.

［116］周怡. 社会结构：由"形构"到"解构"［J］. 社会学研究，2000（3）.

［117］刘润忠. 析结构功能主义及其社会理论［J］. 天津社会科学，2005（5）.

［118］杨方. 论帕森斯的结构功能主义［J］. 经济与社会发展，2010（8）.

［119］董娜. 哈贝马斯交往行动理论对高校德育工作的启示［J］. 职业圈，2007（15）.

［120］王鉴，李录琴. "学习型共同体课堂"的理解与建构［J］. 教育理论与实践，2008（4）.

［121］冯大鸣. 美、英、澳教育领导理论十年（1993－2002）进展述要明［J］. 教育研究，2004（3）.

［122］张晓峰. 分布式领导：缘起、概念与实施［J］. 比较教育研究，2011（9）.

［123］马明，于学友. 从分布式领导看我国学校组织领导改革［J］. 当代教育论坛，2008（2）.

［124］曹科岩，龙君伟. 论校长课程领导的内涵、角色和任务［J］. 现代中小学教育，2006（10）.

［125］林一钢，何强. 学校课程领导、组织文化与教师专业发展关系的研究［J］. 江西教育科研，2005（7）.

［126］罗祖兵. 试析校长课程领导的理念转型［J］. 中国教育学刊，2013（3）.

［127］杨启亮. 守护家园：课程与教学改革的本土化［J］. 教育研究，2007（9）.

［128］徐君. 从课程管理到课程领导：课程发展的必由之路［J］. 课程·教材·教法，2005（6）.

［129］林一钢，黄显华. 课程领导内涵解析［J］. 全球教育展望，2005（6）.

［130］谢翌. 重建课程管理文化：N中学的经验［J］. 中国教育学刊，2008.

［131］刘静波，王娜娜. 校长课程领导：内涵、困境和策略［J］. 现代中小学

教育，2011（1）.

[132] 成尚荣. 学校文化呼唤"深度建构"[J]. 人民教育，2011（18）.

[133] 宁业勤. 从课堂文化看学生对教师的偏厌 [J]. 中小学教师培训，2008（3）.

[134] 陈学军. 学校发展的现实困境与可持续学校发展 [J]. 教育发展研究，2010（8）.

[135] 刘莹，罗生全. 课程领导共同体的实现机制 [J]. 教育理论与实践，2012（23）.

[136] 靳玉乐，董小平. 论学校课程领导的范式转型 [J]. 教育理论与实践，2007（4）.

[137] 徐君. 从课程管理到课程领导：成人教育课程发展的必由之路 [J]. 河北大学成人教育学院学报，2006（3）.

[138] 郑东辉. 教师课程领导的角色与任务探析 [J]. 课程·教材·教法，2007（4）.

[139] 黄显华，徐蒋凤，朱嘉颖. 校本课程发展背景下课程与教学领导的定义与角色 [J]. 全球教育展望，2002（7）.

[140] 鲍东明，校长课程领导意蕴与诉求 [J]. 中国教育学刊，2010（4）.

[141] 谢翌，张治平. 学校课程领导实践的反思与重建 [J]. 教育科学研究，2012（5）.

[142] 刘径言，吕立杰. 校长课程领导如何影响教师学习 [J]. 外国教育研究，2013（2）.

[143] 刘径言，吕立杰. 教师课程领导的概念诠释与研究反思 [J]. 现代教育管理，2010（11）.

[144] 王建军，教师参与课程发展：理念、效果与局限 [J]. 课程·教材·教法，2000（5）.

[145] 靳玉乐，董小平. 论学校课程的规划与实施 [J]. 西南大学学报，2007（5）.

[146] 崔允漷. 学校课程规划的内涵与实践 [J]. 上海教育科研，2005（8）.

[147] 鲍东明. 校长课程领导基本要素分析 [J]. 中国教育学刊，2012（4）.

[148] 谢翌. 重建课程管理文化：N 中学的经验 [J]. 中国教育学刊，208.

[149] 裴娣娜. 教育创新和学校课堂教学改革论纲 [J]. 课程·教材·教法，

2012 （2）.

［150］梁绍宙. 校本培训中"学习型教研组"的功能与管理 ［J］. 宁波大学学报（教育科学版），2002 （2）.

［151］郑东辉. 教师课程领导的角色与任务探析 ［J］. 课程·教材·教法，2007 （4）.

［152］杨明全. 制度创新语境下课程领导的转型与超越 ［J］. 中国教育学刊，2010 （2）.

［153］吴清山，林天佑. 知识领导 ［J］. 教育研究月刊，2004 （11）.

［154］罗生全，靳玉乐. 学校课程领导：知识管理的视点 ［J］. 中国教育学刊，2007 （8）.

［155］徐君. 从课程管理到课程领导：课程发展的必由之路 ［J］. 课程教材教法，2005 （6）.

［156］沈建民. 走向"自觉"的课程创生 ［J］. 教育发展研究，2011 （12）.

［157］王志曲. 新课程背景下课堂文化的重建 ［J］. 现代中小学教育，2005（11）.

［158］张正中. 专家型教师内涵、特征及成长阻碍因素研究 ［J］. 湖南师范大学教育科学学报，2009 （3）.

［159］丁念金，西方中小学课程决策机制的转变及启示 ［J］，外国中小学教育，2005 （6）.

［160］罗祖兵，夏涛. 教师参与课程领导的挑战与对策 ［J］. 当代教育论坛，2010 （10）.

［161］钟启泉. "从行政权威"走向"专业权威"——"课程领导"的困惑与课题 ［J］. 课程发展研究. 2004 （2）.

［162］张中. 主体间性视野下的课堂文化 ［J］. 江西教育学院学报（社会科学），2010 （2）.

［163］朱熠，霍涌泉. 基于学习共同体的课堂文化重建 ［J］. 中国教育学刊，2011 （5）.

［164］时长江，刘彦朝. 课堂学习共同体的意蕴及其建构 ［J］. 教育发展研究，2008 （24）.

［165］王鉴，王俊. 课堂生活及其改革研究 ［J］. 课程·教材·教法，2013（4）.

[166] 时长江, 杨宁. 试论课堂学习共同体 [J]. 高等工程教育研究, 2009 (4).

[167] 李小红. 教师课程创生的缘起、含义与价值 [J]. 教师教育研究, 2005 (4).

[168] 陶志琼. 谁主沉浮: 课堂教育哲学问题研究 [J]. 当代教育论坛, 2005 (7).

[169] 赵虹元, 刘义兵. 基于对话学习的课堂文化建设 [J]. 2007 (12).

[170] 陈尚达. 课程改革中的课堂文化重建问题 [J]. 天津师范大学学报, 2007 (2).

[171] 时长江, 刘彦朝. 课堂学习共同体的意蕴及其建构 [J]. 教育发展研究, 2008 (24).

[172] 孙德芳. 有效教学的课堂文化论 [J]. 教育科学论坛, 2006 (5).

[173] 杨宏丽. 课堂文化冲突的多视角审视 [J]. 东北师范大学学报 (哲学社会科学版), 2006 (5).

[174] 李森, 王海林. 课程领导中教师角色的反思与对策 [J]. 当代教育与文化, 2010 (3).

[175] 中国科学院科技领导力研究课题组. 领导力五力模型研究 [J]. 领导科学, 2006: (9).

[176] 王桂玲. 浅谈新课程课堂下教师主体性缺失 [J]. 科技文汇, 2008 (6).

[177] 张廷凯. 革新课程领导的现实意义与策略·课程·教材·教法 [J], 2004.

[178] 李森, 王海林. 课程领导中教师角色的反思与对策 [J]. 当代教育与文化, 2010 (3).

[179] 陈静静, 姜美玲, 生问题意识缺失的根源分析——基于课程文化的视角 [J]. 全球教育展望, 2013 (11).

[180] 郑东辉. 教师课程领导的角色与任务探析 [J]. 课程·教材·教法, 2007 (4).

[181] 程红兵. 课程改革与教研组建设的核心要素 [J]. 西北师范大学学报 (教育科学版), 2008, (10).

[182] 靳玉乐, 樊亚峤. 校本课程发展中大学与中小学合作的意义和策略 [J]. 西南大学学报 (社会科学版), 2010.

［183］冯大鸣. 道德领导及文化意蕴［J］. 全球教育展望，2004（3）.

［184］胡惠闵. 在传统的学校教研基础上发展校本教研［J］. 全球教育展望，2008（2）.

［185］李洪修，张绍新. 关于课程领导的几点思考［J］. 现代教育，2006（89）.

［186］张必有. 程领导力建设的校本实践［J］. 教育科学论坛，2013（12）.

［187］徐书业，朱家安. 学校文化生态属性辩证［J］. 学术论坛，2005（5）.

［188］钟启泉，岳刚德. 学校层面的课程领导：内涵、极限、责任和困境［J］. 全球教育展望，2006（3）.

［189］杨明全. 制度创新语境下课程领导的转型与超越［J］. 中国教育学刊，2010（2）.

［190］和学新，乌焕焕. 学校课程规划的内涵与价值追求［J］. 教育学术月刊，2010（5）.

［191］蒋明珠，朱一兵. 编制学校课程规划须考量的两个方面［J］. 现代教学，2011（7/8）.

［192］熊梅，脱中菲，王廷波. 校本课程开发实践模式探索［J］. 教育研究，2008（2）.

［193］赵明仁，袁晓峰. 校长课程领导下的校本课程发展机制研究［J］. 当代教育与文化，2011（3）.

［194］余文森. 有效教学的三大内涵及其意义［J］. 中国教育学刊，2012（5）.

［195］崔成前. 从课程设置看美国的课程领导模式［J］. 教学与管理，2004（5）.

［196］崔成前. 加拿大中学课程领导模式及其启事［J］. 教学与管理，2004（11）.

［197］程晋宽. 美国最好的学校领导特征研究［J］. 外国中小学教育，1998（5）.

［198］李海英. 课程权力：协商课程的一种追求［J］. 全球教育展望，2005（9）.

［199］龙君伟. 新课程与学习组织改革［J］. 教育理论与实践，2003（10）.

［200］李森，张涛. 教学领导的内涵、功能及策略［J］. 西南民族大学学报（人文社会科学版），2004（9）.

［201］张华. 道德的课程改革与民主的课程领导 ［J］. 全球教育展望, 2006 (4).

［202］王嘉毅, 王利. 西北地区农村基础教育课程改革面临的问题与对策 ［J］. 西北师范大学学报 (社会科学版), 2007 (2).

［203］王利. 课程领导研究述评 ［J］. 教育学报, 2006 (3).

［204］吴岩, 周敏. 我国小学教师课程领导现状和影响因素分析 ［J］. 新课程研究, 2006 (11).

［205］许占全. 课程领导的实质及其实践意义分析 ［J］. 现代教育科学, 2006 (6).

［206］许占全. 论教师的课程领导 ［J］. 中小学教师培训, 2006 (11).

［207］余进利. 对 "课程领导" 与 "课程管理" 的甄别 ［J］. 当代教育科学, 2005 (20).

［208］杨明华, 郭金华. 加强学校课程领导的思考与实践 ［J］. 课程·教材·教法, 2006 (10).

［209］郑东辉, 施丽. 课程领导理念探微 ［J］. 教师教育研究, 2006 (2).

［210］Elliott B. , Brooker B. , MacPherson I. , McInman A. Curriculum leadership as mediated action ［J］. Teacher andTeaching: Theory and Practice, 1999.

［211］L. Lambert. Building Leadership Capacity in Schools ［M］. Alexandria. VI: Association for supervision and curriculum development, 1998.

［212］Thomas J. Sergiovanni. Building Community in Schools ［M］. San Francisco: Jossey–Bass, 1994.

［213］Darling–Hammond. The Right to Learn: A Blueprint for Creating School That Work. Jossey–Bsaa, John Wiley and Sons Inc. , 1997.

［214］Glaser B. , Strauss A. The discovery of ground theory strategies for qualitative research ［M］. Chicago, IL: Adline, 1967.

［215］Glatthorn A. A. The Principal as Curriculum Lea ［M］. Califoenia: Corwin press, 2000.

［216］TTA. National standards for subject leaders ［M］. London: TTA, 1998.

［217］Robert Redfield, The Folk Culture of Yucatan, The University of Chicago Press, Chicago Illinois, 1941.

［218］Boyer, Emest L. The Basic School: A Community of Learning ［J］. Carnegie

Foundation for the Advancement of Teaching, 1995.

［219］ Retallick John, Cocklin Barry, Commb Kennece. Learning Communities in Education: Issues, strategies and contexts ［M］. New York: Taylor &Francis Group, 1999.

［220］ Henderson J. G. , Hawthorne R. D. Transformative Curriculum Leadership ［J］. Upper Saddle River, NJ: Merrill Prentice Hall, 2000.

［221］ Brubaker D. L. Creative Curriculum Leadership: Inspiring and Empowering Your School Community (2nded.). Thousand Oaks, CA: Corwin Press, 2004.

［222］ Henderson J. G. , Gornik R. Transformative Curriculum Leadership (3rded.). Upper Saddle River, NJ: Merrill Prentice Hall, 2007.

［223］ Glatthorn A. A. , Jailall J. M. The Principal as Curriculum Leader : Shaping What Is Taught and Tested (3rd ed.). Thousand Oaks, CA : Corwin Press, 2009.

［224］ Ylimaki R. M. Critical Curriculum Leadership : A Framework for Progressive Education. New York: Routledge, 2011.

［225］ Spillance J. P. , Halverson R. , Diamond J. B. Investigating School Leadership Practice: A Distributed Perspective［J］. Education Researcher, 2001.

［226］ P. Gronn. Distributed Leadership as A Unit of Analysis ［J］. The Leadership Quarterly, 2002.

［227］ Fink D. , Hargreaves A. The seven principles of sustainable leadership ［J］. Educational Leadership, 2004.

［228］ Gronn P. Distributed Leadership as a Unit of Analysis ［J］. Leadership Quartely. 2002.

［229］ Mintzberg. H. The leadership debate with Henry Mintzberg: Community ship is the answer ［N］. Financial Times. 2006.

［230］ Alma Harris. Teacher Leadership: More than just a feel – good factor leadership and policy in schools ［J］. Taylor &Francis Inc, 2005.

［231］ C. R. Rogers. Freedom to learn for the 80' s. Columvus: Charles E. M. err – ill, 1983.

［232］ Schubert W H. Curriculum : Perspective, Paradigm, and Possibility. New

York：Macmillan Publishing Company，1986.

[233] L. Lambert. Building Leadership Capacity in School . Alexandria ［M］. VI：Association for Supervision and Curriculum Development，1998.

[234] Henderson J. G. &Hawthorne E. D. Transformative Curriculum Leadership (2th eds.) ［M］. New Jersey：Prentice – Hall. Inc，2008.

[235] David Hopkins, Alma Harris, Christopher Day，Linda Ellison and Mark Hadfield. Effective Leadership for School Improvement ［M］. New York ：RoutledgeFalmer Press，2002.

[236] 李叶峰. 教研组长课程领导角色的质性研究 ［D］. 重庆：西南大学硕士学位论文，2010.

[237] 汪菊. 课程领导研究——种综合的观点 ［D］. 上海：华东师范大学博士学位论文，2004.

[238] 余进利. 五向度课程领导框架的构建 ［D］. 上海：华东师范大学博士学位论文，2005.

[239] 钟智. 构建学校课程领导共同体之研究 ［D］. 上海：华东师范大学硕士学位论文，2006.

[240] 韩春梅. 在校本课程开发背景下中小学校长的课程领导 ［D］. 北京：首都师范大学硕士学位论文，2005.

[241] 黄腾蛟. 小学校长的角色与权力研究 ［D］. 重庆：西南大学博士学位论文，2008.

[242] 董小平. 教师参与课程领导：基础问题与策略 ［D］. 重庆：西南大学硕士学位论文，2007.

[243] 李亚美. 伦理共同体的构建及其维系 ［D］. 重庆：西南大学硕士学位论文，2011.

[244] 汤琳. 萨乔万尼的学校共同体理论述评 ［D］. 成都：四川师范大学硕士学位论文，2009.

[245] 李斌. 行动研究：中小学科研兴校窥探 ［D］. 南昌：江西师范大学硕士学位论文，2003.

[246] 惠婉婉. 基于多元主体参与的中小学课程领导共同体研究 ［D］. 西安：陕西师范大学硕士学位论文，2014.

[247] 姬兴龙. 校本课程开发背景下教师参与课程领导研究 ［D］. 上海：上海

师范大学硕士学位论文，2009.

［248］王利. 学校课程领导研究［D］. 兰州：西北师范大学硕士学位论文，2007.

［249］汪菊. 课程领导研究——一种综合的观点［D］. 上海：华东师范大学硕士学位论文，2004.

［250］李朝辉. 从管理走向领导——小学校长课程领导的个案研究［J］. 长春：东北师范大学博士学位论文，2006.

［251］潘慧贞. 国民小学课程领导角色与任务之研究——以盛世国小为例［Z］. 台北：台北师范学院，2001.

［252］张嘉育. 课程领导概念内涵分析［C］. 课程领导与实务国际学术研讨会论文集，2001.

［253］李定仁，段兆兵. 试论课程领导与课程发展［C］. 第五届海峡两岸课程理论研讨会论文集［C］，2003.

［254］李子建. 课程领导与教师专业发展：知识管理的观点［C］. 兰州：第五届海峡两岸课程研讨会论文集，2003.

［255］张广利. 社会生活共同体就是社区组织吗［N］. 解放日报，2007.

［256］香港教育统筹局. 在小学增设一个教师职位负责为期五年的课程发展领导工作［Z］. 教育统筹局公告，2003.

［257］教育部. 普通高中课程方案（实验）［Z］. 2003.

附录一　学校课程领导不同主体访谈提纲

一、校长课程领导模式现状调查访谈话题

（1）结合学校的实际情况，谈谈校长和中层主任在课程领导方面作用发挥情况。（副校长、中层主任、年级组长、教师）

（2）结合学校的实际情况，谈谈学科组长和教师在学校课程领导过程中主体地位和作用发挥情况。（校长、学科组长、中层主任、教师访谈）

（3）结合学校的实际情况，谈谈学生在参与课程领导过程中作用发挥的情况。（教师访谈）

（4）学生家长参与家长会期间的感受。（学生家长访谈）

（5）结合学校实际，谈谈中层主任、学科组长和教师在引领教学活动中作用发挥的情况。（副校长、中层主任、教师访谈）

（6）学校中层部门在课程领导中发挥着重要作用，结合学校实际，谈谈中层职能部门在课程领导过程中作用发挥和相互配合和情况。（中层主任和教师访谈）

（7）学校为加强管理，规范课程与教学活动，学校教师参与制度修订的积极性如何，谈谈学校各项制度运行情况。（中层主任和教师访谈）

（8）新课程改革为校本课程开发明确了政策，教师开发校本课程的积极性如何，谈谈学校课程开发的具体情况。（校长、中层主任和教师访谈）

（9）新课程改革要求学校要贯彻执行国家课程实施方案，学校在课程实施过程中，执行国家课程方案和课程标准的情况如何。（教导主任访谈）

（10）结合学校的实际情况，谈谈学校在改革课程评价方面所做的工作及存在的问题。（教师访谈）

（11）新课程改革以来，学校在课堂教学改革方面做了哪些工作，与以前相比，在教学方式转变方面的变化情况。（教师访谈）

（12）高中学习生活的感受如何，谈谈学习生活。（学生访谈）

二、课程领导共同体模式行动研究的访谈话题

（1）这几年我们依据哪些标准实施艺体类课程，应该如何制订特色课程的实施方案和计划，谈谈您个人的想法。（音乐、体育、美术教师访谈）

（2）学校确定了艺体特色办学的发展方向，就您个人的观点，您觉得这一定位合适吗，结合学校实际请您谈谈自己的观点。（学科组长、年级组长、教师访谈）

（3）学校最近制订了艺体特色课程的实施方案和计划，对方案和计划您觉得可行性如何，谈谈对促进学校艺体特色办学作用。（中层主任、学科组长、教师）

（4）我们学校开展德育常规活动的情况如何，谈谈您自己的感受。（学生、教师访谈）

（5）最近，学校改变了德育常规活动的做法，您觉得效果如何，具体体现在哪些方面，大家是怎么评价的。（学生、班主任、中层主任、年级组长访谈）

（6）把德育活动开发为课程，效果如何，谈谈个人的具体感受。（年级组长、班主任访谈）

（7）新课程改革对转变教学方式提出了新的要求，老师们在创新课堂教学的过程中是怎么做的，效果如何。（学科组长、教师访谈）

（8）这一学期，学校开展创建高效课堂实施有效教学的研讨学习活动，出台了许多规范，谈谈您的感受。（学科组长、教师访谈）

（9）在高效课堂创建的活动中，您通过参与具体的活动，就您个人的感受，谈谈您对学校的这些做法的体会。（中层主任、学科组长、年级组长、教师访谈）

（10）这一学期以来，老师们在课堂教学方面有哪些变化，课堂效果如何。（学生访谈）

（11）您觉得我们学校这几年来执行的各项制度规范符合学校实际吗，哪些制度好，哪些制度需要修改完善。（教师、学科组长、中层主任、校长访谈）

（12）这学期学校在教师评价方面出台了新的评价制度，您觉得可行吗，结合大家的评价和议论，谈谈您的认识。（教师、学科组长、年级组长、中层主任）

（13）谈谈你参与教师评价的感受。（学生访谈）

（14）谈谈您参与家长开放日活动和评价学校教师之后的感受。（家长访谈）

三、课程领导共同体模式运行实施访谈调查话题

（1）新课程实施以来，我们对课程本质的理解和认识也在不断地学习中变化，请您谈谈对课程概念的理解和课程创生的认识。（校长、学科组长、教师访谈）

（2）请您结合实际谈谈学校领导、中层主任、学科组长和教师在课程领导能力方面的具体情况。（教师、学科组长、中层主任、校长访谈）

（3）在课程实施过程中，学科组长和教师是课成领导者，结合实际谈谈自己对课程领导角色的感受和认识。（学科组长、教师访谈）

（4）在学校课程领导过程中，校长和中层主任扮演着重要的角色，结合实际谈谈自己对课程领导角色的认识。（校长、中层主任访谈）

（5）结合学校实际，谈谈教师之间、领导之间和学校职能科室之间相互合作，共同促进学校课程发展的情况。（校长、中层主任、学科组长、教师访谈）

（6）学校发展的愿景目标是大家奋斗的方向，课程发展的愿景更为重要，结合实际谈谈学校在课程愿景方面的情况。（校长、中层主任、教师访谈）

（7）对于个人工作来说，每个人都有自己的愿景目标，请您谈谈个人自己的发展愿景目标。（校长、中层主任、学科组长、教师访谈）

（8）请您就个人的感受，谈谈对学校、各科室、年级组、学科组这些部门或团体的期待。（校长、中层主任、学科组长、教师访谈）

（9）请您结合学校实际，就目前学校课程管理体制、制度建设、运行机制等方面的情况，谈谈个人的评价。（校长、中层主任、学科组长、教师访谈）

（10）结合学校实际，请您就学校文化建设的现状谈谈自己的感受。（教师访谈）

（11）高中生对学校课程实施都有自己的评价观点，请你结合学生中普遍的看法，谈谈大家对学校课程发展的评价。（学生访谈）

（12）教师在教学过程中都有自己的一套做法，不同教师的教学行为都有自己特点，请您就自己看到的一些现象，谈谈自己的评价。（教师访谈）

（13）学校可能存在一些非正式团体，请您结合学校实际，就您所了解的实际情况，谈谈自己的感受。（学科组长、年级组长、中层主任）

（14）学校在文化建设方面，可能做了不少的工作，请您结合实际谈谈学校课程文化方面还存在哪些问题。（校长、中层主任、年级组长、教师访谈）

附录二　教师调查问卷

尊敬的领导、老师：

大家好！

感谢您在百忙之中参与本次问卷调查。如果您需要一段时间，可经过一段时间思考之后，再完成问卷，我们在一个月以后收取问卷。此次问卷是对普通高中新课程改革实施以来，学校课程领导现状的调查，主要了解校长课程领导模式在实践中运行的基本情况，为课程领导共同体模式的实施提供参考。问卷中的每一个问题都是基于课程实践中的具体问题，没有对与错，请根据学校的实际情况和您的真实感受逐一作答，您的答卷我们为您保密。

谢谢您的合作，在此表示衷心感谢！

一、您的基本情况

1. 您的性别：

□男　　□女

2. 您的民族是：＿＿＿＿＿＿＿＿

3. 您任教的学科：＿＿＿＿＿＿＿＿　　您所在的年级组：＿＿＿＿＿＿＿＿

4. 您在学校担任的职务是：

□校长　　□中层主任　□学科组长　□普通教师

5. 您的职称是：

□初级　　　□中级　　　□高级

6. 您的职级是：

□校级骨干　□市级骨干　□省级骨干　□国家级骨干　□普通教师

7. 您的学历是：

□中专　□大专　□本科　□硕士　□博士

8. 您从事教育教学工作的年限是：_____

二、选择型问题 （请在合适的选项之之前的□内画"√"）

1. 您对课程这一概念的了解情况是：

□完全了解　□基本了解　□基本不了解　□完全不了解

2. 您对课程领导这一概念的了解情况是：

□完全了解　□基本了解　□基本不了解　□完全不了解

3. 对课程本质的理解，您认为下列哪一项表述符合您的理解：

□课程就是学科的总和

□课程包括了学科和学校开展的所有活动

□课程是在课程实施中动态生成的经验

□影响学生发展的经验都是课程的范畴

4. 您对学校校本课程开发情况的评价是：

□非常好　□比较好　□一般　□非常不好

5. 普通高中新课程改革要求学校开发校本课程，您认为：

□非常有必要　□有必要　□没必要　□根本没必要

6. 您认为学科组长在教育教学工作中应该扮演的角色是：

□教学管理者　□教学改革实践者　□课程领导者　□课程创生实践者

7. 您认为教师在教育教学工作中应该扮演的角色是：

□教学管理者　□教学改革实践者　□课程领导者　□课程创生实践者

8. 您认为校长在教育教学工作中应该扮演的角色是：

□课程管理者　□课程改革推进者　□课程领导者　□课程创生引领者

9. 您认为学校中层主任在教育教学工作中应该扮演的角色是：

□课程管理者　□课程改革推进者　□课程领导者　□课程创生引领者

10. 您认为学校部门及同事之间合作意识的情况是：

□非常强　□比较强　□比较弱　□非常弱

11. 您认为学校课程愿景目标应该指向：

□促进学生发展　□促进教师发展　□高考成绩优异　□提升课程品质

12. 对发展而言，您更优先考虑的是：

□专业发展　□促进学校发展　□个人评优晋级　□工作顺利开展

13. 对学校组织或团体的期望，您更优先考虑的是：

　　□促进课程发展　□提高教育质量　□抓好安全工作　□保障职工权益

14. 就目前学校的课程管理体制，您的评价是：

　　□非满意　□比较满意　□不满意　□非常不满意

15. 学校对教师专业发展的重视程度，您的感受是：

　　□非常重视　□比较重视　□不重视　□非常不重视

16. 您认为，就目前学校运行的校长课程领导模式对促进学校课程发展作用发挥：

　　□非常好　□比较好　□一般　□非常不好

三、表格式选择（请在您认为合适的表格选项内画"√"）

1. 您对校长和中层主任课程领导力的评价

项　目	非常强	比较强	一般	非常一般
课程事务的管理能力				
组织管理和协调能力				
教师专业发展引领力				
指导课程开发的能力				

2. 您对学科组长课程领导力的评价

	非常强	比较强	一般	非常一般
课程设计开发能力				
教学创新实践能力				
教育科研实践能力				
指导教师发展能力				
组织教研活动能力				

3. 您校教师的课程领导能力

	非常强	比较强	一般	非常一般
课堂知识讲解能力				
信息运用技术能力				
组织合作学习能力				
引导探究学习能力				
辅导复习备考能力				

4. 您校课程管理体制机制对课程领导的影响程度

	影响非常大	影响较大	影响较小	影响非常小
层级化的监管体制				
各项课程管理制度				
课程管理运行机制				

附录三　学生及家长调查问卷

尊敬的家长：

您好！

为深入了解学校新课程改革情况，请您和您的孩子共同对以下问题作以回答，此问卷仅作为调查研究的依据，请您如实填写，我们将为您的问卷保密。谢谢您的配合！

1. 对新课程改革的态度

内容	非常赞同	赞同	反对	非常反对
学校将增加提高学生素质的选修课程				
每周开辟 2 节课让学生参加社团活动				
督促孩子假期参加参加社会实践活动				
允许孩子在家上网浏览资料在线学习				
学校每学期对家长进行家教经验培训				
家长每月至少与班主任沟通交流一次				

2. 对课程与教学理念认识情况

请您根据自己的认识和理解勾选	非常赞同	赞同	反对	非常反对
除高考考试科目外，学校应开设必要的校本选修课程培养学生综合素质				
教师应该全面落实新课程改革的理念打破传统教学方法不断创新课堂教学				

请您根据自己的认识和理解勾选	非常赞同	赞同	反对	非常反对
孩子参加社会实践活动不影响高考，学校应该多组织学生参加这样的活动				
教师应该坚持传统讲授式教学方法少采取新方法，以提高课堂教学的效率				
学校要开设好高考考试科目类课程，少开设与高考无关课程以免影响高考				

3. 学生和家长对班级任课教师教学方法及效果的评价

学科	非常好	良好	一般	需要改进	学科	非常好	良好	一般	需要改进
语文					数学				
英语					物理				
化学					生物				
政治					历史				
地理					信技				
体育					艺术				

4. 学生和家长对班级任课教师师德师风评价

学科	优秀	良好	一般	存在问题	学科	优秀	良好	一般	存在问题
语文					数学				
英语					物理				
化学					生物				
政治					历史				
地理					信技				
体育					艺术				

①背景：为深化普通高中新课程改革，以转变教师的教学方式和学生的学习

方式为突破口，提高教育教学质量，学校积极开展高效课堂创建活动。

问题：您作为家长，可能更关心课堂教学质效的提升。请您对学校提高课堂教学质量提出更好的意见建议。

②背景：学校为实现课程目标，促进学生全面而有个性地发展，不断拓展科技、人文、语言、体育、艺术等领域的社团活动，开发校本课程，提高国家课程的校本化实施水平。

问题：您作为家长，一定很关注孩子的全面发展，可能与孩子也有一些交流，您对学校课程建设，特别是校本课程开发和实施提出具体的意见建议。

③背景：学校在教育教学管理、推进新课程改革、打造高效课堂、创建特色学校等方面创造性地开展工作，取得了初步成效。

问题：您作为家长，一定很关注学校的变化。您认为学校发生了哪些变化，并请您对学校新课程改革提出具体的意见建议。

④背景：家校合作是办好教育的前提，家长也是学校课程领导共同体中的一员，家长应该积极参与学校课程领导，通过不同方式为学校课程发展建言献策。

问题：您孩子就读期间您通过哪些方式参与了学校开展的活动，效果如何，谈谈您对家校合作的具体建议。

后　记

你从哪里来，你到哪里去……

从小学教到初中，从初中教到中师，从中师教到高中，在教书育人的岗位上晃过了二十五个春秋，体验了为人之师的苦辣。从中师读到大专，从本科读到硕士，从硕士读到博士，在上下求索的追寻中迈过了五个学历台阶，体验了为学之途的酸甜。

为师教书之路从未言苦，读书之艰辛难以言表——小学是拿家里的鸡蛋换出来的，初中是为了走出农门跳出来的，中师是父母亲的汗水浇出来的，大专是那个学历时代攒出来的，本科是在望断天涯中逼出来的，硕士是甘肃中英项目攻出来的，博士是导师们的学术熏出来的。尽管学业尚未建树，但忘不了求学之路上为我做出奉献的老师、亲人和朋友……

我的导师傅敏教授为人耿直，学养深厚，治学严谨，浓浓的师爱总是在严格要求之后淡淡地飘逸出来，能成为他的弟子我很自豪！在撰写博士学位论文的过程中每每气馁，总有一种力量鞭策我继续努力。导师为我博士学位论文的完成付出了心血，几次面批论文都能直击要害，指点迷津，把我带出了迷漫和困惑，没有他的鼓励和帮助，没有他的悉心指导，我可能还在黑夜中徘徊，感谢傅老师的精心培育。

我非常敬仰的王鉴教授给予我学术上的引领，他真诚、质朴、睿智的学术人格给了我无声的教诲，在此深表感谢！在读博期间，有幸能在王嘉毅教授和万明钢教授的课堂里聆听他们在学术上深邃的见解，领略到了大师的风范，给了我许许多多的启迪。李瑾瑜教授、周爱堡教授、张学强教授、杨玲教授、王兆璟教授、赵明仁教授在课堂弥补了我理论上的缺陷，是他们的哺育带我走进了理论的殿堂，在此深表谢意，并愿追随他们的足迹，一步步前行。特别感谢刘旭东教授，从硕士到博士期间给了我诸多的教诲，没有他的指引，我走不到今天。

在读博期间，与薛伟平、杨纳民、王毓新、武启云、荆孝民五位同学共同学习，在针对实践问题的课堂讨论中我们共同探寻真理，在一次次争辩中拨开迷雾；与薛伟平校长有缘同窗共读，在争辩中度过了无数个不眠之夜……

从实践的黑夜走来，寻找理论的光明。导师们为我点亮了星灯，尽管至今仍然没有走出黑夜，但依稀中看到了曙光。我清楚地意识到，走到天明还需要更长的路。

博士毕业后，我在教学管理的岗位上又干了一年半，深圳市教育局的王水发副局长（博士）和罗湖区教育科学研究院宾华院长（现任罗湖区教育工委书记、教育局党组书记）引荐我到深圳市罗湖区教科院工作，从大西北边陲到南方一线城市，我又开始了从白天到黑夜的求索，从此岸到彼岸的摆渡。

我从实践中来，我还要到实践中去……

李富贵

2019 年 4 月 6 日